몽골제국, 실크로드의 개척자들

몽골제국, 실크로드의 개척자들

◆ 장군, 상인, 지식인 ◆

미할 비란 · 요나탄 브락 · 프란체스카 피아셰티 편저

이재황 옮김 | 이주엽 감수

책과함께

추천의 말

몽골 제국과 실크로드의 이상적 만남

이주엽(《몽골제국의 후예들》 저자)

"몽골 제국"과 "실크로드"는 오늘날 국내외 역사학계에서 아주 인기 있는 주제들이다. 몽골 제국은 근대 세계와 세계화의 출발점이었고, 실크로드는 동양-서양 간의 교류를 가능케 한 교역과 문화 전파의 루트였기 때문이다. 21세기 글로벌 시대에 접어들면서 이 두 주제는 더욱더 새로운 관심을 받고 있다. 그런데 여기서 우리가 놓치지 말아야 할 사실들이 있다. 먼저 실크로드가 가장 번성한 시기는 몽골 제국의 시대였다는 점이다. 그리고 팍스 몽골리카Pax Mongolica("몽골의 평화")라고도 불리는 바로 이 시대에 육상과 해상 실크로드를 통해 이루어진 범유라시아적 교류가 근대 세계의 등장에 기여했다는 점이다. 이를 간단하게 도식화해 설명하면 다음과 같다. 몽골 제국의 성립은 유라시아 대륙에 광대한 안전지대를 창출했고, 이는 물품·사람·사상의 교류를 크게 확대시켰다.

그 결과 세계는 (특히 유럽은) 중대한 지적, 상업적 변화와 발전을 경험하게 되었고, 이는 (유럽 중심의) 근대 세계의 형성으로 이어졌다. 그런데 그동안 몽골 제국과 근대 세계의 인과관계를 강조하는 책들은 많이 출간됐지만 실제로 양자를 매개한 "물품, 사람, 사상의 교류"에 대해 구체적으로 살펴보는 책은 그리 많지 않았다. 그런 의미에서 팍스 몽골리카 시대의 실크로드 세계에서 활약한 군 지휘관, 상인, 지식인들의 일대기를 깊이 있고 생생하게 다루는 《몽골 제국, 실크로드의 개척자들: 장군, 상인, 지식인》은 아주 드문 그리고 반가운 책이다.

이 책은 여러 분야의 전문가들이 중국어, 아랍어, 페르시아어, 라틴어 등의 다양한 언어로 쓰인 사료들을 바탕으로 집필한 총 15명의 전기로 구성되어 있다. 전문적인 연구 결과물이지만 흥미진진한 인물들의 극적인 삶을 다루고 있는 만큼 독자들은 가벼운 마음으로, 재미있게 읽을 수 있다. 그리고 순서대로 읽지 않고 각 장을 따로 떼어 읽어도 된다. 《몽골 제국, 실크로드의 개척자들》을 읽으며 독자들은 몽골 제국의 다양한 시공간으로 유쾌한 지적 여행을 떠날 수 있을 것이다. 이 방대한 여정을 마치면 독자들은 몽골 제국이 중국, 이슬람 세계, 서구 세계에 미친 영향들 그리고 육상 및 해상 실크로드가 낳은 문화 교류의 스케일과 다양성에 대해 폭넓은 지식을 얻게 될 것이다.

해가 갈수록 더욱 많은 몽골 제국과 실크로드 분야의 신간 서적이 국내외에서 출간되고 있다. 그중 소수만이 고전의 반열에 오를 것이다. 《몽골 제국, 실크로드의 개척자들》은 틀림없이 그중 한 권이다.

차례

일러두기

- 이 책은 Michal Biran, Jonathan Brack, and Francesca Fiaschetti가 편저한 *Along the Silk Roads in Mongol Eurasia: Generals, Merchants, and Intellectuals* (University of California Press, 2020)를 완역한 것이다.
- ( )와 [ ]는 글쓴이가 덧붙인 내용이고, 〔 〕는 옮긴이가 덧붙인 것이다.
- 연도 뒤에 * 표시를 한 것은 이설이 있어 불확실한 연도를 의미한다. 인명 앞에 * 표시를 한 것은 한자로 된 인명을 로마자로 재구한 것이다.
- 외국 인명·지명 등의 한글 표기는 국립국어원의 외래어표기법을 따르되, 경우에 따라 관행화·통용화된 표기나 원발음에 가까운 표기를 하기도 했다.

서론

❈

미할 비란, 요나탄 브락, 프란체스카 피아셰티

13~14세기에 칭기스Chinggis 칸과 그의 후예들은 이어진 땅덩어리로는 세계 역사상 가장 큰 제국을 건설하고 지배했다(후대의 대영 제국이 몽골 제국보다 더 넓었지만 분산된 영토였다는 의미다). 그 전성기에 제국은 동서로는 한반도에서 헝가리까지, 남북으로는 이라크·티베트·미얀마에서 시베리아까지 뻗쳐 있었다. 몽골 제국은 구세계의 대략 3분의 2를 지배하고 그 세력이 닿지 않는 지역에까지 상당한 영향을 끼쳤다. 유라시아 대륙을 가로지르는 엄청난 이동을 촉발해 사람과 사상과 가공품들이 먼 지역과 문화적 경계들을 넘나들었다. 상품, 사람, 병균, 그 밖의 많은 것의 교류는 유라시아의 정치적·문화적·경제적 활력에 광범위한 영향을 미쳤다. 몽골 제국은 새로운 상업적·외교적·지적 연결망을 도입했을 뿐만 아니라 기존의 것들까지 되살려 구세계의 통합을 상당히 진척시켰다.

이러한 변신의 중심에 실크로드가 있었다. 실크로드는 동아시아를 주로 이슬람 세계 및 유럽과 연결해 몽골 치하에서 번성한 다양한 육상 및 해상 교역로다. '실크로드Silk Road'라는 말은 19세기 말에야 도입됐지만,[1] 구세계를 동에서 서로, 그리고 남에서 북으로 이리저리 연결한 다양한 길은 이미 선사 시대부터 이용돼왔다. 물론 사용된 지역과 교통량은 계속 달라졌지만 말이다.[2]

몽골 시대는 실크로드의 역사에서 새로운 시대였다. 실크로드를 통해 수송된 물량의 크기와 범위가 늘어난 때문만은 아니었다. 몽골의 정복 이전에 실크로드의 교역은 주로 중계무역이었다. 상인들은 혼자서 유라시아 대륙 동쪽 끝에서부터 서쪽 끝까지 전 구간을 여행하지는 않았다. 그 대신 교역은 보다 짧은 범위에서 이루어져 결과적으로 동아시아를 이슬람 세계 또는 유럽과 연결했다. 그러나 몽골 치하에서 개별 상인과 여행자들은 역사상 처음으로 유럽에서 중국으로, 중국에서 유럽으로 전 구간을 다닐 수 있게 됐고 또 그렇게 했다.

실크로드에서 유럽 상인의 존재가 두드러졌던 것은 몽골 시기의 또 다른 새로운 모습이었다. 몽골이 지배하는 유라시아 대륙 대부분의 지역에서 이슬람교도들의 교역망이 여전히 지배적 위치를 차지하기는 했지만 말이다. 여행자 수의 증가와 함께 그들의 다양성 역시 똑같이(어쩌면 더욱) 주목할 만하다. 사절, 군인, 상인과 함께 다양한 분야의 전문가들 역시 대륙을 누볐다. 의약, 천문, 연예, 종교, 군사 분야는 그저 일부 사례일 뿐이다. 더구나 실크로드를 오간 상당수의 무리는 그 자체로서 '상품'이었다. 포로와 노예에서부터 고도로 숙련된 인력에 이르기까지, 이들은 공물로 제공됐다. 이들 모두는 유라시아 대륙 각지로 이동을 강요받았다.

《몽골 제국, 실크로드의 개척자들: 장군, 상인, 지식인》의 각 장은 몽골 치하 유라시아 대륙에서 세 부류의 엘리트 집단에 속하는 개인 남녀들의 이야기에 초점을 맞추어 몽골 시대 실크로드에서의 삶을 보여주고자 한다. 그 세 부류는 군 지휘관과 상인과 지식인이다. 이들은 다양한 환경과 민족 집단 출신들이다. 몽골인·한인漢人도 있고, 이슬람교도와 킵착Qipchaq인·유럽인도 있다. 이들의 개인적 경험들은 칭기스 칸(재위 1206~1227) 시대의 제국 형성기부터 14세기 후반 제국이 붕괴할 때까지 유라시아 대륙에서 일어난 문화 간 접촉과 물리적·사회적 유동성의 양상들을 설명해준다.

배경
— 몽골 제국

세계사에서 '몽골 시기'(1206~1368)는 대개 두 부분으로 나뉜다. 첫 부분은 통일 몽골 제국(1206~1260) 시기다. 이때는 확장을 계속하던 정치체가 몽골의 중심부에서 새로 정복한 땅들을 지배했다. 두 번째는 '몽골 연방' 시기다. 이 시기에는 제국이 네 개의 지역 제국으로 나뉘어 있었다. 칸국khanate(한국汗國) 또는 울루스ulus로 알려진 이 네 개의 몽골 정치체는 각기 중국, 이란, 중앙아시아, 볼가강 유역을 중심으로 하고 있었고, 그 수장은 서로 경쟁하고 있던 칭기스 칸의 지파支派 자손들이었다(몽골어에서 '울루스'는 본래 특정 군주에게 복속된 사람들을 의미했는데, 나중에 이 말은 민족과 국가라는 의미도 지니게 됐다. 현대 몽골어에서도 그러하다). 통일 제국이 분해되면서 대大칸의 도성은 몽골에서 북중국으로 옮겨졌고,

결국 현재의 베이징北京에 정착했다.

몽골의 네 정치체 사이에서는 빈번하고 때로는 피비린내 나는 분쟁도 있었지만, 그들은 칭기스 일족이라는 강한 일체감을 유지하고 있었다. 14세기 중반에 네 제국은 모두 정치적 위기에 휩쓸렸고, 그것은 이란(1336)과 중국(1368)에서 몽골계 국가의 붕괴로 이어졌으며 스텝 지역의 나머지 두 칸국은 상당히 약화됐다.

중국에서 대칸의 국가가 멸망한 것은 일반적으로 세계사에서 '몽골 시기'의 종말로 받아들여진다. 그러나 칭기스 일족은 서부 초원〔흑해 초원과 카스피해 초원〕 지역, 이슬람권 중앙아시아, 인도에서 18~19세기까

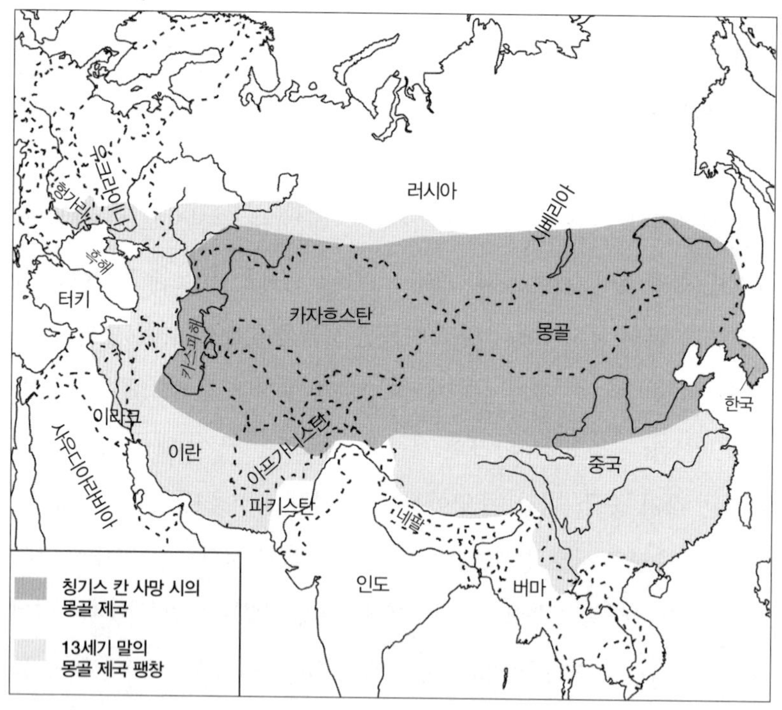

지도 0-1 몽골 치하의 유라시아(1206~1368). (Biran 2007, 12-13에 의함)

지 지배를 이어갔다. 더구나 몽골 제국과 그 정치 구조에 대한 기억은 현대 초에 이르기까지 유라시아 전역에서 제국의 형성과 지배 유형에 계속해서 영향을 미쳤다.

통일 몽골 제국(1206~1259)

제국 영토 확장의 대부분과 제국의 제도 및 세계 지배 이데올로기의 형성은 '대몽골국(예케 몽골 울루스yeke mongghol ulus)'으로 불린 통일 제국 시기에 이루어졌다. 테무진Temüjin은 20년 동안의 피비린내 나는 내전 끝에 1206년 몽골 부족들을 통합하고 칭기스 칸('세계의 지배자' 또는 '냉혹한 지배자'라는 뜻이다)으로서 왕좌에 올랐다. 그는 이후 몇 년(1204~1209)을 신생 국가를 조직화하는 데 보냈다. 칭기스 칸은 이전 내륙 아시아 유목 제국들, 특히 6~8세기의 돌궐突厥 제국이 만들어놓은 선례의 의지해, 자신의 미래 제국을 강화하고자 이데올로기적 개념, 문자 체계, 군사·행정 제도를 차용했다.

새로 조직된 몽골 군대는 그 배양 기간이 지난 뒤 곧바로 병사들이 서로에게 칼을 겨누는 일을 막고 노획물을 나눠주며 성공적인 군사 지도자로서의 칭기스 칸의 이미지를 유지하기 위해 행동을 취해야 했다. 이에 따라 칭기스 칸은 주로 1209년 이후 자신의 군대를 몽골 밖으로 이끌고 나가 약탈에서 점차 정복으로 보폭을 넓혔다. 1227년 칭기스 칸이 죽을 때 그는 역사상 어떤 한 개인이 정복한 것보다 더 넓은 영토를 지배했다. 북중국에서 카스피해에 이르는 지역이었다.

칭기스 칸의 일생에서 하나의 전환점은 중앙아시아에서 이슬람 세력인 화라즘Khwārazm 제국을 상대로 거둔 승리였다. 그들은 13세기 초에 이란에서 약사르테스Jaxartes강(현재 우즈베키스탄의 동부 변경)에 이르는 광대한 제국을 지배하고 있었다. 병합한 지 얼마 되지 않았지만 말이다. 〔"약사르테스강"은 현재의 "시르다리야Syr Darya(시르강)"이다〕. 칭기스 칸은 1220년대 동안에 거둔 군사적 성취를 통해 상당한 영토와 함께, 매우 능력 있는 유목민 전사 같은 인적 자본도 얻었다. 이러한 정복은 또한 칭기스 칸의 행정 및 황실 운영 수단으로서 이슬람교도들의 선례와 인재들을 이용할 수 있게 해주었다. 칭기스 칸 자신과 그 주변의 모든 사람은 서방 원정이 이례적인 성공을 거두자 그가 정말로 세계 지배를 타고난 것으로 확신했다.[3]

칭기스 칸과 그의 후계자들은 어떻게 해서 그처럼 광대한 땅을 정복하고 지배했으며, 게다가 이를 그처럼 짧은 기간에 이룰 수 있었을까? 몇 가지 외부적 요인이 칭기스 일족의 성공에 기여했다. 우선 칭기스 칸이 등장하기 전 수백 년 동안 유라시아 대륙이 정치적으로 분열돼 있었고, 동아시아·중앙아시아·서아시아 등 유라시아 초원 지역에 탈脫유목 국가들이 등장하고 그것이 몽골인들에게 비非유목 민족들을 지배하는 모범을 제시했으며, 마지막으로 내륙 아시아에 근 20년 동안(1211~1225) 매우 많은 비가 내려 말과 축산에 대한 의존도가 아주 높은 몽골 유목민의 군사 조직이 빠르고 광범위하게 팽창하는 데 필요한 초목과 사료를 제공했다.[4]

그러나 몽골이 성공할 수 있었던 중요한 이유는 위의 어느 것도 아니다. 그것은 무엇보다도 칭기스 칸 자신의 정책, 특히 효율적인 자원(인적·물적·정신적) 동원과 군사 및 민사 양면에서 남들로부터 배우고자 하는 실용적 의지 덕분이었다.[5] 군대의 재편성은 칭기스 칸이 자신의 몽골 지배와 제국의 확장을 확보하는 길로 나아가는 큰 발걸음 가운데 하나였다. 군사적 기술 혁신 즉 화기火器의 사용은 그들의 성공에 기껏해야 작은 역할을 했던 듯하다. 군비와 전술의 측면에서 몽골 군대는 대체로 스텝 전투의 전통적 방식을 유지했다.[6] 오히려 몽골인들이 이례적 성공을 거두고 스텝의 주요 군사 자원인 기마 궁수를(그리고 나중 단계에서는 정복한 지역의 정주민 병사들 역시) 동원할 수 있었던 것은 그들의 뛰어난 지도력과 규율과 전략적 계획 덕분이었다.

칭기스 칸은 내륙 아시아의 전형적인 십진 단위(10, 100, 1000, 1만 명) 부대를 유지했지만 군대의 부족部族 구분은 없앴다. 새로운 부대는 서로 다른 부족 출신의 개인들이 뒤섞여 있었다. 그들은 부족의 수장이 아니라 칭기스 칸 자신의 개인적 가신家臣인 누쿠르nökör, 伴當들이 지휘했다. 공적과 충성심에 따라 선발되는 제국의 새로운 엘리트 누쿠르는 칭기스 일족에게 매우 전문적이고 의지할 수 있는 군사 엘리트가 됐다.

그러나 몇몇 부족 가문의 수장들은 자기네 부대의 일부를 유지할 수 있도록 허락받았다. 칭기스 일족에 대한 그들의 충성심은 또한 칭기스 일족과의 혼인을 통해 확보했다. 일부 부족의 정체성은 결과적으로 보다 오래 지속되기도 했지만(또는 교묘하게 부활하기도 했지만), 칭기스 일족이 이 재편성 이후 심각한 부족들의 위협에 직면하는 일은 일어나지 않았다. 몽골인들은 복속한 병사들을 자기네 군대에 대량으로 편입시키고 그들을 여러 십진 단위 부대에 분산시켰다.

군대의 충성은 한편으로 엄격한 징계 조치와 다른 한편으로 전리품의 넉넉한 분배를 통해 더욱 보강됐다. 약탈물의 분배와 병사들의 규율은 모두 유명한 자삭Jasaq, 扎撒(튀르크어로는 야사Yasa)에 의해 인가됐다. 칭기스 칸이 만들었다고 하는, 끊임없이 수정된 법전이다. 자삭의 이행은 새로 임명된 그의 자르구치jarghuch, 扎魯忽赤(판사)들이 감독했다.

칭기스 칸은 더 나아가 내륙 아시아의 초부족적 친위대인 케식keshig, 怯薛이란 제도를 도입했다. 케식은 군 정예 부대, 경찰, 신병 수행원을 합친 것으로, 제국의 새로운 군사 및 행정 엘리트의 '양성소'가 됐다.[7] 이 혼성 부대는 끊임없이 전쟁을 치르면서 정복과 전리품을 얻어내고 혼란을 일으켰다.

몽골이 성공할 수 있었던 또 하나의 중요한 요인은 그들의 군대가 남긴 미증유의 파괴와 그들이 정복 과정에서 저지른 끔찍한 대학살이다(그것이 이후 줄곧 몽골에 대한 이미지를 형성했다). 그러나 그들이 가한 폭력은 무절제한 잔인성으로 인한 것은 아니었다. 오히려 파괴와 폭력은 전략적인 술수로서, 심리전의 수단이자 몽골인들의 수적 열세를 벌충하는 잔인하지만 효과적인 수단으로 행해졌다.

몽골은 자기 영토 둘레에 넓은 파괴 지대를 조성했다. 그것이 향후의 외부 침입을 막는 완충 지대 구실을 해주었으며, 그들의 추가적 확장을 용이하게 하고 가용 목초지를 늘려주었다. 몽골은 나중 단계의 정복에서는 파괴를 상당히 줄였다. 예를 들어 1260~1270년대 남중국에서 그랬다. 더 나아가 일부 지역은 정복 직후에 복구돼 제국의 정주민 중심지로서 번영을 누리게 되기도 했다.[8]

몽골이 성공한 또 다른 중요한 이유는 그들이 남들(복속민과 이웃과 여행자들)로부터 배우려는 의지가 있었고 또한 그렇게 할 능력을 가지고 있었다는 점이다. 이는 특히 군사 분야에서 분명하다. 예컨대 중국과 이슬람 세계 양쪽에서 잡아온 기술자들을 이용한 것과 몽골 수군을 창설한 것이 그렇다. 하지만 몽골은 다른 분야에서도 역시 인재와 혁신에 눈독을 들이고 있었다. 행정, 의약, 천문, 연예 같은 분야들이 그 일부 사례다.

칭기스 칸은 1204년에 이미 몽골어를 기록하는 데 위구르 문자를 채택했고, 이에 따라 글을 아는 참모진을 두었다. 이후 몽골은 정복된 지역을 다스리고 자기네 궁정을 운영하는 데 경험 많은 복속민들을 광범위하게 끌어들였다. 군사적 성공의 경우에도 그랬지만, 재능이 있거나 기술이 있는 사람들을 풍부하게 동원한 것은 몽골의 효율적 통치에 크게 기여했다. 몽골이 종교 자유화 정책을 펴고 종교 엘리트 및 지적 엘리트들에게 존경과 특전을 베푼 것도 복속민들을 더욱 끌어들일 수 있게 했다. 몽골은 교역을 적극적으로 장려해 상인들의 지지를 확보했고, 상인들은 때로 제국 행정에 발탁되기도 했다.

몽골의 성공 그 자체는 그들의 추가적 성공으로 이어지는 마지막 요인이 됐다. 칭기스 칸은 몽골 바깥으로 향한 뒤 단 한 번의 굴욕적 패배도 겪지 않았고, 중국을 공격할 때도 처음보다는 나중에 더 쉽고 빠르게 승리를 거두었다. 칭기스 칸의 정복 기록은 그의 모든 원정을 통틀어 전혀 오점을 남기지 않았다. 매번의 승리는 휘하 병사들의 사기를 더욱 북돋웠고, 적들의 사기는 꺾였다.

칭기스 칸의 군사적 성공은 세계를 정복하도록 하늘(몽골인들이 믿는 하늘의 최고신 '텡그리Tengri')이 정한 권위 있는 지배자라는 그의 대중적 이미지를 강화했다. 칭기스 칸 후계자들의 시대에 세계 정복의 사명은 그의 전체 씨족의 공동 운명이 됐다. 칭기스 왕조의 잇단 승리는 통일 제국 시기 내내 계속됐다. 몽골이 패배를 경험하기 시작했을 때도(예컨대 1258년 베트남과 1260년 팔레스티나에서) 이러한 실패는 제국이 이전에 올린 성과들 덕분에 여전히 하찮아 보였다.[9]

칭기스 칸은 또한 유목 제국들의 중요한 약점 하나를 피하고자 노력했다. 바로 왕위 계승 문제다. 스텝 사회들에서는 몇 가지 중복되고 모순적인 승계 원칙들이 적용돼, 칸이 죽으면 매번 치열한 승계 경쟁이 일어날 가능성이 존재했다. 수직(부자 간) 상속과 수평(형제 간) 상속 모두 흔했고, 연장자와 직계(부계 및 모계) 역시 상속의 요소가 됐다. 게다가 경쟁자의 역량과 전쟁터에서의 성과는 승계자를 결정하는 데서 중대하고 아마도 더욱 큰 중요성을 지녔다.

칭기스 칸은 자신의 후계 문제가 피의 투쟁으로 이어지는 것을 막고자 셋째 아들 우구데이Ögödei(재위 1229~1241)를 후계자로 지명했다. 우구데이는 너그럽고 성격이 좋아 선택됐는데, 그것이 제국을 하나로 유지하는 데 도움을 주어 훌륭한 선택임을 입증했다. 우구데이는 아버지의 군사적 팽창을 지속했을 뿐만 아니라, 그의 통치하에서 제국의 행정·정치·이데올로기는 더욱 발전하고 체계화됐다.

우구데이는 카안 즉 대칸의 칭호를 받음으로써 단지 칸으로만 불린 형제들보다 우월한 위치에 섰음을 공식화했다. 그는 몽골 중부 오르홍Orkhon 강변의 카라코룸Qaraqorum('검은 모래'라는 뜻이다)에 몽골의 수도를 건설했다. 튀르크인들과 위구르인들이 신성한 곳으로 여기는 땅이었다.

우구데이는 또 기마 우편배달 체계인 잠jam, 站(튀르크어로는 얌yam)을 조직화했다. 하루 여정 간격(대략 33~45킬로미터마다 한 군데씩)으로 우역郵驛이 만들어져 인가받은 여행자들에게 동물과 사료와 우편 서비스를 제공했다. 이에 따라 잠을 이용하는 여행자들은 하루에 약 350~400킬로미터의 먼 거리를 이동할 수 있었다. 잠은 궁정에서 내리는 황제의 명령을 빠르고 효과적으로 전달할 수 있게 했으며, 제국의 먼 변방의 정보를 지배자에게 전했고, 이는 사절들이나 몽골 엘리트들과 특별한 관계에 있는 상인들의 여행을 더욱 안전하게 해주었다.[10]

우구데이는 또한 제국의 중앙 행정 기구를 만들어, 군사와 행정 당국을 분리하고 정복 지역에서 전문적 관리들을 채용해 세금 징수와 징병을 통제했다. 몽골의 세계 정복 이데올로기는 더욱 정교화되고 공개적으로 천명돼 새로운 팽창의 물결을 촉발했다. 1234년에 몽골은 칭기스 칸의 숙적인 금金(1115~1234) 왕조를 멸망시켰으며, 1237~1241년에는 유럽을 뒤흔들어 남부 러시아와 우크라이나를 유린하고 멀리 독일까지 진출했다가 헝가리 평원으로 후퇴했다.

1231년 화라즘 제국의 잘랄 앗딘 멩구베르디Jalāl al-Dīn Menguberdī(재위 1220~1231)가 죽은 뒤, 이 이슬람 지배자를 쫓던 몽골의 작은 분견대는 계속 진격해 그루지야(조지아)와 아르메니아를 정복하고, 더 나아가 아나톨리아까지 진격했다. 1241년 우구데이가 죽고 그 맏아들 구육Güyük(재위 1246~1248)이 승계하기 전의 카안 자리가 비어 있던 시기였다. 이 5년 동안은 우구데이의 부인 투레게네Töregene(섭정, 1242~1246)가 제국을 지배했는데, 제국의 팽창은 거의 정지된 상태였다. 구육 역시 또 다른 대규모 정복을 이룩하지 못하고 죽었다. 그러나 상황은 구육의 사촌으로 그를 계승한 뭉케Möngke(재위 1251~1259)의 치하에서 일변했다. 뭉케는 칭기스 칸의 막내아들 톨루이Tolui〔툴루이Tului〕의 아들이었다.

뭉케는 '톨루이 가문의 혁명'[11]으로도 알려진 유혈 쿠데타를 거쳐 권좌에 올랐다. 톨루이의 아들들이 우구데이 가문을 밀어내고 지배 가계 자리를 차지한 것이다. 뭉케의 즉위는 우구데이 가문과 〔칭기스 칸의 둘째 아들〕 차가다이Chaghadai[12] 가문 및 그 지지자들에 대한 대규모 숙청과 함께, 제국의 중앙집권화를 진전시킨 행정 개혁에 의해 확보된 것이었다. 뭉케는 인구 조사를 이용해 방대한 영토의 자원을 동원하고 제국의 팽창을 진전시킬 수 있었다.

뭉케는 자신의 아우들을 임명해 새로운 원정을 이끌도록 했다. 쿠빌라이Qubilai(재위 1260~1294)는 중국으로 보냈고, 훌레구Hülegü(재위 1260~1265)는 서아시아로 보냈다. 훌레구는 우선 이슬람교 시아Shī'a파의 니자르Nizār계 이스마일Ismā'īl 분파인 하샤신Ḥashāshīn파를 정복했다. 이란 북부 산악의 알라무트Alamūt 성채를 근거지로 한 이들은 적들을 은밀하게 살해하는 것으로 악명이 높았다.

1258년 초, 훌레구의 군대는 압바스'Abbas 칼리파국의 중심지 바그다드를 들이쳐, 500년 넘게 이어졌던 이슬람 칼리파국을 멸망시켰다. 훌레구가 서아시아에 출정한 동안에 그의 형 뭉케는 중국 서남부에서 송宋(960~1279) 왕조를 상대로 싸우고 있었다. 1253~1254년, 또 다른 형 쿠빌라이는 오늘날 중국 윈난성雲南省에 있던 대리국大理國을 정복했다. 쿠빌라이는 그 뒤 송 군대와 장강長江에서 전투를 계속했고, 1259년 여름 그곳에서 뭉케의 사망 소식을 들었다.

위에서 대략 묘사한 제국 건설 과정은 몽골 영토와 더 먼 곳의 인적·물적 자원을 대규모로 동원하는 일을 수반했다. 이는 우선 인구 구성에 대한 고려에 기인한 것이었다. 칭기스 칸의 시대까지만 해도 100만 명이 채 되지 않았던 몽골인들은 자기네가 통제하고 있는 지역의 모든 인적·물적 자원을 총동원하고서야 거대한 제국을 건설할 수 있었다. 더구나 기동성은 유목민인 몽골의 문화와 생활 방식에 핵심적 부분이었고, 따라서 그들이 이를 제국의 필요에 사용하는 것은 당연한 일이었다. 칭기스 왕조는 숙련된 개인을 일종의 전리품으로 생각해 제국 전역과 가족 사이에서 분배했기 때문에 수많은 사람이 유라시아 대륙 곳곳으로 이동돼 제국의 군사적·행정적·문화적 필요에 이바지했다.

군대는 개인을 동원하는 중요한 촉매였다. 몽골은 패배한 유목 민족 및 정주 민족들을 데려다가 십진 단위 부대로 조직화하고 대륙 곳곳의

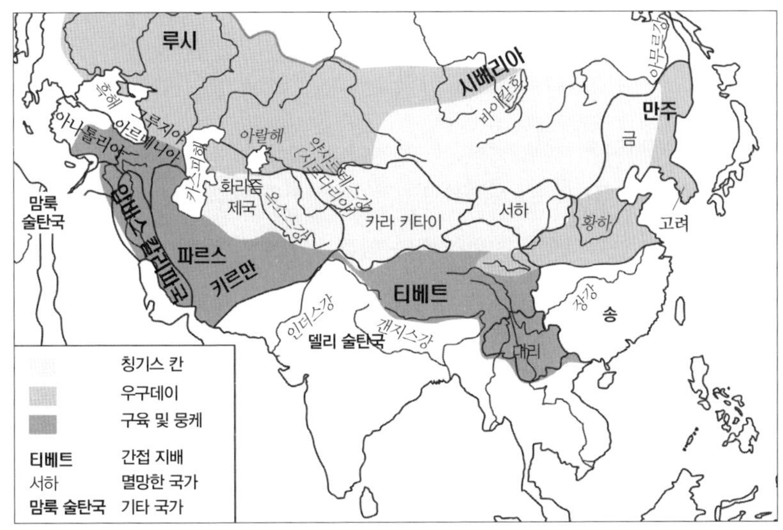

지도 0-2 통일 제국의 정복(1206~1259)

전쟁터로 내보냈다. 몽골의 가공할 군대는 사람들의 대량 탈주를 더욱 부추겼다. 모든 계층과 직업 출신의 난민 무리들이 다가오는 폭풍우를 피해 달아났다. 몽골의 원정은 수많은 포로가 더욱 제국의 노예 시장으로 밀려들게 하고, 개별적 또는 집단적으로 조국을 떠나게끔 했다(물론 대부분 1260년 이후다).

제국은 수많은 농민과 기술자를 이주시켜, 황폐해진 지역을 사람들로 다시 채우고 소생시키려 했다. 몽골인들은 행정, 군사 기술, 교역, 종교, 수공업, 과학, 연예 같은 분야의 전문가들을 구하고자 했다. 이런 전문가들에 대한 모집은 1230년대 말에는 이미 체계화돼 있었다. 인구 조사와 직업적 능력에 따른 주민들의 분류가 정착된 덕분이었다. 통일 제국이 와해된 이후 네 개의 칸국은 자국의 부를 가장 잘 활용하고 자국 왕실의 평판을 높이려 전문가 구인 경쟁을 벌이고 그들을 교환했다.

그러나 몽골의 지배하에서 유라시아 대륙을 가로지르는 유동성은 강제 사항만은 아니었다. 왕실은 하인들에게 후한 보상을 하는 것으로 유명했고, 교역을 장려했으며, 복속민들의 종교에 관용적 태도를 취했고, 이방인을 통한 통치(다시 말해서 비현지인 행정가를 채용한다는 것이다)를 선호했는데, 이 모든 것이 수많은 재능 있는 개인으로 하여금 칭기스 왕조를 섬기도록 이끄는 데 도움을 주었다.

제국 전역에서 전문가들이 광범위하게 이동함으로써 이전에 경험해 보지 못했던 수준의 문화 간 교류가 더욱 촉진됐다. 유라시아 전역에서 교환되고 돌아다닌 것은 몽골인들 자신의 문화적 양상이 아니라 주로 정주 복속민들의 문화적 요소이긴 했지만, 이런 교류의 대부분을 주도하고 그 방향과 정도에 영향을 끼친 것은 몽골 엘리트들이었다.

황실의 대리인들은 사절·상인·관료에서 기술자·군인·인질에 이르기까지 다양했는데, 그들은 몽골 치하 실크로드에서 문화와 사상과 물자를 실어 나른 주역들이었다. 더구나 이들 황실 대리인들은 특히 몽골인들의 문화적 기호와 공존할 수 있는 정주 복속민들의 문화적 요소를 교류하고 전달하는 데 주력했다. 여기에는 의학 전문 기술(즉 치료), 천문학, 점술占術(천명天命을 읽는 것이다), 지리학 및 지도 제작법(이를 통해 군사 정보를 획득한다) 같은 것들이 포함됐다. 몽골인들의 애호와 필요는 문화적 '여과기' 기능을 해서, 사람과 사상과 제품이 유라시아 대륙에서 유통되는 것을 상당한 정도로 좌우했다.[13]

몽골인들은 또한 제국의 범위 너머 멀리까지 뻗치는 경제적 유대 관계를 구축했다. 그들은 실크로드 일대의 여러 교역로를 물려받고 활성화하고 확장했으며, 약탈, 자산 재분배, 과세나 조공, 선물 등 다양한 자원 추출 및 교환 방법을 강구했다. 몽골인들은 안전과 수송 기반 시설을 제공했을 뿐만 아니라 유라시아 교역에서 적극적인 참여자이기도 했다. 투자자와 소비자 두 가지 역할 모두에서다.

교역은 오랫동안 유목민들에게 필수적이었다. 자기네가 가진 자원만으로는 스스로의 모든 필요를 충족시킬 수 없었기 때문이다. 게다가 유목민의 정치문화는 지도자들이 그 추종자들에게 재물을 나눠줄 것이 요구됐다. 예컨대 비단 같은 것인데, 그것은 때로 생산된 것이거나 이웃의 정주민 또는 복속민들로부터 거둔 것이었다.

칭기스 칸은 상업의 이점을 분명히 알고 있었다. 그것은 그의 중앙아시아로의 팽창 뒤에 있는 전제였다. 그리고 이슬람교도 상인 및 위구르 상인들은 가장 이른 시기부터 칭기스 칸을 지지한 사람들이었다. 제국이 성장하면서 조직적 약탈은 사치품을 조달하는 주요 근원이었다. 칸과 귀족들은 흔히 몽골 엘리트들 사이에 재분배된 상당한 양의 재물을 국제 교역에 재투자하는 선택을 하기도 했다. 이에 따라 그들은 자기네 자본을 상업적 대리인인 오르탁ortaq, 斡脫(동업자)에게 맡겼다. 오르탁은 대개 이슬람교도이며 위구르인이었다.

오르탁은 몽골인 또는 다른 유명인을 대신해, 또는 그들의 자금 지원을 받고 움직이는 상인(또는 상사商社)이었다. 그들은 그 대가로 수익의 일부를 받았다. 그렇게 벌어들인 돈은 대개 벼락부자들이 흔히 그러듯이 물 쓰듯 썼다. 그러나 이는 지배자의 위신과 권력을 보여주는 것이기도 했다. 카라코룸의 건설은 교역을 더욱 촉진했다. 몽골의 자원만으로는 그러한 제국의 중심지를 유지하기가 거의 불가능했기 때문이다.

칭기스 왕조는 줄곧 스텝에 머물면서도 정주민 세계가 제공할 수 있는 최고의 것을 즐기기 위해 넉넉히 지불할 태세가 돼 있었다. 많은 상인은 이런 기회를 활용하려 무진 애를 썼다. 그들은 안전한 길과 제국

역참을 이용하는 혜택도 누렸다. 이에 따라 사치품과 보급품普及品 모두에서 국제 교역은 정복 직후에 재개됐고, 육상 실크로드를 통한 교역은 통일 제국 시기에 다시 한 번 증가세를 나타냈다.[14]

'몽골 연방' — 1260년 이후의 정치체들

뭉케의 사망 직후 분출된 후계자 싸움은 쿠빌라이Qubilai(재위 1260~1294) 카안의 승리로 끝났지만, 그 여파는 제국의 분할로 이어졌다. 그 과정을 부채질한 것은 제국의 엄청난 덩치였다. 그것이 제국의 관리를 점점 더 어렵게 만들었기 때문이다. 게다가 제국이 스텝의 생태학적 경계 너머로 확장되면서, 울루스들을 하나로 묶어주는 구실을 했던 군사적 팽창이 더는 쉽지 않아졌다. 결국 통일 제국은 네 개의 큰 울루스(또는 칸국)로 대체됐다.

나중에 원元(1271~1368) 왕조로 알려지게 되는 대칸의 칸국은 몽골어로는 '카안 울루스'이며, 중국과 몽골·티베트·한반도·만주를 지배하고 다른 지역 정권들에 대한 명목상의 우위(논란이 없는 것은 아니지만)를 인정받았다. '복속 칸들의 제국'이라는 뜻의 일Il 칸국(1260~1335)은 몽골어로 '울루스 훌레구'(창건자인 훌레구의 이름을 딴 것이다)이며, 현대의 이란·이라크·아제르바이잔·투르크메니스탄과 아나톨리아 일부, 캅카스 지역을 지배했다. 금장金帳(1260~1480) 칸국[킵착 칸국]은 몽골어로 '울루스 주치Jochi'(칭기스 칸 맏아들의 이름을 딴 것이다)이며, 헝가리 동부 국경에서 시베리아에 이르는 유라시아 초원의 서북부와 러시아의 공국公國들을 지배했다. 차가다이 칸국은 몽골어로 '울루스 차가다이'(칭기스 칸 둘째 아들의 이름을 딴 것이다)이며, 동부 신장新疆(중국)에서 우즈베키스탄에 이르는 중앙아시아에서는 테무르Temur(재위 1370~1405)가 권좌에 오르는 1370년까지, 동부 중앙아시아는 17세기 말까지 통치했다.

차가다이 울루스는 14세기 초까지 우구데이 울루스와 중앙아시아를 나누어 통치했다. 우구데이의 손자 카이두Qaidu(재위 1271~1301)는 뭉케 치하에서 꺾였던 우구데이 울루스의 권력을 회복시켰다. 카이두는 중국에 있는 대칸의 권위를 인정하기를 거부하고, 재위하는 동안 원나라와 일 칸국을 침략했다. 차가다이 울루스가 그를 지원하기도 했다. 또 다른 갈등은 주치 울루스와 차가다이 울루스가 아제르바이잔과 후라산Khurasan의 권리를 주장해 일어났는데, 이 두 지역은 훌레구의 서방 원정 이전에 정복된 곳으로 이후 신생 일 칸국에 편입돼 있었다.

이러한 분쟁이 지속되고 있었지만 네 정치체는 칭기스 일족으로서 강한 일체감을 지녀 스스로를 '형제 국가'라 생각했다. 더구나 네 칸국은 케식, 자삭, 잠, 자르구치, 다루가치darughachi, 達魯花赤, 오르도ordo, 斡魯朶 같은 몽골의 제도를 공유하고 있었고, 이는 지역적 변이 및 현지 제도들과 공존하고 있었다.[15] 1304년에 칭기스 왕조 정치체들은 평화 조약을 논의했다. 하지만 그것은 중앙아시아에서 또 하나의 내부 갈등으로 이어져 결국 우구데이 울루스의 멸망을 초래했다. 20년 후인 1320년대 초에 네 정치체는 마침내 중국에 있는 대칸의 우위를 인정했다. 물론 이 시점이 되면 대칸은 명목상의 권위에 불과했다.

'몽골 연방'에서 이런 평화로운 시기는 오래 지속되지 않았다. 14세기의 전 세계적 저온 현상 및 이와 관련된 자연 재해는 14세기 중반에 더욱 심해졌는데, 그것이 유목민 및 정주민 사회 모두에 큰 타격을 입혔다.

14세기 중반에는 이란의 일 칸국과 중국의 원나라가 붕괴했고, 스텝의 두 칸국도 상당히 약화됐다. 따라서 14세기 중반은 세계사의 '몽골 시기'에 종지부를 찍은 시기였다.

1260년 이후의 시기에는 또한 각 정치체 안에서 몽골인들과 현지 사회들 사이에 관계 개선이 점차 이루어지고 있었다. 이 점진적 과정은 실제적 고려에 의해 촉진됐다. 현지 엘리트들의 인정과 협력을 얻고 전반적으로 보다 효과적인 지배를 하기 위한 것이었다. 이는 또한 몽골인들(특히 그 비非귀족층)이 수적으로 정복자들보다 훨씬 우세한 현지 주민들에 점점 더 동화되면서 촉발됐다.

몽골인들의 동화는 그들이 보편적 세계 종교를 받아들인 데서 더욱 드러났다. 중국에서는 불교였고, 나머지 몽골 칸국들에서는 이슬람교였다. 또한 몽골이 정주민들의 제국 모델을 받아들인 것 역시 마찬가지다. 주로 그러한 모델이 존재했던 중국과 이란에서다. 그러나 전형적인 유목적 융합에서는 칭기스와 관련된 것이든 종교적인 것이든 지역적인 것이든, 다양한 정통성과 다양한 공간의 개념들이 모두 몽골 국가 안에서 공존했다. 그것들은 서로 배치된다고는 결코 생각되지 않았다.

1260년 이후의 몽골 정치체들은 계속해서 칭기스 칸의 세계 정복 이데올로기에 매달렸다. 그러나 1260년 이후 그것을 실행하기는 훨씬 더 어려워졌다. 몽골 내부의 갈등은 이전 시기 원정들에서 특징적이었던 방대한 제국 자원의 동원을 방해했다. 칸국들은 자국 군대를 경쟁 울루스들에 맞서 국경을 방어하는 데로 돌리지 않을 수 없었다. 확장을 위한 노력에 집중할 수가 없었던 것이다.

더구나 1260년이 되면 제국은 그 모든 국경에서 스텝 유목 생활의 생태학적 경계에 이르러 있었다. 따라서 추가적 확장을 위해서는 군사 조직,

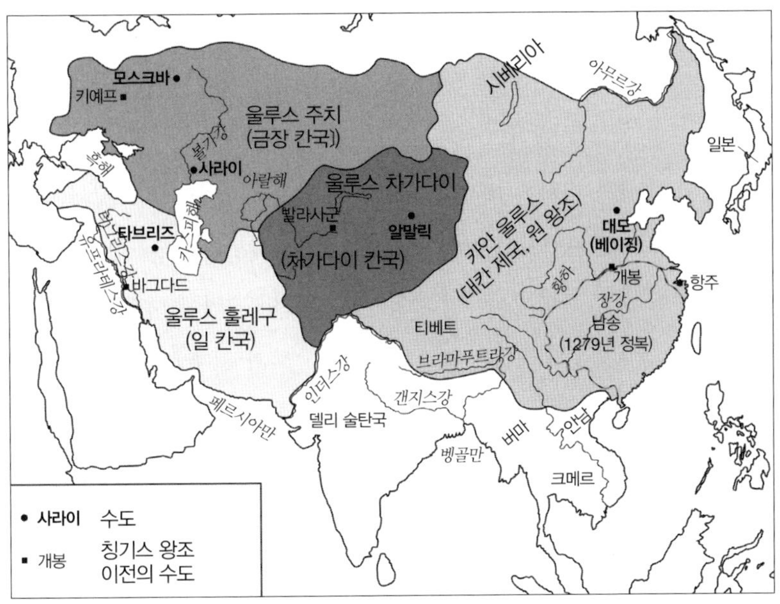

지도 0-3 '몽골 연방': 1290년 무렵의 네 울루스

전쟁 기술, 그리고 그들이 이전에 치렀던 경기병輕騎兵 원정에서와는 상당히 다른 장비가 필요했다. 몽골인들은 중국과 고려의 보병 및 수군을 동원하고 이란 공성전 기술자들의 도움을 받아 생태학적 경계를 깨고 남중국으로 들어갔으며, 이 지역에서 그들은 경제적 측면이나 정통성 측면 모두에서 단연 가장 큰 이득을 얻을 수 있었다.[16] 그러나 그들은 다른 변경에서는 그만한 성과를 거두지 못했다.[17] 이렇게 몽골의 팽창은 1270년대 말부터 대체로 중단됐다.

그러나 제국의 분할 이후 몽골의 팽창이 둔화된 것은 몽골 치하 실크로드에서 교역 활동의 확대가 가속화한 것과 일치한다. 조세가 전리품을 대신해 주 수입원이 되면서 몽골 정부는 지역 및 국제 상거래를 장려했고, 그것이 세금, 시장, 이익, 그리고 위신을 제공했다. 칸국들은 상업 전문가들을 데려가려 경쟁했고, 대륙 횡단 여행을 위해 기반 시설을 만들었으며, 문명 횡단(동-서) 및 생태 횡단(남-북) 교류를 용이하게 하는 데서 중요한 역할을 했다.

남부의 송나라 정복은 대륙 실크로드 교역을 해상 교역망으로 확대한다는 측면에서도 결정적이었다. 원나라는 이후 번성하는 중국 남부의 항구들을 장악했고, 중앙아시아의 갈등으로 대륙의 교역이 지장을 받자 그들은 해상 교역로를 택했다. 중국의 항구들, 특히 천주泉州(현재의 푸젠성 福建省)는 국제 교역의 중심지가 돼서 인도, 이슬람 세계, 동남아시아, 유럽의 상인들을 끌어들였다.

교류의 주축은 인도양을 통한 것이었다. 남중국(동아시아와 동남아시아에서 산출되는 상품의 종점과 중계역)과 인도 사이, 인도와 페르시아만 또는 홍해 사이이다. 그곳에서 화물은 육로를 통해 이란·이라크·아나톨리아·유럽(동유럽과 서유럽 모두)으로 가거나, 해로를 통해 이집트와 지중해를 거쳐 유럽으로 가거나, 아니면 아덴에서 동아프리카 해안으로 갔다. 조금 짧은 해로는 흑해의 금장 칸국 항구들과 이집트 사이의 활발한 노예 무역에 이용됐다. 여기에는 이슬람교도 상인들, 이탈리아 상인들, 동로마 상인들이 관여했다.

해상 교역로와 육상 교역로는 서로 긴밀하게 연결돼 있었다. 흑해의 항구들은 대륙 교역로를 통해 동방에서 오는 사치품들을 제공했다. 항해가 위험하다고 생각되는 계절 동안에는 상인 행렬들이 인도 해안에서 내륙으로 향했다. 이 활발한 초기 세계 교역은 1320~1330년대에 절정을 이루었다. 더 나아가 이것은 1335년 일 칸국의 멸망 이후에도 살아남았다. 교역로를 이란에서 금장 칸국 쪽으로 돌린 것이다. 그러나 유럽과 서아시아에서 흑사병이 유행한 직후인 1368년 원나라가 무너지고 그것

이 또한 금장 칸국에서 일어난 추가적 격변과 겹치면서 몽골의 국제 교역 체계는 크게 위축됐다.[18]

장군, 상인, 지식인의 이동

《몽골 제국, 실크로드의 개척자들》은 세 엘리트 집단 출신의 개인 이야기에 초점을 맞춤으로써 실크로드 일대의 삶의 모습을 보여준다. 군 지휘관과 상인과 지식인이다. 그들의 개인적 경험은 13~14세기 몽골 치하 유라시아 대륙에서의 문화 간 접촉과 물리적·사회적 유동성의 양상을 밝혀준다.

우리가 이 개인들을 세 집단으로 분류한 것은 때로 자의적으로 보일 수 있을 것이다. 그들의 이력은 흔히 한 범주 이상과 겹치고, 따라서 그들을 쉽게 관리나 사절 같은 다른 집단으로 배정할 수도 있었을 것이다. 이에 따라 추이하오邱軼皓가 제7장에서 그 이력을 살피고 있는 이슬람 상인 자파르 화자Jaʿfar Khwāja는 상인으로 이력을 시작했지만, 또한 몽골 군대를 이끌고 금나라 수도(현재의 베이징)를 공격했으며 결국 몽골을 위해 이 도시를 통치했다. 행정 책임자로서 그는 자신이 이슬람교도 신분임에도 불구하고 심지어 도교 도사나 유학자들과도 대화를 나누었다.

다른 인물들, 그리고 일반적으로 엘리트 집단에 새로 들어온 많은 사람은 박식가여서 여러 분야에 정통했다. 요나탄 브락Jonathan Brack이 제11장에서 검토하고 있는 이슬람교도인 일 칸국 대신大臣 라시드 앗딘Rashīd al-Dīn(1247*~1318)은 강력한 사례다. 그는 책을 많이 쓴 역사가이자 신학자였고, 궁정 의사이자 요리사였으며, 농업과 작물학에 특별한 관심을 가지고 있었다. 하지만 이 모든 것은 정부의 수석 대신으로서의 역할에 비하면 부수적인 것이었다.

이 책에서 검토하고 있는 유능한 여성들은 주로 그들의 고귀한 가계와 칭기스 왕조와의 혼인 관계 때문에 유명해진 반면에, 여기서 논의되고 있는 남성들은 모두 다양한 능력을 바탕으로 새로운 엘리트 대열에 합류했다.

이 책이 전해주는 인생 이야기들은 몽골 치하 유라시아 대륙에서의 서로 다른 이주 유형을 더욱 분명하게 드러낸다. 여기에는 일시적이거나 영구적인 이전이 있고, 강압적·강제적이거나 자발적인 이주가 있고, 개별적이거나 집단적인 이동이 있고, 또한 난민이나 일자리 및 공부와 관련된 이주가 있다. 그들의 이동은 통일 제국 시절에는 주로 정치적 요인에 의해 유발됐고, '연방' 시기에는 경제적 요인에 의해 이루어졌다. 그러한 이동을 더욱 자극한 것은 혼인, 외교적 임무, 행정관 임명, 지식 추구 등이었다.

군 지휘관들은 몽골 제국의 건설과 팽창에서 중심적 역할을 했다. 몽골인과 비몽골인 장군들은 군사 원정을 이끄는 책무를 띠고 출정해 흔히 자기네의 작전에서, 그리고 나중에 담당 지역 통치에서 상당한 재량권을 행사했다. 이는 사라 누르 이을드즈Sara Nur Yıldız가 제2장에서 몽골 장군 바이주Baiju, 拜住(?~1260)와 그의 서아시아 원정을 다루면서 설명하고 있다.

군 지휘관들은 그들의 군사적 능력 외에 칭기스 왕조에 대한 불굴의 충성심 때문에도 귀중하게 여겨졌다. 그들의 충성심은 친위대인 케식의 발탁을 통해(그곳에서 장래의 장군들은 장래의 황제들과 함께 훈련받는 경우가 흔했다), 그리고 황실과의 혼인을 통해 확보됐다.[19] 제국과 그 계승 국가들에서 후계자 다툼이 자주 벌어졌던 데서, 특정 칭기스 가계에 대한 충성심이 장군들의 운명을 좌우하는 결정적 요소임이 드러났다. 바이주의 경우에서처럼 그들은 결국 자신의 축출이나 처형으로 이어질지도 모르는 왕권 다툼의 기로에 서게 될 수 있었다. 또는 제6장의 킵착 출신 원나라 장군 툭투카Tuqtuqa(1237~1297)와 그의 자손들에 대한 연구에서 베레드 슈라니Vered Shurany가 보여주듯이, 군 지휘관들은 새 카안의 선택 과정에 깊숙이 개입해 자기네 부대의 충성심을 좋아하는 후보를 지원하는 데 사용할 수도 있었다.

군대는 사회 이동성 및 통합과 함께, 유라시아 대륙 각지의 개인과 집단, 그리고 기술을 동원하기 위한 촉매제이자 통로였다.[20] 여러 민족 출신의 노련한 병사와 포로·탈주자·난민이 흔히 군사 조직에 편입됐다. 일부는 높은 자리에 오르고 더 나아가 자기 자리를 자손에게 물려주어 '작은 왕가'를 만들기도 했다. 킵착 출신 장군 툭투카의 경우가 그랬다. 툭투카의 아버지는 1230년대 몽골군의 유럽 원정 때 그들에게 항복했고, 툭투카는 그 자손들과 함께 중국 사회에서 뿌리를 내렸다. 몽골 칸들은 비非토착 장군들을 중용했는데, 이들이 흔히 적대적이게 마련인 정복지 출신 엘리트나 변덕스러운 자기네 몽골 엘리트보다 더 믿을 만하다고 생각한 것이다.

그러나 외국인과 포로를 발탁하는 관행은 몽골인들만이 가지고 있던 것이 아니었다. 제5장에서 아미르 마조르Amir Mazor가 보여주듯이, 몽골인 포로와 탈주자들 자신은 몽골의 적군에서 소중한 군사적 자산 역할을 했다. 더구나 마조르와 제1장의 플로렌스 호두스Florence Hodous가 보여주듯이, 충성심의 충돌이 일어날 때 민족적 유대감이 언제나 결정적 요소인 것은 아니었다.

그러나 능력 있는 현지 장군들 역시 높은 자리에 올랐다. 한인 장군 곽간郭侃(1217~1277)과 양정벽楊庭璧(1270~1280년대 활동)의 경우가 그랬다. 더욱이 두 장군은 자기네 출신 지역과는 멀리 떨어진 곳에서 몽골군을 지휘했다. 지휘관들은 업무를 수행하는 데서 기술적 전문 지식과 다재다능함으로 더욱 소중하게 여겨졌다. 단순히 군사적인 것만이 아니라 행정, 외교, 그 밖의 다른 유형의 업무에서다.

게다가 군대의 동원은 군사 기술의 전수 및 흡수의 통로였다. 특히 수군과 공성전의 기술이 그렇다. 장군들은 자기네가 가진 기술력과 전문 지식을 통해 이러한 기술 교류를 촉진하는 데 이바지했다. 따라서 호두스가 논의했듯이, 곽간은 바그다드와 더 서쪽에서 벌어진 몽골의 원정에서 한인 투석기 기술자들을 이끌었고, 이를 통해 유라시아 일대에 실전 기술을 전파하는 데 이바지했다.

지휘관들이 환경, 정치, 여타의 새로운 도전에 직면했을 때 펼쳐 보인 개인적 진취성과 창의적 대응은 특히 한인 장군 양정벽의 사례에서 두드러진다. 무카이 마사키向正樹와 프란체스카 피아셰티Francesca Fiaschetti가 제4장에서 보여주듯이, 양정벽은 원 왕조가 인도양 해안의 번성하는 항구들에 발판을 마련하려는 그의 노력에서 자신이 지닌 항해와 중재와 외교 기량을 발휘했다. 그는 원나라의 해상 진출을 진전시키려 인도의 현지 엘리트들과 협력했다.

마지막으로, 미할 비란Michal Biran이 제3장에서 보여주듯이, 몽골 제국에서는 여성도 군사 분야에서 적극적 역할을 수행할 수 있었다. 대체로는 지원과 병참 역할이었지만, 드물게는 장군으로 활약하기도 했다. 비란은 여기서 이례적 사례 하나를 탐구한다. 중앙아시아의 공주 전사 쿠툴룬Qutulun(?~1307)이다. 쿠툴룬은 독자적으로 부대를 이끌었으며,

전투에 나가 남성 장군들을 물리친 것으로 유명하다.

상인들은 몽골 치하 실크로드의 진정한 중개자로서 지역, 지역 간, 그리고 대륙 규모의 여행로 및 교역로를 한데 연결했다. 유라시아 대륙의 지형, 언어, 회계 방식에 대한 상인들의 지식은 칭기스 칸의 시대 이후로 그들이 제국의 대리인으로서 특히 유용한 존재가 될 수 있게 했다. 이는 앞서 언급한 자파르 화자의 이력이 예시하고 있다.

제9장에서 마타냐 길Matanya Gill은 다른 장에서도 언급되는 몽골의 상업적 제휴 관계인 오르탁을 검토한다. 그는 바그다드의 진주 상인 가문인 티비Ṭībī 가문(그 교역망은 중국·인도·아프리카·서아시아까지 뻗쳐 있었다)의 세계 교역을 분석하고, 그들이 사용한 가족 연결망과 조공품 및 조세에서부터 몽골 궁정과의 귀중한 오르탁 제휴 관계에 이르기까지 다양한 교역 메커니즘을 설명한다.

실비어 코바치Szilvia Kovács가 쓴 제10장 역시 몽골이 교역에 적극적으로 개입한 데 초점을 맞추어, 흑해 지역에서 제휴 관계를 맺고 교역과 종교 간 교류를 촉진하는 데서 몽골 엘리트 여성이 해낸 역할을 강조한다. 이 여성은 금장 칸국의 칸 우즈벡Özbek(재위 1313~1341)의 아내 타이둘라Taydula(?~1361)다. 통일 제국 치하에서의 흑해 무역과 그것이 베네치아 및 카라코룸 양쪽과 연결돼 있었음도 존 기브프리드John Giebfried가 제8장에서 검토한다. 그는 십자군 세력이 보낸 사절인 플랑드르 출신의 보두앵 드 에노Baudouin de Hainaut(1260년 무렵 활약)의 생애와 여행에 초점을 맞추었다.

제2부의 각 장은 모두 몽골 치하에서 실크로드의 육상로가 주로 동북쪽으로 이동했음을 입증하고 있다. 이러한 변화는 처음에 몽골 수도 카라코룸을 포함하기 위해 이루어졌고, 나중에는 대도大都[베이징], 타브리즈

Tabriz, 사라이Sarai, 알말릭Almaliq 등 새로운 몽골 수도들의 건설에 따른 것이었다. 이들은 모두 이전 수도들인 항주杭州, 바그다드, 키예프, 발라사군Balāsāghūn에 비해 북쪽 스텝에서 가까웠다.[21]

몽골은 또한 남쪽 해상로에도 영향을 미쳤다. 길과 무카이·피아셰티가 쓴 두 장이 예증하듯이 '몽골 연방' 때에는 원나라와 일 칸국이 자국의 영향력을 인도양의 해상 교역망으로 확장하는 데 더욱 큰 관심을 가지고 있었고, 이에 따라 동남아시아에까지 이르는 여행자와 상품 물량이 증가했다. 몽골인들은 해상로를 육상로와 연결해 구세계 전역에 걸치는 초보적 세계 교역 체제를 만들어냈다. 떠돌이 및 이주 학자 같은 다른 개인 여행자들 역시 이렇게 해상로와 육상로가 서로 연결된 덕을 입었다.

몽골에서 일한 지식인들도 상인들과 마찬가지로 문화 간 교류와 과학 교류의 중개자로서 중요한 역할을 했다. 특히 의약, 천문, 역사, 언어 등 몽골인 자신들의 문화적 기호에 매우 적합한 분야의 전문가들이 흔히 제국의 민간 행정 분야에 발탁됐다. 더구나 아들들과 함께 중국의 원나라 조정에서 일한 서아시아 기독교도 이사 켈레메치ʿĪsa Kelemechi, 愛薛(1227~1308, '통역 이사')를 다룬 13장에서 김호동이 보여주듯이 지식인들, 특히 이사 같은 박식가들은 흔히 칸을 대신한 사절로 파견되기도 했다. 그들이 다양한 언어에 대한 지식을 지녔고 문화적 중개자로서의 능력이 있어서였다.

몽골인들은 특히 천문학·점성술과 그 밖의 형태의 점술('미래학')을 중요시했고, 그러한 전문가들을 고용해 자기네가 군사적·행정적·개인적 결정을 내리는 데 도움을 얻고자 했다. 몽골인들은 자기네들을 위해 일하고 있는 중국과 이슬람 양쪽 천문 전문가들에 더해 수많은 다양하고

심지어 상충하는 전문가들의 견해를 수집하고 기록하고자 했다. 이란의 훌레구의 궁정에서 일한 중국인 도교 의사 겸 아마추어 천문학자 부맹질傅孟質에 관해 이사하야 요이치諫早庸一가 쓴 제12장은 부맹질이 이슬람교도 천문학자들과 만나, 몽골의 지배로 아시아 전역에서 과학적 교류가 시작됐다는 놀라운 식견과 함께, 지식 전파와 문화 간 적응성을 방해하는 장애물에 대해서도 알게 됐음을 밝힌다.

또한 14세기 중앙아시아의 떠돌이 이슬람교도 학자 잘랄 앗딘 알아하위Jalāl al-Dīn al-Akhawi를 다룬 오르 아미르Or Amir의 제15장과 파드샤흐Pādshāh(1256~1295) 카툰에 관한 브루노 데 니콜라Bruno De Nicola의 제14장도 엘리트의 후원이(예컨대 여행자 숙소나 학교 같은 학자들을 지원하기 위한 기관 설립을 통한) 지식인들의 이동을 가능케 하고 더욱 증가시킨 주요 기제 가운데 하나였음을 보여준다. 아미르의 글은 또한 학자들이 지식 추구를 위해 놀라울 정도의 거리를 여행한 사실도 설명한다. 그는 이슬람교 하나피Ḥanafi 학파의 연결망에도 관심을 갖는다. 이 학자들은 튀르크-몽골 후원자들에 의해 만들어진 새로운 기회를 이용해 몽골 지배 영역을 훨씬 넘어선 지역까지 도달하고 기성의 또는 신생의 이슬람 교육 및 학술 중심지들을 하나로 연결했다.

데 니콜라의 글은 이슬람교도 왕비 파드샤흐 카툰의 독특한 사례에 초점을 맞추고 있다. 파드샤흐는 두 명의 이교도 몽골인 황제와 혼인했음에도 불구하고 이슬람 문화를 후원했을 뿐만 아니라 스스로 거기에 헌신했다.

마지막으로, 라시드 앗딘을 다룬 브락의 제11장은 직접 유라시아 대륙을 가로질러 여행하지 않은 사람이라도 이슬람교를 가로지르는 교류를 기록하는 데서 지식인들이 중요한 역할을 했음을 입증한다. 브락은 일 칸국 궁정이 종교 간 대화와 토론의 무대로서 기능했음을 강조하며, 신참자들(이 경우에는 불교 승려들이다)에 대한 라시드 앗딘의 태도가 모호했거나 적대적이었지만 그의 저작은 여전히 이러한 상호작용을 기록하고, 새로운 지식을 그의 이슬람교도 독자들에게 번역하고 전달하며, 그것을 완전히 무시하지 않고 거기에 이의를 제기하는 데서 결정적 역할을 했음을 밝힌다.

자료

《몽골 제국, 실크로드의 개척자들》에서 다루는 개인들이 몽골 제국의 대단한 다양성을 보여주고 있듯이, 그들의 이야기를 드러내기 위해 사용한 문서 자료들도 그러하다. 우선 제국을 연구하는 데 사용한 자료의 언어가 다양하다는 사실을 지적해둘 필요가 있다. 몽골어와 한문은 물론 페르시아어, 아라비아어, 라틴어, 러시아어, 아르메니아어, 그루지야어 등이다. 또한 우리의 자료는 형태도 다양하고 보관돼 있는 곳도 다양하다. 페르시아어 연대기, 아라비아어 전기집傳記集, 한문으로 된 비문碑文과 지방지地方志, 러시아어로 번역된 몽골어 조칙詔勅, 이탈리아어 무역 문서, 라틴어 여행기 등등.

작가들의 문화적 세계에서 정보를 얻은 개인에 대한 다양한 서술 방식 또한 이 책에서 드러난다. 예를 들어 1369~1370년 편찬된 중국의 몽골계 원 왕조의 정사인 《원사元史》의 핵심은 〈열전列傳〉에 할애됐는데, 제공된 정보의 대부분은 해당 인물이 역임한 관직과 군 또는 관직 위계에서의 승진에 관한 것들이다. 그들 삶의 다른 세부 사항들에 대해서는 기록이 없다.[22] 관직 목록은 또한 중국의 사적인 전기 서술에서도 두드러진다. 이런 전기는 주로 대상 인물의 자손들로부터 부탁을 받고 쓰는 것이다. 여기에는 일화들이 좀 더 많지만, 목적이 대상 인물을 찬양하는 것이어서 곧이곧대로 믿어서는 안 된다.[23]

반면에 중세 아라비아어 전기집들은 우리가 연구하는 개인들에 대한 생생한 일화들을 제공할 수 있지만, 이 이야기들은 흔히 과장되거나 완전히 허구적인 것으로, 작가들이 문학적 호소력과 오락적 가치를 위해 집어넣은 것이다.[24] 더구나 그런 전기들은 흔히 이슬람교도인 대상 인물의 신앙심이나 그를 가르친 스승의 긴 목록에 초점이 맞추어져 다른 중요한 세부 사항이 들어갈 여지를 줄이고 있다.[25]

이 책에서(그리고 몽골 제국 일반의 연구에서) 사용된 자료 대부분은 몽골인 스스로가 기록한 것이 아니라 그 복속민들과 이웃들이 기록한 것이다. 이 중국인이나 이슬람교도·기독교도 필자들은 각기 자기네 문명의 개념과 전제뿐만 아니라 지역의 역사 서술 전통의 한계 내에 있기 때문에 그들의 관점이 또한 우리의 몽골에 대한 이해를 방해할 수 있다. 그렇지만 우리는 이용할 수 있는 소수의 몽골 토착 자료[26]를 이용할뿐더러 제국의 다른 지역에서 나온 자료들을 더욱 대조하고 비교함으로써 몽골인 스스로의 목소리를 복원할 수 있다. 이 책의 많은 글도 그렇게 했다. 몇몇 장은 또한 역사 서술상의 우려가 있기도 한데, 이것은 몽골 제국 역사를 연구하는 사람들에게 피할 수 없는 일이다.

이 책에 나오는 개인의 이야기들은 다양한 1차 자료의 무더기에서 몽골 제국을 연구하기 위한 새로운 정보를 드러낼 것이며, 또한 독특하게도 신속하고 광범위한 변신을 이루었던 한 시기의 사회사 및 문화사에 중요한 통찰을 제공할 것이다. 각 글들은 몽골 치하 실크로드의 정치사·군사사·경제사·문화사를 새롭게 조명해, 문화적 적응(몽골인과 그 복속민들의), 제국의 행정, 민족성, 성별, 외교, 종교 및 과학 교류 같은 문제들을 설명한다.

함께 읽든 떼어 읽든 이 글들은 중국, 이슬람 세계, 서방에 대한 몽골 제국의 영향을 주제로 한 어떤 토론에도 흥미로운 출발점을 제공할 것이다. 또한 몽골 치하에서 나타났던 다면적 유동성과 문화 간 교류의 규모, 다양성, 함의를 생생하게 실증해준다.

주

1 '실크로드'라는 말은 1860~1870년대에 중국 지도를 만든 독일 지리학자 페르디난트 폰 리히트호펜Ferdinand von Richthofen 남작이 1877년 처음 만들었다. 그는 '실크로드'라는 이름을, 중국과 유럽을 연결하는 길에 적용했다. 그 이름을, 계획하고 있는 철도에도 적용하려는 생각이었다(Hansen 2015, 6-8). 폰 리히트호펜 자신은 '실크로드'라는 포괄적 용어 속에 여러 개의 가능한 길을 포함시켰고, 이에 따라 '실크로드'는 대륙과 해양의 길들을 포괄하는 것으로 확대되기 전에도 결코 단일한 길을 가리키지는 않았다. 따라서 '실크로드들'이라는 복수형이 보다 적절한 말이다.

2 몽골 시대 이전의 실크로드에 관해서는 de la Vaissière 2014; Hansen 2015; Frankopan 2015, 1-157.

3 Biran 2007, 47-73.

4 Pederson et al. 2014.

5 Biran 2007, 69-173.

6 May 2012, 130-57; Biran 2021, 220-56; cf. Haw 2013.

7 Biran 2007, 41-43; Biran 2015; Biran 2021; May 2007.

8 Biran 2015; May 2007.

9 Biran 2007, 69-73; Biran 2021.

10 잠에 관해서는 예컨대 Silverstein 2007, 141-64; Allsen 2011; Shim 2014; Vér 2019.

11 May 2018, 144-80.

12 차가다이는 칭기스 칸의 정실에게서 낳은 둘째 아들이었다.

13 Allsen 2001; Biran 2015.

14 Allsen 1997; Allsen 2019; Biran 2015.

15 Kim 2009; Biran 2021.

16 Rossabi 1988, 76-95; Davis 2009.

17 일 칸국은 14세기 초까지 시리아에서 맘룩 술탄국과 싸웠지만 지속성 있는 성과를 거두지 못했다. 일 칸국은 맘룩의 손에서 시리아를 빼앗아내지 못하자 결국 1323년 평화 조약을 체결할 수밖에 없었다(Amitai 2005; Amitai 2013, 15-36). 차가다이 칸

국과 금장 칸국은 정복 원정을 완전히 포기하고 각기 북인도와 동유럽 약탈로 되돌아갔다. Jackson 1999, 218-37; Biran 2009; Vásáry 2009. 중국에서는 몽골의 1279년 남송 정복 이외의 추가적 원정은 부분적 성과만 거두었을 뿐이거나(1280~1290년대의 버마와 베트남), 완전한 재앙이었다(1274년과 1281년의 일본 및 1292년의 자와섬). Rossabi 1988, 99-103, 207-20.

18 Biran 2015; Biran 2021.

19 May 2007, 37-72.

20 Allsen 2015.

21 Biran 2004.

22 《원사》 같은 중국의 왕조사 편찬에 관해서는 Twitchett 1992; 원나라의 자료에 관해서는 Wilkinson 2012, 특히 775-87.

23 사적으로 기록된 비문으로는 묘지명墓誌銘과 신도비神道碑 등이 있다. 이들 자료와 《원사》 〈열전〉의 관계에 대한 최근 연구에 대해서는 Humble 2017, 특히 19-83.

24 Little 1970, 102-6, 112-13.

25 아라비아어 전기 문학에 관해서는 Gibb 1962; Khalidi 1973; Robinson 2003, 55-82; al-Qadi 2006. 몽골에 관한 이슬람 자료에 관해서는 Jackson 2017: 14-45.

26 여기에는 특히 칭기스 칸의 등장에 관한 유일한 당대 문헌 자료인 《몽골 비사Mongγol-un niγuča tobčiyan》와 몽골의 칙령, 편지, 문서, 비문, 도장, 주화 같은 것들이 포함된다. 《몽골 비사》에 관해서는 de Rachewiltz 2006; Atwood 2004, 492-93; Atwood 2007.

참고 문헌

Allsen, Thomas T. 1997. *Commodity and Exchange in the Mongol Empire: A Cultural History of Islamic Textiles*. Cambridge: Cambridge University Press.

________. 2001. *Culture and Conquest in Mongol Eurasia*. Cambridge: Cambridge University Press

________. 2011. "Imperial Posts, West, East, and North: A Review Article: Adam J. Silverstein, *Postal Systems in the Pre-Modern Islamic World*." *Archivum Eurasiae Medii Aevi* 17: 237–76.

________. 2015. "Population Movements in Mongol Eurasia." In *Nomads as Agents of Cultural Change: The Mongols and Their Eurasian Predecessors*, ed. Reuven Amitai and Michal Biran, 119–51. Honolulu: University of Hawai'i Press.

________. 2019. *The Steppe and the Sea: Pearls in the Mongol Empire*. Philadelphia: University of Pennsylvania Press.

Amitai, Reuven. 2005. "The Resolution of the Mongol-Mamluk War." In *Mongols, Turks, and Others: Eurasian Nomads and the Sedentary World*, ed. Reuven Amitai and Michal Biran, 359–90. Leiden: Brill.

________. 2013. *Holy War and Rapprochement. Studies in the Relations between the Mamluk Sultanate and the Mongol Ilkhanate (1260–1335)*. Turnhout: Brepols.

Atwood, Christopher P. 2004. *Encyclopedia of Mongolia and the Mongol Empire*. New York: Facts on File.

________. 2007. "The Date of the 'Secret History of the Mongols' Recon-sidered." *Journal of Sung-Yuan Studies* 37: 1–48.

Biran, Michal. 2004. "The Mongol Transformation: From the Steppe to Eurasian Empire." *Medieval Encounters* 10: 338–61.

________. 2007. *Chinggis Khan*. Oxford: OneWorld.

________. 2009. "Central Asia from the Conquest of Chinggis Khan to the Rise of

Tamerlane: The Ögödeied and Chaghadaid Realms." In *The Cambridge History of Inner Asia*. Vol. 2. *The Chinggisid Age*, ed. Peter B. Golden, Nicola Di Cosmo and Allan Frank, 46–66. Cambridge: Cambridge University Press.

____________. 2015. "The Mongol Empire and the Inter-Civilizational Exchange." In *The Cambridge History of the World*. Vol. 5. *Expanding Webs of Exchange and Conflict, 500 C.E.–1500 C.E.*, ed. Benjamin Kedar and Merry Wiesner-Hanks, 534–58. Cambridge: Cambridge University Press.

__________. 2021. "The Mongol Imperial Space: From Universalism to Glocalization." In *The Limits of Universal Rule: Eursian Empires Compared*, ed. Yuri Pines, Michal Biran, and Jörg Rüpke, 220–56. Cambridge: Cambridge University Press.

Davis, Richard L. 2009. "The Reign of Tu-tsung (1264–1274) and His Successors to 1279." In *The Cambridge History of China*. Vol. 5, part I. *The Sung Dynasty and Its Precursors*, ed. Denis Twitchett and Paul Jakov Smith, 913–62. Cambridge: Cambridge University Press.

de Rachewiltz, Igor. 2006. *The Secret History of the Mongols: A Mongolian Epic Chronicle of the Thirteenth Century*. Leiden: Brill.

Frankopan, Peter. 2015. *The Silk Roads: A New History of the World*. London: Bloomsbury.

Gibb, Hamilton A. R. 1962. "*Islamic Biographical Literature*." In *Historians of the Middle East*, ed. Bernard Lewis and Peter. M. Holt, 54–58. London: Oxford University Press.

Hansen, Valerie. 2015. *The Silk Road. A New History*. Oxford: Oxford University Press.

Haw, Stefan, 2013. "The Mongol Empire: The First Gunpower Empire?" *Journal of the Royal Asiatic Society* 23: 449 –61.

Humble, Geoffrey F. 2017. "Biographical Rhetorics: Narrative and Power in *Yuanshi* Biography." PhD diss., University of Birmingham.

Jackson, Peter. 1999. *The Delhi Sultanate: A Political and Military History*. Cambridge: Cambridge University Press.

____________. 2017. *The Mongols and the Islamic World: From Conquest to Conversion*. New Haven, CT: Yale University Press.

Khalidi, Tarif. 1973. "Islamic Biographical Dictionaries: A Preliminary Assessment."

Muslim World 63: 53–65.

Kim Hodong. 2009. "The Unity of the Mongol Empire and Continental Exchanges over Eurasia." *Journal of Central Eurasian Studies* 1: 15–42.

Little, Donald P. 1970. *An Introduction to Mamluk Historiography*. Wiesbaden, Germany: Franz Steiner.

May, Timothy. 2007. *The Mongol Art of War*. London: Pen and Sword Publications.

____________. 2012. *The Mongol Conquest in World History*. London: Reaction-Globalities.

____________. 2018. *The Mongol Empire*. Edinburgh: Edinburgh University Press.

Pederson, Neil, et al. 2014. "Pluvials, Droughts, the Mongol Empire, and Modern Mongolia." *Proceedings of the National Academy of Sciences* 111.12: 4375–79.

al-Qadi, Waddad. 2006. "Biographical Dictionaries as the Scholars' Alternative History of the Muslim Community." In *Organizing Knowledge: Encyclopaedic Activities in the Pre-Eighteenth Century Islamic World*, ed. Gerhard Endress, 23–75. Leiden: Brill.

Robinson, Chase. 2003. *Islamic Historiography*. Cambridge: Cambridge University Press.

Rossabi, Morris. 1988. *Khubilai Khan: His Life and Times*. Berkeley: University of California Press.

Shim, Hosung. 2014. "The Postal Roads of the Great Khans in Central Asia under the Mongol-Yuan Empire." *Journal of Song-Yuan Studies* 44: 405–69.

Silverstein, Adam. J. 2007. *Postal Systems in the Pre-Modern Islamic World*. Cambridge: Cambridge University Press.

Twitchett, Denis. 1992. *The Writing of Official History under the T'ang*. Cambridge: Cambridge University Press.

de la Vaissière, Étienne. 2014. "Trans-Asian Trade, or the Silk Road Deconstructed (Antiquity, Middle Ages)." In *The Cambridge History of Capitalism*, eds. Larry Neal and Jeffery G. Williamson, 1: 101–24. Cambridge: Cambridge University Press.

Vásáry, István. 2009. "The Jochid Realm: The Western Steppe." In *The Cambridge History of Inner Asia: The Chinggisid Age*, ed. Nicola Di Cosmo, Peter B. Golden, and Allan J. Frank, 67–86. Cambridge: Cambridge University Press.

Vér, Márton. 2019. *Old Uyghur Documents Concerning the Postal System of the Mongol*

Empire. Berliner Turfantexte XLIII. Berlin: Berliner Branderburgische Akademie der Wissenschaften.

Wilkinson, Endymion, 2012. *Chinese History: A New Manual*. 3rd ed. Cambridge, MA: Harvard University Asia Center.

◆ 제1부 ◆

장군들

Generals

제1장

곽간

중국과 서아시아 사이의 군사적 교류

❁

플로렌스 호두스

곽간郭侃(1217~1277)은 몽골의 중앙아시아 및 서아시아 원정에 참가한 한인漢人 장군이다. 1258년 몽골의 바그다드 정복에도 참가했다. 그는 공성전에서 투석기 기술자들과 한인 전문가들을 지휘했다. 그들이 몽골군 승리의 원동력이었다. 서아시아의 이슬람교 왕국 및 기독교 왕국들을 상대로 거둔 전설적 위업과 승리들 역시 곽간의 공으로 여겨졌지만, 그는 몽골의 바그다드 승리 이후 중국으로 돌아온 듯하다. 고국으로 돌아온 뒤 그는 원 왕조의 창건자 쿠빌라이(재위 1260~1294) 카안 휘하의 군대에서 활약했다.

곽간의 원정은 몽골 치하 유라시아 일대의 군사 전문 지식과 전쟁 기술 이전을 탐구할 기회를 제공할 뿐만 아니라, 유형의 인공물들이 서아시아 및 유럽에 대한 중국인의 상상 속에서 한 역할과 그 지역들의 지리 및 정치에 대한 중국인의 지식 확대를 이야기해준다.

훌륭한 자손

곽간에 대해 우리가 가지고 있는 유일한 자료는 《원사元史》에 있는 그의 전기다.[1] 그에 대해서는 페르시아어 자료를 참고할 수 없어서 곽간이 이슬람 세계에서 이룩한 군사적 위업에 관해 자세한 설명을 하는 것이 불가능하다. 그래도 우리는 곽간의 일생과 이력에 대한 윤곽을 그려내고 이를 몽골의 원정에 관한 다른 자료들과 대조할 수 있다.[2] 《원사》의 곽간 전기는 그가 죽은 뒤 여러 해가 지난 뒤에 편찬됐다. 따라서 그것은 후대 중국 저자들이 몽골의 서방 원정과 그들의 관계 및 그 원정 참가에 대해 어떻게 보았는지를 살피는 데서도 중요하다.

《원사》의 곽간 전기 앞부분에서 지적하고 있듯이, 곽간은 중국 당唐(618~907) 왕조의 유명한 장군 곽자의郭子儀(697~781)의 후손이다. 곽자의는 755~763년의 안녹산安祿山(703~757)의 난[3]을 진압한 데 이어 티베트[吐蕃]와 위구르[회흘回紇][4]를 상대로 한 몇 차례 원정에 참가했다(그림 1-1 참조). 티베트와 위구르는 당의 전통적인 적국(때로는 동맹국)으로, 나중에 모두 몽골에 복속된다. 곽간의 조상 가운데 그다음으로 알려져 있는 사람은 조부 곽보옥郭寶玉과 부친 곽덕해郭德海다. 둘 다 중앙아시아와 더 서쪽에 있는 중국의 서쪽 변경에서 주로 활동한 장군들이었다.

당나라 장군 곽자의와 곽간의 조부 곽보옥 사이에는 400여 년의 간격이 있지만 곽보옥은 여전히 곽자의의 고향 화주華州(현재의 산시성陝西省)에서 나고 자랐다. 그러나 곽보옥은 곽자의와는 달리 금(1115~1234) 왕

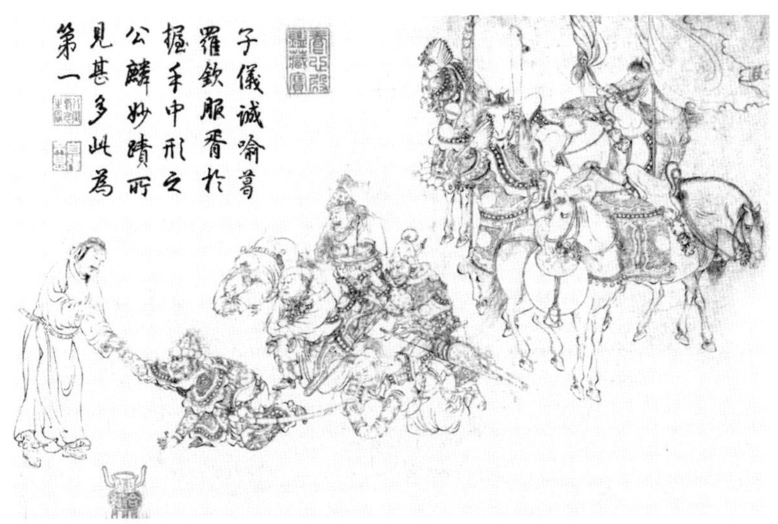

그림 1-1 〔북송 화가〕 이공린李公麟의 〈곽자의단기견회흘도郭子儀單騎見回紇圖〉(부분). 타이베이臺北 국립고궁박물원國立故宮博物院 소장

조에서 정주定州(현재의 허베이성河北省 남부) 방어를 담당한 소규모 부대인 맹안猛安(1000명 규모의 부대)의 지휘관이었던 듯하다. 칭기스 칸의 장군 무칼리Muqali, 木華黎(1170~1223)와 그의 군대가 북중국으로 진격하자 곽보옥은 변절하고 새로 일어선 몽골 지배자의 군대에 들어갔다.[5]

그러자 무칼리는 변절한 곽보옥을 데리고 칭기스 칸을 알현했다. 곽보옥은 실제적이고 대담한 조언을 해서 칭기스 칸에게 깊은 인상을 심어주었다. 그는 초마도진무抄馬都鎭撫[6]의 직책에 올라 금을 정복하기 위한 무칼리의 원정에 동행했다. 무칼리는 칭기스 칸과 개인적으로 긴밀한 관계를 맺었고, 그것이 자신의 미래는 물론 그 후손들의 앞날에도 중요하게 작용했다.

곽보옥의 전기는 그가 중앙아시아의 카라키타이Qara-Khitai, 西遼(1124~1218)와 무함마드 2세Muḥammad II(재위 1200~1220) 샤흐의 화라즘을 상대로 한 칭기스 칸의 원정에 참가해 부상당한 일을 생생하게 전하고 있다.

> 곽보옥이 가슴에 화살을 맞자 황제[칭기스 칸]가 소의 배를 가르고 그를 그 안에 넣었다. 그러자 잠시 후에 그가 깨어났다.[7]

전기는 이어 곽보옥이 큰 공을 세웠다고 주장한다. 전기에는 그가 부상당한 뒤 곧바로 전쟁터로 돌아가 별실팔리別失八里(베슈발릭Beshbaliq, 신장 북부)의 항복을 받았고, 이어 홀장하忽章河(약사르테스강)[8]를 건너 사간성思干城(사마르칸드Samarqand, 현대의 우즈베키스탄)을 점령했으며, 그런 뒤에 암목하暗木河(옥소스강)를 건너 마리사성馬里四城(메르브Merv, 현대의 투르크메니스탄)까지 진격했다고 적었다.

곽보옥은 더 나아가 중국의 발명품들을 전쟁에 이용하는 데서 중요한 역할을 했다고 한다. 전기에 따르면, 그는 옥소스강에서 적선敵船을 향해 화전火箭을 사용했다. 학자들은 이 '화전'을 어떻게 해석해야 할지를 두고 논쟁을 벌였다. 당시에 몽골은 이미 화약 무기를 알고 있었다. 특히 북중국의 금나라와 벌인 전쟁에서 화약을 이용한 폭탄이 사용됐다. 서방을 정복한 몽골 군대에 곽간 같은 한인 기술자들이 있었으므로 몽골인들이 그러한 무기를 서아시아에 도입했을 것으로 생각됐다.[9] 그러나 이런 결론을 뒷받침할 증거는 충분치 않다. 곽보옥이 도입한 화전은 포탄이기보다는 불을 붙인 화살일 가능성이 더 높다.[10] 그것은 진정한 화약 무기라고 보기에는 미흡하지만 분명히 중국의 발명품이었을 듯하다.

어떻든 곽보옥은 1220~1223년에 칭기스 칸의 장군들인 제베Jebe, 哲別(?~1223) 및 수베에테이Sübe'etei, 速不台(1175~1248)의 유명한 원정에 아들 덕해와 함께 참가했다. 카스피해를 돌아 러시아와 킵착 초원을 거쳐 몽골로 돌아오는 원정이었다. 곽덕해의 전기는 《원사》의 같은 항목에서 아버지의 전기에 이어 나오는데, 곽덕해를 다룬 부분이 짧기는 하지만 그가 티베트와 위구르 지도자들의 반란을 진압했다고 기록하고 있다. 그의 조상인 당나라 장군 곽자의 역시 수백 년 전 티베트 및 위구르와 싸운 바 있었다. 곽덕해는 이후 금 왕조 정벌에 나섰다가 1234년 전상戰傷을 입어 죽었다.[11]

곽보옥과 그 아들 덕해는 아주 유명하거나 왕조에서 중심적 역할을 하지는 못했지만, 지리적 활동 무대라는 측면에서는 곽자의가 이룬 성과를 뛰어넘었다. 그리고 곽덕해의 아들 곽간은 더욱 큰 성과를 거두게 된다.

차크막chaqmaq(포병) 곽간

곽간은 열일곱 살 때 부친을 여의었다. 그는 부친 및 조부 덕에 이미 원 왕조의 주요 인물들로부터 높은 평가를 받고 있었고, 승상 사천택史天澤(1202~1275)이 그를 자신의 집으로 데려다 가르쳤다. 곽간은 스무 살 때 백호百戶가 됐고, 수베에테이와 나중에는 사천택을 따라 정벌에 참여해 천호千戶로 승진했다.

곽간은 조부와 마찬가지로 서방 원정에 참여했다. 이번에는 칭기스 칸의 손자이자 통치자인 뭉케 카안(재위 1251~1259)의 동생 훌레구가 이끈 원정이었다. 훌레구의 원정은 1253년에 시작돼 일 칸국의 건설과 광역 이란권에 대한 몽골의 직접 지배로 절정에 달했다. 이 원정에 참여한 한인 인력들이 공성전에 물질적으로 기여한 일은 기록에 잘 남아 있다.

《원사》에는 이렇게 돼 있다.[12]

> 계축년癸丑年[1253]에 군대[키트부카Kitbuqa, 怯的不花(?~1260)가 이끈 선봉이다]는 목내혜木乃兮[13][이른바 하샤신파의 지역이다]에 이르렀다. (…) 곽간은 그 군사 5만 명을 격파하고 128개 도시를 함락했으며, 그 장수 홀도답이올주忽都答而兀朱[Qududar?] 산탄算灘[술탄][14]의 목을 베었다. 산탄은 한어로 왕이라는 의미다.[15]

서역西域은 중국 본토 서쪽 땅 전체를 가리키는 말이었다. 그것은 오늘날의 신장과 칭하이青海에서부터 중앙아시아와 이슬람 세계, 그리고 유럽까지 어느 지역이든 의미할 수 있었다. 《원사》의 이 부분에서는 이른바 하샤신파 즉 니자르계 이스마일 분파에 대한 몽골의 공격을 언급한다. 이 시아파 이슬람교의 분파는 자기네의 정치적 경쟁자들에 대해 때로 잔인한 공격을 가해, 같은 종교를 가졌든 아니든 상당한 공포를 불러일으켰다. 그들은 페르시아 북부와 시리아의 여러 산악 요새를 근거지로 해서 독자적 국가를 형성했다. 훌레구는 이들 요새를 정복하기 위해 파견됐고, 나중에 요새들을 파괴하라고 명령했다.

전기는 이렇게 적고 있다.

> 병진년丙辰年(1256)에 걸도복乞都卜[Girdkūh]에 도착했다. 그 성은 담한산擔寒山[Damghān] 위에 있었다.[16]

이곳은 하샤신파의 유명한 산악 보루 가운데 하나였다. 기르드쿠흐Girdkūh는 또한 몽골에 항복한 마지막 이스마일 분파 요새 가운데 하나였다. 항복에는 1253년 키트부카의 선봉대가 처음 포위한 때로부터 1270년까지 20년 가까이 걸렸다. 기르드쿠흐의 유적은 이란 북부 담간 Damghān에서 그리 멀지 않은 곳에 지금도 남아 있다.[17] 하지만 이 기록은 곽간이 1256년 훌레구군軍의 일원으로 지나갔던 것으로 보이는 기르드쿠흐의 포위와 1256년 항복한 또 다른 이스마일 지파 성채 마이문디즈 Maymūndiz에 대한 공격이 뒤섞여 있다.[18]

> [성은] 현제懸梯로만 오르내리고 가장 용맹한 병사들이 지키고 있었다. [훌레구는] 협성夾城을 쌓고 포위했으나 점령하지 못했다. 곽간이 가포架砲로 공격하자 지키던 장수 화자납실아火者納失兒[Khwāja Naṣīr]가 성문을 열고 항복했다. 훌레구는 곽간을 술탄 올로올내兀魯兀乃[Rukn al-Dīn Khūrshāh][19]에게 보내, 와서 항복하도록 설득하게 했다.[20]

여기 언급된 현제 즉 매달아놓은 사다리는 산의 방어 시설을 가리키는 것으로 보이지만, '현제'라는 말은 중국 사료들에 이동식 사다리를 가리키는 말로 잘 알려져 있었다.[21] 이 말을 선택한 것은 아마도 저자가 전체적으로 중국인들이 쉽게 이해할 수 있는 용어를 쓰려 했다는 징표인 듯하다.

어떻든 이 기록은 곽간의 '가포'가 승리에 중요한 역할을 했음을 시사한다. 이 글은 또한 마이문디즈 요새에서 내려와 몽골에 항복한 하샤신파 지도자 루큰 앗딘 후르샤흐Rukn al-Dīn Khūrshāh(재위 1255~1257)와 하샤신파에 의탁했던 영향력 있는 학자이자 신학자 나시르 앗딘 투시Naṣīr al-Dīn Ṭūsī(1201~1274)의 이름을 정확하게 거명하고 있다. 투시는 루큰 앗딘이 항복하게끔 설득하는 데서 중요한 역할을 했다(사진 1-1 참조).[22]

사진 1-1 북부 이란 기르드쿠흐에 있는 하샤신파의 요새. 사진: Sonja-Beatrice Wiebe

그런 뒤에 1257년 1월, 곽간은 올리아兀里兒(칼라르Kalar)[23]에 도착했다. 그곳에서 전투가 벌어져 해아海牙(하이야Haiya)[24] 술탄이 그에게 항복했다. 그는 이어 또 하나의 산악 보루 아랄정阿剌汀(알라무트)[25]에 이르러 3만 명의 부대를 격파하고 마찰답이禡拶答而 술탄의 항복을 받았다고 한다.

이란의 카스피해 부근에 있는 지역인 마잔다란Mazandaran을 지배자인 술탄으로 제시한 것은 분명히 전기 편찬자 쪽의 혼동을 보여준다. 하지만 그것은 또한 글의 세심한 문학적 구성을 드러낸다. 그것은 곽간과 함께 원 왕조가 시작되는 즈음에 일어난 몽골의 정복을 미화하는 데 주안점이 있었다. 이에 따라 개개의 지명 다음에는 장군에게 항복했다고 하는 술탄의 이름이 나오며, 모든 외국의 이름은 이러한 도식에 맞춘 것이다.

그런 다음 전기는 훌레구의 압바스 칼리파국과 바그다드 정복을 이야기한다. 여기에는 몽골의 바그다드 정복에 관한 매우 정확한 역사적 세부 정보가 들어 있다. 이 도시가 티그리스강에 의해 동부와 서부로 양분

돼 있었음을 주목할 필요가 있다.[26]

> 〔바그다드는〕 서융西戎[27]의 큰 나라다. 땅은 사방 8천 리이고, 아버지에서 아들로 42대를 이어왔으며, 정예 병사가 10만이다.
>
> 곽간의 군사가 이르러 그 군사 7만을 격파하고 서성西城을 도륙했다. 그리고 다시 동성東城을 격파했는데 (…) 두 성 사이에는 큰 강[티그리스강]이 흐르고 있었고 곽간은 도망치는 것을 막으려고 미리 부교浮橋를 만들었다. 성이 격파되자 술탄 합리법合里法[압바스 칼리파를 말한다]이 배를 탔으나 부교가 막고 있음을 보고 스스로 묶고 군문軍門에 나아가 항복했다.
>
> 그 장수 주답아紂答兒(al-Dawādār)가 달아나 곽간이 추격했는데, 날이 저물자 제군諸軍이 모두 머물러 야영하자고 했지만 곽간은 듣지 않고 다시 10여 리를 더 가서야 멈추었다. 밤에 폭우가 쏟아졌는데, 앞서 머물자고 했던 곳은 몇 자나 되는 물에 잠겼다. 이튿날 주답아를 사로잡아 목을 베었고, 300여 개의 도시를 함락했다[28]

우선 42대는 압바스 왕조 칼리파 수를 거의 정확하게 나타낸 것이며(실제로는 39명이다), 도시의 서부와 동부를 점령한 것 역시 다른 기록들과 부합한다. 더구나 칼리파의 시종관인 다와다르dawādār[29]가 실제로 배를 타고 달아나려 했다.[30] 이는 약간의 혼동이 있지만 놀라울 정도로 사건에 대해 잘 알고 있는 기록이며, 곽간이 다와다르를 사로잡은 실제 인물임을 주장하고 있다.

서방에서 온 실제 보물

전리품은 몽골 군사 조직에서 중요한 부분이었다. 칭기스 칸이 처음 중원 제국에서 매력을 느꼈던 것은 그 재물이었다고 한다. 그리고 몽골군은 계속해서 전리품을 몽골 본토로 수송했다. 귀중품이든 금괴든 심지어 재능 있는 개인과 집단(예컨대 기능공 같은)이든, 어떤 형태라도 마찬가지였다. 이 전리품들은 몽골에서 그 소유자들의 신분을 입증하고 높일 수 있었다.

곽간의 전기는 또한 바그다드의 세련된 부에 대해 다채롭게 묘사하고, 더 나아가 곽간이 비파나 산호 등잔받침 같은 많은 물건을 찾아내 고국으로 가져왔다고 주장한다. 이 전기는 자주 반복되는 몽골의 바그다드 점령 이야기에 더해 덜 알려진 세부 사항도 이야기한다.

> 다시 동성을 격파했는데, 동성의 전각들은 모두 침단목沈檀木으로 지어져 불을 질러 태우니 그 향기가 백 리 밖에까지 전해졌다. 72현 비파와 5척짜리 산호 등잔받침을 얻었다.[31]

침단목에 대한 언급은 방금 몽골이 정복한 이 나라의 비길 데 없는 부富라는 주제를 이끌어낸다. 침단목은 그 향이 수십 년 가는 것으로 알려져 값비싸고 당시 유라시아에서 선망하던 자원이었으며, 지금도 가장 값비싼 목재 가운데 하나로 여겨진다. 그것은 유라시아에서 많이 거래된 상품으로 아시아 여러 나라에 공통된 상징이었으며, 이에 따라 저자가 바그다드를 쉽게 이국적이면서도 친숙한 도시로 표현하는 수단 역할을 했을 것이다.[32]

다른 한편으로 72현 비파와 산호 등잔받침은, 이 글에 따르면, 실제로 중국으로 보내졌다. '비파'는 아라비아의 카눈qanūn이었을 것이다. 14세기에 처음 확인되는 카눈은 페르시아의 산투르santūr와 밀접한 연관이 있으나, 통상 현이 72개다.[33] 손가락으로 뜯는 것이기 때문에 이 글에서 그 악기를 비파라고 표현한 것이다.

> 오늘날 카룽卡龍[아마도 qanūn에서 온 말일 것이다]으로 알려진 36현 악기가 남부 및 동부 신장에서 연주되고 있다. 실제로 곽간이 서아시아에서 돌아올 때 거쳤을 경로를 따라 온 것이다.[34]

산호 등잔받침의 경우 5척(1.7미터)짜리였다면 매우 인상적이었을 것이다.[35] 산호는 중국에서 쉽게 얻을 수 없는 물자로 고대로부터 페르시아를 포함하는 서역과 연관돼 있었다. 또한 화려한 것과 연결되고 중국에 대한 공납貢納에 이상적인 물품이었다.[36] '산호珊瑚'라는 한어 자체가 페르시아어에서 왔을 가능성이 있다.[37] 그럴 경우 이 말과 이 물자가 모두 유라시아 대륙이 오래전부터 서로 연결돼 있었다는 증거가 된다.

바그다드 약탈 때 칼리파의 보물들이 약탈됐다. 다른 많은 저택도 마찬가지였다. 바그다드의 또 다른 부분은 잿더미가 됐다. 흥미롭게도 마이문디즈 함락 뒤 훌레구의 측근에 합류해 천문을 보아주고 조언을 했던 나시르 앗딘 투시는 약탈물들이 곧바로 군대 안의 사람들 사이에서 분배됐다고 적고 있다. 앞서의 물건들이 곽간의 손에 들어온 것도 이런 방식이었을 것이다. 노획물은 한편으로 고국에 있는 사람들에게 과시하기 위한 것이고, 다른 한편으로 추종자들을 만족시키기 위한 것이다. 후자는 전리품을 신속하고 넉넉하게 나눠줌으로써 가장 잘 성취될 수 있다.

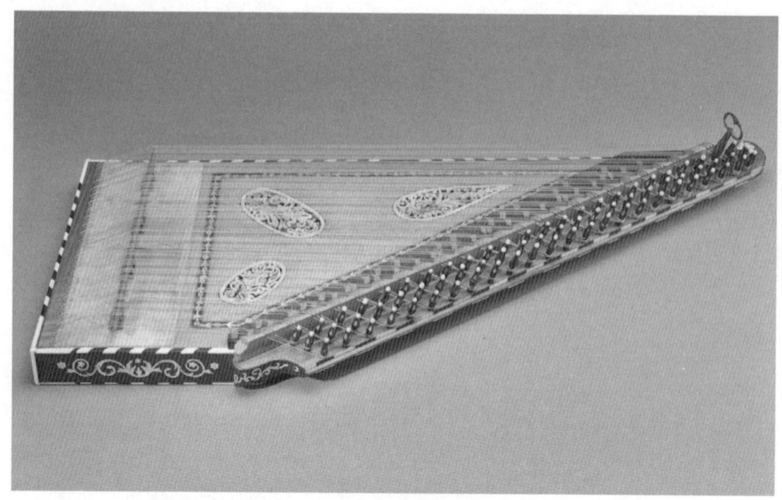

사진 1-2 24코스 72현의 이 카눈(19세기, 터키)은 곽간이 바그다드에서 가져온 것과 비슷할 것이다. Crosby Brown Collection of Musical Instruments, 1889

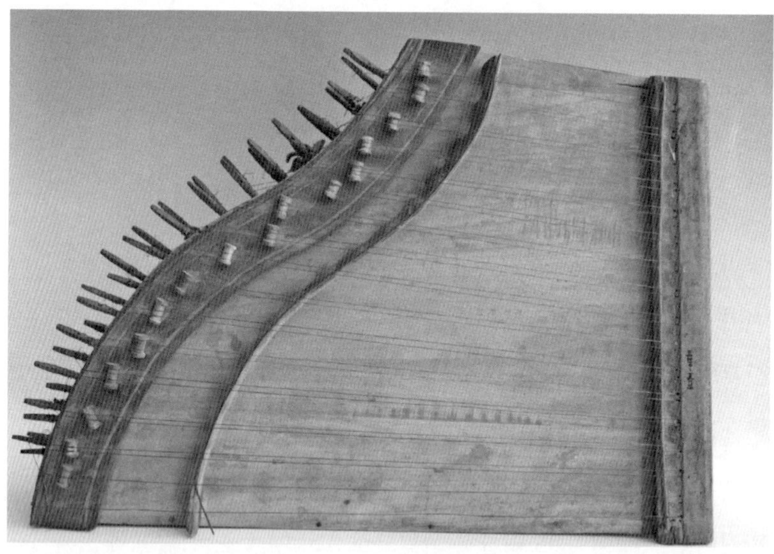

사진 1-3 위구르의 칼룬kalun(중국어 카룽)은 카눈의 현대적 변형이다. 위구르 음악 전통에서 여전히 중요한 악기다. 신장 아커쑤阿克蘇박물관 소장

그래서 투시는 이렇게 썼다.

> [훌레구는] 칼리파의 궁궐을 뒤졌고, 이리저리 돌아다녔다. [이미 포로가 된] 칼리파가 불려와 선물을 내놓도록 강요당했다. 그가 가져오는 대로 왕은 즉석에서 측근들과 아미르amir들, 군 지휘관들, 그리고 그 자리에 있던 [모든] 사람에게 나눠주었다.[38]

서방에서의 가상적 정복

전기는 이어 서방에서 세운 더 많은 공을 이야기한다. 전기는 몽골(이번에는 곽간이 직접 지휘에 나섰다)이 메카Mecca, 이집트, '프랑크Frank'의 '술탄'을 물리쳤다고 주장한다. 우리는 이런 주장들이 몽골의 어떤 실제 정복(좀 더 제한적일지라도)을 반영하고 있다고 생각하지만, 그것들은 분명히 보다 전설적인 이야기에 속한다. 몽골은 이집트를 정복하기를 원했고 시리아를 습격했지만, 메카 부근에 간 적은 없었다. 그리고 '프랑크'는 안티오키아나 다른 서유럽 계통의 공국을 가리키는 것으로 보이기 때문에, 이 자료는 중국인들이 '서방'을 보는 방식에 관한 더 큰 어떤 부분을 보다 의미심장하게 말해준다.

> [곽간이] 다시 서쪽으로 3천 리를 가서 천방天房[Mecca]에 이르니, 그 장수 주석住石[39]이 편지를 보내 항복을 청했다. (…) 파아巴兒[Baybars?] 술탄이 [그에게] 항복했다. 다시 서쪽으로 4천 리를 더 가서 밀석아密昔兒[Misr 즉 이집트]에 이르렀다. (…) 가내可乃[Qutuz] 술탄이 크게 놀라 이렇게 말했다. "이 동천

東天[40]이 보낸 장군은 신인神人이다."[41] 그러고는 [곽간에게] 항복했다.

무오년戊午年(1258)에 훌레구가 곽간에게 서쪽 바다를 건너가 부랑富浪을 점령하라고 명령했다. (…) 올도兀都 술탄이 이렇게 말했다. "내가 어제 꿈에서 본 신인이 바로 [이] 장군이다." 그러고는 곧바로 항복했다.[42]

각기 메카와 이집트를 나타내는 데 사용된 말인 '천방'과 '밀석아', 그리고 '프랑크'를 가리키는 '부랑'은 중국의 역사 서술에서 이 시대에는 확립된 용어였다.[43] '가내' 술탄은 맘룩 술탄 사이프 앗딘 쿠투즈Sayf al-Dīn Quṭuz(재위 1259~1260)를 가리키는 듯하며,[44] '파아'는 쿠투즈의 뒤를 이어 이집트와 시리아의 맘룩 술탄이 된 바이바르스 알분둑다리Baybars al-Bunduqdārī(재위 1260~1277) 또는 메카 지배자를 가리키는 듯하다.[45]

이 자료는 몽골이 1260년 아인잘루트ʿAyn Jālūt(현대의 이스라엘 북부) 전투에서 맘룩군에 패한 데 대해서는 전혀 정보가 없는 듯하다. 이 패배로 인해 몽골은 시리아나 그 너머의 어떤 땅도 더 이상 정복하지 못했다.

그러나 이 전기는 역사적 사실의 부족을 허구적인 것으로 채워 넣었다. 곽간이 장군일 뿐만 아니라 성스러운 사람 즉 신인으로도 제시된 것이다. 아라비아에 관한 이 기록은 적들은 믿을 수 없고[46] 이집트 지배자들과 프랑크 지배자들이 모두 곽간을 신인으로 규정했다고 묘사함으로써 자락을 깔고 있다.[47] 전기에서 갑자기 곽간의 영적 능력을 강조한 까닭은 이 가상의 정복이 숙명적이거나 정당한 것이라고 묘사하려는 시도일 수 있다. 또는 이 전기가 꼼꼼하게 공들인 글이라고 생각한다면 그것은 곽간이 보인 영적 능력의 우월성, 또는 '동방'의 영적 힘이 '서방'(이슬람교도 및 기독교도)의 영적 힘에 보인 우월성을 나타내는 것일 수 있다.[48]

이 전기는 곽간의 군사 전술 몇 가지를 더 서술하고 있다. 이집트에서 곽간은 화살을 하무로 이용해 부대를 조용히 다른 곳으로 옮김으로써 이집트 술탄의 부대를 피했다고 쓰여 있다('하무'는 군중에서 병사들의 입에 물리던 가는 나무 막대기로서 병사들이 떠드는 것을 막기 위한 것이다).[49] 화살을 하무로 이용하는 기법은 《원사》의 다른 몇 군데에서도 언급되고 있는데, 곽간의 원정이 중국의 군사 전술에 대한 경험의 도움을 받았다는 주제가 이어지고 있다.

돌아오는 길

전기는 곽간이 '서방'에서 이룬 공적을 서술한 뒤 결국 귀로가 되는 몇 개의 지명을 계속 언급한다. 공교롭게도 이 장소들은 실제로 그가 갔던 곳이라기보다는 밀접하게 연관된 사료인 〈서사기西使記〉에 언급된 장소들의 순서와 관련이 있다.

〈서사기〉는 세금을 징수하는 선과사宣課使이자 의료 전문가인 상덕常德의 여행을 시간순으로 적고 있다. 상덕은 1259년 뭉케 카안의 명령으로 이란의 훌레구에게 보내졌다.[50] 〈서사기〉는 여행기 형식으로 쓰여, 우선(곽간의 전기와 마찬가지로) 상덕이 여행한 무대를 나열하고 뒤에 여러 '이국적' 장소를 언급하며 독자들에게 그 산물과 풍습을 알려준다. 곽간 전기에 언급된 장소들은 〈서사기〉의 것과 정확하게 같은 순서로 나온다.[51]

이에 따라 전기에는 이어서 석라자石羅子(시라즈Shiraz, 이란 남부)가 나오고, 곽간은 그곳에서 적을 물리치고 "환사간아답필換斯干阿答畢 술탄"[52]의 항복을 받았다고 한다. 이런 설명은 이 지역에 대한 유사한 지식을 반영하고 있다. 시라즈의 지배자는 술탄이 아니고 그보다 급이 조금 낮은 아타벡atabeg의 칭호를 가지고 있었기 때문이다〔아타벡은 〈곽간전〉에 술탄 이름의 일부처럼 붙어 있는 '阿答畢'이 그 음역이고 〈서사기〉에는 '阿塔卑'로 돼 있다〕. 더구나 '환사간'(〈서사기〉에는 오사襖思)[53]은 1264년에서 1287년 사이 이 지역의 여성 지배자 아비시Abish(재위 1264~1287) 카툰을 가리키는 듯하다.

그다음에 빈철賓鐵이라는 나라의 술탄 가엽加葉이 곽간에게 항복했다고 한다.[54] 다음 장소인 올림兀林은 아마도 룸Rūm 즉 아나톨리아를 말하는 듯하며, 항복했다고 하는 아필정阿必丁은 알라 앗딘 카이쿠바드 2세'Alā' al-Dīn Kayqubād II(재위 1249~1257)를 가리키는 듯하다.[55] 그다음으로 곽간은 걸리만乞里彎에 도착했다고 한다. 그곳에서는 "홀도마정忽都馬丁 술탄"이 와서 항복했다. 홀도마정은 키르만Kirmān의 지배자 쿠트브 앗딘 무함마드Quṭb al-Dīn Muḥammad(재위 1236, 1252~1257)를 가리키는 듯하다.[56]

곽간의 서방 개척을 마무리하면서 전기는 그가 승리를 보고하기 위해 돌아와 1259년 뭉케가 포위하고 있던 조어산釣魚山(중국 서남부 충칭重慶 부근) 요새에 도착했다고 말한다. 그러나 뭉케가 죽었다는 소식을 듣고 "등주鄧州[지금의 허난성河南省]로 돌아와 둔전屯田을 열고 국경을 지켰다." 곽간의 공적 덕분에 "서역이 평정됐다〔西域平〕"라고 전기가 주장한 것은 바로 이 부분에서였다.[57]

새로운 출발

이 마지막 부분이 아마도 다른 무엇보다 곽간의 진정한 위상에 대한 단서를 제공한다고 할 수 있다. '서역'에서 이례적 성공을 거둔 장군으로서 그저 등주의 둔전으로 은퇴해 뭉케 사후의 사태 전개를 기다리기란 아마도 실망스러운 일이었을 것이다. 그러나 전기 편찬자들은 곽간이 중국에서 쌓은 이력에 관해 정확한 정보를 가지고 있었을 가능성이 높다. 게다가 그는 돌아온 뒤 겨우 천호千戶가 되고 나중에서야 만호萬戶의 직위를 얻는 것으로 묘사된다. 따라서 곽간은 묘사된 바와 같이 틀림없이 유능한 장군이자 공성전 전문가였지만 몽골 군대에서 핵심 인물은 아니었을 것이다.[58]

곽간은 중국으로 돌아온 뒤에 쿠빌라이에게 남부 중국의 송나라를 정복하는 최선의 방책을 조언했다고 한다. 그런 뒤에 곽간은 부이문副理問[59] 벼슬에 임명됐고, 이듬해 그의 옛 후원자였던 사천택의 추천을 받아 '반란'을 진압하고 송 영토 깊숙이까지 진격했으며, 전함을 나포하기도 했다.[60] 이는 또한 곽간이(그리고 몽골 군대가) 송나라를 무찌르기 위한 수군 기술을 습득하면서 새로운 현실에 빠르게 적응했음을 말해준다.

사천택은 저명한 장군이자 정치인이며 쿠빌라이 카안의 측근이었지만 1260년대 중반 쿠빌라이의 중앙아시아 출신 재정 조언자들이 득세하면서 카안의 총애를 잃었고, 이에 따라 곽간 역시 힘을 잃었다. 이것 역시 곽간의 지위가 그의 서방 원정 서술에서 묘사된 것처럼 고위직이 아니었을 가능성을 말해준다. 사실 곽간은 후원자 사천택의 그늘에서 벗어난 적이 없었다.

곽간은 송에 보낸 사절이 구금된 일에 문제를 제기하고 둔전 설치를 제안했다고 기록돼 있다. 둔전은 등주에서 운영했던 경험에서 나온 이야기일 것이다. 곽간은 도교 도사와 불교 승려의 반란을 진압했으며, 말년이 돼서야 만호로 승진했다.

마지막으로, 남중국의 경제·정치의 중심인 "강남江南이 평정된 뒤 곽간은 영해주寧海州(현재의 산둥성山東省) 지주知州로 옮겼고, 1년 뒤에 죽었다."[61] 전기는 곽간의 높은 지위라는 허구를 유지해, 이전 '서방' 평정의 공을 그에게 돌렸듯, 강남(남중국) 평정의 공을 그에게 돌리고 있다.

결론

이 곽간의 전기는 일찍이 칭기스 칸에게 협력한 집안의 자손인 한 장군에 대해 증언하고 있다. 그는 공성전 기술과 포병 등 군사 문제에 능숙했고, 이슬람 하샤신파와 바그다드를 상대로 한 몽골의 서방 원정에 자신의 중국 기술을 가져왔다. 그는 아마도 화살을 하무로 사용하는 기술을 알고 있었을 것이며(물론 그가 이를 실행했다고 하는 사례는 허구적인 듯하지만), 나중에는 수군 전투에도 관여했다.

곽간의 전기 자체는 명明(1368~1644) 왕조 아주 초기에 편찬됐지만, 그 가장 중요한 측면 하나는 이 전기가 원나라 때 진보한, 서아시아에 대한 중국인들의 지식을 반영한다는 점이다. 그것이 보여주는 지식은 어떤 부분에서는 놀라우리만치 정확하다. 예컨대 바그다드의 멸망을 묘사하는 부분 같은 곳이다. 칼리파 궁궐의 침단목과 곽간이 중국으로 가지고 온 것으로 보이는 비파와 산호 등잔받침 같은 약탈된 제조품들은 유라시아의 부에 대한 공유된 상징이었다. 그러나 그것들은 또한 중국인의 상상 속에서 서방을 이국적이면서도 친숙하게 그리는 데서 그러한 물건들의 역할을 나타낸다.

아라비아, 이집트, '프랑크'를 이야기하는 전기의 뒷부분은 서방이 어떻게 곽간의 군사적 능력과 명성을 부풀리는 무대로 사용되고 있는지를 더욱 잘 예시한다. 전기는 이 부분에서 이들 외국의 장소나 인물에 대한 정확한 지식에 진정한 관심을 그다지 보이지 않고 있지만, 그럼에도 불구하고 그 도시와 지배자의 이름들이 실제 장소와 인물을 반영하고 있다는 사실은 그 자체로 인상적이다. 그것은 중국인의 상상을 실제 장소와 역사적 인물에 고정시킨다. 묘사된 사건들이 분명히 허구적이지만 말이다.

이 장군을 찬양한 전기의 대부분은 아마도 또 다른 자료인 〈서사기〉를 바탕으로 엮었을 것이다. 곽간이 중국으로 돌아온 이후의 이력을 서술한 전기의 마지막 부분은 원 왕조의 공식 기록을 근거로 했을 것이다. 요컨대 곽간의 전기는 그의 조상 곽자의와 할아버지 곽보옥이 그랬던 것처럼 중앙아시아의 군대들과 마주친 한 장군의 모습을 제시한다. 그러나 곽간이 서아시아에 갔던 것과(겨우 바그다드까지 갔었고, 전기에서 주장하듯이 유럽이나 이집트에는 가지 못했지만) 그의 성공 및 유산은 조상들을 크게 넘어서는 것이었다.

주

1 전통적으로 중국에서는 각 왕조가 그 전 왕조(들)의 공식 역사인 정사正史를 쓰고 이 역사를 자기네의 정당한 승계를 주장하는 근거로 삼는다. 《원사》(宋濂 1976)는 이어진 명明(1368~1644) 왕조에서 편찬됐고 1370년에 완성됐다. 곽간 전기의 완역은 Hodous 2018에 보인다.

2 훌레구의 서방 원정에 관한 다른 주요 중국 자료로는 뭉케가 훌레구에게 보낸 특사 상덕의 1259년 여행을 기록한 〈서사기〉가 있다. 이 책 이사하야의 글도 참조하라.

3 안녹산은 당나라의 중요한 장군으로, 그의 반란은 당나라 역사는 물론 제정 시대 중국 일반의 역사에서도 중요한 분수령으로 받아들여지고 있다. 이 반란은 당을 크게 약화시켰고, 이에 따라 일련의 군사적·사회적·지적 변화를 이끌었다. 그 변화는 이어진 송 왕조에서 열매를 맺었다.

4 당 시기까지 위구르인들은 몽골 지역에서 큰 제국(744~840)을 유지하고 있었다. 제국이 붕괴한 뒤 그들은 서쪽으로 이주했고, 몽골의 정복 직전에 대부분 고창高昌 지역에 모여 있었다. 현재 중국 신장新疆 동부의 투르판Turpan, 吐魯番 부근이다. Allsen 2015, 128-29; Rudelson 1998, 6-7.

5 De Rachewiltz 1966. 무칼리는 1218년 칭기스 칸이 서방으로 간 후 북중국에서의 몽골의 원정을 이끌었다.

6 '초마抄馬'(튀르크어 차크막chaqmaq의 음역이다)는 '[발사체를] 쏘다'의 뜻이다. Brockelmann 1928, 50.

7 〔寶玉胸中流矢, 帝命剖牛腹置其中, 少頃, 乃蘇.〕 宋濂 1976, 149: 3521. 이 기록은 이 시기에 전쟁터에서 충격 치료에 사용한 실제 치료법을 반영하고 있다. 동물의 체내가 압박을 받으면 혈행血行을 회복할 수 있다는 이론이다. 현대에도 외상外傷을 치료하는 비슷한 목적으로 압박 바지가 사용되고 있다. May 2015.

8 홀장은 오늘날 타지키스탄의 후잔드Khujand다. 따라서 홀장하는 후잔드를 통해 흐르는 약사르테스강이다.

9 따라서 Allsen은 이렇게 주장한다. "'화전'이라는 말은 (…) 본래 불을 붙이는 화살을 의미했지만 12세기에 이르러 이 말은 포탄 즉 진정한 화약 무기를 의미하게 됐다." Allsen 2002, 277. 또한 Haw 2013을 보라. Raphael 2009; May 2012도 참조하라.

10 May 2012, 146-49; Allsen 2002, 274-77.

11 "토번 지도자 이륜과 위구르 지도자 아필정이 반란을 일으키자 다시 그들을 격파하고 목을 베었다."〔吐蕃帥尼倫·回紇帥阿必丁反, 復破斬之.〕宋濂 1976, 149: 3522.

12 Allsen 2002, 278; Needham and Ronan 1995, 250.

13 Bretschneider 1910, 1: 115, n. 289, 133. 아마도 하샤신파를 가리키는 말인 물라히다 mulāḥida('이단자')의 음역일 것이다.

14 〈서사기〉에는 아마도 음역 오류인 듯한 '大者納失兒'로 돼 있다. 〔'大者納失兒'는 아래 병진년 기사에 나오는 '乞都卜'의 장수 Khwāja Naṣīr('大者'는 '火者'의 오류로 본다) 여서 여기에 주석으로 붙인 것은 필자의 착오로 보인다.〕

15 〔癸丑, 至木乃兮. (…) 侃破其兵五萬, 下一百二十八城, 斬其將忽都答而兀朱算灘. 算灘, 華言王也.〕宋濂 1976, 149: 3522-23.

16 옮긴이 주 〔丙辰, 至乞都卜. 其城在檐(擔)寒山上.《元史》〈郭侃傳〉〕

17 Daftary 2001.

18 Jamal 2002, 47-48.

19 Chen 2017, 125.

20 〔懸梯上下, 守以精兵悍卒, 乃築夾城圍之, 莫能克. 侃架砲攻之, 守將卜(火)者納失兒開門降. 旭烈兀遣侃往說兀魯兀乃算灘來降.〕宋濂 1976, 149: 3523-24.

21 '현제'라는 말은 이미 당나라 때 쓰인 4세기의 역사 《진서晉書》에 나온다(房玄齡 1974, 128: 3184). Allsen 2002, 278.

22 투시에 관해서는 이 책 이사하야의 글 참조.

23 陳得芝(2015, 94)는 니샤푸르Nishapur에서 알라무트로 가는 길을 근거로 이 도시가 칼라르(오늘날의 이란 마잔다란주 켈라르다슈트Kelardasht)라고 주장한다. 〈서사기〉에는 이곳이 '訖立兒'로 나온다.

24 Bretschneider(1910, 1: 136)는 '海牙'가 이슬람 이름 'Ghiyāth'에 해당할 것이라고 주장한다.

25 1221~1255년 그곳의 지배자였던 알라 앗딘 무함마드'Alā' al-Dīn Muḥammad〔3세〕를 가리킨다. 〔본문의 'Alading(Alamūt)'은 지명이고 이 부분의 전거인 《원사》〈곽간전〉 원문의 '阿剌汀' 역시 지명이어서 이 주석은 의문스럽다. 〈서사기〉에도 '阿剌丁城'이라는 지명으로 나온다.〕

26 宋濂 1976, 149: 3523-24.

27 〈서사기〉에는 '報達'(Baghdad)로 돼 있다. 〔'西戎'을 '報達'로 바꿔 읽으라는 듯한 주석이지만, 《원사》〈곽간전〉 원문이 불완전해 이 문장 맨 앞에 '報達國은' 정도의 주어가 누락돼 있는 것으로 봐야 한다. 〈서사기〉에는 "丁巳歲, 取報達國. 南北二千里 (…)"

로 돼 있다.〕

28 〔西戎大國也, 地方八千里, 父子相傳四十二世, 勝兵數千(十)萬. 侃兵至, 破其兵七萬, 屠西城. 又破其東城, (…) 兩城間有大河, 侃預造浮梁以防其遁. 城破, 合里法算灘登舟, 覩河有浮梁扼之, 乃自縛詣軍門降. 其將紂答兒遁去, 侃追之, 至暮, 諸軍欲頓舍, 侃不聽, 又行十餘里, 乃止. 夜暴雨, 先所欲舍處水深數尺. 明日, 獲紂答兒, 斬之, 拔三百餘城.〕 宋濂 1976, 149: 3524.

29 '잉크통 관리자'라는 뜻의 dawādār(페르시아어로는 dawātdār)는 칼리파의 주요 관료 가운데 하나였다. Bosworth 1996.

30 Boyle 1961, 158; Park 2012, 224-25 n. 15.

31 〔又破其東城, 東城殿宇, 皆構以沉檀木, 擧火焚之, 香聞百里. 得七十二弦琵琶·五尺珊瑚燈檠.〕 宋濂 1976, 149: 3524.

32 Jackson 2005, 313.

33 Gifford 2001, 33-34; Touma 2003, 121.

34 Zeng 2003, 191-93; 馬建春 2003, 76. 음악의 교류에 관해서는 Biran 2016, 133-154.

35 Farquhar 1990, 443.

36 Ptak 1990, 69-70; Kumar 2005, 61-62.

37 이 말의 기원에 관해서는 Chmielewski 1961, 83-86.

38 Boyle 1961, 159.

39 필자는 이 사람이 누구인지 확인하지 못했다.

40 '동천'은 특이한 표현이다. 《원사》에 단 세 번 나오고 다른 왕조사에도 몇 번 나오지 않는다. 글자 그대로는 '동쪽 하늘'을 의미하지만, 여기서는 '동쪽 지방'에 대한 총칭으로 사용되고 있는 듯하다.

41 宋濂 1976, 149: 3524.

42 〔又西行三千里, 至大(天)房, 其將住石致書請降, (…) 巴兒算灘降. (…) 又西行四十(千)里, 至密昔兒. (…) 可乃算灘大驚曰: "東天將軍, 神人也." 遂降. 戊午, 旭烈兀命侃西渡海, 收富浪. (…) 兀都算灘曰: "吾昨所夢神人, 乃將軍也." 卽來降.〕 宋濂 1976, 149: 3524-25.

43 '천방'은 보다 구체적으로는 카아바Kaʿba 신전을 가리키며, 이집트의 아라비아어 이름이 '미스르Miṣr'다. 張文淳 1985, 74.

44 陳得芝 2015, 101.

45 '파아'는 이 전기의 내용과 밀접하게 연관된 필사본 〈서사기〉에 나오는 벽안팔아癖顔八兒(페르시아어 payāmbar에서 온, '선지자'를 의미하는 말이다)의 축약형일 수 있다.

그렇다면 파아는 메카의 지역 지배자인 선지자의 후예를 제대로 가리키는 말일 것이다.

46 주석住石이 항복을 청했다가 결국 배반하고 진압당했기 때문이다. 宋濂 1976.

47 宋濂 1976, 149: 3524-25.

48 이는 〈서사기〉와 매우 다르다. 〈서사기〉는 '서방'의 문화와 관습을 보다 긍정적으로 언급하고 있다.

49 宋濂 1976, 149: 3524.

50 상덕에 대해서는 이 책 이사하야의 글을 보라.

51 두 자료의 비교에 관해서는 Hodous 2018.

52 宋濂 1976, 149: 3525.

53 '换'은 아마도 '襖'의 오류인 듯하다. 陳得芝 2015, 103.

54 宋濂 1976, 149: 3525. '빈철'은 〈서사기〉에도 언급되지만, 이 자료에서는 제대로 페르시아나 카슈미르에서 나는 고급 강철의 일종을 의미하며 지명이 아니다. 陳得芝 2015, 104.

55 Melville 2009, 55.

56 Bretschneider 1910, 1: 147 n. 398.

57 宋濂 1976, 149: 3525.

58 또한 이 시점 이후로는 전기에 〈서사기〉에 상응하는 내용이 보이지 않는다.

59 '부이문'은 지방에서 소송 사건을 담당하는 관리다. 〔원문 'assistant judicial proceedings officer(fuliwen)'의 'assistant'와 'fu'로 인해 '副'를 붙여 번역했으나, 곽간 전기 원문은 '江漢大都督府理問官'이어서 '副'가 없다. 필자가 '府'를 같은 발음의 '副'로 착각한 것일지 모르겠다.〕 Farquhar 1990, 369, 372, 379, 382, 385, 387, 391, 394, 397, 399.

60 宋濂 1976, 149: 3525.

61 〔江南平, 遷知寧海州, 居一年, 卒.〕 宋濂 1976, 149: 3525.

참고 문헌

馬建春. 2003. "元代的回回樂器與樂曲." 回族研究 50.2: 74-76.

房玄齡. 1974. 晉書. 北京: 中華書局.

宋濂. 1976. 元史. 北京: 中華書局.

張文淳. 1985. "埃及地名由來初探 (一)." 西亞非洲 3: 74-76.

曾公亮·丁度. 1988. "武經總要." 中國兵書集成, 卷 3-5. 中國兵書集成編委會 編. 北京: 解放軍出版社·遼瀋書社.

陳得芝. 2015. "劉郁《[常德]西使記》校注." 中華文史論叢 113.1: 67-108.

Allsen, Thomas. 2002. "The Circulation of Military Technology in the Mongolian Empire." In *Warfare in Inner Asian History (500-1800)*, ed. Nicola Di Cosmo, 265-93. Leiden: Brill.

____________. 2015. "Population Movements in Mongol Eurasia." In *Nomads as Agents of Cultural Change*, ed. Reuven Amitai and Michal Biran, 119-51. Honolulu: University of Hawai'i Press.

Biran, Michal. 2016. "Music in the Conquest of Baghdad: Safi al-Din Urmawi and the Ilkhanids Circle of Musicians." In *The Mongols' Middle East*, ed. Bruno de Nicola and Charles Melville, 133-54. Leiden: Brill.

Bosworth, C. Edmund. 1996. S.v. "Dawātdār." *Encyclopaedia Iranica* 7: 136.

Boyle, John Andrew. 1961. "The Death of the Last Abbasid Caliph: A Contemporary Muslim Account." *Journal of Semitic Studies* 6: 145-61.

Bretschneider, Emil. 1910. *Mediaeval Researches from Eastern Asiatic Sources: Fragments towards the Knowledge of the Geography and History of Central and Western Asia from the 13th to the 17th Century*. London: Trübner.

Brockelmann, 1928. *Mitteltürkischer Wortschatz nach Maḥmūd al-Kāš;tarīs Dīvān lugāt at-Turk*. Leipzig: Harrassowitz.

Chen Li-wei. 2017. "The Mountain Without the Old Man: Xishiji on Ismailis." In *Proceedings of the 2nd International Ismaili Studies Conference: "Mapping*

A Pluralist Space in Ismaili Studies," ed. Karim H. Karim, 123–33. Ottawa: Carleton Centre for the Study of Islam.

Chmielewski, Janusz. 1961. "Two Early Loan-words in Chinese." *Rocznik Orientalistyczny* 24: 65–86.

Daftary, Farhad. 2001. S.v. "Gerdkūh." *Encyclopaedia Iranica* 10: 499.

de Rachewiltz, Igor. 1966. "Personnel and Personalities in North China in the Early Mongol Period." *Journal of the Economic and Social History of the Orient* 9: 88–144.

Farquhar, David M. 1990. *The Government of China under Mongolian Rule: A Reference Guide*. Stuttgart: Franz Steiner.

Franke, Herbert. 1978. *From Tribal Chieftain to Universal Emperor and God: The Legitimation of the Yüan Dynasty*. Munich: Verlag der Bayerischen Akademie der Wissenschaften.

Gifford, Paul. 2001, *The Hammered Dulcimer: A History*. Lanham, MD: Scarecrow Press.

Haw, Stephen G. 2013. "The Mongol Empire—the First Gunpowder Empire?" *Journal of the Royal Asiatic Society* 23: 441–69.

Hodous, Florence. 2018. "Record of an Embassy to the West and Biography of the Guo Family: Views of 'the West' in 13th and 14th Century China." *Xishiji he Guo Kan zhuan—shisan, shisi shiji Zhongguo zenme kan Xiyu* 西使記和郭侃傳—十三十四世紀中國怎麼看西域 [in English]. Postdoctoral thesis. Beijing, Renmin University.

Jackson, Peter. 2005. *The Mongols and the West, 1221–1410*. Harlow, Essex: Pearson Longman.

Jamal, Nadia Eboo. 2002. *Surviving the Mongols: The Continuity of Ismaili Tradition in Iran*. London: Tauris.

Juwaynī, ʿAṭā Malik ibn Muḥammad. 1912. *Taʾrīkh-i Jahāngushā*. Ed. Mīrzā Muḥammad Qazwīnī. 3 vols. London: Luzac.

________________. 1997. *Genghis Khan: The History of the World-Conqueror*. Tr. John Andrew Boyle. 2 vols. Manchester: Manchester University Press.

Kumar, Yukteshwar. 2005. *A History of Sino-Indian Relations: 1st Century A.D. to 7th Century A.D.*. New Delhi: APH Publishing.

May, Timothy. 2012. *The Mongol Conquests in World History*. London: Reaktion Books.

______________. 2015. "Spitting Blood: Medieval Mongol Medical Practices." In *Wounds and Wound Repair in Medieval Culture*, ed. Larissa Tracey and Kelly DeVries, 175-93. Leiden: Brill.

Melville, Charles. 2009. "Anatolia under the Mongols." *The Cambridge History of Turkey*, ed. Kate Fleet, 1: 51-101. Cambridge: Cambridge University Press

Needham, Joseph, and Colin A. Ronan. 1995. *The Shorter Science and Civilisation in China*. Cambridge: Cambridge University Press.

Park, Hyunhee. 2012. *Mapping the Chinese and Islamic Worlds: Cross- Cultural Exchange in Pre-modern Asia*. Cambridge: Cambridge University Press.

Ptak, Roderich. 1990. "Notes on the Word *Shanhu* and Chinese Coral Imports from Maritime Asia, c. 1250-1600." *Archipel* 39: 65-80.

Raphael, Kate. 2009. "Mongol Siege Warfare on the Banks of the Euphrates and the Question of Gunpowder(1260-1312)." *Journal of the Royal Asiatic Society* 19: 355-70.

Rudelson, Justin J. 1998. *Oasis Identities — Uyghur Nationalism along China's Silk Road*. New York: Columbia University Press.

Sarkozi, Alice. 1993. "Mandate of Heaven: Heavenly Support of the Mongol Ruler." In *Altaica Berolinensia: The Concept of Sovereignty in the Altaic World*, ed. Barbara Kellner-Heinkele, 215-21. Wiesbaden, Germany: Harrassowitz.

Touma, Habib Hassan. 2003. *The Music of the Arabs*. New expanded ed. Tr. Laurie Schwarts. Portland, OR: Amadeus Press.

Zeng Jinshou. 2003. "Chinas Musik und Musikerziehung im kulturellen Austausch mit den Nachbarlaendern und dem Westen." PhD diss., University of Bremen.

제2장

바이주

왕권 경쟁 한복판의 몽골 정복자

❈

사라 누르 이을드즈

1258년, 칭기스 칸의 손자 훌레구(재위 1260~1265)는 진을 치고 있던 바그다드 교외의 한 마을에서 압바스의 칼리파 알무스타심 빌라흐al-Musta'ṣim Bi'llāh(재위 1242~1258)를 그 아들들 및 시종들과 함께 처형하라고 명령했다.[1] 몽골의 바그다드 정복과 그들의 손에 의한 압바스 칼리파국의 초라한 종말은 서아시아에서 일 칸국(1260~1335) 치하 몽골의 지배라는 새로운 시대를 열었다. 일 칸국은 훌레구가 세운 몽골의 지역 국가였고, 그 중심지는 이란 서부와 이라크였다. 원정 동안에 훌레구는 바이주Baiju, 拜住(1230~1260년대 활약) 노얀Noyan에게 특히 의존했다('노얀'은 몽골어로 귀족 또는 군 지휘관이라는 뜻이다). 1230년대 이래의 활약으로 바이주는 오늘날의 이란, 이라크, 북부 메소포타미아, 아나톨리아, 캅카스를 포괄하는 서방 지역에서 가장 경험과 지식이 풍부한 몽골 지휘관이 됐다.

바이주의 이력은 몽골 제국 영토의 급격한 팽창이 이루어지는 동안 군사와 행정 사이에서 벌어진 갈등을 압축하고 있다. 군 지휘관들의 즉흥적 약탈 행위는 자주 몽골 민간 행정가들의 목표와 충돌했다. 민간 행정가들은 복속된 정주 주민들에 대한 관료적 통치를 수행하고, 잔인한 정복 이후 농경지와 도시를 회복시키는 임무를 맡고 있었다. 바이주는 공포를 통해 효과적으로 정주 주민을 복속시키는 몽골의 군사 전략을 수행하는 탐욕스럽고 완강한 최고의 몽골 군 지휘관이었다. 현지 주민들은 기독교도든 이슬람교도든 그를 미워하고 두려워했다.

바이주는 주로 아나톨리아의 정복자로 알려졌다. 1243년 그는 아나톨리아의 셀주크Selçuk인들과 킬리키아Kilikya의 아르메니아 왕국, 술탄 바드르 앗딘 룰루Badr al-Dīn Lu'lu'(재위 1233~1259) 지배하의 도시 모술Mosul을 복속 국가로 만들었고, 1256년에는 아나톨리아 셀주크를 훌레구의 직접 지배하로 편입시켰다. 바이주는 아나톨리아를 두 번 정복한 데 더해서 이웃 지역들에 대한 습격과 원정을 감행해 멀리 바그다드까지 갔다. 바이주는 서방 영토의 몽골군 첫 총사령관이자 그의 상관인 초르마칸Chormaqan(?~1241*)과 함께 제국의 서쪽 지역에 몽골의 지배를 부과하는 책임을 맡고 있었다. 마지막으로, 바이주는 1258년 바그다드를 함락하는 데서 중요한 역할을 했다.

바이주가 정확히 누구를 위해 몽골의 지배를 부과했는지는 해명이 필요하다. 서부 변방에서 그가 벌인 군사 작전들은 정치적 권력을 둘러싼 왕실 인사들 사이의 분쟁이라는 맥락에서 일어났기 때문이다.

우구데이(재위 1229~1241) 카안이 죽은 후 특히 서쪽 지방의 점령지에 대한 몽골의 지배권은 칭기스 일족 내의 경쟁자들 사이에서 다툼의 대상이 됐다. 구육(재위 1246~1248) 카안이 아버지의 계승자로 선출되기

전에 제국의 권력은 섭정인 투레게네 카툰Khatun(황후, 섭정 1242~1246)이 행사했다. 우구데이의 부인이자 구육의 어머니다. 구육의 짧은 치세 후에는 그의 아내가 마찬가지로 1251년까지 섭정으로 통치했다. 그러나 볼가강 지역을 중심으로 해서 금장 칸국〔킵착 칸국, 주치 울루스〕으로 알려진 몽골 국가를 세운 바투Batu(재위 1227~1255) 칸은 투레게네의 섭정과 그 아들 구육의 카안 선출에 반대했다. 바투는 칭기스 왕조 지배 일족의 남자 어른으로서, 킵착 초원에서 화라즘까지 뻗쳐 있는 자기 영지에 인접한 서방 영토에 대한 그들의 권위에 도전했다. 이에 따라 바투 칸은 바이주에게 자신의 명령을 강요해, 아나톨리아의 셀주크 영토 등 바이주의 점령지에 대한 자신의 관할권을 주장했다.[2]

그러나 바투가 죽은 뒤 바이주는 정치적 환경이 달라졌음을 깨달았다. 그는 이제 훌레구의 영향력 아래 있었다. 훌레구는 우구데이 가문을 대신한 새 카안 뭉케(재위 1251~1259)의 동생이었다. 더구나 훌레구는 바투의 후손들과는 앙숙이었다. 따라서 바이주가 1256년 셀주크를 상대로 나선 두 번째 정복 원정은 훌레구를 위한 것이었다.

바이주는 오랫동안 서방 영토의 총사령관을 지내며 왕실 인사들 사이의 치열한 내부 투쟁에서 살아남았다. 그러나 바그다드와 시리아에 대한 군사 작전 직후 훌레구는 바이주를 처형했다. 바이주는 먼 서쪽 변경에서 활동하면서 자기 마음대로 하는 데 익숙해졌다. 훌레구는 바이주의 충성심을 의심해 그가 황제의 권위를 인정하지 않고 독자적으로 행동한 죄를 물은 듯하다.

바이주의 몽골 군대가 아나톨리아 내륙 초지를 점령한 것은 장기적 영향을 미쳤다. 고원에서 튀르크멘인들을 몰아내자 그들의 경제·사회·정치 생활에 커다란 혼란이 초래됐다. 이동 방목을 하는 튀르크멘인들은 동부와 중부 아나톨리아 고원의 자기네 목초지에서 쫓겨나자 사방의 내륙에 인접한 산맥으로 피난하거나 서쪽의 동로마 제국 접경에 인접한 서부 충적 저지대로 몰려갔다. 튀르크멘인들을 내륙에서 쫓아낸 것은 결국 13세기 말에서 14세기 초에 몽골이 지배하는 아나톨리아의 주변부를 따라 '베이bey국'이라는 튀르크계 공국들의 탄생을 낳았다. 그 가운데 하나가 초기 오스만ʿOṣmān 국가였다.[3]

초르마칸 휘하에서의 바이주의 초기 이력
— 제국 시기 1230년대에서 1248년까지

바이주는 몽골의 베수드Besüd 씨족[4] 출신으로, 칭기스 칸의 노련한 지휘관 제베(?~1223)의 친척이었다. 제베는 1220~1221년 무함마드 화라즘샤흐를 추적해 한 분견대와 함께 서아시아를 가로질러 아제르바이잔과 남南캅카스를 휩쓸고 지나간 초기 몽골 지휘관 가운데 하나였다.

바이주는 그의 상관 초르마칸과 마찬가지로 황실의 화살통 담당 또는 경호원에 해당하는 코르치qorchi로 출발했다.[5] 그는 1220년대 말에 첫 군사 원정에 참여했다. 이란의 이스파한Isfahan 공격이었다.[6] 1230년 무렵에 바이주는 초르마칸 휘하에 배속됐는데, 초르마칸[7]은 하위 지휘관으로 첫 서방 원정에 참여했다.

초르마칸은 나중에 화라즘샤흐 무함마드의 아들 잘랄 앗딘(재위 1220~1231)을 추적하기 위해 서쪽으로 보내졌다. 초르마칸은 수비대인 탐마tamma[8]를 맡아 이란 서북부의 아제르바이잔과 캅카스의 무성한 초원에 주둔했는데,[9] 이란 정복을 마무리하고 골치 아픈 화라즘샤흐를 끝장내라는 명령을 받았다. 화라즘샤흐를 격파하려는 몽골의 결의는 이렇게 상당한 수의 몽골군을 처음으로 서아시아에 투입했다. 바이주는 처음에 천 명의 부대인 하자라hazāra를 맡았으나 만 명의 부대인 투멘tumen의 지휘관으로 승진했고,[10] 초르마칸의 부사령관 노릇을 했다. 그는 자주 독자적으로 움직였다. 특히 상관 초르마칸의 건강이 악화된 그의 말년에 그러했다.

1231년 화라즘샤흐 잘랄 앗딘이 죽은 후 초르마칸과 바이주가 지휘한 몽골군은 아제르바이잔 동북부 무간Mughān 평원[11]의 풍성한 초지에 건설한 사령부에서 계속해서 습격에 나갔다. 초르마칸과 바이주는 이어 교역로상의 주요 도시인 타브리즈를 점령했고(1231), 근처의 도시 마라가Maragha도 점령했다. 이들 두 중심 도시는 나중에 일 칸국의 행정과 문화의 주요 중심지 구실을 하게 된다. 그들은 이어 자기네 정력 대부분을 캅카스의 그루지야와 아르메니아로 돌렸다. 몽골군은 1230년대에 그루지야의 성채 여럿을 점령했지만, 캅카스 정복은 서서히 이루어져 1240년이 돼서야 마무리됐다.[12]

1234년에서 1238년 사이에는 초르마칸과 바이주 휘하 몽골군의 활동이 잠잠했다. 아마도 우구데이의 서방 정책이 조정됐기 때문이었을 것이다. 우구데이는 서방에서 일련의 원정을 이끄는 대군의 선두에 바투칸을 배치했다. 이것은 유럽 원정으로 알려졌지만, 그럼에도 불구하고 캉글리Qangli와 킵착 등 흑해와 카스피해 북쪽의 유목 민족들을 복속시키는 것을 목표로 하고 있었다.[13] 원정은 남캅카스, 동유럽, 도나우강 유역으로 확장됐다. 일부 소규모 분견대는 달마티아Dalmatia 해안까지 진격했다.[14]

1238년 유럽 원정에 나섰던 몽골 제국 군대가 회복을 위해 남쪽으로 철수한 뒤, 초르마칸과 바이주의 수비대 병력은 아나톨리아, 아르메니아, 북부 메소포타미아 습격을 재개했다. 이후 몇 년 동안 바이주의 습격은 캅카스에서 바그다드에 이르는 이 지역 주민들(기독교도든 이슬람교도든, 농촌 주민이든 도시 주민이든)을 계속해서 공포에 떨게 했다.

그러나 이 습격은 이제 칭기스 일족의 고위 지휘관인 바투 칸의 관할하에 이루어졌다. 1241년 우구데이가 죽자 바투는 대외적으로 캅카스의 모든 제국의 영토는 자기 것이라고 주장했다. 초르마칸은 바투의 황제권 침탈에 도전하기를 머뭇거렸던 듯하다. 초르마칸이 병들어 근육마비와 청각 상실 등에 시달렸기 때문에 바이주는 사실상의 총사령관이 됐다. 초르마칸은 같은 이유로 무간 숙영지의 관리 사무를 아내에게 맡겼다.[15] 1240년대 어느 시점에 초르마칸이 죽자 바이주는 공식적으로 그의 자리에 임명됐다. 초르마칸의 아들 보라Bora는 작전에 계속 참여했고, 이제 바이주의 부하가 됐다.[16]

바이주는 이어 1242~1243년에 정력을 아나톨리아의 셀주크인들에게로 돌렸다. 뷔윅셀주크Büyük Selçuk는 11세기에 이란·이라크·시리아와 중앙아시아를 장악한 튀르크계 왕조였는데, 그 한 지역 분파인 아나톨리아 셀주크 즉 룸Rūm이 12세기 말에 과거 동로마 제국에 속했던 소아시아 내륙과 해안 지역에서 주요 이슬람 정치 세력으로 떠올랐다. 코냐Konya에 행정 중심지를 둔 셀주크인들은 아나톨리아 내륙 고원과 함께 흑해 연안의 시노페Sinope와 지중해 해안의 안탈리아Antalya 등 무역 중심지를 장악했다. 사실 셀주크는 몽골이 그들을 정복했을 때 영토 면으로나 경제 면으로나 전성기에 있을 때였다. 아나톨리아 셀주크는 동부 지중해를 흑해 및 이란과 연결하는 중요한 교역로를 장악하고 있었고, 그들이 굴리고 있는 막대한 부富로 몽골에 조공 국가로서 특히 매력적인

존재로 보였다.[17]

셀주크 술탄 알라 앗딘 카이쿠바드 1세'Alā' al-Dīn Kayqubād I(재위 1219~1237)가 1230년대 초에 몽골 습격자들과 처음으로 마주치기는 했지만, 그들이 침략군임을 알게 된 것은 그의 아들 카이후스로 2세Kaykhusraw II(재위 1237~1246)였다[18] 1242년 여름, 바이주는 다른 몽골 장군들과 함께 몽골 대군을 이끌고 아르메니아 색채가 강한 셀주크 영토 동북쪽 변경의 도시 에르주룸Erzurum(아르메니아 이름으로는 카린Karin)을 공격했다.[19] 바이주의 부대는 두 달 동안 에르주룸을 포위하고 약탈한 뒤에[20] 무간 평원에 있는 자기네 겨울 숙영지로 돌아갔다.

한편 에르주룸 약탈 소식은 코냐로부터 동쪽 에르진잔Erzincan으로 진군해 있던 셀주크 주력 부대에 전해졌다.[21] 왕국이 심각한 위험에 빠졌음을 깨달은 카이후스로 2세는 지역 이슬람교도와 기독교도 사이의 연합체 결성에 나섰다. 북부 메소포타미아의 아이유브Ayyūb 왕조(1171~1250) 군주들과 킬리키아 아르메니아 지배자 헤툼 1세Het'um I(재위 1226~1270)는 바이주의 군대를 상대로 한 셀주크 연합체 참여에 동의했다. 셀주크의 대신은 시리아로 가서 막대한 양의 금과 은을 나눠주며 2만 명의 경험 많은 전사들로 이루어진 다양한 병력을 모았으며, 아나톨리아의 튀르크멘인 변경에서 그루지야, 남캅카스, 킵착 초원에서 기병 부대를 끌어들였다. 마찬가지로 라틴[서유럽 가톨릭교도] 집단들도 고용했다.[22]

바이주의 군대는 1243년 여름 아나톨리아에 다시 나타났는데, 셀주크가 고대했던 증원군이 도착하기 전이었다.[23] 바이주는 이란과 이라크에서 모은 사람들로 구성된 대군을 이끌고 재빨리 아나톨리아로 진군했다.[24] 셀주크 술탄은 전쟁에서 자기네의 능력을 증명하고 싶어 안달하는 추종자들 속의 성미 급한 젊은이들의 영향 아래서 바이주와 그 군대에 맞서

사진 2-1 멀리 산을 배경으로 펼쳐진 쾨세다으 평원

기 위해 동쪽으로 향했다. 술탄은 명목상 8만 명의 기병 병력을 이끌고 시바스Sivas와 에르진잔 사이의 교역로로 행군해 쾨세다으Kösedağ로 알려진 산을 지나갔다. 그들은 증원군을 기다리면서 몽골군이 쉽게 발견할 수 없는 고개에 머물렀다.[25]

몽골군이 셀주크 병력의 절반밖에 안 된다는 소식이 들리자 술탄을 따라온 성급한 젊은이들은 대담해졌다. 그들은 산속 은신처의 안전한 곳을 버리고 적과 맞닥뜨리고자 했다.[26]

셀주크의 쾨세다으 전투 참사와 그 여파

몽골군과 셀주크군 양군은 1243년 6월 26일 시바스 서북쪽 80킬로미터의 농촌 지역에서 벌어진 쾨세다으 전투에서 맞부딪쳤다.[27] 수적으로

는 셀주크가 우세했지만 전투는 몽골의 완승이었다. 몽골군은 시바스를 철저하게 파괴한 뒤 카이세리Kayseri를 포위했다. 그곳에는 셀주크의 고위 지휘관들과 관리들, 그리고 술탄의 어머니를 포함하는 황실 사람들이 피신해 있었다. 바이주가 성채를 포위하도록 병사들에게 명령을 내릴 때 술탄의 어머니와 그 수행원들은 성을 빠져나가 킬리키아 아르메니아의 시스Sis로 갔다. 카이세리는 조금 저항하다가 강화 조건을 보장받고 항복했다. 그러나 도시 성문이 열리자 몽골 군대는 전 주민을 살육했고, 카이세리는 잿더미가 됐다.[28]

1244~1245년에 바이주와 그 군대는 카이세르 지역을 유린하고 남쪽으로 이동해 디야르바키르Diyarbakır와 자지라Jazira(이라크 북부)를 공격했다. 그들은 하르란Harran과 루하Ruha(서양에 에데사Edessa로 알려졌던 현재의 우르파Urfa) 등의 도시를 점령했고, 마르딘Mardin은 그 지배자가 이집트로 달아난 뒤 평화적으로 접수했다.[29] 1244년, 시리아를 습격한 바이주의 몽골군 파견대는 마찬가지로 안티오키아의 십자군 공국에 항복을 요구했다. 교황청은 이때 처음으로 몽골과 외교 관계를 수립하는 것이 중요하다는 사실을 알게 됐다.[30]

쾨세다으 전투 이후 셀주크는 더는 바이주에게 저항하는 것이 무의미함을 깨달았다. 셀주크의 대신과 아마시아Amasya의 카디qāḍī(판관)는 평화 협정을 논의하기 위해 에르주룸 바로 교외에 있는 바이주의 이동 숙영지로 향했다. 셀주크 일행은 무간 평원으로 가서 바이주의 상관 초르마칸과 평화 협정을 맺고 매년 보낼 공물의 양을 정했다. 이 협정에 따르면, 셀주크는 몽골인들에게 연례 공물로 금과 고급 직물, 그리고 말·낙타·소·양 등 가축과 노예도 보내게 됐다.[31]

셀주크는 일시적 평화는 얻었지만, 칭기스 왕조와 보다 군건한 협정

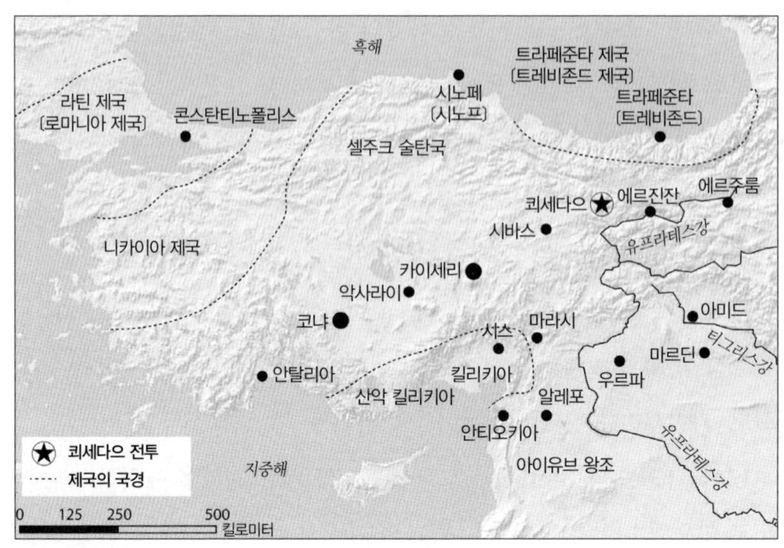

지도 2-1 쾨세다으 전투(1243)

을 논의해야 했다. 셀주크인들은 바투에 대한 술탄의 순종을 표하는 사절을 보낼 준비를 했다. 칸에게 보내는 값비싼 선물을 모아 사절이 출발했고, 육지와 바다를 거쳐, 카스피해를 건넌 뒤 북쪽의 킵착 초원으로 들어갔다.[32]

바투에 대한 셀주크의 복종은 서방 영토에 대한 제국의 권력을 바투가 장악했음을 보여주었다. 제국의 섭정인 투레게네 카툰에게는 크게 실망스러운 일이었다. 바투를 대리해 움직이는 바이주 또한 자신이, 투레게네가 보낸 아르군 아카Arghun Aqa(1210*~1275) 같은 몽골 관리들과 권한 충돌을 빚게 됐음을 깨달았다. 아르군 아카는 1242년 서방 영토를 담당하는 제국의 민간인 총독에 임명됐다. 그는 바투의 월권을 막을 뿐만 아니라 바이주를 통제하고 즉흥적인 세금 강요로 악명이 높은 바이주의 추가적 재정 남용을 막으라는 명령을 받았다.[33]

구육이 카안으로 지명된 뒤 아르군 아카는 1248년 휘하 장군 엘지기데이Eljigidei(?~1251/1252)를 이란으로 보내 이 지역에서 자신의 개인적 권위를 주장하고 바투의 대리인 바이주로부터 통제권을 박탈하도록 했다. 엘지기데이는 바이주의 자리에 임명됐고, 아나톨리아·그루지야·모술·알레포Aleppo, Ḥalab·디야르바키르 행정의 전권이 주어졌다. 또한 이전에 거둔 공물에 대한 전권도 주어졌는데, 여기에는 셀주크의 공물도 포함됐다. 엘지기데이는 또한 바이주가 바그다드에 대해 군사적으로 공격적 자세를 취해 그들의 저항을 부추겼다고 비난했다. 그러나 구육이 바투와 싸우기 위해 서쪽으로 향하다가 갑자기 죽으면서 엘지기데이는 바투의 지휘권을 넘겨받지 못했다.

1251년 뭉케(재위 1251~1259)가 카안으로 선출되자 엘지기데이와 여러 구육 정권의 대리인은 뭉케를 노린 음모에 연루돼 처형당했다.[34] 뭉케가 우구데이 가문 사람들과 그 지지자들을 숙청했지만 바이주는 서방 영토의 총사령관 자리를 유지했다. 뭉케의 카안 승계는 새로운 가문의 대두를 알렸다. 칭기스 칸의 막내아들 톨루이의 자손들이다. 뭉케는 두 동생을 보내 제국의 동방 및 서방 확장을 계속했다. 뭉케의 동생 훌레구는 결국 서방 영토에 대한 자신의 직접 통제를 확립해 바이주의 사실상의 자치를 마감시키고 이미 복속한 아나톨리아 셀주크 영토의 두 번째 정복에 박차를 가했다.[35]

악사라이 전투(1256)
— 훌레구 치하 새로운 정치 체제에서의 바이주의 위치

1256년 10월 14일, 바이주는 악사라이Aksaray 전투에서 아나톨리아 셀주크를 두 번째로 무찔렀다.[36] 1243년 이래 복속국이었던 셀주크를 상대로 한 바이주의 두 번째 정복은 바투 가문(즉 주치 가문)과 톨루이 가문의 경쟁이라는 더 넓은 맥락에서 봐야 한다. 바투는 뭉케의 즉위를 연출한 사람 가운데 한 명이었지만, 그의 권력은 새로운 카안을 위협했고 훌레구의 지역적 이해관계와 충돌했다. 바이주의 1256년 원정은 이 땅에 대한 바투 가문의 주장을 무력화했다. 이 두 번째 정복은 또한 몽골의 공납 요구를 분명히 하고 어떠한 반란도 막으려는 의도가 있었다. 특히 훌레구의 압바스 칼리파국 원정이 계획되고 있는 상황에서다.

1256년 봄 몽골군과 셀주크군 양군이 전쟁터에서 만나기 직전에 몽골은 에르진잔을 공격함으로써 교전을 시작했다. 바이주는 많은 병사를 이끌고 아나톨리아에 도착했다. 그들의 가족들과, 훌레구 및 그 대군의 도착에 대비해 무간 평원에서 대피한 사람들도 함께였다.[37] 아르메니아의 한 연대기에 따르면, 바이주의 부하인 몽골 장수 카다간Qadagha[n] 노얀은 아무런 이유 없이 에르진잔을 공격했다.[38] 당시 카이세리에 머물고 있던 셀주크군은 현지 튀르크멘인들을 대상으로 한 계절적 작전을 준비하고 있었다. 그들은 몽골군의 공격을 알고는 곧바로 군사를 모아 허둥지둥 코냐로 물러났다.[39]

셀주크군과 몽골군은 악사라이 평원에서 충돌했다. 셀주크의 두 주요 중심 도시인 코냐와 카이세리를 연결하는 간선 도로에서 비켜난 곳이었다. 전투가 쾨세다으의 경우처럼 동부 아나톨리아의 셀주크 땅 주변부가 아니라 중심부에서 벌어졌다는 사실이 중요하다. 몽골군은 셀주크 영토의 한가운데로 치고 들어와, 훌레구와 일 칸국 치하에서 몽골군이 보다 적극적으로 아나톨리아에 주재할 것임을 예고했다.

전투가 끝난 뒤 바이주는 코냐와 악사라이를 연결하는 길가에 있는 전투장 근처의 방어 시설을 잘 갖춘 여행자 숙소(카라반사라이caravanserai)에 사령부를 차린 채 한동안 머물렀다. 그는 새로 정복한 셀주크 영토에서 봉기가 일어나지 않게끔 감시하다가 1257년 말 바그다드를 공격하는 훌레구군에 합류하기 위해 출발했다.[40] 바이주는 또한 악사라이에 수비대 병사들과 몇 명의 시흐나shiḥna 즉 군정관을 남겨놓는 예방 조치를 취했다.[41]

셀주크가 패배한 뒤 코냐는 파괴를 면했다.[42] 유명한 신비주의 시인 잘랄 앗딘 알루미Jalāl al-Dīn al-Rūmī(1207~1273)[43]의 성인전聖人傳, hagiography 작가는 흥미로운 기록을 남겼는데, 바이주의 군대가 코냐를 파괴하지 않은 것이 루미의 기적 가운데 하나라고 한 것이다.

바이주의 군대가 코냐를 들이치기 위해 도시를 포위했을 때 루미는 두려워하지 않고 산꼭대기로 올라가 도시의 안전을 위해 기도했다. 그의 기도는 즉각 효험을 발휘해 공격이 멈췄다. 몽골군이 쏜 화살은 중간에 방향이 바뀌어 몽골군 병사들을 향해 날아갔다. 몽골군은 달아날 수도 없었다. 발이 보이지 않게 묶여 있는 듯했기 때문이다. 몽골군의 말들도 마찬가지로 움직이지 못하고 제자리에 멈춰 꼼짝도 할 수 없었다.

이 마울라나Mawlānā〔이슬람 종교 지도자에 대한 존칭〕의 영적 능력은 바이주를 감동시켰다. 바이주는 비록 이교도였지만 자신이 대하고 있는 사람이 보호를 받는 사람이고 신의 "분노는 피해야 하는"[44] 것임을 알고 있었다. 이에 따라 코냐는 바이주와 합의에 이르렀다. 이 도시의 명사名士들은 바이주에게 값비싼 선물을 제공했고, 몽골 지휘관들은 도시의 방

어 시설을 파괴할 것을 명령했으나 도시의 다른 부분과 주민들은 건드리지 않았다.[45]

젊은 술탄 이즈 앗딘 카이카우스 2세'Izz al-Dīn Kaykā'ūs II(재위 1246~1260)는 자기네 군대가 패했다는 소식을 듣고 코냐에서 달아나 지중해 안탈리아에 있는 자신의 근거지로 향했다. 왕국 서쪽 변경의 요새에 구금됐던 카이카우스의 동생이자 왕위 경쟁자 루큰 앗딘 킬리치 아르슬란 4세Rukn al-Dīn Qilich Arslan IV(재위 1248~1265)가 풀려났다. 이 경쟁 왕자의 지지자들은 그를 코냐로 데려와 술탄 지리에 올렸고, 악사라이에서 바이주와 강화 협상에 나섰다.

바이주는 루큰 앗딘이 셀주크 술탄이 된 것을 환영했다. 그는 형과 달리 몽골에 대한 적대감에 물들지 않았기 때문이다. 하지만 바이주는 루큰 앗딘과 그 부하들이 코냐에 머물도록 허용하지 않았다. 그곳에는 강력한 방어 시설이 있어 그들이 반란을 일으킬 수 있었기 때문이다.[46] 새 술탄은 바이주를 위해 잔치를 열었다. 아마도 이 장군의 불신을 해소하려는 노력이었을 것이다. 그러나 이 잔치는 바이주의 부사령관 화자Khwāja 노얀이 독살되면서 재앙으로 끝났다. 범죄에 책임이 있는 셀주크 관리는 즉각 체포돼 가장 섬뜩한 방식으로 처형됐다.[47]

바이주가 서부 아나톨리아에서 동쪽으로 철수하자 이즈 앗딘은 일시적 망명을 끝내고 돌아가도 충분히 안전할 것이라고 생각했고, 셀주크 술탄 자리에 복귀하고자 했다. 그사이에 그의 동생 루큰 앗딘은 이란 하마단Hamadān에 있는 훌레구의 숙영지에 도착했고, 그곳에서 그는 유일한 셀주크 지배자로서 공식 인정을 받았다.[48] 루큰 앗딘의 관리들은 훌레구의 명령에 따라 바그다드 공격에 필요한 보급품補給品을 모으기 시작했다.[49]

바그다드 정복과 바이주의 죽음

칼리파 알무스타심 빌라흐가 최종적으로 훌레구에게 항복하기를 거부한 뒤 바이주는 전투를 준비하라는 명령을 받았다. 바이주는 8만 명이라고 일컬어지는 군대를 동원해 바그다드 교외로 향했다. 그곳에서 그의 부대는 나중에 훌레구의 주력 부대와 합류해 우익의 일부가 될 예정이었다.

이르빌Irbil 방면에서 이동해온 바이주는 1258년 1월 16일 모술에서 티그리스강을 건너고 티그리스강 서쪽에 있는 바그다드 교외로 향했다. 그의 부대는 그곳에서 진을 치고 훌레구를 기다렸다. 훌레구는 자신의 가장 신뢰하는 지휘관 가운데 한 사람인 수쿤착Suqunchaq/Sughūnjāq(?~1290)을 미리 보내 바이주의 숙영지에 합류하도록 했다.[50] 수쿤착의 선봉 부대는 전투에 나선 칼리파의 군대를 만났다. 이튿날인 1월 17일 수쿤착과 그의 선발대는 상대 부대와 아무런 심각한 교전 없이 퇴각했다.

동쪽에서 이동해온 몽골 주력 부대에 합류한 바이주는 공격을 위해 부대를 집결시켰다. 몽골군은 압바스 병사들이 도망치지 못하게 하기 위해 티그리스강의 제방을 터서 배후지에 물이 흘러넘치게 했다. 칼리파의 병사들 가운데 살아남은 사람은 많지 않았다. 많은 사람이 전투에서 죽었고, 나머지는 물에 빠져 죽었다. 며칠 뒤인 1월 22일, 바이주의 부대는 바그다드 서쪽 교외에 도착했다. 공성전 도구들이 도시 바깥에 설치됐고, 1주일 뒤 몽골군은 성벽에 포격을 가하기 시작해 2월 4일 벽을 무너뜨렸다. 칼리파는 항복했다. 몽골군은 도시를 약탈하고 불태웠으며, 남아 있던 수비병들을 학살했다.[51]

바그다드 원정 이후 바이주는 1260년 훌레구가 이끄는 시리아 원정에 합류했고, 얼마 지나지 않아 죽었다.[52] 자료들은 그가 죽은 정황에 대해 상충하는 정보를 제공하고 있다. 일부 맘룩 자료들은 바이주가 또 다른 압바스 왕가 자손과 내통했다는 의심을 받은 탓에 훌레구에 의해 처형됐다고 주장한다.[53] 또 다른 맘룩 역사가는 바이주가 독이 든 술을 마신 뒤에 죽었다고 썼다. 그는 훌레구가 바이주에 대한 자신의 적대감을 숨겼다고 설명한다. 이는 훌레구의 의도가 바이주를 바그다드 정복에 이용한 뒤 없애버리는 것이었음을 암시한다.[54]

일 칸국 자료들은 훌레구와 바이주 사이의 껄끄러운 관계를 강조한다. 바이주를 억지로 서쪽으로 가게 한 것은 이미 껄끄러운 둘 사이의 관계를 더욱 악화시켰던 듯하다. 바이주는 자신이 누리고 있던 상대적 자율권뿐 아니라 소중한 목초지까지 훌레구의 군대에 빼앗겼다. 라시드 앗딘(1247*~1318)에 따르면, 훌레구는 자신이 "아나톨리아를 순종하게 만들"[55]었다는 바이주의 자랑에 특히 짜증이 났다. 훌레구는 바이주와의 첫 만남에서 그를 가혹하게 대했다. 서방의 총사령관으로서 맡은 바 의무를 만족스럽게 수행하지 않았다고 질책한 것이다.

> "초르마칸 노얀이 죽은 뒤 너는 이곳에서 무엇을 하고 있었느냐? (…) 무슨 반란을 진압했느냐? 칼리파의 힘과 위엄에 대해 이야기해서 몽골군을 두려워하게 한 것 외에 무슨 일을 했느냐?"[56]

바이주는 겨우 훌레구를 달랜 뒤에는 지중해에까지 이르는 나머지 서방 지역을 정복하라는 명령을 받았다. 이 명령에 따라 바이주는 아나톨리아로 진격해 셀주크 영토를 다시 정복했다.[57]

서방 영토의 기독교도 및 이슬람교도와 바이주

바이주는 가장 먼저 프랑크 즉 라틴계 기독교도들과 직접 접촉한 몽골인들 가운데 한 사람이었다. 시리아에서의 군사 작전에 따른 것이었다. 1244년에 그는 기습 부대를 북부 시리아에 보내 멀리 알레포 성문까지 갔다.[58] 이 시리아 공격은 안티오키아의 십자군 공국 지배자 보에몽 5세Bohemond V(재위 1233~1252)의 항복을 이끌어냈고, 교황으로 하여금 처음으로 몽골에 사절을 보내게 했다.

이에 따라 이듬해인 1245년 교황 인노켄티우스 4세Innocentius IV(재임 1243~1254)는 몽골에 여러 차례 사절을 보냈다. 외교 관계를 수립하기 위해서였다. 동방의 교우들인 네스토리우스파나 아시리아 기독교도들과 접촉하려는 특별한 목적도 있었다. 이들 사절단은 도미니코회나 프란체스코회 같은 탁발 수도회 수도사들로 채워졌다. 그들이 두려움 없는 여행자들이었을 뿐만 아니라 이교도를 개종시킨 경험이 있기 때문이었다.[59]

그 사절단 가운데 하나를 이끈 사람이 도미니코회 수도사 니콜라 아셀리노Nicola Ascelino였다. 그러나 아셀리노는 역시 사절단을 이끌었던 조반니 다 피안델카르피네〔플라노 드 카르피니〕Giovanni da Pian del Carpine(1185*~1252)와 달리 몽골까지 가지 못하고, 1247년 5월 아르메니아 고원에 있는 바이주의 여름 숙영지에서 여정을 멈췄다. 교황의 편지를 가지고 갔던 아셀리노는 그곳에 몇 달을 머물며 구육 카안으로부터 답장이 오기를 기다렸다. 그 뒤 아셀리노는 인노켄티우스 교황에게 항복을 요구하는 카안의 말을 전하러 가는 몽골 사절 두 명과 함께 1248년 11월 로마로 돌아갔다. 몽골과 교황 사이를 오갔던 이 첫 번째 외교 사

절은 아무런 성과를 내지 못했다.[60]

구육이 엘지기데이를 바이주 대신 서방 영토의 사령관으로 임명한 뒤 엘지기데이는 구육의 이름으로 키프로스에 외교 사절을 보냈다. 그곳에서는 프랑스 왕 루이 9세Louis IX(재위 1226~1270)가 한창 제7차 십자군을 준비하고 있었다.[61] 엘지기데이가 제7차 십자군 원정 직전에 프랑스와 구축한 협력 관계는 그가 1249년 여름으로 예정하고 있던 압바스 수도 바그다드에 대한 공격에서 중요했다.[62] 그러나 엘지기데이의 특사는 이전에 실패로 끝났던 교황의 특사 이후 라틴계 기독교도들과 관계를 개선하는 임무를 띠고 있었다. 엘지기데이의 사절은 자기네가 진실하다는 것을 프랑스인들에게 확신시키기 위해 엘지기데이가 기독교도이며 카안이 기독교에 대해 호의적이고 심지어 곧 개종할 것이라고까지 말했다.[63]

바이주의 이슬람교 개종설

일부 자료는 바이주가 기독교도에 대해 적대적이고 기독교도보다는 이슬람교도를 더 좋아했다는 암시를 주고 있다. 그러나 그의 세대 몽골인들이 흔히 그랬듯이 바이주는 이슬람교에 비해 기독교에 덜 호의적인 것은 아니었다. 바이주는 네스토리우스파 기독교도와 혼인했고 그의 집안에도 기독교도들이 있었다. 더구나 바이주의 부대에서는 기독교도 분견대들이 중요한 역할을 했다. 특히 그루지야-아르메니아 기병대가 그랬다. 그러나 맘룩 역사가들은 바이주가 독이 퍼져 죽어가면서 이슬람교를 받아들였다고 이야기하고 있다. 바이주의 유언에 따라, 그의 시신은 이슬람교 방식에 따라 장례를 준비했다는 것이다.[64]

그러나 그러한 주장은 조심스럽게 들어야 한다.[65] 이 이야기는 사실 초기에 개종했다고 하는 또 다른 몽골인의 경우를 떠올리게 한다. 몽골 관리이자 후라산 총독이었던 아르군 아카다. 그는 바이주와 동시대인이며 때로는 민간인 맞수이기도 했다.[66] 아르군 아카의 경우도 그렇지만 바이주가 정말로 개종했는지의 여부는 확인하기 어렵다. 바이주가 개종했다는 이야기는 그의 손자 술레미시Sülemish와 연결될 수 있을 것이다. 술레미시는 아나톨리아 몽골군 총사령관으로 1298~1299년 일 칸 가잔Ghāzān(재위 1295~1304)에 대해 반란을 일으켰던 인물이다.[67]

이 이야기를 유포한 것은 술레미시의 동맹자인 맘룩인들(그들은 아나톨리아의 통제권을 얻으려는 술레미시의 한 시도를 지원했지만 그 시도는 실패했다)에게 도움을 주기 위해서였을 것이다. 또한 몽골에 반대하는 아나톨리아 현지의 이슬람교도 주민들(주로 튀르크멘 목축민들이다)을 위한 것이기도 했다. 바이주가 임종 시에 개종했다면 그의 손자 술레미시는 이슬람교도 집안 출신이 된다. 1295년에야 개종한 지배자 가잔은 여기에 미치지 못한다. 바이주가 개종했다는 주장은 먼저 이슬람교로 개종한 것이 칭기스 일족의 통치권 주장을 무효화하는 방법이 된다는 맘룩의 이데올로기를 반영한다. 그렇다면 술레미시는 가잔에 비해 아나톨리아 지배를 더 정당하게 주장할 수 있는 것이다. 물론 맘룩의 신하로서이기는 하지만 말이다.[68]

마지막으로, 바그다드 정복 때 바이주가 이슬람 세계에 가한 파괴를 생각한다면 바이주가 죽는 순간에 이슬람 신앙을 받아들였다는 것은 맘룩과 아나톨리아의 이슬람교도들에게는 그의 죄를 보상하게 하는 방법이기도 했을 것이다.

결론
— 왕가의 투쟁 한가운데에서의 바이주 정복의 유산

사료에서 흔히 사악하고, 무자비하며, 당대의 기독교도나 이슬람교도 모두에게 두려운 존재로 묘사되는 바이주는 몽골 정복 초기의 수십 년과 관련된 폭력과 파괴의 화신이었다. 바이주는 마찬가지로 정복과 습격으로 초토화된 나라들을 부흥시키려 시도하는 몽골의 민간 행정가들과도 자주 불화를 빚었다. 바이주의 군사 전술은 이 사령관이 개인적으로 폭력과 잔학 행위를 좋아한 데서 나온 것이 아니었고, 빠르고 효율적인 제국 건설을 위해 몽골이 택한 표준적 방법이었다. 쓰나미 전략[69]이라고 불리는 이 초토화는, 초기의 임시방편적 과세 방식이나 바이주 같은 정복자 장군의 〔대리〕 통치처럼, 일시적인 것으로 여겨졌다. 민간 관료들에게는 정복된 지역의 행정을 재편성하는 책무가 맡겨졌다. 바이주가 자신과 같이 독자적으로 움직이는 장군들을 견제하기 위해 파견된 민간 행정가들의 방법 및 목표와 충돌했던 것은 당연한 일이었다. 사실 그들의 역할은 상충하게끔 설계된 것이었다.

서방 점령지 사령관인 바이주의 위치를 더욱 복잡하게 만든 것은 칭기스 일족 내부 경쟁자들 사이에서 권력이 나뉘고 겹치는 문제였다. 바이주가 서쪽 변경에서 이룬 초기 정복은 왕가 내부의 격렬한 투쟁 속에서 일어났다. 1243년의 아나톨리아 정복은 바투 칸이 서부 초원을 근거지로 한 자신의 개인적 왕국 즉 울루스를 확장하려는 계획의 일환이었다. 제국의 중앙에서는 이 지역에 대한 바투의 주장에 반대했다. 이런 움직임을, 정당하게 카안에게 속한 땅에 대한 침해로 본 것이다. 투레게네와 구육은 1240년대 동안에 황실의 대리인들을 통해 수행한 일련의 관리 정책을 통해 서방 영토에 대한 통제권을 회수하고자 했다. 그들의 노력은 1248년 구육이 갑자기 죽는 바람에 실패로 돌아갔다.

마찬가지로, 1256년 바이주가 셀주크 아나톨리아를 상대로 한 두 번째 정복은 몽골의 중앙에서 권력이 재편되고 있던 전환기에 일어났다. 그런 재편의 결과로 1251년 뭉케 카안이 즉위했고, 그 동생 훌레구는 이어서 제국의 서남쪽 영토를 아우르는 신생 일 칸국을 창건했다. 바이주의 점령지도 거기에 포함됐다.

바이주는 아나톨리아 변경에서의 셀주크 정복부터 압바스 칼리파국 수도인 바그다드의 파괴에 이르기까지 중세 이슬람 세계에서 역사의 흐름에 중대한 영향을 미쳤다. 교황과 몽골 사이에 대화의 물꼬도 텄다. 1256년 시작된 바이주의 아나톨리아 점령은 튀르크멘 목축민들의 인구 위기를 불러왔다. 그들은 아나톨리아 내륙 고원의 광대한 초지에서 밀려나 주변의 산악 지역에 처박혔다. 이는 다시 정치 지형의 재편으로 이어져, 13세기 말과 14세기 초 몽골이 지배하는 아나톨리아 주변부에서 독립적 튀르크계 공국 즉 베이국들이 들어서는 결과를 낳았다. 오스만도 그 하나였다.

바이주의 유산은 아나톨리아에서 계속 사령관으로 있던 그 후손들에게로 이어졌다. 3대가 지나는 동안에 바이주 후손들은 몽골인이었던 것만큼이나 아나톨리아인이 됐고, 결국 이슬람교도가 됐다. 바이주의 손자 술레미시가 가장 두드러진 사례다.

바이주는 1298~1299년 아나톨리아를 독자적으로 지배하겠다고 주장하며 일 칸국을 상대로 반란을 일으켰다. 이 반란이 훌레구가 오기 전 그의 할아버지가 이 지역에서 상대적으로 자율권을 누리던 것을 떠올린 행동이었을까? 사실 술레미시의 반란은 일 칸국 지배자들이 그의 가족에게 여러 가지 부당하고 억울한 일을 강요한 때문이었던 듯하다. 술레미시의 전술은 지역적이면서도 초지역적이었다. 그는 이 지역에서 가장 중요한 신흥 세력인 튀르크멘계 카라만Qaraman 베이국 및 맘룩과 손을 잡았다. 카라만은 바이주가 동부 아나톨리아 고원에 있는 그들의 목초지에서 자기네를 몰아낸 이래 몽골 점령자들과 적대하고 있던 목축 부족이었고, 맘룩은 일 칸국의 철천지원수였다. 술레미시는 일 칸에 의해 처형돼 할아버지인 바이주와 같은 운명을 겪었다.[70]

주

1 Rashīd al-Dīn 1994, 2: 1018; Rashīd al-Dīn 1998-99, 2: 499; Gilli-Elewy 2011, 366.

2 Jackson 1978, 186; Lane 2003, 62.

3 Peacock and Yıldız 2016, 23; Yıldız forthcoming.

4 Besüd는 Besü'it 또는 Yesü'it로 표기되기도 한다.

5 Rashīd al-Dīn 1994, 1: 73, 1: 210; Rashīd al-Dīn 1998-99, 1: 41-2; 1: 109-10; Juwaynī 1958, 1: 147; Atwood 2004, 265; Melville 2006, 146.

6 Al-Nasawī 1965, 167; Jackson 1989, 1.

7 Chormaqan(페르시아어로는 Chūrmāghūn)에 대해서는 May 1996, 2012.

8 탐마는 제국의 변경에 주둔한 수비대였다. 그들은 새로 정복한 영토를 편입시키는 주요 주체였다. Buell 1980, 45-49; May 2016, 16; Ostrowski 1998a.

9 Rashīd al-Dīn 1994, 1: 73, 1: 210; Rashīd al-Dīn 1998-99, 1: 41-42, 2: 313; Ostrowski 1998a.

10 Rashīd al-Dīn 1994, 1: 73, 1: 210; Rashīd al-Dīn 1998-99, 1: 41-42, 1: 111, 2: 313.

11 카스피해 서쪽에 펼쳐진 스텝 저지대로, 겨울철 기후가 포근하다. 이 평원은 계속해서 서부 변경에 주둔하고 있던 몽골군의 주요 겨울철 목초지 구실을 했다. Juwaynī 1958, 190; Boyle 1968, 303-35; Buell 1977, 29; Qu 2003, 246.

12 *K'art'lis C'xovreba* 1858, 513-17; May 2012, 129-51.

13 또한 이 책 슈라니의 글을 보라.

14 Ostrowski 1998b, 465 ff.; Jackson 1999, 12-37.

15 Grigor of Akanc' 1949, 317; Kirakos of Ganja 1986, 240-41, 252.

16 Ibn Bībī 1956, 532; Boyle 1968, 337; Kirakos of Ganja 1986, 252; Rashīd al-Dīn 1994, 1: 73; Rashīd al-Dīn 1998-99, 1: 42.

17 Peacock and Yıldız 2013, 1-3.

18 *K'art'lis C'xovreba* 1858, 520; Bar Hebraeus 1932, 398.

19 Ibn Bībī 1956, 515; Aqsarā'ī 1944, 38-39; Grigor of Akanc' 1949, 307.

20 Grigor of Akanc' 1949, 307.

21 Ibn Bībī 1956, 515–17.

22 Ibn Bībī 1956, 518: "Sarmārī wa Ganjawī wa Gurjī wa Ūjī wa Frang wa Qaymīrī (Qīmīrī) wa Qifchāq"; 또한 Turan 1971, 432.

23 Ibn Bībī 1956, 520.

24 Ibn Bībī 1956, 521–22.

25 Ibn Bībī 1956, 521.

26 Ibn Bībī 1956, 522–24.

27 Ibn Bībī 1956, 517.

28 Ibn Bībī 1956, 528–30.

29 Rashīd al-Dīn 1994, 2: 816–17; Rashīd al-Dīn 1998–99, 2: 398.

30 Jackson 1980.

31 Ibn Bībī 1956, 531–36; Bar Hebraeus 1939, 408.

32 Ibn Bībī 1956, 541.

33 Juwaynī 1958, 2: 508–9; Rashīd al-Dīn 1994, 2: 807; Jackson 1998, 366–67; Melville 2009, 55.

34 Allsen 1986, 498–500; Jackson 1998, 367.

35 Juwaynī 1958, 2: 508–9; Jackson 1998, 366–67; Melville 2009, 55.

36 Ibn Bībī 1956, 623.

37 이 병사들은 바이주가 초르마칸에게서 물려받은 본래의 수비대 병사들의 후예들이었다. 이들은 주로 튀르크계 병사들로 충원된 4개 투멘tümen, 萬戶으로 구성됐다. 대부분 동튀르케스탄(오늘날의 중국 신장) 출신인 위구르인, 카를룩Qarluq인, 카슈가르Kashgar인 병사들이었다. Ibn Bībī 1956, 618; Juwaynī 1958, 2: 609; Kirakos of Ganja 1986, 310; Sümer 1969, 1.

38 Galstyan 1962, 68. 스테파노스Stepanos 주교의 연대기에 근거한 것이다.

39 Ibn Bībī 1956, 623.

40 Aqsarā'ī 1944, 42.

41 Aqsarā'ī 1944, 43–46; Ibn Bībī 1956, 626.

42 또 다른 연대기에 따르면, 바이주는 도시의 방어군이 낙타 네 마리 분량의 귀중품을 제공하자 도시에 대한 공격을 그만두었다. 다만 도시의 방어 시설은 파괴하도록 요구했다. Anonymous 1952, 53–54 [Persian text]; Anonymous 1999, 98. Cahen은 바이주의 아내의 중재 또한 코냐가 파괴를 면한 한 요인이었을 것으로 추측한다. Cahen 1988, 247.

43 루미에 관해서는 Lewis 2000; Chittick 1983.

44 Aflākī 2002, 3: 169, 179-80; 3: 172, 181.

45 Aflākī 2002, 3: 170, 180.

46 Aqsarā'ī 1944, 40; Ibn Bībī 1956, 623-25.

47 Aqsarā'ī 1944, 43; Ibn Bībī 1956, 626; Boyle 1964, 185.

48 Ibn Bībī 1956, 626-87.

49 Aqsarā'ī 1944, 43.

50 자르구치(판관)이자 우익의 사령관이며 경호대장인 술두스Suldus가 속한 부족의 수쿤착(또는 수운착Su'unchaq)이 훌레구와 함께 이란으로 왔다. Rashīd al-Dīn 1: 177; Rashīd al-Dīn 1998-99, 1: 95.

51 Boyle 1968, 346-48; Heidemann 1994, 44-47, 49 n. 77; Gilli-Elewy 2011, 363-64.

52 Jackson 1989, 2.

53 Heidemann 1994, 160 n. 5. 바그다드 파괴 이후 맘룩은 카이로의 맘룩 궁정에 꼭두각시 압바스 칼리파국을 만들었다.

54 Baybars al-Manṣūrī 1998, 41. 그는 바이주가 바그다드 정복 직후인 1258년에 죽었다고 잘못 이야기하고 있다.

55 Rashīd al-Dīn 1994, 1: 210; Rashīd al-Dīn 1998-99, 1: 111.

56 Rashīd al-Dīn 1994, 2: 993; Rashīd al-Dīn 1998-99, 2: 486-87. Rashīd al-Dīn은 훌레구와 바이주의 만남을 1257년 3월이라고 잘못 이야기하고 있다.

57 Rashīd al-Dīn 1994, 2: 993-94; Rashīd al-Dīn 1998-99, 2: 487.

58 Boyle 1963, 211 n. 95.

59 Pelliot 1922-23, 3-30; Voegelin 1940-41, 379; Guzman 1971, 233, 234 n. 14.

60 Voegelin 1940-41, 379; Simon de Saint-Quentin 1965, 93-117; de Rachewiltz 1971; Guzman 1971, 237-39, 244-45; Jackson 1989; Aigle 2014, 46.

61 제7차 십자군에 대해서는 Jackson 2007.

62 Jackson 2007, 66.

63 Jackson 1989, 1; Jackson 1998, 367; Jackson 2007, 66. 라틴계 기독교도들과 관계를 개선하려는 몽골의 시도는 교황 인노켄티우스 4세와 교황 특사 외드 드 샤토루Eudes de Châteauroux(1190*~1273) 사이에 오간 편지에 드러나 있다. 이 라틴어 편지는 d'Achery 1723, 3: 627에 전재돼 있다. "Bacho [Baiju] vero, homo paganus es. & habet Saracenos Consilitarios."

64 Baybars al-Manṣūrī 1998, 41; al-Nuwayrī 2004, 259.

65 바이주가 몽골인으로서 일찍 이슬람교로 개종한 데 대해서는 Pfeiffer 2006, 373을 참조하라.

66 아르군 아카의 개종에 관해서는 Landa 2018, 77–100.

67 Sümer 1969, 67; Melville 2009, 84; Solak 2014, 64.

68 이슬람교로 먼저 개종하는 것이 통치권을 정당화한다는 맘룩의 주장에 관해서는 Broadbridge 2008, 42, 51, 62–64, 83. 술레미시를 맘룩의 정치 구조에 편입시키려는 노력에 대해서는 Broadbridge 2008, 71.

69 May 2012, 146 ff.; May 2016, 13–36, 특히 31–32.

70 Rashīd al-Dīn 1994, 2: 1289; Broadbridge 2008, 72.

참고 문헌

Aflākī, Shams al-Dīn Aḥmad. 2002. *Manāqib al-ʿārifīn*. Tr. John O'Kane. *The Feats of the Knowers of God (Manāqeb al-ʿārefīn)*. Leiden: Brill.

Aigle, Denise. 2005. "The Letters of Eljigidei, Hülegü, and Abaqa: Mongol Overtures or Christian Ventriloquism." *Inner Asia* 7: 143–62.

________________. 2014. *The Mongol Empire between Myth and Reality. Studies in Anthropological History*. Leiden: Brill.

Allsen, Thomas T. 1986. "Guard and Government in the Reign of the Grand Qan Mongke, 1251–59." *Harvard Journal of Asiatic Studies* 46: 495–521.

________________. 1987. *Mongol Imperialism: The Policies of the Grand Qan Mongke in China, Russia, and the Islamic Lands, 1251–1259*. Berkeley: University of California Press.

Anonymous. 1952. [Facsimile of Paris BnF, MS. Suppl. Pers. 1553.] Ed. and tr. Feridun Nâfiz Uzluk. Ankara: Kemal Yayınevi.

________________. 1999. *Taʾrīkh-i āl-i Saljūq dar Anāṭūlī* [Anonymous *Saljūqnāma*]. Ed. Nādira Jalālī. Tehran: Daftar-i Nashr-i Mīrāth-i Maktūb, Āyina-yi Mīrāth, sh.1377/1999.

Aqsarāʾī, Karīm al-Dīn Maḥmūd. 1944. *Musāmarat al-akhbār wa musāyarat al-akhyār*. Ed. Osman Turan. Ankara: Türk Tarih Kurumu.

Atwood, Christopher P. 2004. *Encyclopedia of Mongolia and the Mongol Empire*. New York: Facts On File.

Bar Hebraeus. 1932. *Maktbānūt Zabnē*. Tr. Ernest A. Wallis Budge. *The Chronography of Gregory Abu'l Faraj, the Son of Aaron, the Hebrew Physician, Commonly Known as Bar Hebraeus, Being the First Part of His Political History of the World*. Oxford: Oxford University Press.

Baybars al-Manṣūrī al-Dawādār. 1998. *Zubdat al-fikra fī taʾrīkh al-hijra*. Ed. D. S. Richards. Beirut: Das Arabische Buch.

Boyle, John A. 1963. "Kirakos of Ganjak on the Mongols." *Central Asiatic Journal* 8:

199–205, 207–14.

____________. 1964. "The Journey of Het'um I, King of Little Armenia, to the Court of the Great Khan Möngke." *Central Asiatic Journal* 9: 175–89.

____________. 1968. "Dynastic and Political History of the Il-Khans." In *The Cambridge History of Iran*. Vol. 5: *The Saljuq and Mongol Periods*, ed. John A. Boyle, 303–421. Cambridge: Cambridge University Press.

Broadbridge, Ann. 2008. *Kingship and Ideology in the Islamic and Mongol Worlds*. Cambridge: Cambridge University Press.

Buell, Paul David. 1977. "Tribe, *Qan and Ulus* in Early Mongol China: Some Prolegomena to Yüan History." PhD diss., University of Washington.

________________. 1980. "Kalmyk Tanggaci People: Thoughts on the Mechanics and Impact of Mongol Expansion." *Mongolian Studies* 6: 41–59.

Cahen, Claude. 1988. *La Turquie pré-ottomane*. Istanbul and Paris: L'Institut français d'études anatoliennes d'Istanbul.

Chittick, William C. 1983. *The Sufi Path of Love: The Spiritual Teachings of Rumi*. Albany: State University of New York Press.

d'Achery, Luc. 1723. *Spicilegium sivè Collectio veterum aliquot Scriptorum qui in Galliae bibliothecis, maxime Benedictinorum, latuerunt*. Vol. 3. Paris: Apud Montalant.

de Rachewiltz, Igor. 1971. *Papal Envoys to the Great Khans*. Stanford, CA:Stanford University Press.

Galstyan, A. G. 1962. "Iz 'Letopici' Sebastsi." In *Armyanskie istochniki o mongolakh*, 23–33. Moscow: Izdatel'stvo Vostochnoĭ Literatury.

Gilli-Elewy, Hend. 2011. "*Al-Ḥawādit al-ğāmi'a*: A Contemporary Account of the Mongol Conquest of Baghdad, 656/1258." *Arabica* 58: 353–71.

Grigor of Akanc' [Aknerts'i]. 1949. "The History of the Nation of the Archers (The Mongols)." Tr. and ed. R. P. Blake and R. N. Frye. "*Harvard Journal of Asiatic Studies* 12: 269–400.

Guzman, Gregory G. 1971. "Simon of Saint-Quentin and the Dominican Mission to the Mongol Baiju: A Reappraisal." *Speculum* 46: 232–49.

Heidemann, Stefan. 1994. *Das Aleppiner Kalifat (A.D. 1261). Vom Ende des Kalifates in Bagdad über Aleppo zu den Restaurationen in Kairo*. Leiden: Brill.

Ibn Bībī. 1956. *Al-Awāmir al-'alā'iyya fi'l-umūr al-'alā'iyya*. Ed. Adnan Sadık Erzi. Ankara: Türk Tarih Kurumu.

Jackson, Peter. 1978. "The Dissolution of the Mongol Empire." *Central Asiatic Journal* 22: 186-244.

___________. 1980. "The Crisis in the Holy Land in 1260." *English Historical Review* 95: 481-513.

___________. 1989. S.v. "Bāyjū." *Encyclopaedia Iranica* 4.1: 1-2.

___________. 1998. S.v. "Eljigidei (Ilčikṭāy, Iljīkdāy)." *Encyclopaedia Iranica* 8: 366-7.

___________. 1999. "From Ulus to Khanate: The Making of the Mongol States, c. 1220-1290." In *The Mongol Empire and Its Legacy*, ed. Reuven Amitai-Preiss and D. O. Morgan, 12-37. Leiden: Brill.

___________. 2005. "The Mongols and the Faith of the Conquered." In *Mongols, Turks, and Others: Eurasian Nomads and the Sedentary World*, ed. Reuven Amitai and Michal Biran, 245-90. Leiden: Brill.

___________. 2007. *The Seventh Crusade, 1244-1254. Sources and documents*. Aldershot: Ashgate.

Juwaynī, 'Alā' al-Dīn 'Atā-Malik. 1958. *History of World Conqueror*. Tr. J. A. Boyle. Manchester: 2 vols. Manchester University Press.

K'art'lis C'xovreba [Georgian Chronicles]. 1858. Tr. Marie-Félicité Brosset. *Histoire de la Georgie: depuis l'antiquite jusqu'au XIXe siècle*. Vol. 1. St. Petersburg: De l'imprimerie de l'Academie Impériale de Sciences.

Kirakos of Ganja [Gandzakets'i/Ganakets'i]. 1986. *History of the Armenians*. Tr. Robert Bedrosian. New York: Sources of the Armenian Tradition.

Landa, Ishayahu. 2018. "New Light on Early Mongol Islamization: The Case of Arghun Aqa's Family." *Journal of the Royal Asiatic Society* 28: 77-100.

Lane, George. 2003. *Early Mongol Rule in Thirteenth-Century Iran. A Persian Renaissance*. London: RoutledgeCurzon.

Lewis, Franklin D. 2000. *Rumi, Past and Present, East and West: The Life, Teachings, and Poetry of Jalāl al-Din Rumi*. London: OneWorld.

May, Timothy. 1996. "Chormaqan Noyan: The First Mongol Military Governor in the Middle East." MA thesis, Indiana University.

___________. 2012. "The Conquest and Rule of Transcaucasia: The Era of Chormaqan." In *Caucasus during the Mongol Period—Der Kaukasus in der Mongolzeit*, ed. Jürgen Tubach, Sophia G. Vashalomidze, and Manfred Zimmer,

129–52. Wiesbaden, Germany: Ludwig Reichert Verlag.

____________. 2016. "Mongol Conquest Strategy in the Middle East." In *The Mongols' Middle East: Continuity and Transformation in Ilkhanid Iran*, ed. Bruno De Nicola and Charles Melville, 13–37. Leiden: Brill.

Melville, Charles. 2006. "The *Keshig* in Iran: The Survival of the Royal Mongol Household." In *Beyond The Legacy of Genghis Khan*, ed. Linda Komaroff, 135–64. Leiden: Brill.

____________. 2009. "Anatolia under the Mongols." In *The Cambridge History of Turkey*. Vol. 1. *Byzantium to Turkey, 1071–1453*, ed. Kate Fleet, 51–101. Cambridge: Cambridge University Press.

al-Nasawī. 1965. *Sīrat al-Sulṭān Jalāl al-Dīn Mankubartī* (*sic*). Ed. Mojtabā Minovī. Tehran: BTNK.

al-Nuwayrī, Shihāb al-Dīn Aḥmad. 2004. *Nihāyat al-arab fi funūn al-adab*. Vol. 27. Ed. Najīb Musṭ afā Fawwāz and Ḥikmat Kishlī Fawwāz. Beirut: Dār al-kutub al-ʿilmiyya.

Ostrowski, Donald. 1998a. "The 'Tamma' and the Dual-Administrative Structure of the Mongol Empire." *Bulletin for the School of Oriental and Asiatic Studies* 61: 262–77.

____________. 1998b. "City Names of the Western Steppe at the Time of the Mongol Invasion." *Bulletin for the School of Oriental and Asiatic Studies* 61: 465–75.

Peacock, Andrew C. S., and Sara Nur Yıldız. 2013. Introduction to *The Seljuks of Anatolia. Court and Society in the Medieval Middle East*, ed. A. C. S Peacock and Sara Nur Yıldız, 1–22. London: Taurus.

____________. 2016. "Introduction: Literature, Language, and History in Late Medieval Anatolia." In *Islamic Literature and Intellectual Life in Fourteenth- and Fifteenth-Century Anatolia*, ed. Andrew C. S. Peacock and Sara Nur Yıldız, 19–45. Würzburg, Germany: Ergon Verlag.

Pelliot, Paul. 1922–23. "Les Mongols et la Papauté: Documents nouveaux édités, traduits et commentés par M. Paul Pelliot, avec la collaboration de MM. Borghezio, Massé et Tisserant." *Revue de l'Orient chrétien*, 3rd ser., 3: 3–30.

Pfeiffer, Judith. 2006. "Reflections on a 'Double Rapprochement': Conversion to Islam among the Mongol Elite during the Early Ilkhanate." In *Beyond the Legacy of*

Genghis Khan, ed. Linda Komaroff, 369–89. Leiden: Brill.

Qu Dafeng. 2003. "A New Study Concerning an Explanation of the Word 'Tamaci' and the Tamaci Army." *Central Asiatic Journal* 47: 242–49.

Rashīd al-Dīn, Faḍlallāh Abū al-Khayr. 1994. *Jāmiʿ al-tawārīkh*. Ed. Muḥammad Rawshan and Musṭafā Musawī. 4 vols. Tehran: Nashr-i Alburz.

________________________. 1998–99. *Rashiduddin Fazlullah's Jamiʿu't-Tawarikh: A History of the Mongols*. Tr. Wheeler M. Thackston. 3 vols. Cambridge, MA: Harvard University, Department of Near Eastern Languages and Civlizations.

Simon de Saint-Quentin. 1965. *Histoire des Tartares*. Ed. Jean Richard. Paris: Librairie orientaliste Paul Geuthner.

Solak, Kürşat. 2014. "Moğol Sülemiş ve Timurtaş İsyanları Karşısında Anadolu'da Türkmenlerin Tutumu." *Cappadocia Journal of History and Social Sciences* 3: 66–74.

Sümer, Faruk. 1969. "Anadolu'da Moğollar." *Selçuklular Araştıramalar Dergisi* 1: 1–147.

Turan, Osman. 1971. *Selcuklular zamanında Türkiye: Siyasi tarih Alp Arslan'dan Osman Gazi'ye (1071–1318)*. 3rd ed. Istanbul: Boğaziçi Yayınları, 1993.

Voegelin, Eric. 1940–41. "The Mongol Orders of Submission to European Powers, 1245–1255." *Byzantion* 15: 378–413.

Yıldız, Sara Nur. Forthcoming. *Mongol Rule in Seljuk Anatolia: The Politics of Conquest and History Writing, 1243–1282*. Leiden: Brill.

제3장

쿠툴룬

몽골 치하 중앙아시아의 전사 공주

❁

미할 비란

그리스 신화의 아마존Amazōn에서 중국의 화목란花木蘭과 월트디즈니사의 그 각색에 이르기까지 여성 전사들은 시간과 공간과 문화를 넘어 사람들의 상상력을 사로잡았다.[1] 몽골의 맥락에서, 제국의 정치 및 경제에서 중요한 역할을 했을 뿐만 아니라(상대인 정주민들에 비해 훨씬 컸다) 말을 타고 사냥하고 때로는 싸움까지 하는 몽골 여성들의 능력은 정주 복속민들과 이웃들에게 깊은 인상을 심어주었다.[2]

가장 유명한 몽골 여성 전사이자 아마도 진정으로 몽골 장군이라는 칭호에 걸맞은 유일한 사람은 쿠툴룬Qutulun, 忽圖倫(?~1307)이다. 고조부가 칭기스 칸이고, 쿠빌라이(재위 1260~1294) 카안의 감당할 수 없는 적이자 중앙아시아에 독립적 몽골 국가를 세운 카이두(재위 1271~1301)가 아버지였다. 전쟁터에서 아버지 휘하의 어떤 남성 장군들보다 뛰어났다고 하는 쿠툴룬은 몽골 세계의 여성이 군대에서 이력을 쌓아가는 데서 어떤 가능성이 있고 어떤 한계가 있었는지를 예시한다. 그 이례적인 이야기가 마르코 폴로Marco Polo(1254~1324)에 의해, 그리고 여러 당대 페르시아 역사가들에 의해 기록됐음은 잘 알려져 있다.

쿠툴룬은 또한 몽골과 여러 나라에서 매력적인 각본의 주제가 됐다. 이 몽골의 공주 장군은 자코모 푸치니Giacomo Puccini(1858~1924)의 유명 오페라 〈투란도트Turandot〉(1924)에 영감을 주었다. 현대 몽골의 몇몇 소설에 주인공으로 등장하기도 했고, 넷플릭스Netflix 시리즈 〈마르코 폴로Marco Polo〉의 여주인공이 되기도 했다.

생애

쿠툴룬은 화려한 칭기스 일족 출신이었다. 그러나 쿠툴룬이 태어났을 때는 이미 그 일족이 전성기가 끝난 때였다. 아버지 카이두는 칭기스 칸의 아들이자 후계자인 우구데이(재위 1229~1241)의 손자였다. 그러나 우구데이 가문은 뭉케(재위 1251~1259)가 대칸으로 등극한 1251년 쿠데타로 우구데이의 막내 동생 톨루이의 자손들에게 카안 자리를 빼앗겼다. 우구데이 가문과 그 동맹자들은 가차 없이 숙청당했다. 그들의 땅은 다른 칭기스 일족이 접수했고 그들의 울루스는 해체됐다(몽골어에서 울루스ulus는 본래 특정 영주에게 복속된 사람들을 의미했다. 나중에 이는 민족이나 국가라는 뜻으로도 쓰였고, 현대 몽골어에서도 여전히 분명하다).

그러나 쿠툴룬의 아버지는 쿠데타 이후에도 살아남은 얼마 안 되는 우구데이의 자손 가운데 하나였다. 뭉케가 죽고 이어 그의 두 동생인 쿠빌라이와 아릭 부케Arigh Böke(?~1266) 사이에 권력 투쟁이 벌어지자 카이두는 우구데이 가문의 입지를 회복하기 위해 분투했다. 카이두는 자신의 군사적 능력과 카리스마적 지도력으로 군대를 결집하고 몽골 내부의 갈등을 이용하면서 중앙아시아에 자신의 왕국을 개척하기 시작했다. 주로 자신의 친척들 즉 칭기스 칸의 둘째 아들인 차가다이의 가문이 희생양이었다.[3]

차가다이 가문은 1251년에 우구데이 가문을 지원했고, 우구데이 가문만큼은 아니었지만 역시 뭉케의 숙청으로 수난을 겪었다. 뭉케가 죽은 뒤 차가다이 울루스의 칸 알구Alghu(재위 1260~1266)와 그의 후계자 바락Baraq(재위 1266~1271) 역시 자기네 왕국을 회복하려 애썼다. 그들은 카이두에 맞서 싸웠지만, 카이두는 결국 바락과 동맹을 맺었다. 1271년 바락이 죽은 뒤 카이두는 스스로를 우구데이 칸으로 선언하고 이로써 우구데이 울루스를 부활시켰다. 그러고 나서 카이두는 차가다이 울루스에 대한 자신의 권한을 주장하며 10년 정도 싸운 끝에 마침내 바락의 아들 두아Du'a(재위 1282~1307)를 차가다이 칸으로 세웠다.

카이두와 바락 두 사람은 이후 20년 동안 협력했고, 그런 관계는 카이두가 죽을 때까지 유지됐다. 그들은 함께 옥소스강(우즈베키스탄의 서쪽 경계)에서 알타이 지역과 신장(중국 서북부)까지에 이르는 중앙아시아를 지배했다. 대략 칭기스 칸에 의해 차가다이 가문 및 우구데이 가문에 할당된 영역에 해당한다.[4] 그들은 함께 이웃인 중국과 이란의 톨루이 가문에 도전해 아프가니스탄과 인도로 쳐들어가고 점차 영토를 확장하며 그 관리를 조직화했다. 카이두는 죽을 때까지 쿠빌라이 카안(1264년 동생에게 승리를 거둔 뒤 자신이 전체 제국의 대칸임을 자임하고 있었다)의 권위를 인정하기를 거부했다. 카이두가 쿠빌라이에게 복속하기를 거부하면서 쿠빌라

이의 권위는 더욱 손상됐고, 이에 따라 제국의 해체는 더욱 가속화됐다.[5]

카이두가 가장 선호한 전쟁 방법은 변경 습격이었다. 이를 통해 그는 자신의 유목민 부대를 가장 잘 이용할 수 있었으며, 한편으로 자신의 주요 정주민 지역을 온전하게 보존할 수 있었다. 이는 또한 중국의 원나라와 이란의 일 칸국 군대에 대한 자기네의 수적 열세를 극복할 수 있게 해주었다. 카이두는 재위 동안에 주로 중국과 몽골에 대한 수많은 습격을 이끌었으며, 다른 곳으로도 습격을 나갔다.[6] 쿠툴룬은 말을 타고 아버지의 원정에 따라 나갔고, 그런 원정에서 자신의 기술을 연마하고 필요한 군사적 경험을 할 많은 기회를 얻었다.

우리는 쿠툴룬의 생애에 대해 거의 알지 못하며, 알고 있는 약간마저도 대부분 전설이 가미돼 있는 듯하다. 이 공주는 라시드 앗딘(1247*~1318)의 페르시아 역사에 쿠툴룬 차간Qutulun Chaghan(몽골어로 '행운의 흰 소녀'라는 뜻)으로 나오고,[7] 마르코 폴로의 책에는 아이자룩Aigiaruc(튀르크어로 '달빛'이라는 뜻)으로 나온다.[8] 쿠툴룬은 형제자매들과 함께 자랐으며, 다른 유목민 여자아이들과 마찬가지로 말타기와 활쏘기를 배웠다. 유목민들은 남자든 여자든 매일 가축을 다루었는데, 계절에 따라 이동을 하자면 이런 기술이 필요했다. 더구나 활쏘기는 검술과 달리 육체적인 힘보다는 기술이 필요한 것이어서 여성도 남성만큼이나 잘 익힐 수 있었다.

몽골 여성들은 평화 시에는 작은 가축(양과 염소)과 소를 길렀고, 남성들이 전쟁이나 사냥에 나가면 말과 낙타까지 돌보며 집안의 온갖 일을 처리해야 했다. 여성들은 또한 숙영지를 관리하는 한편으로 자녀들(남자아이든 여자아이든)에게 전쟁의 기술 즉 말타기와 활쏘기를 가르치는 일도 책임졌다. 칭기스 칸의 어머니 호엘룬Hö'elün 같은 남편이 없는 여성들은 적으로부터 가족을 보호하는 책임도 맡고 있었다.[9]

하지만 몽골 여성들이 활을 잘 쏘고 흔히 공개적으로 말을 타면서도 (이 사실은 이를 보는 유럽인, 중국인, 이슬람교도들에게 깊은 인상을 심어주었다),[10] 실제로 제국 군대의 원정에 나가 전투에 참여하는 경우는 많지 않았다. 당대 자료들이 가끔 여성 전사들을 언급하기는 하지만,[11] 이런 사례들은 드물뿐더러 대부분 믿기 어렵다. 거의가 전해 들은 말에 의존하고 있기 때문이다. 더구나 여성들이 남성 친족들과 함께 군사 원정에 나가거나 진중에서 병력을 나누어 받더라도 그들이 실제 전투에 나서는 경우는 거의 없었다.[12]

따라서 쿠툴룬은 예외였다. 라시드 앗딘은 이렇게 썼다.

> 쿠툴룬은 남자아이처럼 돌아다녔고, 때로는 군대의 출정에도 따라갔다. 거기서 용감하게 싸웠다.[13]

쿠툴룬은 말을 타고 아버지와 함께 전쟁에 나가서는 자주 적진으로 들어갔다. 으레 자신의 능력을 뽐내며 "적의 기병을 새라도 되는 듯이 가볍게 힘으로 붙잡아 포로로 끌고 와서 사람들에게 넘겨주었다."[14]

쿠툴룬은 용기와 힘뿐 아니라 머리도 뛰어나서 곧 아버지의 사랑을 듬뿍 받았다. 아버지는 딸의 말에 따라 딸이 남편을 스스로 고르도록 했다. 이는 이례적인 특혜였다. 칭기스 일족 딸들의 혼인은 부모가 꼼꼼하게 계획하는 것이었고, 부모들은 이런 혼인을 중요한 장군들이나 속국 군주들과의 협력 관계를 강화하는 데 이용했다.[15] 쿠툴룬의 여자 형제들은 정말로 이러한 관습에 따라 혼인했다.[16]

라시드 앗딘은 쿠툴룬이 혼인 상대로 먼 친척인 훗날의 일 칸 가잔(재위 1295~1304)에 관심이 있었다고 말한다. 그래서 계속 사절과 선물을 보내면서 〔혼인 상대로〕 다른 사람은 원하지 않는다고 했다고 한다.[17] 가잔이 어려서 일 칸국과 카이두 영토의 경계 부근에 있는 후라산(현재의 투르크메니스탄)의 총독을 지냈던 만큼 둘이 서로 알았을 가능성이 있다. 그러나 라시드 앗딘은 가잔의 궁정 역사가였음에도 불구하고, 가잔의 치세에 관한 자신의 매우 상세한 기록에서 쿠툴룬이나 우구데이 울루스와 일 칸국 양국 사이에 오간 사절에 관해서는 전혀 언급이 없다. 어떻든 이 혼인은 이루어지지 않았다. 이 일화의 목표는 아마도 라시드 앗딘 자신이 섬기고 있는 가잔을 찬양하기 위한 것이었던 듯하다. 주변의 뛰어난 여성들 대부분이 가잔을 흠모했다고 말이다.

마르코 폴로는 쿠툴룬의 혼인 계획에 대해 더 자세한 이야기를 들려준다. 자주 인용되는 그의 이야기에 따르면,[18] 쿠툴룬은 아버지로부터 자신이 원하는 상대와 원하는 시기에 혼인을 허락한다는 동의를 얻어낸 뒤, 자신과 맞붙어 싸워 이기는 남자와 혼인하겠다고 선언했다.

> 조건은 이랬다. 상대 젊은이가 힘으로 공주를 이겨 땅바닥에 쓰러뜨릴 수 있으면 공주는 상대를 남편으로 맞고 상대는 공주를 아내로 받아들여야 하며, 공주가 젊은이를 이기면 그는 말 백 마리 이상(상대가 거는 대로)을 내고 공주가 그것을 차지한다는 것이다.[19]

많은 구혼자가 이 도전에 응했다. 경기는 궁정에서 열렸고, 상당히 많은 관중을 끌어모았다.

도전자들은 아름다운 공주를 바라보았다. "너무 키가 크고 너무 몸집이 커서 여자 거인임을 인정할 수밖에 없"[20]었다. 옷은 남성처럼 입었다.[21] 화려하게 수를 놓기는 했지만 좁고 짧은 외투였다. 공주는 가볍게 도전

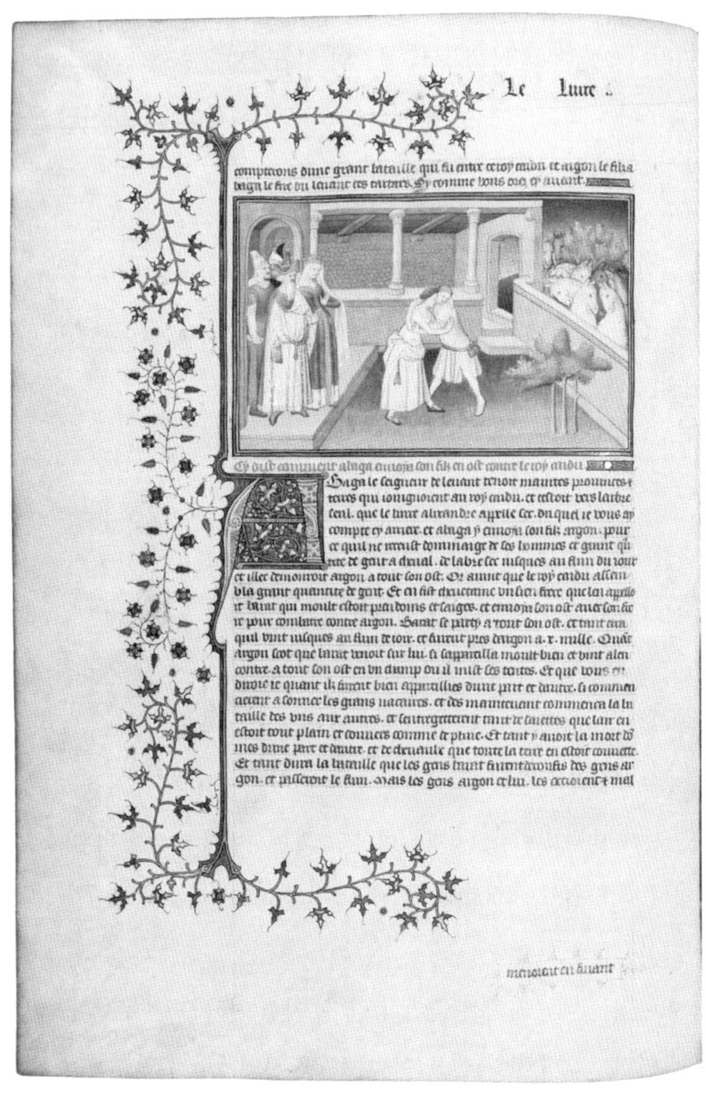

사진 3-1 쿠툴룬과 구혼자의 대결. Marco Polo, *Le Livre des merveilles*, MS 2810, fol. 95v (1400-20), BnF

자들을 물리쳤다. 몇 번 이겨 벌써 말 1만 마리를 모았다고 했다.[22] 칭기스 일족의 여성들은 종종 자신의 가축, 병사, 숙영지(오르도ordo)를 가졌다. 그러나 보통은 혼인을 해서 신랑의 지참금과 선물을 받거나 남성 친척들로부터 증여를 받은 뒤에 재산을 모으기 시작한다.[23] 하지만 쿠툴룬은 말 그대로 자신의 손으로 재산을 모았다.

그러다가 1280년 무렵에 진짜 '이상형'이 카이두의 궁정에 나타났다고 폴로는 말한다. 부유한 강대국 왕의 아들로, 젊고 잘생기고 힘센 사람이었다. 그는 승리를 너무도 확신했기 때문에 선뜻 좋은 말 1000마리를 걸었다. 쿠툴룬의 부모는 촉망되는 신랑감에 푹 빠져 딸에게 져주라고 사정했다. 그러나 쿠툴룬은 정정당당하게 지기를 원했다.

두 젊은이는 서로의 손과 팔을 잡고 때로는 발을 걸었으며, 서로 이쪽저쪽으로 잡아당겼다. 그리고 그들은 멋지게 시작해서 한참 동안 상대를 눕히지 못했다. 그러나 행운이 따라주어 결국 공주가 매우 우악스럽게 상대를 바닥에 동댕이쳤다. 상대는 자신이 여자에게 진 것을 알고는 거기에 매우 화가 나고 또 매우 부끄러워, 일어나자마자 아무런 말도 없이 곧바로 일행을 모두 거느리고 사라졌다. 그는 자신에게 일어난 일 즉 여자에게 진 일을 너무도 부끄러워하며 자기 아버지에게로 돌아갔다. 그는 말 1000마리를 남기고 갔다.[24]

이 이야기는 에누리해서 들어야 한다. 여성 전사 또는 투사가 남성 전사에게 이기고 공주가 자신을 이기는 구혼자에게만 혼인을 허락한다는 두 가지 비유는 모두 이슬람 세계와 중앙아시아의 영웅 이야기에 흔히 나오는 것이다. 중국과 유럽에서도 마찬가지다.[25] 그러나 쿠툴룬의 경우에 패자는 말 1000마리만 내놓고 목숨을 내놓지는 않는다. 더구나 쿠툴룬의 이야기는 어떤 왕자가 공주를 이겨 혼인에 성공하는 것으로 끝나지 않는다. 폴로의 이야기가 다른 일반적 전사 공주의 비유와 다르기 때문에 쿠툴룬에 대한 그의 전반적 묘사를 믿을 만하다는 분위기를 풍기는지도 모르겠다. 세세한 부분까지 모두는 아니더라도 말이다.

분명히, 이 이야기는 몽골 치하의 중앙아시아에서 뚜렷하게 나타난(또는 그렇다고 생각되는) 유목민적 가치관을 입증한다. 그곳에서는 육체적이고 전투적인 능력이 가장 상찬되는 재능이었고 말이 가장 소중한 자본이었다. 이것은 또한 쿠툴룬의 전투 기술이 높은 평가를 받았음도 시사한다.

그러나 결국 쿠툴룬은 덜 유망한 남편과 혼인했다. 물론 상대는 쿠툴룬 자신이 직접 고른 듯하다(아버지인 카이두가 살아 있을 때든 죽은 뒤든 상관없이). 독신 생활이 이어지자 근친상간 소문이 나돈 것이다.[26] 우리가 알기에 공주의 신랑은 활발하고 키가 크며 잘생긴 남자로, 카이두의 요리사로 일하고 있었다.[27] 몽골어로 바우르치ba'urchi, 寶兒赤라고 하는 요리사는 몽골 세계에서 우러러보는 자리로, 흔히 지배자의 가까운 친구가 맡는다. 자기가 먹을 음식에 독이 들어가지 않도록 하는 일을 맡기는 것이다. 요리사는 또한 케식이라는 칸 경호대의 일원이기도 해서 결국 전사이기도 하다.[28] 그러나 쿠툴룬의 남편이 얼마만큼 군사적 능력을 갖추었었는지에 대해서는 알려진 바가 전혀 없다. 사실 그의 이름도, 그가 어떤 민족 출신인지조차도 불분명하다.[29] 적어도 중앙아시아 밖에서 그는 특별히 유명한 사람은 아니었다.

1301년 카이두가 죽은 뒤에 일어난 사건에 대한 쿠툴룬의 언급이 없었더라면 공주의 군사적 활동은 단순한 전설로 치부됐을 것이다. 카이두는 임종 시에 작은아들 오루스Orus를 후계자로 지명하고 아들들에게 자신의 가까운 동맹자인 차가다이 칸 두아의 지휘를 따르라고 명령했다. 두아의 경험과 지혜를 믿었기 때문이다. 그러나 두아는 속셈이 달랐다. 카이두의 죽음은 그에게 우구데이 울루스의 종주권을 벗어버리고 중국의 카안인 쿠빌라이의 후계자 테무르 울제이투Temür Öljeitü(재위 1294~1307)와의 관계를 개선할 기회를 제공했다.

바다에 면하지 않은 중앙아시아 국가에 갈등을 끝내는 것의 이점은 분명했다. 그것은 육상 실크로드의 부활을 가능케 할 터였다. 중앙아시아에서 갈등이 지속되면서 대륙 교역로는 점차 주변으로 밀려나고 지역 간 교역은 대부분 해상 실크로드로 옮겨가고 있었다. 원나라가 1279년 남중국을 정복하면서 인도양을 통한 중국과 이란 사이의 연결이 더욱 용이해졌다. 중앙아시아를 건너는 육상 교역로를 대신하는 것이다.[30]

차가다이 칸국은 갈등을 끝냄으로써 또한 자기네의 군사적 노력을 부유한 델리Delhi 술탄국(1206~1526) 땅으로 확장을 계속하는 데 집중할 수 있었다. 그러나 평화를 확보하는 데는 우구데이 울루스의 허세를 버리고 몽골 영역 내에서 원나라의 패권을 인정하는 일이 필요했다.[31] 이에 따라 두아는 우선 우구데이 울루스를 자신의 의지대로 따르도록 하는 일이 필요했다. 그는 오루스 대신 카이두의 맏아들 차파르Chapar, 察八兒를 왕위에 올리기로 결정했다. 건강이 좋지 않고 멍청하다고 소문난 사람이었다.

쿠툴룬은 "군대를 이끌고 나랏일을 총괄하기를 원했"[32]지만 아버지의 유언에 충실해 오라비 오루스의 뒤를 튼튼히 받쳐주었다. 게다가 차가다이 칸 두아의 계책을 가장 먼저 알아채고는 두아가 아버지의 의지를 무시하고 있다고 앞장서서 질책했다.[33] 그러나 두아는 공주의 꾸짖음을 무시하면서 이렇게 말했다.

> "여자의 생각과 말은 실을 잣고 옷감 짜는 일에 그쳐야지, 나라나 왕권을 왈가왈부하면 안 된다. 여자가 파디샤히pādshāhī(왕권)나 후쿠마트ḥukūmat(정부)와 무슨 관계가 있나?"[34]

그러나 두아가 했다는 이 말은 몽골 여성들의 실제 상황을 반영한 것이 아니다. 우선 옷을 만드는 것이 몽골 여성들의 일 가운데 하나이기는 하지만, 그 옷은 모두 동물 가죽이나 펠트로 만들지 직물로 만들지 않는다. 그런 의미에서 같은 이야기에 대한 라시드 앗딘의 서술(쿠툴룬에게 가위와 바늘을 보냈다고 한다)이 더 그럴듯하게 들린다("가위와 바늘에나 신경 써라. 여자가 물크mulk(왕권)나 울루스ulus(나라)가 무슨 상관인가?").[35]

더구나 몽골 여성들은 정치나 정부에 깊숙이 간여했다. 전쟁에 비해 더 밀접했다. 물론 언제나 자신의 남편·아버지·아들 같은 유관 남성들을 통해 권좌에 오르기는 하지만 말이다. 몽골 여성들은 배우자나 자손들에게 영향을 미칠 뿐 아니라(칭기스 칸의 어머니와 아내가 가장 좋은 사례다),[36] 남편 뒤에서 실제 권력을 행사하거나 남편이 죽은 뒤 섭정을 하기도 했다. 따라서 예컨대 우구데이의 아내 투레게네(섭정 1242~1246)는 남편이 죽은 뒤부터 아들 구육(재위 1246~1248)이 카안으로 선출될 때까지 통일 제국 전체를 다스렸다. 아들의 카안 선출 역시 투레게네가 조정한 것이었다.[37]

차가다이 칸국에서는 예수〔이수〕 뭉케Yesü〔Yisu〕 Möngke(재위 1246~1248) 칸의 부인 나이시Naishi 카툰이 주정뱅이 남편을 대신해 울루스의 일을 처리했다.[38] 칭기스 칸의 외손녀이자 차가다이 칸 카라 훌레구Qara Hülegü(재위 1244~1246, 1259)의 아내인 오르기나Orghina(섭정 1251~1259)는 그들 사이의 작은아들 무바락 샤흐Mubārak Shāh를 위해 섭정을 했다. 이어 새 칸 알구와 재혼했고, 알구 사후 무바락 샤흐가 잠시 칸의 자리를 이어받았다.[39] 더구나 몽골인들은 여성에게 총독 일을 맡기는 것을 꺼리지 않았으며, 때로는 여성들을 정식으로 총독에 임명하기도 했다. 통상 귀족 남편(살아 있든 죽었든)으로 인한 것이기는 하지만 말이다.[40]

그러나 쿠툴룬은 두아에게 무시당하면서도 이런 선례들을 끌어대기를 삼갔다. 그 대신에 뒤로 물러나 일리Ili강과 추Chu강 사이의 높은 산에 있는 아버지 무덤 코룩qoruq의 관리자가 됐다. 아마도 현재 키르기스스탄의 톈산天山산맥 남쪽 줄기 가운데 하나일 것이다. 현재의 키르기스스탄 수도 비슈케크Bishkek 부근에 있었던 숙영지는 여러 마을 사이에 위치한 것으로 묘사됐다. 사마르칸드에서 2주 내지 한 달 거리다.[41] 무덤지기의 역할은 또한 군사적 부분도 포함하고 있었다. 성스러운 무덤을 불청객으로부터 지키는 것이다.[42] 하지만 공주는 이 역할을 맡음으로써 비교적 한적한 장소에 있게 됐다. 권력의 중심에서 떨어져, 아이가 있는 가정과 자기 숙영지의 전망에 대해 집중할 수 있게 된 것이다.[43]

쿠툴룬은 물러나 있고 차파르에 대해 의구심을 품고 있었지만, 1306년 무렵 차파르가 두아의 음모에 맞서 자신의 왕국과 권력을 지키려 필사적으로 노력하면서 모든 우구데이 가문의 병력을 끌어모으자 그를 도우러 나섰다. 공주는 남자 형제들 및 아버지의 옛 장수들과 마찬가지로 자기의 히자라hizāra 즉 천호千戶를 데리고 도착했다.[44] 중요한 것은 이 부대를 이끈 사람이 남편이 아니라 공주 자신이었다는 점이다. 소집된 지휘관 가운데 쿠툴룬이 포함됐다는 이 무미건조한 언급은 공주의 전쟁 참여에 대해, 앞서 이야기한 공주의 힘과 승리에 대한 당대의 모든 찬양보다도 더 큰 신빙성을 부여한다.

어떻든 전투는 우구데이 측의 패배로 끝이 났다. 두아는 중국에서 원나라 병력을 불렀고, 그들은 오루스가 이끈 차파르의 정예 부대에 결정적 패배를 안겼다. 이와 함께 차파르는 그의 주요 장군 하나가 배반함에 따라 1306년 말 두아에게 항복하지 않을 수 없었다. 두아는 자신의 충성스러운 장군들을 보내 우구데이 측의 주요 왕자들과 장군들을 잡아 오도록 했다. 거기에는 쿠툴룬도 포함돼 있었다.[45] 두아는 조카를 보내 공주를 추격하게 했다. 1307년 초에 이 조카는 밤중에 쿠툴룬의 숙영지에 도착해 그 가족들을 깜짝 놀라게 했고, 공주의 남편과 두 아들을 강에 빠뜨려 죽였다.[46] 그 이후의 쿠툴룬에 대해서는 전해진 바가 없어 이 공주 장군은 아마도 살해된 듯하다. 가족과 함께 죽었거나 그 조금 뒤에 죽었을 것이다

더구나 두아의 승리로 몽골 세계에서 우구데이 울루스의 정치 권력은 끝장났다. 쿠툴룬의 남자 형제들은 살해당했거나 이웃 몽골 칸국들로 망명했다. 자포자기한 차파르는 1310년 원나라에 항복했고, 북중국에 작은 영지를 받았다. 그리고 장래에 자신의 울루스를 회복한다는 열망을 완전히 접었다.[47]

'내세'

쿠툴룬의 삶은 비극적으로 끝이 났다. 하지만 그 기억은 후대의 역사 기록과[48] 민간 설화에 남아 몽골과 여러 지역의 스텝 유목민들 사이에서 전파됐다.[49] 유럽으로 건너간 이 이야기들의 일부가 영감을 주어 이탈리아 작곡가 푸치니의 유명한 오페라 〈투란도트〉가 만들어졌을 것이다.[50]

18세기 초에 프랑수아 페티 들라크루아François Pétis de la Croix(1653~1713)는 《1001일: 페르시아 이야기Mille et un jours: Conte persans》라는 제목

의 책을 출판했다. 분명히 아라비아의 《천일야화千一夜話》를 그대로 가져온 것이다. 저자는 역시 페티 들라크루아Petis de la Croix(1622~1695)로 불렸으며 유럽에서 처음으로 칭기스 칸 전기를 쓴 사람의 아들로, 프랑스 왕의 비서 겸 튀르크어·아라비아어 통역 자리를 아버지로부터 물려받았다. 그는 젊은 시절을 서아시아에서 보내며 여행을 하고 아라비아어·페르시아어·튀르크어를 공부했으며, 나중에 유명한 외교관이자 초기 근대 프랑스의 저명한 동양학자 가운데 한 사람이 됐다.[51] 그는 1710~1712년에 나온 이 설화집(《1001일: 페르시아 이야기》) 서문에서 자신의 책이 1675년 이란에서 이스파한의 한 수도사가 자신에게 준 필사본을 번역한 것이라고 밝혔다. 그러나 그 필사본은 찾을 수 없었고, 이 책은 적어도 부분적으로는 프랑스 저자의 상상력의 산물이었던 것으로 보인다.[52]

한 보모가 혼인하기를 거부하는 아름다운 카슈미르Kashmir 공주에 대해 이야기하는 구조의 《1001일: 페르시아 이야기》에는 칼라프Calaf 왕자와 중국 공주에 관한 긴 이야기가 들어 있다.[53] 중국의 알툰Altoun 칸(알탄Altan 칸)의 딸로 묘사된 이 공주는 투란도트로 불린다. 투란도트는 페르시아어로 '투란두흐트Tūrān-dukht' 즉 '투란의 딸'이라는 말이며, 투란은 '튀르크인들의 땅'이라는 뜻이다. 공주의 출신지가 중앙아시아임을 시사하는 것이다.[54]

투란도트는 쿠툴룬과 마찬가지로 자신을 이기는 남자라야 혼인할 수 있다고 말한다. 다만 힘이 아니고 공주가 내는 수수께끼를 푸는 지혜의 대결이다. 지혜 역시 전근대 세계에서 또 하나의 매우 남성다운 특징이었다. 그러나 쿠툴룬의 경우와 달리 투란도트를 이기지 못한 구혼자들은 그들이 건 말馬뿐 아니라 자기 머리까지 내놓아야 했다. 더구나 쿠툴룬의 경우와 반대로 이 이야기의 진짜 영웅은 칼라프 왕자였다. 유명한 전사이자 박식한 이슬람 학자였고, 캅카스 북부에 정착한 튀르크-몽골계 민족인 노가이 타타르Nogai Tatar 칸의 아들이었다. 여러 격변 끝에 그는 결국 자신에게 빠진 공주와 혼인하고 스텝의 경쟁자들을 물리친다. 학자들은 이 이야기가 푸치니의 오페라 〈투란도트〉의 기원이라는 데 의견을 같이한다.[55]

그러나 최근까지 〈투란도트〉의 영감의 원천에 대해서는 1197년에 편집된 니자미 간자비Niẓāmī Ganjavī(1141~1209)의 유명 페르시아 서사시 〈일곱 미인Haft Paykār〉에 나오는 이름 모를 슬라브 공주라고 생각돼왔다.[56] 니자미의 공주도 투란도트와 마찬가지로(그리고 쿠툴룬과 달리) 자신이 내는 수수께끼를 푸는 남자와만 혼인하고자 한다. 풀지 못하면 참수된다. 이 공주도 투란도트와 마찬가지로 군사적 능력이 아니라 미모와 기지로 유명하며, 역시 결국은 한 젊은이에게 지게 된다. 그러나 그 젊은이는 왕가 혈통이 아니며, 하지만 공주와 혼인한 뒤 왕이 된다.[57]

미국의 인류학자 잭 웨더퍼드Jack Weatherford는 《몽골 황실 여성 비사The Secret History of the Mongol Queens》(2010)에서 투란도트의 모델은 쿠툴룬이라는 주장을 제기했다(국내에서는 《칭기스 칸의 딸들, 제국을 경영하다》라는 제목으로 출간됐다).[58] 사실 들라크루아의 이야기에는 약간의 몽골적 특징이 있다. 공주가 몽골-타타르 유목민이고, 중국 황제도 칸으로 나온다. 물론 중국 민족이 아니라는 이야기다. 그러나 투란도트는 니자미의 공주와 공통점이 더 많다. 페티 들라크루아는 니자미의 작품을 잘 알았을 것이다. 그 작품은 페르시아 문학의 가장 유명한 서사시 가운데 하나였기 때문이다. 페티 들라크루아는 그쪽 전문가였다. 그는 또한 몽골 역사에 대해서도 잘 알고 있었다. 그렇다고 그가 반드시 쿠툴룬에 대해 알았다고 할 수는 없지만 말이다.[59]

이야기의 진짜 기원과는 관계없이, 웨더퍼드의 베스트셀러는 몽골과 여러 지역에서 쿠툴룬을 더 많은 사람에게 알렸다. 쿠툴룬(현대 몽골어로는 호톨 차간Khotol Tsagaan이다)은 21세기가 되기 전에 이미 대중문화의 일부가 됐으며, 주로 몽골 전통 격투기인 부흐Bökh와 관련해 기억돼왔다.[60] 그러나 웨더퍼드의 책은 쿠툴룬을 몽골 제국 및 투란도트라는 서방 문화의 우상 모두와 연결하고 있는데, 전자를 통해서는 쿠툴룬을 실제보다 쿠빌라이 카안과 더 가까운 친척으로 만들고 있으며 후자를 통해서는 현대 몽골의 여성 영웅으로서 쿠툴룬의 매력을 증대시키고 있다.

웨더퍼드의 책들은 몽골에서 엄청난 영향력을 발휘했다. 《몽골 황실 여성 비사》는 웨더퍼드의 2004년 베스트셀러 《칭기스 칸과 현대 세계의 형성Genghis Khan and the Making of the Modern World》이 세계적 성공을 거둔 덕분에 그가 이미 몽골에서 대단한 유명 인사가 된 뒤에 나왔다〔국내에서는 《칭기스 칸, 잠든 유럽을 깨우다》(2005)라는 제목으로 출간됐다〕. 새로 나온 책은 곧바로 몽골어로 번역됐고, 2012년 몽골의 성스러운 장소에서 낭독되기까지 했다. 칭기스 칸 탄생 850주년 행사였다.[61] 곧이어 〈격투기하는 공주The Wresting Princess〉에 실린 그의 짧은 글 역시 인터넷에 몽골어로 실렸다.[62]

이런 출판물들이 쿠툴룬의 인기에 미친 영향은 신속했다. 2011년 이래 쿠툴룬은 몽골의 라디오 프로그램, 소설, 아이들 책에 등장했다.[63] 쿠툴룬은 오만한 칭기스 일족의 공주로 나왔고, 최근의 대중 작품 적어도 한 곳(슈우데르체첵Shüüdertsetseg의 2017년 작품 《호톨 차간 공주Khotol Tsagaan Gunj》다)에서는 투란도트와의 연관성이 언급됐다.[64] 공주는 또한 당연하게도 '위키백과'에 상세하게 실려 있으며, 넷플릭스 시리즈 〈마르코 폴로〉에도 등장인물로 나왔다.[65]

사진 3-2 슈우데르체첵의 《호톨 차간 공주》(Ulaanbaatar, Mongolia: Admon, 2017) 제1권 표지에 나오는 쿠툴룬. Shüüdertsetseg Baatarsürengiin 제공

상세한 민간 설화들이 공주의 생애를 미화하는 데, 앞서 논의한 13~14세기 자료들보다 분명히 더 도움이 될 것이다. 우리는 쿠빌라이의 중국에 대한 카이두의 강력한 반대 역시 현대 몽골에서 그 딸이 인기를 얻는 데 한몫하지 않았을까 생각해볼 수 있다.

결론

덧붙인 쿠툴룬의 '여생'은 차치하고라도, 그 생애는 몽골인들의 전투에서 차지한 여성의 역할을 평가하는 데서 출발점이 될 수 있다. 마르코 폴로와 페르시아 역사가들은 모두 쿠툴룬이 군대에서 지도적 역할을 한 것과 전투에 적극적으로 참여한 것을 이례적이라고 표현했다. 사실 몽골 여성들이 말타기와 활쏘기에 능숙하고 분명히 정주민들과 견주어 훨씬 깊숙이 군사 문제에 관여하기는 했지만, 그럼에도 불구하고 그들은 몽골인들의 전투에서 직접적 역할을 하지는 않았다. 분명히 정치와 경제에 개입한 정도에 견줄 만큼은 아니었다. 그러나 여성들은 간접적으로 몽골의 군사 조직에 엄청난 공헌을 했다.

첫째로, 몽골 남성들이 전쟁터에 나가 있는 동안 숙영지를 전적으로 책임질 수 있는 여성의 능력은 대부분의 몽골 남편들이 전투 부대에 합류할 수 있도록 했다. 둘째로, 여성들은 다음 세대의 몽골 전사들을 훈련시키는 데서 두드러진 역할을 했다. 셋째로, 상류층 수준에서 칭기스 일족 딸들의 혼인은 흔히 그 아버지들(때로는 남자 형제들)과 휘하 장군들 및 속국 군주들과의 관계를 강화함으로써 그 일족이 운용할 수 있는 병력을 늘릴 수 있게 했다. 넷째로, 여성들은 정복 전리품의 일부로서 병력을 분배받았고, 때로는 남편의 파견대를 물려받기도 했다. 다만 전투에서 직접 그 부대를 지휘하는 경우는 드물었다.

그러나 쿠툴룬은 대부분의 몽골 여성들과는 달리 전쟁터에서 적극적이었다. 전투 능력이 뛰어났고, 그것을 통해 자유와 부와 위신을 거머쥐었다. 그러나 그 자유는 무제한이 아니었다. 쿠툴룬의 이야기는 몽골 세계에서 여성 전사의 가능성을 보여줄 뿐만 아니라 그들의 활동에 가해진 한계 또한 드러낸다. 쿠툴룬이 늦도록 혼인하지 않자 추한 소문이 나돌고 그는 결국 그 때문에 혼인하지 않을 수 없었다. 쿠툴룬은 아버지가 죽은 뒤 승계 정치에서 적극적 역할을 하려고 노력했지만 굴욕을 당하고 전통적 여성의 자리로 밀려났다. 더구나 그 가족의 적들은 쿠툴룬의 승계 가능성을 위협으로 생각해 쿠툴룬의 제거에 나섰다.

이런 한계와 그 비극적인 종말에도 불구하고 이 칭기스 일족의 전사 공주는 몽골 현대의 대중문화에서 매우 활기찬 상태를 유지하고 있다. 물론 18세기 프랑스의 동양학자와 20세기 초 이탈리아의 작곡가와 21세기 미국의 저술가가 약간 도와주기는 했지만.

주

이 연구는 이스라엘과학재단ISF의 지원을 받았고(grant 602/12), 유럽연합의 제7차 프레임워크 프로그램(FP/2007-13)/ERC 보조금 협약 n. 312397하에서 유럽연구협의회ERC가 자금을 대 만든 데이터베이스를 이용했다.

1 아마존에 대해서는 예를 들어 Mayor 2014. 화목란에 대해서는 Frankel 2010, 197-211; Edwards 2016, 17-39.

2 몽골 지배하의 여성에 대해서는 De Nicola, 2010; Brack 2011; De Nicola 2017; Broadbridge 2018.

3 카이두에 대해서는 Biran 1997.

4 칭기스 칸은 장래의 갈등을 피하기를 바라면서(그러나 실패했다) 초지를 네 아들에게 할당해주었다. 차가다이는 위구르 경계(중국 신장 동남부)에서 옥소스강에 이르는 중앙아시아 대부분의 지역을 받았다. 우구데이는 중가리아Zungaria(신장 북부)의 작은 속령을 받았다. 우구데이는 칭기스 칸의 상속자로서 당연히 칭기스 칸이 그에게 남긴 영토 즉 몽골 지배하의 정주민 지역 대부분(북중국과 동부 이란 등)을 물려받도록 돼 있었기 때문이다.

5 Biran 1997, 37-57, 107-12.

6 Biran 1997, 37-68, 87-89.

7 Rashīd al-Dīn 1994, 1: 629-31; Rashīd al-Dīn 1998-99, 2: 309-10; Rashīd al-Dīn, Shuʿab-i Panjgānah, fol. 127a. Qutulun(qutu에 여성을 표시하는 접미사 lun이 붙은 것이다)이라는 이름은 '행운' '다행'을 의미하는 튀르크어 및 몽골어 qutu(더 잘 알려진 형태인 qutlugh와 비슷하다)에서 온 것이다(Pelliot 1959, 1: 15). 몽골인들은 흰색(몽골어로 chaghan)을 특히 신성하게 생각해 카리스마와 행운을 나타내는 것으로 본다(Allsen 1997, 59). Qāshānī(1969, 33, 38, 39)에는 그 이름이 Qutlugh Chaghā(Rashīd al-Dīn의 표기의 변형) 또는 Tīmūr Awhān으로도 나온다. Qutulun은 분명한 여성 이름인 데 반해 Qāshānī의 표기는 (둘 다) 여성의 느낌이 적다.

8 Polo 1938, 453.

9 Broadbridge 2018, 9-43.

10 예를 들어 Giessauf 2007; al-Ṣafadī 1998, 5: 592-93, tr. in Brack 2011, 333-34; Riccoldo da Montecroce 2012, 188, 191; 趙珙 2016, 111.

11 예를 들어 Joinville 1906, 257-59; Ibn al-Athīr 1965-66, 12: 378; al-Dhahabī 1988, 61: 59; Riccoldo da Montecroce 2012, 188; 趙珙 2016, 104; Sinor 2007, 264-65; De Nicola 2010, 101-4.

12 Sinor 2007, 265; De Nicola 2010, 101-4, 109-10.

13 Rashīd al-Dīn 1994, 1: 629; Rashīd al-Dīn 1998-99, 2: 309.

14 Polo 1938, 455.

15 Broadbridge 2018, 134-64. 딸들의 남편인 제국의 부마들에 대해서는 Landa 2016.

16 Mīrkhwānd 1961, 5: 218; Rashīd al-Dīn 1994, 1: 630.

17 Rashīd al-Dīn 1994, 1: 629; Rashīd al-Dīn 1998-99, 2: 309.

18 Polo 1938, 453-56; 또한 Rossabi 1979, 174-75; Rossabi 1988, 104-5; Biran 1997, 2; Lane 2006, 248-50; De Nicola 2010, 102-3; Weatherford 2010a, 116-25; Weatherford 2010b.

19 Polo 1938, 453.

20 Polo 1938, 453-54.

21 몽골 여성들은 싸울 때 남성처럼 옷을 입는다. 예를 들어 Ibn al-Athīr 1966, 12: 378; al-Juwaynī 1912-37, 2: 212; al-Juwaynī 1997, 477. 그러나 성별을 뛰어넘는 옷 입기는 화목란의 이야기에도 나오듯이 여성 전사 이야기에서 상투적 설정이다.

22 Polo 1938, 453-54.

23 De Nicola 2010, 109-10; De Nicola 2017, 130-82.

24 Polo 1938, 435-36.

25 Kruck 2014 (아라비아 구전 설화); Niẓāmī 2015, 153-79 (페르시아); Lewis 1998 (튀르크); Frankel 2010, 187-204, 193 (《니벨룽의 반지》의 브륀힐트Brünnhild); Mayor 2014, 395-410 (중앙아시아), 424-25 (중국); Colarusso 2002, 364-65 (캅카스); 또한 Wu Pei-Yi 2002.

26 Rashīd al-Dīn (1911, 12; 또한 *Shuʿab-i Panjgānah*, 127a)은 쿠툴룬의 아버지가 딸의 남편을 선택했다고 주장하지만, 보다 상세하고 아마도 나중에 정리된 것인 듯한 쿠툴룬 이야기에서 그는 공주 스스로가 남편을 선택했다고 쓰고 있다. Rashīd al-Dīn 1971, 26-27; Rashīd al-Dīn 1994, 1: 630; Rashīd al-Dīn 1998-99, 2: 309. 그러나 Qāshānī (1969, 33)는 공주가 아버지 사후에 혼인했다고 주장한다. 또한 *Muʿizz al-ansāb*, fol. 45a를 보라.

27 Rashīd al-Dīn 1994, 1: 630; Rashīd al-Dīn 1998-99, 2: 309; Qāshānī 1969, 39.

28 Doerfer 1963, 1: 202-5.

29 그는 코룰라스Qorulas 부족 몽골인 (Rashīd al-Dīn 1994, 1: 630; Rashīd al-Dīn 1998-99, 2: 309; *Mu'izz al-ansāb*, fol. 45a) 또는 키타이Khitā'i 즉 북부 중국인 (Rashīd al-Dīn 1911, 12; Rashīd al-Dīn 1971, 27)이었을 것이다. 그의 이름은 Abtaqūl (Rashīd al-Dīn 1971, 27 n. 74), Ītqūl (Qāshānī 1969, 33), Ītqūn (Rashīd al-Dīn 1994, 1: 630)으로 나타나는데, 모두 같은 이름의 변형일 것이다.

30 이 책 길의 글과 무카이·피아셰티의 글을 보라.

31 Biran 1997, 69-72.

32 Rashīd al-Dīn 1994, 1: 631; Rashīd al-Dīn 1998-99, 2: 309.

33 Qāshānī 1969, 32-33.

34 Qāshānī 1969, 33.

35 Rashīd al-Dīn 1994, 1: 631; Rashīd al-Dīn 1998-99, 2: 309-10.

36 칭기스 칸의 어머니 호엘룬과 아내 보르테Börte(1161*~1236*)의 중요성에 대해서는 Broadbridge 2018, 43-73.

37 예를 들어 Broadbridge 2018, 164-94.

38 Rashīd al-Dīn 1994, 2: 760; Rashīd al-Dīn 1998-99, 2: 372.

39 De Nicola 2016.

40 예를 들어 옹구트Önggüt 부족장과 혼인한 칭기스 칸의 딸 알라카이Alaqai 카툰은 남편의 자리를 이어받았고 부족 군사를 이끌기까지 했다. Broadbridge 2018, 144-58. 통일 제국 시기 몽골은 중국 산동山東 익도益都와 아나톨리아 아흘라트Akhlat에서 현지 여성을 총독으로 임명하기도 했다. Wu Pei-Yi 2002; Eastmond 2017, 342-90. 또한 이 책 데 니콜라의 글을 보라.

41 Rashīd al-Dīn (Rashīd al-Dīn 1994, 1: 630, Rashīd al-Dīn 1998-99, 2: 309)은 이 산의 이름을 Shinqūrliq이라 밝히고 있다. 아마도 군체이알라타우Gunchey Alatao산맥(현재 키르기스스탄의 북부 텐산산맥)의 봉우리 가운데 하나일 것이다. 사마르칸드에서 2주 거리라고 한다. Qāshānī (1969, 39)는 쿠틀룬의 숙영지가 사마르칸드에서 한 달 거리인 타르사칸드Tarsākand 마을 부근에 있는 것으로 묘사하고 있다. '기독교인들의 도시'라는 뜻의 타르사칸드(Rashīd al-Dīn은 Tarsākīnt라고 한다)는 키르기스스탄 추이Chui주 알라무둔Alamüdün구의 카라지라치Qara Jirach로 밝혀졌다. 비슈켁에서 멀지 않은 이곳에서는 기독교 묘비들이 발굴됐다. Klein 2000, 132-36.

42 Rashīd al-Dīn 1994, 1: 630; Rashīd al-Dīn 1998-99, 2: 309-10; cf. Qāshānī 1969, 33, 39. Qāshānī는 '무덤'을 뜻하는 페르시아어 kūr를 사용한다. 침범할 수 없는 왕실 매장지 qoruq에 관해서는 Pelliot 1959, 333 ff.; Barthold and Rogers 1970;

Serruys 1974; DeWeese 1994, 181-87.

43 Qāshānī 1969, 39-40.

44 Qāshānī 1969, 39.

45 Qāshānī 1969, 34-40; Waṣṣāf 2009, 281-88. 그러나 Waṣṣāf는 쿠툴룬을 언급하고 있지 않다. Biran 1997, 74-78.

46 Qāshānī 1969, 39-40. Qāshānī는 이 사건이 이슬람력 704년(서기 1304~1305)에 일어났다고 했으나, 그것이 원나라 카안 테무르의 사망 이후라고 했다. 테무르는 1307년 초에 죽었다. 두아는 1307년 말에 죽었기 때문에 이 사건은 이해에 일어났음에 틀림없다.

47 Biran 1997, 76-79.

48 예를 들어 *Muʿizz al-ansāb*, fol. 45a.

49 Mayor 2014, 395-410; Colarusso 2002, 364-65. 흑해 동안 지역인 압하지야의 군다Gunda라는 여성을 주인공으로 하는 이야기가 쿠툴룬 이야기와 비슷하다.

50 푸치니의 〈투란도트〉에 대해서는 예를 들어 Fischer 2004, 679-98; Sung 2010.

51 그의 전기 및 작품에 대해서는 Sebag 1978, 89-101.

52 Petis de la Croix 1848, 1-3; Sebag 2004.

53 Petis de la Croix 1848, 63-67, 69-117. 상세한 설명을 붙인 영어판은 Petis de la Croix 1892, 177-281.

54 중국과 튀르케스탄 사이의 불분명한 경계와 중세 이슬람 세계에서의 튀르크인과 중국인에 관해서는 예컨대 Biran 2005, 97-101. 여기 나오는 알툰 칸은 중국 청나라 황제들을 말하는 것일 수 있다. 그들은 몽골인들이 알탄 칸Altan Khan('황금의 칸')이라 불렀던 12세기 금 왕조의 후예들이다.

55 예컨대 Meier 1941; Bürgel 2008; Sung 2010, 특히 3-24; Weatherford 2010a, 2010b; Shapiro 2018은 들라크루아의 이야기가 푸치니에게 전파된 일을 다루고 있다. 주로 알랭르네 르사주Alain-René Lesage(1668~1747), 카를로 고치Carlo Gocci(1702~1808), 프리드리히 실러Friedrich Schiller(1759~1805)의 변형을 통한 것이다. 푸치니는 오페라를 완성하기 전에 죽었지만 그의 동료들이 그것을 마무리했다. 〈투란도트〉는 1926년 밀라노에서 초연됐고, 이후 전 세계에서 무대에 올려졌다.

56 Meier 1941; Bürgel 2008; Sung 2010; Shapiro 2018은 두 가지 가능성을 제시하지만 니자미 쪽의 가능성을 높게 본다.

57 Niẓāmī, tr. Meisami 2015, 158-73. 여기서는 이야기가 다듬어져 있다.

58 내가 아는 한 이런 주장을 제기한 것은 이 책이 처음이다. Weatherford 2010a, 272-74.

59 그는 자기 아버지의 칭기스 칸 전기를 편집하면서 테무르까지에 이르는 칭기스 일족 통치자들을 열거한 매우 간략한 부록을 추가했다. 테무르에 대해서는 전기를 썼다. 그러나 이 부록에는 쿠툴룬의 아버지인 카이두조차 언급되지 않았다. Petis de la Croix 1710, 221-22.

60 몽골 격투기 선수들은 경기를 할 때 가슴을 드러내는 터진 조끼인 조독zodog을 입으며, 각 경기가 끝난 뒤 승자는 팔을 뻗쳐 다시 가슴을 드러낸다. 이러한 옷과 승리의 춤은 전통적으로 쿠툴룬과 연관된 것으로 묘사됐다. 그것이 격투기 선수들이 여성이 아니라 남성임을 확인하는 데 사용됐다는 것이다. Weatherford 2010b; May 2009, 118-20.

61 www.macalester.edu/anthropology/facultystaff/jackweatherford/ (2018. 8. 23. 접속)을 보라.

62 www.budda.mn/news/1790.html (2018. 8. 23. 접속)을 보라.

63 Oyungerel Tsedevdamba 2011. 이 아이들 책은 라디오 프로그램에 바탕을 둔 것이다. 저자는 미국에 유학한 인권운동가이며 전직 국회의원이자 장관인데, 그에 대해서는 www.oyungerel.org/myprofile.html (2018. 8. 23. 접속)을 보라. 2013년, 국가에서 공모한 몽골 황실 여성을 소재로 한 역사소설에 뽑힌 다섯 작품 중 두 작품이 쿠툴룬에 관한 것이었다. Purev Sanj의 〈호톨론Khotolon〉과 Ch. Janchivdorj의 〈카이두 칸의 멋진 공주 후툴룬 차하Khaidu Khaany gaikhamshigt gunj Khutulun Chakha〉다. 두 작품은 모두 2014년 《여왕 이야기Khatan tsadig》라는 제목의 책에 실려 처음 출판됐다. 이해에 Sanzhaagiĭn Batzhargal의 《카이두 칸Khaĭdu Khaany》이라는 소설 역시 처음 출판됐다. 이 작품들에 대한 상세한 정보를 보내준 Bayasarkhan Dashdangong과 그 책들을 보내준 Reuven Amitai에게 감사를 드린다.

64 Shüüdertsetseg 2017; Shüüdertsetseg 2018은 소설에 바탕을 둔 어린이용 그림책이다. 2017년 소설의 제2권이 2019년에 나왔지만 필자는 아직 보지 못했다.

65 https://en.wikipedia.org/wiki/Khutulun (2018. 8. 24. 접속)을 보라.

참고 문헌

趙珙. 2016. 蒙韃備錄. 全宋筆記. 第七編(二). 鄭州: 大象出版社.

Allsen, Thomas T. 1997. *Commodity and Exchange in the Mongol Empire: A Cultural History of Islamic Textiles*. Cambridge: Cambridge University Press.

Anonymous. *Muʿizz al-ansāb*. Paris, Bibliotheque Nationale, MS A. F. Pers 67.

Barthold, V. V. and J. M. Rogers. 1970. "The Burial Rites of the Turks and the Mongols." *Central Asiatic Journal* 14: 195–227.

Batzhargal, Sanzhaagiĭn. 2016. *Khaĭdu Khaany: Tuukhen Roman* Ulaanbaatar: Selenge Press.

Biran, Michal. 1997. *Qaidu and the Rise of the Independent Mongol State in Central Asia*. Richmond, Surrey: Curzon.

____________. 2005. *The Qara Khitai Empire in Eurasian History: Between China and the Islamic World*. Cambridge: Cambridge University Press.

Brack, Jonathan. 2011. "A Mongol Princess Making Hajj: The Biography of El Qutlugh, Daughter of Abagha Ilkhan (r. 1265–82)." *Journal of the Royal Asiatic Society* 21: 331–59.

Broadbridge, Anne F. 2018. *Women and the Making of the Mongol Empire*. Cambridge: Cambridge University Press.

Bürgel, Johann Christoph. 2008. "Turandot—von Nizami bis Puccini." *Quaderni di Studi Indo-Mediterranei* 1: 347–64.

Colarusso, John, et al., tr. 2002. *Nart Sagas from the Caucasus: Myths and Legends from the Circassians, Abazas, Abkhaz, and Ubykhs*. Princeton, NJ: Princeton University Press.

De Nicola, Bruno. 2010. "Women's Role and Participation in Warfare in the Mongol Empire." In *Soldatinnen: Gewalt und Geschlecht im Krieg vom Mittelalter bis heute*, ed. Klaus Latzel, Franka Maubach, and Silke Satjukow, 95–112. Paderborn, Germany: Ferdinand Schöningh.

______________. 2016. "The Queen of the Chagatayids: Orghīna Khātūn and the Rule of Central Asia." *Journal of the Royal Asiatic Society* 25: 107–20.

______________. 2017. *Women in Mongol Iran: The Khatuns, 1206–1335*. Edinburgh: Edinburgh University Press.

DeWeese, Devin. 1994. *Islamization and Native Religion in the Golden Horde*. Philadelphia: University of Pennsylvania Press.

al-Dhahabī, Shams al-Dīn Muḥammad b. Aḥmad, 1988. *Ta'rīkh al-Islām*. Ed. B. 'A. Ma'rūf. Vol. 61. Beirut: Dār al-kitāb al-'arabī.

Doerfer, Gerhard. 1963. *Turkische und mongolische Elemente im Neupersischen, unter besonderer Berücksichtigung älterer neupersischer Geschichtsquellen, vor allem der Mongolen- und Timuridenzeit*. Wiesbaden, Germany: Steiner.

Eastmond, Anthony. 2017. *Tamta's World: The Life and Encounters of a Medieval Noblewoman from the Middle East to Mongolia*. Cambridge: Cambridge University Press.

Edwards, Louise. 2016. *Women Warriors and Wartime Spies of China*. Cambridge: Cambridge University Press.

Fischer, Burton D. 2004. *Puccini Companion: The Glorious Dozen*. Miami: Opera Journeys.

Frankel, Valerie. 2010. *From Girl to Goddess: The Heroine's Journey through Myth and Legend*. Jefferson, NC: McFarland.

Giessauf, Johannes. 2007. "Mulieres Bellatrices oder Apis Argumentosa? Aspekte der Wahrnehmung mongolischer Frauen in abendländischen Quellen des Mittelalters." In *The Role of Women in the Altaic World*, ed. Veronica Veit, 83–92. Wiesbaden, Germany: Harrassowitz.

Ibn al-Athīr, 'Izz al-Dīn 'Alī b. Muḥammad. 1965–67. *Al-Kāmil fī al-ta'rīkh*. Beirut: Dār ṣādir.

Joinville, Jean. 1906. *The Memoirs of the Lord of Joinville: A New English Version*. Tr. Ethel K. Bowen-Wedgwood. New York: E. P. Dutton.

al-Juwaynī [Juvaini], 'Aṭā-Malik. 1912–37. *Ta'rīkh-i Jahāngushā*. Ed. Mīrzā Muḥammad Qazwīnī. London: Luzac.

______________. 1997. *Genghis Khan: The History of the World Conqueror*. Tr. John A. Boyle. Manchester: Manchester University Press.

Klein, Wassilios. 2000. *Das nestorianische Christentum an den Handelswegen durch*

Kyrgyzstan bis zum 14. Jh. Turnhout: Brespols.

Kruk, Remke. 2014. *Warrior Women of Islam: Female Empowerment in Arabic Popular Literature*. London: I. B. Tauris.

Landa, Ishayahu. 2016. "Imperial Sons-In-Law on the Move: Oyirad and Qonggirat Dispersion in Mongol Eurasia." *Archivum Eurasiae Medii Aevi* 22: 161–97.

Lane, George. 2006. *Daily Life in the Mongol Empire*. Westport, CT: Greenwood Press.

Lewis, Geoffrey, 1998. "Heroines and Others in the Heroic Age of the Turks." In *Women in the Medieval Islamic World: Power, Patronage, and Piety*, ed. Gavin R. G. Hambly, 147–60. New York: St. Martin's Press.

May, Timothy. 2009. *Culture and Customs of Mongolia*. Westport, CT: Greenwood Press.

Mayor, Adrienne. 2014. *The Amazons: Lives and Legends of Warrior Women across the Ancient World*. Princeton, NJ: Princeton University Press.

Meier, F. 1941. "Turandot in Persien." *Zeitschrift der Deutschen Morgenlandischen Gesellschaft* 95: 1–27, 415–21.

Mīrkhwānd, Muḥammad b. Khwāndshāh. 1961. *Ta'rīkh-i rawḍat al-safā*. Vol. 5. Tehran: Markazī-i khayyām pīrūz, 1339sh.

Niz.āmī Ganjavi. 2015. *The Haft Paykar: A Medieval Persian Romance*. Tr. and ann. Julie S. Meisami. Indianapolis, IN: Hackett Publishing.

Oyungerel Tsedevdamba. 2011. *Khotol Tsagaan*. Ulaanbaatar, Mongolia: Mon-FemNet.

Pelliot, Paul. 1959–73. *Notes on Marco Polo*. 2 vols. Paris: Imprimerie Nationale.

Polo, Marco. 1938. *Marco Polo: The Description of the World*. Ed. and tr. Antoine C. Moule and Paul Pelliot. London: Routledge. Repr. 1976, New York: AMS Press.

Petis de la Croix, Francois (1622–1695). 1710. *Histoire du Grand Genghizcan*. Paris: Claude Barbini.

Petis de la Croix, Francois (1653–1713). 1848. *Les mille et un jours: Contes persans*. Paris: V. Lecou.

____________________. 1892. *One Thousand and One Days: Persian Tales*. Tr. and ed. Justin H. McCarthy. Vol. 1. London: Chatto & Windus.

Qāshānī, ʿAbd Allāh b. ʿAlī. 1969. *Ta'rīkh-i Ūljaytū*. Ed. Māhīn Hambalī. Tehran: Bangāh-i tarjuma wa nashr-i kitāb.

Rashīd al-Dīn, Faḍl Allah. 1911. *Djami el-tévarikh [sic]:histoire générale du monde*.

Ed. Edgar Blochet. Leiden: Brill.

______. 1971. *The Successors of Genghis Khan*. Tr. John A. Boyle. New York: Columbia University Press.

______. 1994. *Jāmiʿ al-tawārikh*. Ed. Muḥammad Rawshan and Muṣṭafā Musawī. 4 vols. Tehran: Nashr-i Alburz.

______. 1998-99. *Rashiduddin Fazlullah's Jamiʿu't-Tawarikh: Compendium of Chronicles: A History of the Mongols*. Tr. Wheeler M. Thackston. Cambridge, MA: Harvard University, Department of Near Eastern Languages and Civilizations.

______. *Shuʿab-i panjgānah*. MS Istanbul, Topkapi Sarayi III, Ahmet, 2937.

Riccoldo da Montecroce. 2012. In *A Christian Pilgrim in Medieval Iraq: Riccoldo da Montecroce's Encounter with Islam*, tr. Rita George-Tvrtković. Turnhout: Brepols.

Rossabi, Morris. 1979. "Khubilai Khan and the Women in his Family." In *Studia Sino-Mongolica: Festschrift fur Herbert Franke*, ed. Wolfgang Bauer, 153-80. Wiesbaden, Germany: Steiner.

______. 1988. *Khubilai Khan: His Life and Times*. Berkeley: University of California Press.

al-Ṣafadī, Ṣalāḥ al-Dīn Khalīl b. Aybak. 1998. *Aʿyān al-ʿaṣr wa-aʿwān al-naṣr*. Ed. ʿA. Abu Zayd et al. Beirut: Dār al-fikr al-muʿāṣir/Damascus: Dār al-fikr.

Sebag, Paul. 1978. "Sur deux orientalistes français du XVIIe siècle: F. Pétis de La Croix et le Sieur de La Croix." *Revue de l'Occident Musulman et de la Méditerranée* 25: 89-177.

______. 2004. "Aux origines de l'orient romanesque. Quel est l'auteur des *Mille et Un Jours?*" *IBLA: Revue de l'Institut des Belles Lettres Arabes* 67: 31-60.

Serruys, Henry. 1974. "Mongol 'Qoriγ': Reservation." *Mongolian Studies* 1: 76-91.

Shapiro, Roman. 2018. "The Chinese Princess in the West: From Persian Fairytales to Puccini's Opera." Paper read at the fourteenth biennial conference of Asian studies in Israel (ASI18), The Hebrew University of Jerusalem, May 23-24.

Shüüdertsetseg Baatarsürengiin. 2017. *Khotol Tsagaan Günj, Tüükhen Roman*. Ulaanbaatar, Mongolia: Admon.

Sinor, Denis. 2007. "Some Observations on Women in Early and Medieval Inner

Asian History." In *The Role of Women in the Altaic World*, ed. Veronica Veit, 261–68. Wiesbaden, Germany: Harrassowitz.

Sung, Ying-Wei Tiffany. 2010. "Turandot's Homecoming: Seeking the Authentic Princess of China in a New Contest of Riddles." MA thesis, Bowling Green State University. Available at https://etd.ohiolink.edu/!etd.send_file?a ccession=bgsu1273466517&disposition=inline (accessed August 20, 2018).

____________________. 2018. *Khotolun Günj*. Ulaanbaatar, Mongolia: Shüüder.

Waṣṣāf (Vaṣṣāf) al-Ḥaḍra, ʿAbd Allāh. 2009. *Tajziyat al-amṣār wa tazjīyat al-aʿṣār: Taʾrīkh-i Waṣṣāf*. Ed. Iraj Afshār et al. Tehran: Talāyah.

Weatherford, Jack M. 2010a. *The Secret History of the Mongol Queens: How the Daughters of Genghis Khan Rescued His Empire*. New York: Crown Publishers.

____________________. 2010b. "The Wrestler Princess." *Lapham Quarterly*. September 27, 2010. Available at www.laphamsquarterly.org/roundtable/wrestler-princess (accessed August 20, 2018).

Wu Pei-Yi. 2002. "Yang Miaozhen: A Woman Warrior in Thirteenth-Century China." *Nan Nu* 4: 137–69.

Zhanchivdorzh, Chimig-Ochiryn, et al. 2017. *Khatan tsadig*. Ulanbaatar, Mongolia: Tórt ës, khaadyn san.

제4장

양정벽

해상 실크로드를 통한 몽골의 팽창

❋

무카이 마사키·프란체스카 피아셰티

몽골은 1270년대 송 왕조(960~1279)를 격파함으로써 원나라의 지배(1260~1368)를 남중국으로까지 확장할 수 있게 됐다. 그리고 그것은 '해상 실크로드maritime Silk Roads'로 가는 문을 열었다. 몽골 시대 훨씬 이전에 개발된 여러 교역로와 상업 네트워크다. 이들은 중국을, 동남아시아와 인도양 연안의 주요 상업 및 정치 중심지들과 이어주었다. 그것은 페르시아만과 홍해, 그리고 아프리카 해안까지 이어졌다.

원나라로서는 이 교역로에 참여하는 것이 중요했다. 그것은 수익성 좋고 풍부한 교역을 이용할 수 있게 해주었을 뿐만 아니라 제국의 확장 열망에 더욱 부채질을 했다. 또한 유라시아 대륙 서쪽의 자기네 동맹 즉 이란을 중심으로 한 몽골 국가 일 칸국(1260~1335)으로 가는 개방적 통로를 확보할 수 있게 했다. 이 서쪽으로 가는 통로는 중국 및 이란의 톨루이 가문 자손들과 그들의 친척인 중앙아시아의 우구데이 가문 및 차가다이 가문 자손들 사이의 갈등으로 인해 육상 실크로드가 안전하지 못한 상태에 있는 한 특히 중요했다.

원나라 조정은 1260년 그 출발 때부터 이들 해상 연결망에 대한 통제권을 장악하기 위해 외교, 교역 장려책, 군사력을 함께 동원했다. 그러나 원나라의 팽창은 저항과 도전에 직면했다. 새로운 해군 기술과 전투 기법을 채택할 필요성 같은 것들이었다. 새로운 환경과 기후는 새로운 항해 지식 습득을 필요로 했다. 더 나아가 몽골인들은 이제 인도양과 동남아시아에서 맞닥뜨린 미지의 현지 정치·문화 역학을 상대했다. 예를 들어 동남아시아 도서 지역에서의 교역은 여전히 송 왕조에 충성스러운 중부·남부 베트남의 정치체 참파Champa, 占婆(192~1832)와 동남아시아 바닷가에 남아 있던 송나라 난민들의 영향을 크게 받았다.

인도양에서 몽골은 마바르Maʿbar와 쿨람Kūlam 지역에 관심을 기울였다. 현재의 〔인도〕 타밀나두Tamil Nadu 동남부인 코로만델Coromandel해안에 있던 마바르는 판디아Pandya(서기전 300~서기 1650) 왕조가 통치했다.[1] 쿨람은 말라바르해안Malabar Coast의 남쪽 끝에 있었고, 체라Cera 왕 라비바르만 쿨라세카라Ravivarman Kulasekara(재위 1266/1267~1316/1317)[2]의 세력권에 속해 있었다. 두 해안 지방은 모두 동·서 유라시아 대륙을 연결하는 상업 연결망의 주요 접속점이었다.

몽골은 이 두 해안 지역과 그들이 연결하는 네트워크에 대한 자기네의 영향력을 확대하기 위해 우선 그 지역 정치 현장에서 발판을 얻어야 했다. 따라서 해상로와 현지 상황을 잘 알고 있는 비非몽골 인력의 전문 지식과 중개 기술은 몽골의 확장에 결정적 자산이었다. 1270~1280년대에 활동한 중국의 한족 장군 양정벽楊庭璧은 이렇게 동남아시아와 인도양에서 몽골의 팽창을 용이하게 한 부류의 사람들 가운데 하나다. 그는 비록 중간급의 장군일 뿐이고 제국 엘리트들과 연줄이 있는 것도 아니었지만, 거의 2만 8000킬로미터에 이르는 그의 오랜 바다 여행과 제국 해상 전선에서의 군사적 개입은 몽골 치하 실크로드 개척에 크게 기여했다.

양정벽의 이력과 생애에 대해서는 당대의 자료에 충분히 기록되지 않았다. 그러나 원나라 외교관으로서의 그의 공적은 여러 자료에 흔적을 남기고 있다. 이 시기에 관한 주요 한문 사료인 《원사》에 양정벽의 전기가 따로 실리지는 않았지만, 마바르 왕국을 다루는 부분에서는 이 지역에서의 그의 활동이 상세하게 묘사되고 있다[3] 그 밖의 단편적 기록들과 비문들은 양정벽의 생애와 이력을 얼마간 복원할 수 있게 해준다.

처음에 몽골과 송의 싸움에 뛰어든 양정벽은 1277년 복건福建 지방에서 송나라의 저항을 진압하는 데서 중요한 역할을 했다. 10여 년 뒤인 1279년에서 1283년 사이에 그는 원나라 제독 겸 외교관으로서 생애 최고의 관직에 올라 여러 차례 마바르와 쿨람을 다녀왔다.

양정벽은 생애 만년에 외교와 군사력 모두를 동원해 제국의 동남 변경을 안정시키는 데서 중요한 역할을 했다. 따라서 그의 생애에 대한 연구는 동남아시아에서 원나라의 외교 네트워크를 구축하고 원나라의 제국 지배 확립을 결정짓는 시기의 중국 남부 변경 지역에 대한 몽골의 정책 형성을 해명해준다.

배경

기축년己丑年(1289)이라는 연도가 나와 있는 암각문 〈양정벽평구기楊庭璧平寇記〉[4](사진 4-1 참조)는 이 장군이 전설적 영웅들로 유명한 동평로東平路(현재의 중국 산둥성) 은주恩州에서 태어났다고 말한다('평구'는 '도적이나 반란 무기, 난리 따위를 평정하다'라는 의미다).[5] 이 도시는 12세기 초 카리스마가 있는 도적 송강宋江이 무법자 무리와 함께 그곳에 자리를 잡고 나서부터 명성을 얻었다.[6] 1230년대 중반 몽골이 여진족의 금 왕조(1115~1234)를 정복하자 동평로는 북중국 평원의 5개 투멘(명목상 만 명으로 구성되는 부대 단위) 가운데 하나에 병사들을 충원했다. 그 뒤 우구데이(재위 1229~1241)의 행정 개혁을 통해 이 부대 단위는 한인 장군 사천택(1202~1275)의 지휘 아래로 들어갔다.[7]

양정벽의 초기 이력을 알려주는 기록은 없지만, 그의 첫 군사적 공적은 사천택이라는 인물과 관련이 있을 가능성이 매우 높다. 양정벽과 그 무리는 1270년 사천택이 쿠빌라이(재위 1260~1294)로부터 송나라를 정벌하는 원나라 최고 사령관으로 임명되면서 그 휘하에 들었던 듯하다. 사천택은 양양襄陽(현재의 후베이성湖北省) 공성전에서 주도적 역할을 했다. 송나라와 맞서 있는 원나라 군대의 활동적 전선 가운데 한 곳이었다. 사천택이 양정벽을 유명한 몽골 장군 소가투Sogatu, 唆都(?~1285)[8]의 휘하로 보낸 것은 바로 양양에서였다. 양정벽은 소가투 밑에서 출세했다.[9]

1272년 양양이 몽골의 손에 함락되자 원나라 군대는 장강을 건너 강가 여기저기서 전투를 벌였다. 소가투는 항복한 송나라 병사들을 자신의 부대에 편입시켰다. 그들의 전함 역시 나포됐다. 적병을 원나라 군대에 끌어들이면서 몽골은 육상과 수상 전투를 결합할 수 있었고, 그들의

사진 4-1 중국 광둥성廣東省 칠성암七星巖의 절벽에 새겨진 13세기의 암각문 〈양정벽평구기〉. 사진: 向正樹

군사 전략을 크게 발전시켰다. 원나라는 1266년 하남과 1270년 양양에서 이미 수륙 양 측면에서의 접근을 실험한 바 있었다. 그들은 수상 전투를 익히면서 마침내 송을 상대로 최종적 승리를 거둘 수 있었다.[10] 양정벽은 소가투의 지휘 아래 1276년 남송의 수도 임안臨安(현재의 항저우) 공격 같은 송나라와의 수상 전투에 나섰다. 이런 원정을 통한 경험으로 그는 나중의 해외 출정을 위한 바탕을 쌓았다.

1277년 복건

몽골이 임안을 점령한 뒤 송나라 조정은 복주福州(현재의 푸젠성)로 달아났다. 이 도시는 중국인 망명자들과 송나라 충성파들의 피난처가 됐고, 송나라 패잔병들은 이곳을 기지로 해서 반격에 나섰다.[11] 몽골은 상업적 이유에서 복건의 주요 항구 도시 천주泉州에 더 큰 관심을 가졌다. 마르코 폴로가 자이툰Zaytun〔이 도시의 별칭인 자동刺桐을 그렇게 표기한 것이다〕이라고 말한 곳이다. 번성한 항구였던 천주는 동남아시아와 인도양을 아우르는 광범위한 교역망을 위한 기지였다. 이 항구 도시에 도착한 여행자들은 해상 아시아 곳곳에서 온 물건들을 발견한 사실을 기록했다(사진 4-2 참조). 그 가운데 한 사람이 베네치아의 상인 마르코 폴로(1254~1324)였고, 그는 이렇게 썼다.

> 후추를 실은 배 한 척이 알렉산드리아나 다른 곳으로 가서 기독교 세계에 이를 공급한다면, 이 자이툰 항구에는 그 백 배가, 틀림없이 그보다 더 많은 수가 온다. 이곳은 세계에서 가장 큰 양대 상업 항구 가운데 하나이기 때문이다.[12]

몽골 군대는 1277년 소가투의 지휘 아래 천주를 향해 진격했다. 그 과정에서 그들은 숭안崇安(현재의 푸젠 북부 우이산武夷山시)에서 송나라 잔여 세력의 저항에 맞닥뜨렸다. 이 원정 역시 양정벽이 처음으로 역사 기록에(위에서 말한 암각문을 제외하고) 분명하게 언급된 무대 가운데 하나다. 그는 몽골의 이 숭안 공성전에서 중요한 역할을 했다.

전형적인 몽골 방식에 따라 원나라의 숭안 공격은 세 전선을 따라 조직됐다. 양정벽은 소가투의 아들 백가노百家奴(?~1311)와 함께 이 도시

사진 4-2 송 대(11세기 중반)에 건설된 천주(푸젠성) 동북쪽의 낙양교洛陽橋. 만안교萬安橋라고도 하는 이 다리는 마르코 폴로의 시대 이래 천주 인근에서 가장 상징적인 장소 가운데 하나가 됐다. 사진: 向正樹

를 협공했다. 한편 수백 명의 원나라 병사는 이 도시로 가는 다리와 성 북문 밖에 매복했다. 곳곳에서 복병이 나오자 송나라 충성파들은 잔뜩 겁을 먹고는 완전히 혼돈과 혼란 속으로 빠져들었다. 일부 기록에 따르면, 송나라 병사가 1000명이 넘게 죽었다고 한다.[13]

소가투는 살아남은 송나라 충성파들을 복건의 내륙 지역에서 몰아내며 천주에 도달했다. 당시에 유명한 상인이자 송나라의 제거시박提擧市舶인 포수경蒲壽庚(?~1296)이 이 도시에 살고 있었다. 원나라에 항복해 송나라에 등을 돌린 그는 천주에 살고 있던 송나라 황족들을 학살했고, 이를 통해 몽골이 천주를 확보하는 데 도움을 주었다.[14]

송나라 충성파들이 천주를 포위하자 소가투는 포수경의 요청에 따라 천주로 달려가 적을 격퇴했다. 소가투에 의해 구출된 포수경은 소가투의 군대에 합류했고, 그 일가의 수군들도 합류했다. 이후 포수경 일가의 전함들은 소가투의 군대에 편입됐다. 양정벽은 이후의 원정들에서 소가투와 포수경의 연합 함대를 따른 것으로 보인다.

1279~1280년
— 남인도로의 첫 항해

최종적인 송나라 정복과 복건 병합으로 몽골은 동남아시아의 바다들과 직접 접할 수 있게 됐다. 1278년, 쿠빌라이는 소가투와 포수경을 복건 행성福建行省 중서좌승中書左丞에 임명했다. 쿠빌라이는 그들에게, 황제의 친서 열 통을 휴대한 무역선들을 파견해 해양 아시아의 "동남 도서島嶼"에 있는 여러 궁정과 교역 관계를 수립하라고 명령했다.[15] 그들의 활동은 곧바로 열매를 맺었고, 참파와 마바르에서 보낸 사절들이 원나라 궁정에 잇달아 도착했다.[16]

1279년 말, 양정벽은 광동초토사廣東招討司 다루가치達魯花赤[17]에 임명됐고, 그에게 남인도의 마바르와 쿨람으로 가는 임무가 주어졌다.[18] 원나라는 마바르와 쿨람의 우선순위를 높게 보았다. 두 곳이 중국과 이란 사이를 오가는 배와 상인들의 중간 기착지였기 때문이다. 1280년 초 양정벽은 쿨람에 갔고, 그곳의 왕 비나디Binadi, 必納的는 원나라 조정에 공물을 바치겠다고 약속했다. 양정벽은 그해 여름 쿨람 왕 동생의 서신을 가지고 귀국했다.[19]

양정벽의 항해는 인도양과 그 해안들에 대한 중국 선원들의 이전 지식에 도움을 받은 듯하다. 마바르는 몽골 시기 훨씬 전에 중국 상인들의 상업 중심지였으며, 일부 자료에는 송 대에 이미 중국 상인 거류지가 있었음을 입증하고 있다.[20] 마찬가지로 마르코 폴로도 쿨람 왕국에 만자蠻子(남중국), 아라비아, 레반트Levant〔시리아에서 팔레스티나에 이르는 지중해 동안東岸 지역〕의 상인들이 들락거렸다고 적고 있다.[21]

양정벽이 외교를 통해 마바르와 쿨람 같은 해양 세력과 관계를 수립하는 임무를 맡은 데 반해, 소가투는 참파에서 원나라의 군사 활동을 진두지휘했다. 해상 실크로드의 노정은 베트남 중부·남부의 강력한 국가인 참 왕국(참파)의 해안을 지난다. 참 왕국의 상업적·정치적 영향력은 동남아시아 깊숙한 곳까지 미쳤다. 참파(1054~1400)와 북베트남의 이웃 왕국 다이비엣Đại Việt, 大越(1428~1804)은 모두 송나라와 밀접한 상업적·외교적 관계를 유지했다. 그들은 몽골이 항복을 요구한 이후에도 송나라와 유대를 유지하고자 했다.[22]

베트남 영토에 송나라 난민들이 많이 들어와 있고[23] 참 왕국도 동남아시아 교역망에서 자기네의 위치를 유지하려는 욕망이 있었기 때문에 반몽골 저항 운동이 일어나게 됐다. 이 일은 원나라의 외교 활동에 부정적 영향을 미쳤다. 예를 들어 1282년에 원나라 사절이 참의 수군에게 붙잡혀 구금됐다.[24] 그 결과 몽골은 베트남에 대한 통제권을 얻는 것을 우선시했고, 이를 위해 외교적·군사적 압박을 가했다.

1281년 11월, 소가투는 복건행성 우승右丞에 올라 몽골의 참파 정벌전을 지휘했다.[25] 마르코 폴로는 쿠빌라이가 소가투에게 기병과 보병을 거느리고 가도록 했다고 말한다. 《원사》에 따르면, 쿠빌라이는 강회江淮, 복건, 호광湖廣 지역에서 5000명의 병사를 동원했다. 그는 1282년 7월 해선海船 100척과 전선 250척을 징발해 소가투에게 지휘하게 했다.[26] 나중에 자야 신하바르만 3세Jaya Siṃhavarman III(재위 1288~1307) 왕으로 알려지게 되는 참의 지배자 하리짓Harijit 왕자는 수도 비자야Vijaya(현재의 빈딘Bình Định)로부터 도망쳐 유격전을 펼치며 몽골에 저항했다. 그 후 원나라에서는 증원군을 보냈다.[27] 폴로에 따르면, 왕자는 이 몽골 장군이 자기네 왕국을 유린할 것을 우려해 1284년 쿠빌라이에게 사절을 보냈고, 쿠빌라이는 장군에게 철수를 명령했다. 그 이후 참 왕국은 몽골에 복속했고, 매년 카안에게 공물을 바치기로 합의했다.[28]

참파의 복속은 해상 실크로드에서 몽골이 관심을 가졌던 일들 가운데 하나였을 뿐이다. 몽골이 후원하는 원양 항해를 확보하고 보호하기 위해 원나라는 자기네에게 충성스러운 대양 건너편의 현지 지배자들을 지원할 필요가 있었다. 이런 목표 아래 양정벽은 남인도로 두 번째 원정에 나섰다.

1280~1283년
— 두 번째 남인도 항해

1280년 10월(또는 11월) 양정벽은 구람국선위사俱藍國宣慰使에 임명됐다. 위구르 장군 카사르 카야Qasar Qaya, 哈撒兒海牙(1280~1290년대 활동)와 함께였다. 둘의 임무는 구람국(쿨람) 왕을 카안의 궁정으로 불러 오는 것이었다. 그들은 1281년 1~2월 천주에서 출발해 석 달 동안의 항해 끝에 실론(스리랑카)에 도착했다. 마바르와 쿨람 사이를 여행하는 사람들은 통상 인도 남쪽 해안을 일주하게 되는데, 양정벽의 함대는 서남 계절풍 때문에 코스를 바꿔야 했다. 그들은 역풍이 불고 식량이 부족해지자 반대쪽 해안인 마바르로 항해해 가지 않을 수 없었다. 거기서 육로를 통해 쿨람으로 갈 수 있었다.[29]

양정벽과 카사르 카야는 1281년 4~5월에 타밀나두의 '신촌新村'(현재의 카얄Kayal 부근) 항구에 도착했다.[30] 그곳의 재상 마인디라Mayīndira, 馬因的[31]가 그들을 환영했다. 그는 판디아 왕족이었고, 판디아 지배자 순다라Sundara(재위 1216~1238)의 신하였다. 양정벽은 쿨람으로 가기 위해 마바르를 가로지르는 육로를 이용할 수 있게 해달라고 요청했지만 마인디라는 들어주지 않았고, 그의 수하인 아부 알리Abū 'Alī, 不阿里[32] 역시 들어주지 않았다. 그들의 거절은 길이 험해서였을 수 있다. 타밀나두의 남부와 케랄라Kerala의 남부를 갈라놓는 가파른 산악 지역을 통과하는 길이었기 때문이다. 아니면 이 지역이 정치적으로 파편화돼 육로가 안전하지 않아서였을 수도 있다.[33]

마바르에 남은 원나라 사절들은 현지의 정치적 갈등에 휘말렸다. 사절들은 현지에 도착하고 한 달 뒤에도 여전히 계절풍이 끝나기를 기다리고 있었는데, 두 사람(바로 마인디라와 아부 알리였을 것이다)[34]이 양정벽과 카사르 카야의 숙소로 헐레벌떡 달려왔다. 그들은 마인디라가 원에 복속하기를 원하고 있다고 몰래 말한 뒤 그가 이미 이라크 상인 자말 앗딘 앗티비Jamāl al-Dīn al-Ṭībī, 札馬里丁를 중국에 사절로 보냈다고 주장했다.[35] 그러나 판디아 왕 순다라와 마인디라의 상급자는 앗티비를 보낸 것이 반역 행위라고 보고 마인디라를 처형하려 했다. 마인디라는 도망쳐 나와 이제 원나라의 지원을 요청하고 있었다. 그들은 또한 순다라 왕과 그의 다섯 형제가 쿨람을 공격하려 한다고 주장했다.[36]

그들은 원나라가 간섭해 순다라 왕이 굴복하게 된다면 마인디라는 쿨람으로 가는 도정에 있는 나라들에 영향력을 발휘해 그 나라들이 원나라에 복속하도록 설득할 것이라고 장담했다. 그 뒤에 몽골 사절들은 쿨람으로 갈 수 있다는 것이다.

마인디라는 몽골과 동맹을 맺으려 하면서 정치적·상업적 경쟁자들과 대비한 자신의 위치를 돋보이게 하고자 했다. 양정벽은 이 상황이 자신의 임무를 달성하는 데 도움이 될 수 있다고 생각했다. 그는 판디아와의 관계를 강화할 뿐만 아니라 마인디라의 도움을 얻어 판디아에 복속하고 있는 정치체들로 원나라의 상업적·외교적 연결망을 확대할 수 있었다. 카사르 카야는 이 소식을 가지고 원나라 본국으로 향했다.

1282년 1월 8일, 북풍이 진정되고 해상 항로가 다시 열리자 원나라 조정은 또 다른 사절 안둘라Andula, 俺都剌[37]를 마바르로 보내 양정벽에게 쿨람으로 가라고 명령했고, 양정벽은 곧바로 움직였다.[38]

마바르에서 쿨람으로

양정벽은 1282년 3~4월에 쿨람 왕국에 도착했고, 그곳의 왕 비나디와 그의 재상 무함마드Muḥammad, 馬合麻는 쿠빌라이의 새서璽書를 정중하게 받았다. 곧이어 쿨람 왕은 재상에게 선물을 들려 원나라 조정에 보냄으로써 화답했다. 더구나 중국 사료들은 이렇게 말한다.

> 야리가온也里可溫, Arka'un[시리아 기독교도][39]의 지도자와 목속만木速蠻[무슬림]의 지도자 마합마馬合麻[무함마드],[40] 그리고 다른 현지 상인 집단들이 제국 사절이 왔다는 말을 듣고는 양정벽을 만나러 와서 매년 원나라 조정에 선물을 보내고 사절을 파견하겠다고 말했다.[41]

마찬가지로 솜나트Somnath, 蘇木達(구자라트Gujarat 부근) 역시 쿨람의 선례를 따라 양정벽에게 사절을 보내 복속하기를 청했다. 양정벽은 몽골 황제를 대신해 그들의 청을 모두 받아들였다.

그러나 중국 사료들이 '복속'이라는 말로 규정하는 것은 오래전에 수립된 조공무역 관계를 말한다. 조공 관계의 경제적 결과는 중국과 동남아시아 국가들 양쪽 모두에 이롭고 매력이 있는 것으로 생각됐다. 인도의 각국은 원나라에 대한 그들의 공식적 복속을 수익성 있는 중국과의 무역을 확대할 기회라고 보았다.[42]

양정벽은 1282년 5~6월 동남아시아를 통해 귀국 여정을 시작했다. 이 과정에서 그는 나왕국那旺國(수마트라섬 북부 시말룽군Simalungun의 나구르Nagur일 것이다)과 사무드라Samudra, 蘇木都剌(북부 수마트라)[43]의 복속을 확보하는 데 성공했다. 양정벽의 활동 덕분에 쿨람·나구르·솜나트의 사절과 쿨람의 무슬림 상인 및 기독교 상인 거류지 대표들이 10월 7일 공물을 들고 원나라 궁정에 왔다(지도 4-1 참조).[44]

귀국한 지 몇 달 뒤인 1283년 2월 20일, 양정벽은 선위사 직위로 승진했고, 황제로부터 활·화살·마구馬具를 하사받는 영예를 누렸다. 그런 뒤에 새로운 임무를 띠고 쿨람과 다른 나라들로 파견됐다.[45] 양정벽의 활동은 인도양에서 원나라의 외교적·상업적 연결망을 더욱 확장할 수 있게 해주었다.

양정벽의 성공적 활약은 여러 인도 자료(주로 타밀어 자료다)에 의해서도 입증되고 있다. 이들 자료에는 양국 사이의 사절과 상인들의 교류가 증가했음이 기록돼 있다.[46] 소가투와 포수경 역시 해외의 목적지들에 자기네 배를 보냈다. 양정벽·소가투·포수경의 공동 노력으로 인도에서부터 수마트라섬과 말레이반도를 거쳐 중국에 이르는 해상로를 따라 위치한 정치체들은 모두 1286년 9월 20일(이때 이들은 원나라에 공물을 보냈다)

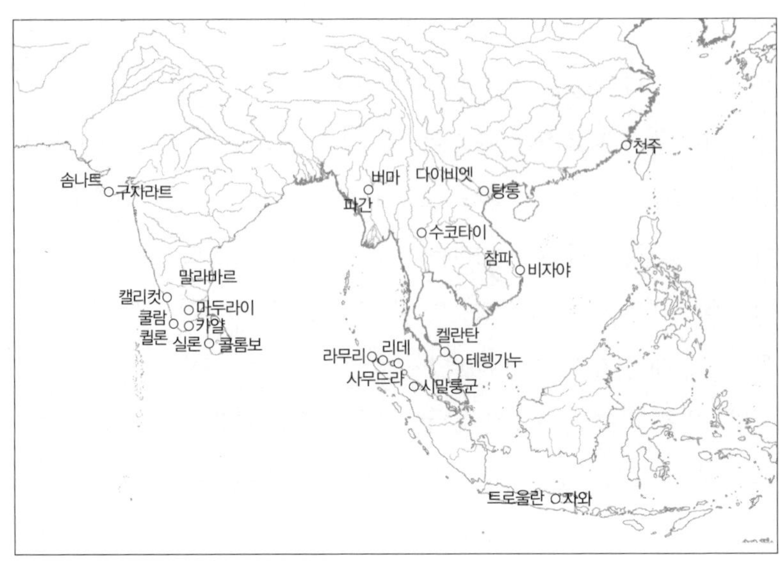

지도 4-1 양정벽의 외교 활동 경로에 있는 나라들

이전에 원에 복속했다.[47]

그러나 1294년 쿠빌라이가 죽은 뒤의 권력 이행기 이후에는 마바르만이 유일하게 원나라와 조공무역 관계를 계속하는 나라로 남았다. 이 관계는 적어도 1314년까지 지속됐다.[48] 이웃의 실론과 쿨람은 사절 파견을 중지했다.

표 4-1 양정벽의 남인도 항해(1280~1282)

연도	계절	출발	도착
1280	겨울	중국(1~2월)	쿨람(4월)
1280	여름	쿨람	중국
1281	겨울	천주(1~2월)	마바르(4~5월)
1281/1282	겨울	마바르(12~1월)	쿨람(3~4월)
1282	겨울	쿨람	나쿠르(5~6월)

양정벽의 항해는 항해 기술의 역사에서 획기적인 것이었다(표 4-1 참조). 거리와 기후 조건을 감안하면 양정벽이 중국과 남인도 사이를 한 계절 안에 여행할 수 있었다는 것은 믿기 어려운 일이다. 그는 믈라카Melaka 해협을 건너뛴 것으로 보이는데, 이는 이전 시기 항해자들이 따라갔던 경로와 비교하면 혁신이라 할 수 있다. 이렇게 원나라의 정책에 따라 늘어난 해상 교통량 역시 중국인들의 동남아시아 바다 운항의 개선을 이끌었던 듯하다.[49]

1289~1291년
— 광동과 해남

외교 활동을 마치고 귀국한 양정벽은 군인 생활을 재개했다. 그는 광남서도선위사廣南西道宣慰使[50]에 임명돼 광동성의 요족瑤族과 서족畲族[51]이 살고 있는 지역의 평정을 맡았다.

원나라 시대 초·중반에 대부분 현지 민족 집단들이 앞장선 봉기가 남중국 여러 곳에서 자주 일어났다. 변경 지역에 파견되는 장군들은 지역 정황에 대한 사전 지식을 가지고 개인적 해결 능력을 보여주었다. 그들은 현지 주민과 대도大都의 원나라 조정 사이에서 중재 역할을 떠맡았다. 조정은 거리가 멀어서 현지 환경에 대해 대체로 아는 것이 없었다. 변경 파견 장군들의 중재 역할은 반란을 성공적으로 평정하는 데서 결정적 부분이었다.

양정벽 이전에 몇몇 관리들이 이 일을 해내기는 했지만, 그들은 부분적 성공을 거두었을 뿐이었다. 1287년에 서족의 지도자 종명량鍾明亮

(1230*~1290)이 광동에서 일련의 반란을 이끌었다. 반란은 광주廣州에서 영도寧都 지역까지 미쳤다.[52] 이어 여진족 장군 유국걸劉國傑(1234~1305)이 반란 진압을 시도했다. 그의 군대는 광동의 산악 지역 깊숙이까지 진군해 많은 요족 무리를 물리쳤다. 그러나 1289년 여름 하주賀州에서 전염병이 발생해 유국걸의 부대는 멈추었고, 북쪽으로 이동하지 않을 수 없었다.[53]

이 지역을 평정하는 임무는 이제 양정벽에게 떨어졌다. 아마도 1289년에 그는 단주端州에서 반란군과 교전했던 듯하고, 1290년 상원일上元日(정월 보름날)에 반란을 평정하는 데 성공했다. 1290년 5월 8일, 안도한 단주 주민들은 이 사건을 돌에 새겨 기록했다.[54]

기록으로 남은 양정벽의 마지막 행적은 1278년 원나라에 편입된 해남도海南島에서 토착 여족黎族을 지휘한 일이다. 이해 일부 여족이 용병으로 원나라 군대에 들어왔고, 나중에 몽골의 해양 원정에 참여했다.[55]

여족 주민들의 복속은 완전히 이루어지지는 않았다. 1291년 호광행성 평장정사平章政事 코르구즈Körguz, 闊里吉思는 병사 2만 1200명을 동원해 그들을 진압하려 했다. 1293년에 만들어진 〈지원계사평려비기至元癸巳平黎碑記〉는 광서선위사廣西宣慰使의 직함을 가진 양정벽이 1만 4000명의 여족 용병을 지휘해 해남도 전투에 나섰다고 적고 있다.[56] 섬의 남쪽(현재의 러둥여족자치현樂東黎族自治縣) 첨봉령尖峰嶺에 남아 있는 또 다른 석각문石刻文은 원나라 부대와 말들이 1294년 1월 11일 섬에 상륙해 진을 쳤다고 말하고 있다.[57] 이 에피소드를 끝으로 양정벽의 운명이나 그의 후손에 관한 더 이상의 정보는 구할 수 없다.

결론

몽골은 해상 실크로드와 연결되면서 그곳에서 수백 년 동안 개발된 기술과 교역로를 이용하게 됐다. 이 기성 구조에서 이득을 얻기 위해 몽골은 유능한 개인의 전문 지식과 자국의 연결망을 이용했다. 이에 따라 군 지휘관, 외교 사절, 상인들은 원나라의 해상 제국을 확장하기 위해 몽골의 입장에서 함께 일하게 됐다. 몽골인들에게 전쟁과 외교는 상보적相補的인 것이었고, 이에 따라 어느 한 개인의 이력에서 두 형태의 활동은 자주 중첩됐을 것이다.

양정벽이 바로 그런 인물이었다. 그는 중간급의 한족 출신 중국인 장군으로 시작해 동남아시아에 원나라의 세력을 확장하는 데서 중요한 역할을 성공적으로 해냈다. 양정벽은 군사적 공적을 통해 고위 관리직에 올랐다. 그것은 또한 그가 이후 원나라 역사에서 가장 중요한 외교 활동의 하나를 이끌 수 있게끔 했다. 더구나 원나라가 남중국까지 영토를 넓히면서 더 많은 비몽골 인력이 높은 자리에 올라 몽골의 고위 군 지도자들과 협력했다. 이는 양정벽에게도 적용된다. 소가투 장군과의 연결은 원나라 군대에서 그가 승진하는 데 중요한 요소였다. 양정벽이 외교 사절로 성공할 수 있었던 것 역시 그가 소가투 및 소가투의 협력자인 포수경과의 협력을 통해 수집할 수 있었던 해외의 나라들에 대한 광범위한 정보와 관련이 있을 것이다.

야심 차고 근면했던 양정벽은 해외에 파견된 외교 사절로서의 경험을 통해 문화적 중재자로서의 기술을 배양했을 것이다. 그가 해외에서 쌓은 경험은 또한 양정벽이 나중에 요족·서족·여족 같은 남중국 민족 집단들의 반란을 성공적으로 평정하는 데서도 도움이 됐을 것이다.

양정벽의 이력에 대한 탐구는 원 왕조의 남방 확장 뒤에 있는 복잡한 동학을 이해하는 데 도움을 준다. 많은 참여자가 해상 실크로드의 상황 속에 휘말려 들어갔다. 몽골은 송나라를 상대로 자국의 정통성을 입증해야 했다. 송나라의 정치·군사 엘리트들은 동남아시아 정치체들로 옮겨갔고, 그곳에서 역할을 이어갔다. 그들의 활동은 송 왕조가 멸망한 이후에도 계속됐다. 지역 지배자들은 국내와 지역과 지역 간에 일어나는 이웃들과의 분쟁을 해결하는 데서 몽골의 군사적·정치적 힘을 활용하고자 노력했다. 더구나 원 제국과 주변 외국 사이의 중요한 통로인 남쪽 변경은 또한 몽골 행정의 지속적 관심사였다. 양정벽 같은 개인들의 사적인 도전과 기술과 기동성은 몽골이 그렇게 광대하고 다양한 민족으로 이루어진 제국을 통합하는 문제에 대응하는 데 필요한 인적 자본과 전략적 지식을 습득할 수 있게 해주었다.

주

1 Sastri 2005, 192-205.

2 그는 판디아 영토를 여러 번 침범했고, 아마도 그 때문에 판디아는 쿨람에 대한 계획적 공격을 감행한 듯하다(이하 참조). Sastri 2005, 198.

3 宋濂 1976, 210: 4669-70.

4 암각문은 현재의 중국 광둥성 자오칭시肇慶市 북쪽 칠성암七星巖의 절벽에 새겨져 있다. 譚棣華·曹騰騑·冼劍民 2001, 679.

5 《楊庭璧平寇記》(譚棣華·曹騰騑·冼劍民 2001, 679); 向正樹 2008, 7; 向正樹 2013, 81; 向正樹 2014.

6 송강은 오늘날의 산둥과 허난에서 북송 왕조에 맞서 싸운 반란 집단을 이끌었다. 그의 봉기는 나중에 중국의 유명한 소설 《수호전水滸傳》에서 서술된 가공의 영웅들과 사건들의 배경 노릇을 했다.

7 蘇天爵 1996, 6: 92, 7: 115-16. 사천택은 몽골이 금 왕조를 정벌할 때 몽골에 패배했으며, 한족계 중국인 장군으로서 고위직에 오른 초창기 인물 가운데 하나가 됐다.

8 쿠빌라이의 경호대인 케식의 일원인 잘라이르Jalayir부 출신의 장군 소가투에 대해서는 宋濂 1976, 129: 3150-52; 또한 向正樹 2008, 128-29; 向正樹 2013, 82; 向正樹 2014, 254-55.

9 소가투는 천호千戶(병사 천 명의 지휘관)로 임명돼 사천택 휘하에서 양양 공성전에 참가했다. 그는 3000명의 젊은 죄수들 가운데서 자기 병사를 뽑았다. 1271년에 그는 총관總管으로 승진했고, 동평로의 병사 800명을 자신에게 배속시켰다(宋濂 1976, 129: 3151). 소가투군軍의 핵심을 이룬 이 부대는 아마도 양정벽이 지휘하고 있었을 것이다. 따라서 양정벽은 1271년 이후 소가투를 보좌하고 있었을 것이다.

10 宋濂 1976, 7: 128; 蘇天爵 1996, 14: 273.

11 복주에서는 송나라 전 황제의 아들인 여덟 살 된 조하趙昰(재위 1276~1278)가 황제 자리에 오르고 명목뿐인 천하병마도원수天下兵馬都元帥가 됐다. Lo and Elleman 2012, 278.

12 Yule and Cordier 1920, 2: 235.

13 宋濂 1976, 129: 3152.

14 宋濂 1976, 9: 191. 포수경에 대해서는 蘇天爵 1996, 14: 277; 또한 Rossabi 1988, 92-93; 桑原騭藏 1989; So 2000, 108, 301-5; Lo and Elleman 2012, 230-31; Chaffee 2017.

15 宋濂 1976, 10: 204; 210: 4669. '동남 도서'는 해양 동남아시아 전체를 가리키는 원대의 일반적 표현이다.

16 1280년 9월 4일, 양정벽이 임무를 위해 출발하기 전이었다. 宋濂 1976, 11: 225-26; Rockhill 1914, 430-31.

17 이 칭호는 한족의 중국인보다는 주로 몽골인과 중앙아시아 색목인色目人 관원들에게 부여됐다. 무기 휴대 등 이와 관련된 특권들 때문이었다. Endicott-West 1994, 595-96.

18 그의 항해에 관한 서술은《원사》권 210에 나온다. 그것이 다음 단락의 주요 자료다. 이 부분에 대한 번역은 Rockhill 1914, 428-36; cf. Subramaniam 1978; 辛島昇 1988; Ptak 1993; 深見純生 2004; Sen 2006.

19 宋濂 1976, 210: 4669.

20 Lo and Elleman 2012, 186-206.

21 Polo 2004, 463.

22 Vu and Sharrock 2014.

23 Chan 1966.

24 Lo and Elleman 2012, 286-87.

25 Lo and Elleman 2012, 285.

26 宋濂 1976, 12: 243-44. 중국의 정크선은 한 척에 수백 명의 병사가 탔다(Ibn Baṭṭūṭa: 1000명; Odoric of Pordenone: 700명; 吳自牧: 500~600명, 孟元老 等 1956, 235에서 재인용). 따라서 양정벽의 함대에는 1000명 가까운 병사들이 타고 있었다고 볼 수 있다.

27 宋濂 1976, 210: 4660-61.

28 Polo 2004, 407.

29 동남아시아의 계절풍은 인도양 및 태평양에서 발생하는 대기 순환의 계절적 변화다. 육지와 바다가 고르게 가열되지 않아서 생기는 것이다. 인도 해안을 따라 항해하는 것은 오직 '동북' 계절풍이 부는 동안(10월 말부터 3월 초까지 계속되는 건조하고 잠잠한 계절)에만 안전했다. Prange 2018, 27-28.

30 신촌('새마을')은 전통적으로 퐁디셰리Pondichéry(타밀어로는 푸두체리Puduchchēri, 현재의 타밀나두에 있다)를 가리키는 것으로 이해돼왔다. 같은 의미를 지니고 있기 때문이다(Karashima 1988, 88-89). 그러나 Ptak은 원나라 사료의 '신촌'이 푼나이

카얄Punnaikayal(현재의 카얄 부근)을 가리키는 것임을 보여주었다. 곧 판디아 왕국 중심지와 쿨람 부근이며, 그것이 양정벽의 여정과 부합한다. Ptak 1993.

31 辛島昇 1988, 90.

32 본래 칼하트Qalhat(현재의 오만) 출신인 아부 알리 사이이드Abū 'Alī Sayyid는 남인도에 정착한 상인이었던 듯하다. 양정벽의 방문 이후 아부 알리는 원나라 궁정에 의탁하게 된다. 劉迎勝 1990; 또한 Chen 1980; Ptak 1993; Sen 2006.

33 11세기에서 13세기 사이에 이 지역은 서로 다른 지배자와 일족이 할거해 패권과 정통성을 놓고 끊임없이 싸움을 벌였다. 학자들은 이 영토 분할을 서로 다른 "소小지역 권력의 핵 권역"(Stein 1984), "파편화 제국諸國"(Stein 1977), 또는 "소小왕국들"(Dirks 1979; Kulke 1993)로 표현했다.

34 劉迎勝 1990, 93; Sen 2006, 313 n. 52.

35 자말 앗딘은 페르시아만에 있는 키시Kish의 통치자였고, 그의 동생 타키 앗딘Taqī al-Dīn은 판디아 왕 순다라의 영향력 있는 대신이었다. 두 사람은 이란과 마바르, 그리고 중국 사이에서 진주와 말을 교역하고 있었다. 桑原騭藏 1989, 124-25; Elliot 1953, 1: 69; 이 책 길의 글.

36 마바르는 공동 통치 체제를 시행하고 있었다. 아부 알리의 아버지는 '형제 중 여섯 번째'였고, 아부 알리는 '마바르 왕자'로 불렸다. 이 칭호는 중국 사료와 한국 사료에도 나온다. 그러나 Allsen은 '마바르 왕자'가 '무역의 왕자'인 '말릭 알투자르malik-al tujjār'의 축약형이라고 주장한다. 아부 알리가 오히려 상인으로 유명했음을 시사하는 것이다. Allsen, 개인적 연락, Sen 2006, 318에서 재인용. 또한 Ptak 1993을 보라.

37 그는 원나라 지폐인 초鈔를 가지고 갔다. 폴로와 다른 기록들에 따르면, 외국 상인들은 원나라 땅에 도착하면 상품과 은·금·진주를 거래하면서 지폐를 사용했다. 모든 군사적이고 공식적인 임무를 지폐로 지원하는 것이 원나라의 통상적 정책이었다. Vogel 2012, 112-13.

38 宋濂 1976, 11: 236.

39 폴로 역시 마바르의 시리아 기독교도들에 대해 이야기하고 있다. Rockhill 1914, 435.

40 재상 무함마드와 무슬림 사회 지도자 무함마드가 동일 인물인지는 불분명하다. Ibn Baṭṭūṭa에 따르면 1340년 무렵 무함마드라는 카울람Kawlam(쿨람)의 무슬림 지도자가 샤흐 반다르Shāh Bandar('항구의 왕')로서 해상 교역을 책임졌다고 한다. Ibn Baṭṭūṭa 1994, 817.

41 옮긴이 주 〔時也里可溫兀咱兒撒里馬及木速蠻主馬合麻等亦在其國, 聞詔使至, 皆相率來告願納歲幣, 遣使入覲.《元史》〈外夷傳〉〕

42 Yang 1968.

43 북부 수마트라 파사이Pasai와 아체Acheh 사이의 수무툴라Sumutula다.

44 宋濂 1976, 12: 245.

45 宋濂 1976, 12: 250.

46 Sen 2006.

47 여기에는 마바르馬八兒, 솜나트須門那(구자라트 부근), 실론僧急里, 라무리Lamuri, 南無力, 말란단Malandan, 馬蘭丹, 나구르那旺, 테렝가누Terengganu, 丁呵兒, 리데Lide, 來來, 켈란탄Kelantan, 急闌亦帶, 사무드라蘇木都剌 등이 포함된다.

48 원나라와 마바르의 관계는 판디아 왕조가 델리 술탄국과의 군사적 충돌 이후인 1310~1320년대에 힘이 줄어들면서 내리막길을 걸었다. 델리 술탄국이 판디아 왕조의 수도 마두라이Madurai를 점령한 뒤 그 총독이 델리 궁정으로부터의 독립을 선언하고 마두라이 술탄국(1335~1378)을 건국했다. Sen 2006.

49 深見純生 2004, 111-13.

50 광남서도는 광남 지역 서쪽 부분에 있는 구역이며, 대체로 현재의 광시廣西 지역(중심지는 정강靜江 즉 오늘날의 구이린桂林이었다)과 하이난섬海南島, 그리고 윈난雲南 일부에 해당한다.

51 요족은 중국과 베트남 접경 지역에 흩어져 살고 있는 소수 민족이다. 서족은 주로 복건성에 살지만 광동성에도 살았다.

52 사령관 이트미스Yitmis, 月的迷失가 처음 이 반란을 평정하는 자리에 임명됐다. 그는 인접한 강서江西·강회江淮·복건 3성에서 성공적 공격을 이끌어냈다. 그러나 반란은 더 일어났다. 宋濂 1976, 15: 319, 322.

53 호광湖廣(현재의 후난성)의 도주道州 쪽이다. 宋濂 1976, 162: 3809.

54 《楊庭璧平寇記》(譚棣華·曹騰騑·冼劍民 2001, 679); 向正樹 2008: 7; 向正樹 2013: 81; 向正樹 2014: 252. 단주는 자오칭의 옛 이름이다.

55 그들은 1283년 일본 공격(실행되지 않았다), 참파 공격(1283년, 여족 병사 1900명), 다이비엣 공격(1287년, 여족 병사 1만 5000명)을 위해 모집됐다. 王獻軍 2003; 李勃 2004.

56 刑夢璜 1983, 415. 본래 석비의 사본 한 장만이 남아 있다.

57 唐胄 2006, 124.

참고 문헌

譚棣華·曹騰騑·冼劍民 編. 2001. 廣東碑刻集. 廣州: 廣東高等教育出版社.

唐胄. 2006. 正德瓊臺志. 彭靜中 點校, 袁大川 編. 海口: 海南出版社.

孟元老 等. 1956. 東京夢華錄 (外四種). 上海: 上海古典文學出版社.

桑原騭藏. 1989. 蒲壽庚の事蹟. 東京: 平凡社.

蘇天爵. 1996. 元朝名臣事略. 北京: 中華書局.

宋濂. 1976. 元史. 15冊. 北京: 中華書局.

植松正. 1984. "元初の畲族の反亂について." 元代江南政治社會史研究, 375-423. 東京: 汲古書院.

辛島昇. 1988. "十三世紀末における南インドと中國の間の交流—泉州タミル語刻文と元史馬八兒傳をめぐって." 榎博士頌壽記念東洋史論叢, 榎博士頌壽記念東洋史論叢編纂委員會, 77-104. 東京: 汲古書院.

深見純生. 2004. "元代のマラッカ海峽—通路か據點か." 東南アジア—歷史と文化 33: 100-17.

王獻軍. 2003. "元代《黎兵萬戶府》設立時間考." 中南民族學院學報(人文社會科學版) 23: 104-6.

劉迎勝 1990. "從《不阿里神道碑銘》看南印度與元朝及波斯灣的交通." 歷史地理 7: 90-95.

李勃. 2004. "元代海南《黎兵萬戶府》始置年代考." 民族研究 2: 56-62.

陳高華. 1980. "印度馬八兒王子孛哈里來華新考." 南開學報 4: 70-73.

向正樹. 2008. "クビライ朝初期南海招諭の實像—泉州における軍事·交易集團とコネクション." 東方學 116: 127-45.

______. 2013. "モンゴル · シ_パワ_の構造と變遷—前線組織からみた元朝期の對外關係." グロ_バルヒストリ_と帝國, 秋田茂·桃木至朗 編, 71-106. 大阪: 大阪大學出版會.

向正樹. 2014. "楊庭璧平寇記再考—忽必烈朝海上勢力的一个事例研究." 元史論叢 14: 251-59.

刑夢璜. 1983. "至元癸巳平黎碑記." 崖州志, 張嶲·刑定綸·趙以謙 編, 郭沫若 點校, 413-15. 廣州: 廣東人民出版社.

Chaffee, John W. 2017. "Pu Shougeng Reconsidered: Pu, His Family, and Their Role in the Maritime Trade of Quanzhou." In *Beyond the Silk Roads: New Discourses on China's Role in East Asian Maritime History*, ed. Angela Schottenhammer and Robert J. Antony, 63-76. Wiesbaden, Germany: Harrassowitz.

Chan, Hok-Lam. 1966. "Chinese Refugees in Annam and Champa at the End of the Sung Dynasty." *Journal of Southeast Asian History* 7: 1-10.

Dirks, Nicholas B. 1979. "The Structure and Meaning of Political Relations in a South Indian Little Kingdom." *Contributions to Indian Sociology* 13: 169-206.

Elliot, Henry M. 1953. *The History of India, as Told by Its Own Historians: The Muhammadan Period*. Ed. John Dowson. 2nd ed. Calcutta: Susil Gupta.

Endicott-West, Elizabeth. 1994. "The Yüan Government and Society." In *The Cambridge History of China*. Vol. 6. *Alien Regimes and Border States, 907-1368*, ed. Herbert Franke and Denis C. Twitchett, 587-615. Cambridge: Cambridge University Press.

Ibn Baṭṭūṭa. 1994. The Travels of Ibn Battūṭa: A.D. 1325-1354, Vol. 4. Tr. C. F. Beckingham. London: Hakluyt Society.

Kulke, H. 1993. *Kings and Cults: State Formation and Legitimation in India and Southeast Asia*. Delhi: Manohar Publishers.

Lo Jung-pang. 2012. *China as a Sea Power, 1127-1368: A Preliminary Survey of the Maritime Expansion and Naval Exploits of the Chinese People during the Southern Song and Yuan Periods*. Ed. and annotated Bruce A. Elleman. Singapore: NUS Press.

Maspero, Georges. 1928. *Le royaume de Champa*. Paris: Librairie nationale d'art et d'histoire.

Odoric of Pordenone. 1913. *Cathay and the Way Thither*. Vol. 2. *Odoric of Pordenone*. Tr. Henry Yule and Henri Cordier. Cambridge: Hakluyt Society.

Polo, Marco. 2004. *Le devisement du monde: Le livre des merveilles*. Tr. Louis Hambis. Paris: La Découverte.

Prange, Sebastian R. 2018. *Monsoon Islam: Trade and Faith on the Medieval Malabar Coast*. Cambridge: Cambridge University Press.

Ptak, Roderich. 1993. "Yuan and Early Ming Notices on the Kayal Area in South India." *Bulletin de l'École française d'Extrême-Orient* 80: 137-56.

Rockhill, W. W. 1914. "Notes on the Relation and Trade of China with the Eastern

Archipelago and the Coast of the Indian Ocean during the Fourteenth Century Part I." *T'oung Pao* 15: 419–47.

Rossabi, Morris. 1988. *Khubilai Khan: His Life and Times*. Berkeley: University of California Press.

Sastri, K. A. Nilakanta. 2005. *A History of South India: From Prehistoric Times to the Fall of Vijayanagar*. New Delhi: Oxford University Press.

Sen, Tansen. 2006. "The Yuan Khanate and India: Cross-Cultural Diplomacy in the Thirteenth and Fourteenth Centuries." Asia Major 19: 299–326.

So, Billy K. L. 2000. *Prosperity, Region, and Institutions in Maritime China: The South Fukien Pattern, 946–1368*. Cambridge, MA: Harvard University Press.

Stein, Burton. 1977. "The Segmentary State in South Indian History." In *Realm and Region in Traditional India*, ed. R. G. Fox, 3–51. Durham, NC: Duke University Press.

__________. 1984. *All the King's Mana: Papers on Medieval South Indian History*. Madras: New Era Publications.

Subramaniam, T. N. 1978. "A Tamil Colony in Medieval China." In *South Indian Studies*, ed. R. Nagaswamy, 1: 1–52. Madras: Society for Archaeological, Historical and Epigraphical Research.

Vogel, Hans U. 2012. *Marco Polo Was in China: New Evidence from Currencies, Salts, and Revenues*. Leiden: Brill.

Vu Hong Lien, and Peter Sharrock. 2014. *Descending Dragon, Rising Tiger: A History of Vietnam*. London: Reaktion Books.

Yang Lien-sheng. 1968. "Historical Notes on the Chinese World Order." In *The Chinese World Order: Traditional China's Foreign Relations*, ed. John King Fairbank, 20–33. Cambridge, MA: Harvard University Press.

Yule, Henry, and Henri Cordier. 1920. *The Travels of Marco Polo: The Complete Yule-Cordier Edition*. 2 vols. New York: Dover Publications.

제5장

사이프 앗딘 킵착 알만수리

몽골과 맘룩 사이의 변절과 충성심

❈

아미르 마조르

14세기의 한 아라비아 저술가는 1298년 어느 날 밤 두 맘룩 관리 사이에 오간 다음과 같은 대화를 기록하고 있다. 맘룩의 아미르amir(사령관)인 사이프 앗딘 킵착 알만수리Sayf al-Dīn Qipchaq al-Manṣūrī(?~1310)는 운명적 변절을 준비하고 있었다. 맘룩령 시리아에서 적국인 이란의 몽골 국가 일 칸국(1260~1335)으로 넘어가는 일이었다. 그리고 또 한 관리는 킵착에게 생각을 바꾸기를 애원하면서 이런 말로 그에게 힐문했다.

"하완드Khawand[각하], 당신은 적국[일 칸국]으로 도망치려 하십니까? 성스러운 하느님의 집[메카의 카아바Ka'ba]에 하지ḥajj를 마치셨고, 인생의 그 [오랜] 기간을 이슬람의 나라[맘룩 술탄국]에서 보내셨고, [아드님이신] 아미르 알리'Ali가 [여기] 계신데도요?"

그리고 킵착은 이렇게 대답했다.

"하지[순례자],[1] 나는 자네가 영리하다고 생각했네. 어떤 것도 내 신앙을 흔들지는 못해. 이슬람교에 대해서라면, 나는 어디를 가더라도 이슬람교도야. 심지어 [십자군 왕국] 키프로스에 있더라도 말이야. 하지[성지 순례]로 말하자면 동방[일 칸국]에서는 매년 자네들 나라[이집트와 시리아]보다 몇 배 많은 순례자가 가고 있어. [내 아들] 아미르 알리에 대해서라면, 나는 내가 가까이하는 여러 여자에게서 아미르 알리, 아미르 이브라힘Ibrāhīm, 아미르 할릴Khalīl 등등을[그런 이름의 아들을] 얻을 수 있어."

그런 뒤에 킵착은 말했다.

"뭐 먹을 것 좀 가져다주게."

그의 앞에 나무 접시에 담긴 야흐니yakhnī라는 스튜 요리가 놓였다.

그는 한 조각을 들어 자신이 입고 있던 소매 긴 옷 위에 놓고 몽골어로 노래를 부르기 시작했다. 그[킵착]는 그렇게 함으로써 자신이 이미 몽골의 외양과 그들의 생활 방식을 받아들였음을 보여주고 싶어 했다.[2]

당대 시리아 역사가 앗사파디al-Ṣafadī(1296~1363)의 전기 모음에 나오는 이 일화는 두 세계 사이에 끼인 아미르 킵착의 애매한 입장을 반영하고 있다. 어린 시절과 청년 시절을 일 칸국의 몽골 엘리트의 일원으로 보낸 킵착은 1277년 맘룩 군대에 포로가 되고 이어 일 칸국의 적인 맘룩 술탄국의 군부 엘리트가 됐다. 그곳에서 킵착은 이후 인생의 형성기 20여 년을 보냈다.

킵착의 배반에 대한 앗사파디의 극적인 기술은 그것이 설사 허구라 하더라도 이 관리의 분열된 충성심을 도드라지게 한다. 킵착의 동료 맘룩 관원은 킵착에게 술탄국에 남도록 애원하면서 몇 가지 주장을 편다.

첫째로, 그의 변절은 무슬림 신앙을 버리는 것이고, 그것을 더럽히는 일에 해당한다는 주장이다. 무슬림 아미르 킵착은 일 칸국에서는 몽골 이교도들에게 둘러싸일 것이기 때문이다. 둘째로, 킵착은 결국 아이들과의 이별을 견디기 어려울 것이라는 주장이다. 그러나 킵착은 이에 대응해 맘룩 술탄국과 일 칸국 두 세계 사이의 차이를 축소시킨다. 몽골의 일 칸국에서도 이슬람 신앙을 잘 유지할 수 있고 새로운 가정을 꾸릴 수 있다는 것이다. 그러나 킵착의 마음속에서 두 나라 사이의 종교적·이데올로기적·사회적 차이가, 이 일화의 저자가 시사하듯이 그렇게 무의미한 것이었는지는 의문이다.

이 글은 킵착의 파란만장한 이력을 추적하면서, 몽골과 맘룩의 경계 지대에서 민족성과 신앙과 사회문화적 유대감이 어떤 구실을 했는지를 탐구한다. 특히 경계선 이쪽과 저쪽에 있던 몽골 지휘관들과 배반자들 사이에서 분열된 충성심을 만들어내는 데서 말이다.

맘룩 군사노예 제도와 맘룩 술탄국

맘룩은 노예 군인이었다. 주로 튀르크인이며 중앙아시아 출신으로, 이슬람 세계의 동북 변경에서 사서 들여왔다. 이 제도는 역사적으로 뿌리가 깊었다. 맘룩 군사노예는 이미 9세기 초에 이슬람 군대의 근간을 이루었다. 이 제도는 대체로 변함없이 유지되다가, 살라흐 앗딘Ṣalāḥ al-Dīn(1137*~1193)의 후예들인 이집트의 아이유브 술탄들(1171~1250)을 위해 복무하던 카이로의 한 맘룩 장교 집단이 1250년 새 주인을 암살하고 권좌를 탈취했다. 이들 군사노예들이 이슬람 역사에서 최초로 사실상의(그리고 합법적인) 이슬람 지배자가 됐고, 번영하는 맘룩 국가를 건설해 16세기까지 이어나갔다.

맘룩은 이후 10년을 거치면서, 특히 1260년 팔레스티나 아인잘루트 전투에서 몽골 군대를 물리친 이후 영토를 확장하는 데 성공해 이집트와 함께 광역 시리아 즉 앗샴al-Shām까지 통치했다. 맘룩이 북부 팔레스티나에서 올린 승리는 또한 맘룩과 일 칸국 사이에 반세기 넘게 끊임없이 이어진 군사적 충돌의 시발이었다. 그 충돌은 평화 협정이 최종적으로 타결된 1323년에 가서야 끝이 난다.[3]

맘룩 술탄국과 일 칸국 두 정치체는 군사 엘리트와 정치 엘리트들 사이에 적대감이 지속되기는 했지만 공통점이 많았다. 둘 다 중앙아시아 스텝 지역에 뿌리가 있었고, 군사 기술도 비슷했다. 양쪽 군대는 기본적으로 기마 궁술에 바탕을 두고 있었다. 맘룩 시대 초기(1250~1382)에 술탄국을 위해 사들인 맘룩은 대부분 킵착 초원 출신이었다. 킵착 초원은 오늘날 남부 러시아 일부와 우크라이나에 해당하며, 당시에는 또 다른 몽골 칸국인 금장 칸국(맘룩 술탄국과 마찬가지로 일 칸국의 오랜 경쟁자였다)이 지배하고 있었다.

술탄국 군대에 맘룩 노예를 공급하는 일은 사실 몽골의 군사 활동에 의존하고 있었다. 몽골은 이전에 두 차례의 원정을 했다. 1220년대의 중앙아시아 원정과 1230년대 말의 킵착(그리고 유럽) 정벌이다. 이것이 수많은 유목민을 그들이 살던 곳에서 몰아냈고, 그들은 서쪽으로 이주했다. 그곳이 킵착 초원이다. 킵착 초원은 유목민 이주민들과 난민들의 새로운 물결이 흘러넘치면서 이집트의 아이유브 술탄들과 그 계승자인 맘룩에 군사노예를 대는 주공급원이 됐다.[4]

튀르크계 킵착인들은 술탄국에서 매매되는 노예들 가운데 주요한 집단이었다. 맘룩의 엘리트는 다양한 민족 출신들로 이루어져 있었다. 체르케스Cherkess인, 그루지야인, 알란Alan인, 쿠르드인, 튀르크멘인, 아르메니아인, 러시아인, 몽골인 등이다. 그러나 특히 두드러진 것이 킵착인들이었다.[5]

중앙아시아의 젊은 노예들은 보통 사춘기 이전에 데려다 일을 시켰고, 맘룩 부대에 들어오기 전에는 이슬람교도가 아니었다. 그들은 술탄이나 아미르들의 휘하에 들어간 뒤 오랜 군사 훈련과 문화적 적응 과정을 거쳤다. 이슬람교로의 개종도 그 하나다. 맘룩들은 훈련을 마치면 해방돼 군대 계급 체계로 들어간다. 맘룩은 일반 사병으로 군 생활을 시작하지만 더 높은 계급으로 올라갈 수 있었다. 아미르 즉 사령관 같은 자리도 가능했다. 그러나 대개의 경우 술탄 자신이 데려다 해방시킨 맘룩만이 군대의 최고 계급까지 진급할 기회를 얻었다. 전쟁터에서든 맘룩 엘리트들 사이의 정치적 음모를 통해서든 자신의 능력을 입증한 경우에 그 맘룩은 백인百人아미르 자리에 오를 수 있었고, 술탄의 자리에까지도 오를 수 있었다.[6]

따라서 맘룩의 장래 이력과 운명은 훈련 기간에 결정될 수 있었다. 맘룩은 훈련 기간 동안 가장 중요한 관계들을 형성해 주인이나 동료 맘룩들과 친족과 유사한 관계를 맺었다. 맘룩을 사들여 길러주고 결국 해방시켜주는 관리나 술탄을 우스타드ustādh(주인 또는 스승)라 부르는데, 그들은 젊은 맘룩에게 아버지 같은 존재가 된다. 같은 주인에게 소속된 맘룩들은 후슈다시khushdāsh라 하는데, 맘룩은 그들을 자신의 새로운 형제로 보고 그들과 우정, 상호 지원, 형제 같은 헌신 및 충성의 관계를 구축하게 된다.[7]

일 칸국에서 술탄국으로
— 킵착의 초기 생애

킵착의 이력은 평균적인 맘룩 장교들과 비교하면 이례적이었다. 그는 다른 맘룩들과 달리 어린 시절에 노예 무역상이 술탄에게 데려온 경우가 아니었다. 그는 1277년 몽골과 맘룩 사이의 중요한 군사적 충돌 가운데 하나인 아불루스타인Abulustayn(현대의 터키 남부 엘비스탄Elbistan) 전투 때 맘룩 군대에 포로로 잡혔다. 이 시기에 킵착은 막 성인이 된 때였고, 아마도 20대 초반이었을 것이다.[8] 몽골 포로를 맘룩 군대에 편입시키는 것은 술탄국에서 드문 일은 아니었다. 킵착 외에도 몽골 포로 여럿이 맘룩 군대에 들어가 장교로서 성공적 이력을 쌓았다(이하 참조).

킵착의 경우는 나중에 일 칸 가잔(재위 1295~1304)의 궁정에서 일하기도 했던 학식 있는 몽골의 고위급 서기 집안 출신이라는 점에서 다른 맘룩들과 구별됐다. 킵착 역시 일 칸국의 고위급 몽골 노얀(귀족 지휘관)인 하산 타쿠Ḥasan Taqu를 위해 서기인 카팁kātib 역할을 했다. 몽골의 서기들은 또한 일 칸국 경호대인 케식의 일원이기도 했고, 킵착과 그의 가족은 몽골의 군사 활동에 참여했다. 킵착의 아버지는 가잔의 무기 담당자인 실라흐다르silāḥdār 가운데 하나였고, 그의 형은 몽골군의 고위 지휘관이었다. 킵착은 직업적인 서기여서 역시 몽골어 말하기와 쓰기에 뛰어났다.[9]

킵착은 전쟁터에서 훈련과 경험을 쌓았고, 몽골의 언어와 문자에 능통했으며, 몽골의 엘리트 출신이었다. 포로였던 그의 이러한 자질은 맘룩의 관점에서 가치가 매우 높았다. 이것이 맘룩 군대에서 그가 예외적으로 빨리 승진한 이유를 설명해준다. 킵착은 포로가 된 뒤 곧바로 장래의 맘룩 술탄 칼라운Qalāwūn(재위 1279~1290)에게 팔렸다. 1277년 그가 포로가 될 당시에 칼라운은 고위 아미르였다. 2년 반 뒤인 1279년 칼라운이 술탄 자리에 오르자 그는 킵착을 사령관 자리에 올렸다.[10]

킵착이 맘룩 부대에서 급속하게 진급한 것은 아마도 예외적인 일이었을 것이다. 그러나 술탄국의 군대와 행정 조직 안에서 상류층 출신이나 기술을 가진 포로를 활용하는 것은 드문 일이 아니었다. 몽골 역시 자기네 군대와 행정 기구에서 능숙한 포로들에 크게 의존했다. 따라서 이 시기에는 포로가 되더라도 뜻하지 않게 좋은 쪽으로 풀릴 수 있었다. 포로들은 재능과 지식의 가치를 인정받으면 고국에 있을 때보다 더 나은 신분 상승의 기회를 잡을 수 있었다.[11]

킵착의 성공은 그가 새 환경에 동화되는 데 달려 있었다. 이 몽골 아미르는 맘룩 군부 엘리트 내의 다른 사람들, 특히 자신의 후슈다시들(즉 그의 주인인 칼라운 술탄의 맘룩들)과 긴밀한 관계를 구축했다. 킵착은 자신의 후슈다시이자 전우인 아미르 후삼 앗딘 라진Ḥusām al-Dīn Lājīn(튀르크어로 라친Lachin)과 상당한 유대 관계를 맺었다. 두 사람은 이미 그들의 주인 칼라운의 통치기에 우후와ukhūwwa라는 '형제애' 협정을 맺었다.[12]

킵착과 라진 사이의 협정은 곧 킵착에게 유리한 것으로 드러났다. 술탄 칼라운이 죽은 뒤 라진은 술탄 키트부가Kitbughā(튀르크어로 케드부카Kedbuqa, 재위 1294~1296)의 부왕副王이 됐고, 그 덕에 킵착도 지위가 올라갔다. 더구나 킵착은 라진과 맺은 유대 관계(맘룩 원칙에 바탕을 둔)를 다른 어떤 의리보다도 중시했던 듯하다. 킵착은 키트부가 술탄과 관계가 좋지 않았다. 키트부가가 그의 후슈다시이고 또한 몽골인임에도 그랬다. 두 몽골 맘룩 사이의 적대감은 양쪽이 모두 마찬가지였다. 키트부가가 재위하는 동안에 그의 측근이 킵착과 체르케스인 사령관 라진을 상대로 음모를 꾸몄고, 두 '형제' 역시 키트부가를 축출하고 라진을 즉위

시키기 위해 협력했다.[13]

1296년 라진의 술탄(재위 1296~1299) 즉위식은 킵착의 생애에서도 최고의 날이었다. 라진은 킵착의 요청에 따라 그를 요직인 다마스쿠스 총독에 임명했다. 다마스쿠스는 광역 시리아의 핵심 구역이었다. 킵착은 이 자리를 2년 동안 지켰다.[14] 둘 사이를 갈라놓으려는 시도들이 있었지만 킵착과 술탄 라진은 대부분의 기간 동안 서로를 배반하지 않는다는 맹세를 충실히 지켰다.[15]

다른 사회적 관계들 역시 이 몽골 포로가 뿌리를 내리는 데 도움이 됐다. 킵착은 여동생과 딸들을 맘룩 고위 아미르들과 혼인시켰다.[16] 그는 아들을 몇 두었는데 그들은 아미르가 됐다. 더구나 그의 자손들은 아라비아식과 이슬람식 이름을 갖고 있었다. 그들이 동화했다는 또 하나의 표지였다. 킵착의 아들 가운데 하나가 앞에서 언급한 알리였던 듯하다. 그는 1298년에 이미 아미르의 자리에 올랐다. 또 다른 아들인 우마르 'Umar(?~1336)는 사십인아미르에 임명됐고,[17] 킵착의 손자 압둘라흐'Abd Allāh(?~1341)는 십인아미르였다.[18]

일반적으로 맘룩의 체제는 '지위 불不세습'이었다. 이는 맘룩의 아들들은 그 아버지와 달리 스텝의 혹독한 환경에서 태어나고 자란 것과 관련된 군사 훈련을 받지 않았기 때문에 군의 직위를 받을 수 없는 것으로 생각됐다는 말이다. 그러나 아미르의 아들들(아울라드 안나스awlād al-Nās)이 아버지의 직위를 이어받는 것이 드문 일은 아니었다. 보통은 중급·하급 지휘관으로서였다.[19] 킵착의 자손들이 아미르가 됐다는 것은 그가 맘룩 정치에서 강력한 위치에 있었음을 시사한다.

킵착은 또한 자신의 네트워크를 군부 바깥으로까지 확장했다. 킵착은 지역의 몇몇 유명 이슬람 신학자 즉 울라마'ulamā'들과 접촉하고 있었던 듯하며, 그들은 나중에 정치적 문제에서 킵착을 돕게 된다.[20] 더구나 킵착은 다마스쿠스의 주민들에게서도 인정을 받고 있었던 듯하다.[21]

킵착과 여러 몽골인이 맘룩 장교로서 성공적 이력을 쌓을 수 있었던 것은 분명히 그들이 개인적으로 그 사회에 통합된 덕분이다. 몽골인들은 전쟁에서 포로가 된 경우도 있었고, 노예 무역으로 들어오기도 했다.[22] 또한 일 칸국으로부터 대규모 망명 집단으로 술탄국에 오기도 했다. 내부의 정치 투쟁으로 인한 것이었다. 와피디야Wāfidiyya('새로 도착한 사람들')로 알려진 이 몽골 망명자들은 몽골인 개인으로서 맘룩 사회에 동화되지 않았다. 와피디야에 속한 사람들은 정치적으로 높은 자리에 임명되지 않았고, 맘룩 정치 무대에서 행사한 영향력도 제한적이었다.[23] 이는 몽골 칸국들에서의 상황과 대조적이다. 그곳에서는 통상 자신의 부대를 거느린 지휘관들의 대규모 망명이 군사적 신분 상승의 중요한 통로였다. 성공적인 동화와 고위직에 대한 전망이 그러한 몽골 쪽으로의 망명을 더욱 흔하게 만들었던 듯하다.[24]

몽골인들이 술탄국에서 보인 다양한 행적에 대한 한 가지 설명은 새로운 세대의 맘룩 장교를 길러내는 맘룩의 독특한 구조에서 찾을 수 있다. 어린 나이에 술탄국에 온 몽골인들은 정규적인 맘룩의 교육, 훈련, 사회화 체계를 거쳤다. 그러나 몽골 망명자들은 망명할 때 일 칸국에서 이미 고위 관료였고 가족 및 휘하 병사들과 함께 술탄국으로 도피한 것이라 맘룩 사회와 그 독특한 사회·정치 체제에서 대체로 이방인으로 남았다. 어려서 술탄국에 온 킵착은 맘룩에 완전히 동화된 몽골 출신이라는 앞의 부류에 속했다.

킵착의 일 칸국으로의 망명

킵착이 맘룩 조직에서 밟아가던 급속한 진급은 술탄 라진의 박해 정책 때문에 갑작스럽게 끝이 났다. 맘룩 정치 무대의 핵심적 요소는 이전 술탄의 아미르들을 주요 직위에서 제거하고 그들을 새로운 술탄인 자신에게 충성스러운 맘룩들로 대체하는 것이었다. 이에 따라 새로 즉위한 술탄은 흔히 이전 주인에게 충성했던 자기 동료들을 밀어내고 자신이 해방시켰던 맘룩들로 그 자리를 대체하고자 한다. 라진은 권좌에 오르자 정말로 굵직한 아미르들을 투옥하고 그 밖의 사람들을 자리에서 제거한 뒤 그 자리에 자신에게 충성하는 맘룩들을 앉혔다.

킵착은 라진이 자신과 긴밀한 관계를 맺고 있음에도 불구하고 자기를 물 좋은 다마스쿠스 총독 자리에서 제거한 뒤 라진의 측근 맘룩을 그 자리에 앉히려는 계획을 세우고 있음을 알고는, 라진의 계획으로 위협받고 있는 다른 아미르들과 힘을 합쳤다. 함께 음모를 꾸민 사람은 킵착의 인척인 사페드Safed(츠파트Tsfat, 현대의 이스라엘) 총독 엘베기Elbegi와 새로 트리폴리Tripoli(타라불루스Ṭarābulus, 현대의 레바논) 총독에 임명된 벡테무르 앗실라흐다르Bektemür al-Silāḥdār였다. 세 사람은 마지막 수단으로 함께 일 칸국으로 망명할 계획을 세워두었다.[25]

킵착은 처음에 망명을 피하기 위해 라진으로부터 자신과 동지들을 위한 아만amān(안전 보장)을 얻고자 노력했다. 그러나 곧 그는 자신에게 돈과 군사적 지원이 없음을 알게 됐다. 알레포의 군대가 자신을 제거하려는 움직임을 보이자, 그는 일 칸국으로 달아나기로 결심했다.

1299년 1월, 킵착은 홈스Homs(힘스Ḥimṣ)를 떠나 유프라테스강으로 향했다. 술탄국과 일 칸국의 경계였다. 킵착은 강을 건너기 전에 술탄 라진과 그 부왕이 죽었다는 소식을 들었다. 그러나 킵착은 그 정보가 자신을 유인하기 위해 조작된 것으로 의심하고 그와 상관없이 강을 건너갔다.[26] 일 칸국과 맘룩의 자료들은 킵착이 시리아를 떠난 뒤 후회의 감정을 가졌다고 한목소리로 말한다. 이 자료들은 킵착의 망명을 옹호하며 그가 생명의 위협에 내몰렸다고 주장한다.[27]

그러나 이 장 앞머리에서 인용했던 시리아 작가 앗사파디는 동의하지 않는 듯하다. 킵착의 망명을 촉진한 다른 요인들도 있었던 듯하다. 몽골 가족과 다시 살림을 꾸리고 일 칸국에서 물 좋은 자리를 얻을 수 있다는 전망 같은 것들이다.[28] 게다가 가잔이 1295년 이슬람교로 개종한 이후 일 칸국 엘리트들이 이슬람교를 받아들인 것도 또 다른 요인이 됐을 것이다. 맘룩 자료들은 몽골인들이 이슬람교로 개종한 것에 대해 그 진실성을 의심하는 경향이 있지만, 킵착이 망명하던 시점에 일 칸국은 분명히 이슬람교도가 지배하는 나라였다.[29]

'양다리 걸치기'
— 가잔의 신하로서의 킵착(1299~1300)

킵착은 국경에서 환대를 받았다. 킵착과 동행 아미르들이 남부 이라크에 있는 궁궐에서 가잔을 알현한 뒤 이틀 동안 잔치가 벌어졌다. 가잔 칸은 킵착을 하마단(서부 이란) 총독에 임명하고 그 지역을 익타iqṭāʿ 즉 봉토로 주었으며, 그에게 푸짐한 선물을 내렸다.[30] 게다가 가잔은 킵착을 자신의 처제와 혼인시켰고, 이에 따라 일 칸국에서의 킵착의 위치를 강화시켰다.[31]

그러나 킵착은 망명한 지 1년이나 지난 뒤에 새 몽골 주인에 대한 그의 충성심을 검증받았다. 1299년 말 무렵, 몽골 군대는 맘룩령 시리아를 돌파하기 위한 또 하나의 시도를 했다. 양군 사이의 전투는 홈스 북쪽 와디알하즈나다르Wādī al-Khaznadār에서 벌어졌다(사진 5-1 참조). 몽골이 맘룩을 물리친 것은 이것이 처음이었으며, 이로써 잠시 동안 몽골이 광역 시리아인 앗샴을 정복했다. 이 전투와 몽골의 시리아 점령 때 킵착이 했던 역할은 그의 분열된 충성심과 더 나아가 분명하게 맘룩 쪽으로 기울어진 그의 마음을 보여주었다.

킵착은 전투장에서 이미 양다리를 걸치고 있었다. 가잔은 맘룩을 상대로 서전에서 승리한 후 전투를 계속해 맘룩 군대를 섬멸하고자 했다. 그러나 킵착은 맘룩이 함정을 팠다고 주장했다. 공격하는 부대를 매복으로 잡기 위해 달아나는 시늉을 하고 있다는 것이다.[32] 다른 맘룩 저자들은 맘룩이 여전히 우세한 상황이었던 전투 초기 단계에서 킵착이 가잔에게 전투를 계속하도록 유도했다고 적고 있다. 일 칸국 군대가 맘룩에게 잡히도록 하려는 생각에서였다는 것이다.[33] 당대의 아르메니아 역사가 헤툼Het'um 역시 킵착이 전투에 앞서 몰래 맘룩과 연락했다고 주장한다.[34] 그러나 후대의 맘룩 자료들은 킵착이 먼저 시리아를 공격하도록 가잔을 설득했다 해서 킵착을 비난한다. 아마도 킵착이 일 칸에 대한 자신의 충성심을 과시하기 위해서였으리라는 것이다.[35] 어느 경우든 이 전투 동안 킵착이 보인 충성심은 그의 술탄에 대한 헌신이 어느 정도인지를 평가하고자 하는 맘룩 저자들의 주요 관심사였던 듯하다.

킵착의 위태로운 입지와 그의 몽골 군주에 대한 이중적 태도는 몽골이 잠깐 동안 시리아를 점령하고 있던 시기에 더욱 첨예해졌다. 맘룩을 물리친 뒤 가잔은 킵착을 그가 이전에 맡았던 다마스쿠스 총독 자리에

사진 5-1 헤툼의 《간추린 동양 지역의 역사Fleur des histoires de la terre d'Orient》에 나오는 와디알하즈나다르 전투 장면. MS Nouvelle acquisition française 886, fol. 31v (1300-1325ad), BnF

임명했고, 킵착과 함께 망명한 두 맘룩은 시리아의 다른 주요 지역 총독으로 임명했다. 벡테무르 앗실라흐다르에게는 알레포가 주어졌고, 엘베기는 사페드와 트리폴리의 총독에 임명됐다. 그러나 가잔은 그들 곁에 몽골 관리들을 함께 임명해 그들과 협력해 일하도록 했다. 가잔의 부왕副王 격인 몽골 노얀 쿠틀룩샤흐Quṭlugh-Shāh는 시리아의 최고 사령관 역할을 했다.[36] 이와 같은 배치는 일 칸이 맘룩의 망명자들을 믿지 않았음을 보여주는 것일 수도 있지만, 대부분의 중요한 자리를 복수複數로 임명하는 몽골의 일반적 정책을 반영한 것일 수 있다. 일종의 '견제와 균형'이다.

다시 한 번 다마스쿠스 총독이 된 킵착은 몽골에 대해 충성심을 증명하는 일과 다마스쿠스 주민들의 고통을 줄여주는 일 사이에서 고민했던 듯하다. 그들 중 일부는 여전히 정복자들에 대해 반감을 가지고 있었다. 몇몇 기록은 킵착이 비밀리에 자신의 이전 주인 곧 맘룩들을 지원하고자 했다고 주장한다. 킵착은 다마스쿠스 성채의 사령관인 산자르 아르주와시Sanjar Arjuwāsh가 항복하도록 그를 설득하고자 애썼다. 아르주와시는 같은 만수르Manṣūr(칼라운) 휘하의 후슈다시 출신이었다. 그러나 그는 성채를 넘겨주기를 거부했다.[37]

킵착은 또한 현지 주민들이 받는 고통과 그들에게 가해지는 타격을 줄여주려고 애썼다. 예컨대 그는 쿠틀룩샤흐를 위해 지역 주민들에게서 재빨리 세금을 거둬준 뒤 휘하 몽골 관리들을 데리고 알레포로 가도록 쿠틀룩샤흐를 재촉했다. 그렇게 해서 킵착 자신이 유일한 총독으로 남게 한 것이다. 실제로 다마스쿠스 주민들은 가잔이 떠나고 자신들이 옛 총독의 손에 맡겨지자 안도했다고 한다.[38]

일 칸국의 기록들은 킵착의 양다리 걸치기를 더욱 뒷받침한다. 친親몽골 역사가 라시드 앗딘(1247*~1318)은 킵착과 그의 동료들이 일 칸에 대한 "그들의 책무를 잊었"다고 주장한다. 그들은 쿠틀룩샤흐가 떠난 뒤 시리아에 머물렀던 몽골의 최고 사령관 물라이Mūlāy, Mulai를, 소문을 퍼뜨려 역시 일 칸국으로 돌아가게 했다.[39] 마찬가지로, 일 칸국 궁정 역사가 와사프Waṣṣāf 또한 동방으로 돌아가겠다는 가잔의 결정을 "킵착의 반대와 위선" 때문으로 본다.[40]

술탄국으로의 귀환

몽골의 시리아 지배는 오래가지 않았다. 1300년 6월에 이미 몽골 군대는 모두 이 지역을 떠났고, 시리아는 다시 맘룩의 손에 들어갔다. 몽골이 시리아를 점령한 짧은 기간의 킵착 자신의 행동 역시 몽골의 퇴각에 기여했을 것이다. 물론 이러한 결과에 대한 그의 공헌을 과장해서는 안 되지만 말이다.[41] 만수르계 아미르인 산자르 아르주와시가 몽골군에 완강히 저항한 것 또한 몽골의 퇴각에 기여했을 수 있다. 그러나 존 매슨 스미스 주니어John Masson Smith, Jr.와 데이비드 모건David Morgan은 시리아의 환경 조건, 특히 몽골 군대의 대규모 가축 떼를 먹일 충분한 목초지와 물이 없었던 것이 몽골의 퇴각 뒤에 있는 작용 요소였다고 주장한다.[42] 그러나 레우벤 아미타이Reuven Amitai는 이에 동의하지 않고 시리아의 목초지가 몽골의 가축들에게 충분한 사료를 공급했다고 주장한다. 그는 일 칸국의 퇴각이 다른 변경에서 일 칸국의 지배에 위협이 가해진 때문이며, 아마 일 칸국이 패배한 맘룩 군대의 능력에 관한 잘못된 정보를 입수했을 것이라고 주장한다.[43]

몽골이 최종적으로 철수한 뒤 킵착과 그의 두 동맹자는 카이로를 향해 길을 떠났다. 팔레스티나의 람라Ramla, Ramlāh 부근에서 킵착은 바이바르스 알자슈나키르Baybars al-Jāshnakīr와 살라르Salār를 만났다. 두 아미르는 당시 막 즉위한 어린 술탄을 위해 국정을 돌보고 있는 사람들이었다. 두 사람은 맘룩 술탄국의 사실상의 지배자처럼 행동했다. 킵착은 그들에게 용서를 빌며, 자신과 자신의 동료들은 라진과 그 부왕이 두려워 망명한 것이라고 주장했다. 맘룩은 적인 몽골에 협력한 사람은 누구든 가혹하게 처벌하기를 망설이지 않는 것이 일반적이었지만, 킵착과 그의 동맹자들은 용서를 받았다.[44] 킵착과 그의 동지들은 다시 길을 떠나 카이로로 가서 젊은 술탄 안나시르 무함마드 이븐 칼라운al-Nāṣir Muḥammad Ibn Qalāwūn(1279~1290)로부터도 공식적인 용서와 따뜻한 환영을 받았다.[45]

몽골의 관점에서 볼 때, 킵착이 일 칸국으로 망명했다가 술탄국으로 돌아간 것은 이례적이었다. 군 출신의 망명자들은 거의 대부분 나머지 일생을 새로 꾸린 가정에서 마무리한다. 예를 들어, 앞에 언급한 오이라트 와피디야는 동화되지 않았음에도 불구하고 맘룩 술탄국에 계속 충성을 바쳤다.[46]

다시 맘룩 술탄국의 울타리 안에서
— 킵착의 마지막 10년(1300~1310)

1300년, 킵착은 술탄국으로 돌아와 맘룩 사령관으로서 이전 직무에 복귀했다. 그는 자원에 의해 요르단강 동쪽 쇼박Shawbak의 총독으로 임명됐고,[47] 1301~1302년 상上이집트의 베두인Bedouin, Badawī족 정벌에 참여했다.[48] 캅착이 쇼박에서 매우 먼 지역의 원정에 나선 것은 이 시점에 그가 이미 이집트로 이동 배치 돼 있었을 가능성을 제기한다. 킵착이 이 원정에서 세운 공로가 그를 하마Hama(현대의 시리아 중서부) 총독으로 승진시키는 데 도움이 됐던 듯하다. 승진은 원정 1년쯤 뒤에 이루어졌던 듯하다.

그러나 맘룩에 대한 킵착의 충성심은 1303년 다시 한 번 검증대에 올랐다. 가잔의 군대가 시리아로 돌아올 때였다. 그해 4월, 킵착은 이제 하마 총독으로서 다마스쿠스 바로 남쪽 마르지앗수파르Marj al-Ṣuffar에서 벌어진 몽골과의 결전에 참여했다. 이 전투에서 킵착은 맘룩의 우익을 지휘하며 하마의 군대를 이끌었다.[49] 그의 활약은 맘룩의 승리에 결정적 역할을 했다. 그는 달아나는 몽골군을 수원지에서 떨어진 곳으로 몰아내 그들이 병사와 말에게 먹일 물이 없이 야영하게 만들었다. 반면에 맘룩은 마음껏 물을 마셨다.[50]

1년 뒤인 1304년, 다시 하마의 군사들을 이끈 킵착은 킬리키아(터키 남부)의 아르메니아인들을 상대로 한 원정에 참여해 승리했다.[51] 킵착은 맘룩의 변경을 지키는 군사적 업적을 통해 자신의 충성심이 어디에 있는지를 의심할 수 없게 만들었다.

킵착은 만년에 몇몇 정치적 모의에 휘말렸다. 하마의 총독이었던 그는 알레포 총독 카라순쿠르Qarāsunqur 및 트리폴리 총독 에센테무르 쿠르지Esentemür Kurjï와 손을 잡고 당시 술탄인 바이바르스 알자슈나키르(재위 1309~1310)에 맞서 축출된 술탄 안나시르 무함마드 이븐 칼라운을 지지했다.

이 경우에도 맘룩의 정치 무대에서 몽골 관리인 킵착의 정치적 제휴는 출신 민족을 그리 중요하게 생각지 않았음을 보여준다. 몽골인 킵착,

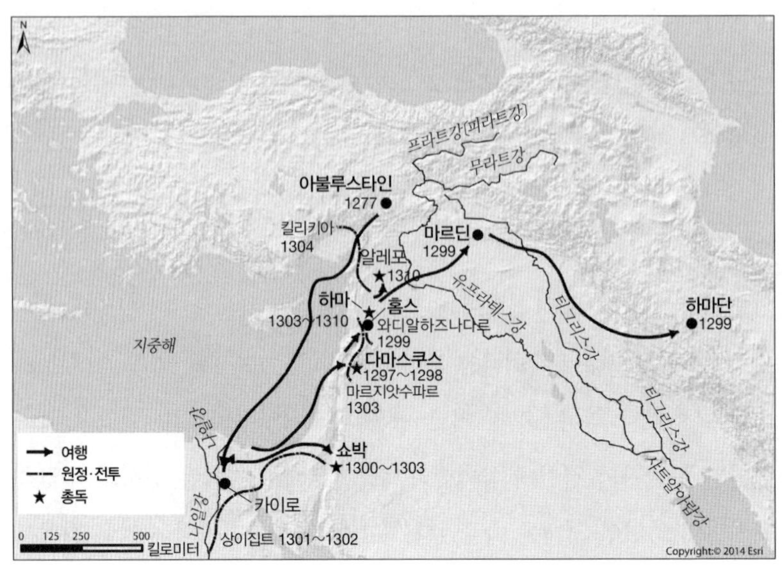

지도 5-1 킵착 알만수리의 행적 지도

그루지야인 에센테무르, 체르케스인 카라순쿠르가 힘을 합쳐 체르케스인 술탄 바이바르스 알자슈나키르와 그의 몽골인 부왕 살라르에 맞선 것이다.[52] 킵착이 자신의 이전 맘룩 주인 칼라운의 아들 안나시르 무함마드를 지원한 것은 맘룩 체제와 그 적법한 대표자 즉 그의 후견자였던 칼라운 가문에 대한 그의 충성심을 말해주는 또 하나의 증거라고 할 수 있을 것이다.

킵착은 안나시르 무함마드를 지원한 덕분에 알레포 총독으로 승진 임명 됐고, 그 자리를 지키다가 1310년 10월에 죽었다(지도 5-1 참조).[53]

결론

맘룩 저자 앗사파디는 킵착이 이 글 서두에 인용한 것 같은 대화를 했다고 말했지만, 이와 달리 킵착은 일 칸국보다는 술탄국을 더 좋아했던 듯하다. 그의 충성심은 일편단심 맘룩을 향하고 있었다. 그는 일 칸 가잔의 신하로 있으면서도 비밀리에 맘룩과 협력했던 듯하고, 기회가 생기자 술탄국으로 돌아왔다.

킵착의 이야기는 몽골 치하 유라시아 대륙에서 보편적이었던 두 형태의 군사적 출세를 잘 보여준다. 포로가 되는 것과 망명을 하는 것이다. 몽골의 경우에 포로가 되는 것은 반드시 '사회적 사망'이라는 결과를 낳지 않았다. 반대로 그것은 포로에게 새롭고 영광스러운 이력의 출발점이 될 수도 있었다. 군사적 망명 역시 몽골 치하 유라시아에서 자주 보상을 받았다. 노련한 지휘관들에 대한 수요가 많았기 때문이다. 킵착의 경우는 특히 그가 술탄국으로 돌아왔다는 사실 때문에 몽골 국가들 사이에서, 또는 몽골이 지배하는 일 칸국과 맘룩 술탄국 사이에서 망명을 하고 대체로 새로운 가정에 계속해서 충성을 바쳤던 다른 장군들의 경우와 차이가 있다.

우리는 민족 정체성과 친족 관계에서부터 새로운 사회적 네트워크에 이르기까지 킵착의 선택을 결정지은 원인에 대해 짐작만 할 수 있을 뿐이다. 술탄국에 난민 또는 망명자로 들어온 몽골인 지휘관들과 달리 킵착은 이미 성년(젊은)이 된 뒤 포로로 잡혔지만 맘룩 체제에 완전히 통합된 것으로 보인다. 이 몽골인 맘룩은 비교적 나이가 들어 훈련 과정을 시작했지만, 맘룩의 사회정치적 엘리트들 사이에서, 더 넓게는 이집트와 시리아 사회의 다른 구성원들과 중요한 유대 관계를 맺었다.

킵착의 새 맘룩 주인은 그의 몽골 정체성을 중요하게 생각했지만, 킵착이 민족적으로 몽골인이라는 사실은 술탄국에서 그가 펼친 정치적 활동에서 기껏해야 작은 역할을 한 것으로 보인다. 반면에 킵착이 일 칸국으로 탈주했을 때 그의 몽골 정체성과 가족의 유대는 그가 일 칸국에 적응하는 데서 중요한 역할을 했다. 킵착이 다시 술탄국으로 탈주한 것은 그가 사회화와 혼인 관계를 통해 맘룩 사회에 통합된 것이 궁극적으로 킵착의 이전 〔몽골〕 민족과 친족 관계에 바탕을 둔 일 칸국과의 유대를 넘어섰음을 시사한다.

주

1 메카 순례를 이행한 사람을 부르는 칭호다.

2 Al-Ṣafadī 1998, 4 : 67.

3 1260~1281년 사이의 맘룩과 일 칸국 간 투쟁과 대립에 관해서는 Amitai-Preiss 1995. 이후의 시기에 관해서는 Mazor 2015, 113-28.

4 Ayalon 1963 ; Irwin 1986, 17-18 ; Allsen 2015, 138-39.

5 Mazor 2015, 36-40.

6 Ayalon 1951a, 특히 5, 9, 25 ; Ayalon 1953, 467-69 ; Ayalon 1994, 10-13. 백인아미르는 맘룩의 군대 내 고위직이었다(몽골의 백호百戶와는 다르다). 백 명 이상의 맘룩을 거느렸다.

7 Ayalon 1951a, 27-30 ; Ayalon 1994, 14.

8 Baybars al-Manṣūrī 1998, 155 ; Ibn Ḥajar 1966, 3 : 325. 킵착은 1310년에 자연사했다. Al-Ṣafadī 1998, 4 : 62.

9 Little 1979, 392 ; Haarmann 1988, 101 ; Ibn Ḥajar 1966, 3 : 326 ; Amitai 2008, 123-24 ; al-Ṣafadī 1998, 4 : 62 ; al-Ṣafadī 2009, 24 : 178. 킵착의 아버지와 형에 관해서는 Zetterstéen 1919, 50.

10 Baybars al-Manṣūrī 1998, 155 ; al-Maqrīzī 1934-73, 1 : 671.

11 Biran 2015, 34-36.

12 Mazor 2015, 175-80, 193-94.

13 Ibn Ḥajar 1966, 3 : 326 ; al-Ṣafadī 1998, 4 : 64 ; al-Ṣafadī 2009, 24 : 180.

14 Ibn Taghrī Birdī 1939, 8 : 67 ; al-Ṣafadī 1998, 4 : 64 ; al-Ṣafadī 2009, 24 : 180.

15 Al-Ṣafadī 1998, 4 :64-65 ; al-Ṣafadī 2009, 24 : 180.

16 Ibn Taghrī Birdī 1939, 8 : 204 ; al-Ṣafadī 1998, 4 : 154, 480.

17 Al-Jazarī 1998, 3 : 920.

18 Mazor 2015, 286.

19 올라드 안나스에 관해서는 Mazor 2015, 21 n. 16, 187-89.

20 Al-Ṣafadī 1998, 4 : 70 ; 154-55.

21 Ibn Kathīr 1993, 14 : 3.

22 이들 몽골인 맘룩 가운데는 술탄과 부왕까지도 있었다. 예컨대 키트부가와 살라르 같은 사람들이다. 술탄국의 부왕(1299~1309)이었던 살라르는 아블루스타인 전투에서 킵착과 함께 포로가 됐다(Amitai 2008, 123; Mazor 2015, 249). 술탄 키트부가(Amitai 2008, 122-23; Mazor 2015, 241)는 1260년 아인잘루트 전투에서 포로가 됐다. 부왕(1290~1293)으로 임명된 바이다라Baydarā(Mazor 2015, 240) 및 시종관侍從官인 하집ḥājib의 우두머리가 된 바하두르 하지Bahādur Ḥājj(Mazor 2015, 250-51)와 함께였다. 어린 나이에 술탄국에 와서 고위 아미르가 된 다른 몽골인들에 관해서는 Amitai 2008, 124-26.

23 Ayalon 1951b, 특히 102-3; Amitai 2008, 특히 127-29; Landa 2016. Cf. Nobutaka 2006.

24 Allsen 2015, 127-29, 135.

25 Al-Nuwayrī 1992, 31: 351-52; Ibn Kathīr 1993, 14: 3.

26 Zetterstéen 1919, 48-49; al-Maqrīzī 1934-73, 1: 855; al-Nuwayrī 1992, 31: 354-56; al-Yūnīnī 1998, 2: 53-55 (tr. Guo, 1: 110-12); Rashīd al-Dīn 1999, 3: 643.

27 Baybars al-Manṣūrī 1998, 329; Rashīd al-Dīn 1999, 3: 643.

28 킵착이 친척들과 만나 기뻐한 일에 대해서는 al-Maqrīzī 1934-73, 1: 871.

29 Boyle 1968, 392, 402; Amitai-Preiss, 1996; Broadbridge 2008, 66-70, 94-95; Morgan 2007, 141-42; Amitai 2013, 75-80.

30 Al-Maqrīzī 1934-73, 1: 871; Ibn Taghrī Birdī 1939, 8: 97-98.

31 Baybars al-Manṣūrī 1998, 318. 킵착은 가잔이 총애하는 아내 불루간Bulughan 카툰의 여동생과 혼인했다.

32 Ibn Ḥajar 1966, 3: 326-27; al-Ṣafadī 1998, 4: 69.

33 Al-Nuwayrī 1998, 31: 385.

34 Amitai 2004, 25.

35 Ibn al-Furāt 1939, 8: 94-95; Little 1970, 93; Amitai 2008, 133.

36 Al-Maqrīzī 1934-73, 1: 894; Baybars al-Manṣūrī 1998, 340-44; Broadbridge 2008, 78-79; Mazor 2015, 114-17.

37 Ibn Kathīr 1993, 14: 9; Baybars al-Manṣūrī 1998, 332-33; Zetterstéen 1919, 64-65; Ibn Taghrī Birdī 1939, 8: 125; al-Yūnīnī 1998, 2: 105-6, 125-26 (tr. Guo, 1: 142-43; 164-65); Amitai 2004, 32-36. 한 기록에 따르면, 킵착은 심지어 비밀리에 아르주와시와 협력함으로써 몽골을 속이고 이슬람교도들을 보호하려 노력했다. Ibn Ḥajar 1966, 3: 327; Baybars al-Manṣūrī 1987, 158; al-Ṣafadī 1998, 4:

69, 2: 466; al-Ṣafadī 2009, 24: 183.

38 Al-Maqrīzī 1934–73, 1: 895–96, 899; Ibn Ḥajar 1966, 3: 327; Amitai 2004, 37–38.

39 Rashīd al-Dīn 1999, 3: 647.

40 Waṣṣāf 2009, 2.

41 Baybars al-Manṣūrī는 킵착이 쿠틀룩샤흐에게 많은 돈을 주어 퇴각하게 했다고 암시한다. Baybars al-Manṣūrī 1998, 345.

42 Smith 1984, 특히 329–31, 344; Morgan 1985, 233–34.

43 Amitai 2013, 32–35; 또한 Boyle 1968, 388.

44 '감경 사유'가 킵착에게 유리하게 작용해 그의 망명은 배신으로 인식되지 않았던 듯하다. 예를 들어 al-Yūnīnī 1998, 2: 129; Amitai-Preiss 1995, 45–46.

45 Ibn Taghrī Birdī 1939, 8: 129–30; Ibn Ḥajar 1966, 3: 327; Baybars al-Manṣūrī 1998, 345; al-Ṣafadī 1998, 4: 70; Amitai 2004, 40.

46 위의 주 23을 보라.

47 Al-Maqrīzī 1934–73, 1: 902; Ibn Ḥajar 1966, 3: 327.

48 Al-Maqrīzī 1934–73, 1: 920–22; Mazor 2015, 133–34.

49 Baybars al-Manṣūrī 1998, 376; al-Nuwayrī 1998, 32: 29.

50 Ibn Ḥajar 1966, 3: 327; al-Ṣafadī 1998, 4: 70–71.

51 Al-Nuwayrī 1998, 32: 75–76; Stewart 2001, 159–63.

52 이 갈등에 관해서는 Mazor 2015, 134–35, 138–39, 170, 190.

53 Al-Maqrīzī 1934–73, 2: 75; Ibn Ḥajar 1966, 3: 327; al-Ṣafadī 1998, 4: 62, 72; al-Nuwayrī 1998, 32: 157.

참고 문헌

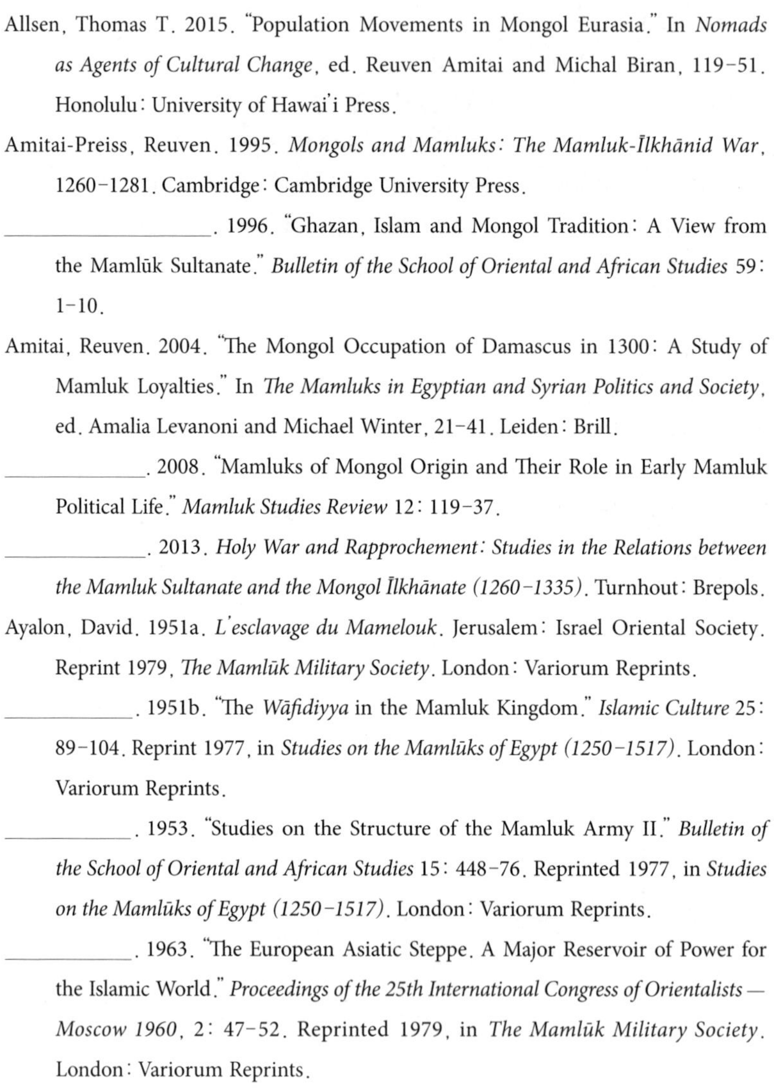

Allsen, Thomas T. 2015. "Population Movements in Mongol Eurasia." In *Nomads as Agents of Cultural Change*, ed. Reuven Amitai and Michal Biran, 119–51. Honolulu: University of Hawai'i Press.

Amitai-Preiss, Reuven. 1995. *Mongols and Mamluks: The Mamluk-Īlkhānid War, 1260–1281*. Cambridge: Cambridge University Press.

______. 1996. "Ghazan, Islam and Mongol Tradition: A View from the Mamlūk Sultanate." *Bulletin of the School of Oriental and African Studies* 59: 1–10.

Amitai, Reuven. 2004. "The Mongol Occupation of Damascus in 1300: A Study of Mamluk Loyalties." In *The Mamluks in Egyptian and Syrian Politics and Society*, ed. Amalia Levanoni and Michael Winter, 21–41. Leiden: Brill.

______. 2008. "Mamluks of Mongol Origin and Their Role in Early Mamluk Political Life." *Mamluk Studies Review* 12: 119–37.

______. 2013. *Holy War and Rapprochement: Studies in the Relations between the Mamluk Sultanate and the Mongol Īlkhānate (1260–1335)*. Turnhout: Brepols.

Ayalon, David. 1951a. *L'esclavage du Mamelouk*. Jerusalem: Israel Oriental Society. Reprint 1979, *The Mamlūk Military Society*. London: Variorum Reprints.

______. 1951b. "The *Wāfidiyya* in the Mamluk Kingdom." *Islamic Culture* 25: 89–104. Reprint 1977, in *Studies on the Mamlūks of Egypt (1250–1517)*. London: Variorum Reprints.

______. 1953. "Studies on the Structure of the Mamluk Army II." *Bulletin of the School of Oriental and African Studies* 15: 448–76. Reprinted 1977, in *Studies on the Mamlūks of Egypt (1250–1517)*. London: Variorum Reprints.

______. 1963. "The European Asiatic Steppe. A Major Reservoir of Power for the Islamic World." *Proceedings of the 25th International Congress of Orientalists — Moscow 1960*, 2: 47–52. Reprinted 1979, in *The Mamlūk Military Society*. London: Variorum Reprints.

___________. 1994. "Mamluk: Military Slavery in Egypt and Syria." In *Islam and the Abode of War*. 1–19. Aldershot: Variorum, 1994.

Baybars al-Manṣūrī, Rukn al-Dīn. 1987. *Kitāb al-tuḥfa al-mulūkiyya fī aldawla al-turkiyya*. Ed. ʿAbd al-Ḥamīd Ṣāliḥ Ḥamdān. Cairo: Al-Dār almis. riyya al-lubnāniyya.

________________________________. 1998. *Zubdat al-fikra fī taʾrīkh al-hijra*. Ed. D. S. Richards. Beirut: Al-Kitāb al-ʿarabī.

Biran, Michal. 2009. "Central Asia from the Conquest of Chinggis Khan to the Rise of Tamerlane: The Ögödeied and Chaghadaid Realms." In *The Cambridge History of Inner Asia: The Chinggisid Age*, ed. Peter B. Golden, Nicola Di Cosmo, and Allan Frank, 46–66. Cambridge: Cambridge University Press.

___________. 2015. "Encounters among Enemies: Preliminary Remarks on Captives in Mongol Eurasia." *Archivun Eurasia Medii Aevi* 21: 27–42.

Boyle, John A. 1968. "Dynastic and Political History of the Īl-Khāns." In *The Cambridge History of Iran*. Vol. 5. *The Saljuq and Mongol Periods*, ed. John A. Boyle, 303–421. Cambridge: Cambridge University Press.

Broadbridge, Anne F. 2008. *Kingship and Ideology in Islamic and Mongol Worlds*. Cambridge: Cambridge University Press.

Haarmann, Ulrich. 1988. "Arabic in Speech, Turkish in Lineage: Mamluks and Their Sons in the Intellectual Life of Fourteenth-Century Egypt and Syria." *Journal of Semitic Studies* 33: 81–114.

Ibn al-Furāt. 1939. *Taʾrīkh al-duwal waʾl-mulūk*. Vol. 8. Ed. Qonstantin Zurayk and N. ʿIzz al-Dīn. Beirut: American Press.

Ibn Ḥajar al-ʿAsqalānī, Aḥmad b. ʿAlī. 1966. *Al-Durar al-kāmina fī aʿyān al-miʾa al-thāmina*. Ed. Muḥammad Sayyid Jād al-Ḥaqq. 5 vols. Cairo: Dār al-kutub al-ḥ adītha.

Ibn al-Jazarī, Shams al-Dīn Muḥammad b. Muḥammad. 1998. *Ḥawādith al-zamān wa-anbāʾihi wa-wafayāt al-akābir waʾl-aʿyān min abnāʾihi*. Ed. ʿUmar ʿAbd al-Salām Tadmūrī. 3 vols. Beirut: al-Maktaba al-ʿaṣriyya.

Ibn Kathīr, Ismāʿīl b. ʿUmar. 1993. *Al-Bidāya waʾl-nihāya*. 14 vols. Beirut: Dār iḥyāʾ al-turāth al-ʿarabī.

Ibn Taghrī Birdī, Abū al-Maḥāsin Yūsuf. 1939. *Al-Nujūm al-zāhira fī mulūk Miṣr waʾl-Qāhira*. Vol. 8. Ed. Fahīm Muḥammad Shaltūt et al. Cairo: Dār al-kutub al-miṣ riyya.

Irwin, Robert. 1986. *The Middle East in the Middle Ages: The Early Mamluk Sultanate, 1250–1382*. London: Croom Helm/Carbondale: Southern Illinois University Press.

Landa, Ishayahu. 2016. "Oirats in the Ilkhanate and the Mamluk Sultanate in the Thirteenth to the Early Fifteenth Centuries: Two Cases of Assimilation into the Muslim Environment." *Mamluk Studies Review* 19: 149–91.

Little, Donald P. 1970. *An Introduction to Mamluk Historiography: An Analysis of Arabic Annalistic and Biographical Sources for the Reign of an-Malik al-Nāṣir Muḥammad ibn Qalā'ūn*. Wiesbaden, Germany: Franz Steiner.

______________. 1979. "Notes on Aitamiš, a Mongol Mamlūk." In *Die Islamische Welt zwischen Mittelalter und Neuzeit: Festschrift für Hans Robert Roemer zum 65. Geburtstag*, ed. Ulrich Haarmann and Peter Bachmann, 387–401. Beirut: Orient-Institut der Deutschen Morganlandischen Gesellschaft/Wiesbaden, Germany: Franz Steiner.

al-Maqrīzī, Taqī al-Dīn Aḥmad b. ʿAlī. 1934–73. *Kitāb al-sulūk li-maʿrifat duwal al-mulūk*. Ed. Muṣṭafā Ziyāda and Saʿīd ʿAbd al-Fattāh ʿĀshūr. 4 vols. Cairo: Lajnat al-ta'līf wa'l-tarjama wa'l-nashr.

Mazor, Amir. 2015. *The Rise and Fall of a Muslim Regiment: the Manṣūriyya in the First Mamluk Sultanate, 678/1279–741/1341*. Mamluk Studies vol. 10. Göttingen: V & R Unipress.

Morgan, David. 1985. "The Mongols in Syria, 1260–1300." In *Crusade and Settlement: Papers Read at the First Conference of the Society for the Study of the Crusades and the Latin East and Presented to R. C. Smail*, ed. Peter W. Edbury, 231–35. Cardiff: University College Cardiff Press.

Nobutaka, Nakamachi. 2006. "The Rank and Status of Military Refugees in the Mamluk Army: A Reconsideration of the Wafidiyah." *Mamluk Studies Review* 10: 55–81.

al-Nuwayrī, Aḥmad b. ʿAbd al-Wahhāb Shihāb al-Dīn. 1992, 1998. *Nihāyat al-arab fī funūn al-adab*. Ed. Fahīm Muḥammad ʿAlawī Shaltūt. Vols. 31, 32. Cairo: Al-Mu'assasa al-misriyya al-ʿāmma lil-ta'līf wal-tarjama wa'l-tibāʿa wa'l-nashr.

Rashīd al-Dīn Fad. lallāh al-Hamadānī. 1998–99. *Rashīduddin Fazlullah's Jamiʿu't-Tawarikh: a History of the Mongols*. Tr. Wheeler M. Thackston. 3 vols.

Cambridge, MA: Harvard University, Department of Near Eastern Languages and Civilizations.

al-Ṣafadī, Khalīl b. Aybak. 1998. *A'yān al-'aṣr wa-a'wān al-naṣr*. Ed. 'Alī Abū Zayd et al. 6 vols. *Beirut: Dār al-fikr* al-mu'āṣir/Damascus: Dār al-fikr.

________________. 2009. *Kitāb al-wāfī bil-wafayāt*. Vol. 24. Ed. Muḥammad 'Adnān al-Bakhīt and Muṣṭafā al-Ḥiyārī. Beirut: Al-Ma'had al-almānī li'l-abḥāth al-sharqiyya.

Smith, John Masson. 1984. "'Ayn Jālūt: Mamlūk Success or Mongol Failure?" *Harvard Journal of Asiatic Studies* 44: 307–45.

Stewart, Angus Donal. 2001. *The Armenian Kingdom and the Mamluks: War and Diplomacy during the Reigns of Het'um II (1289–1307)*. Leiden: Brill.

Waṣṣāf Shīrāzī, 'Abd Allāh ibn Fadl Allāh Sharaf al-Dīn. 2009. *Tajziyāt al-amṣār wa-tajziyat al-a'sār (Ta'rīkh-i Waṣṣāf)*. Vol. 4. Ed. Riḍā Hajyān Nijad. Teheran: University of Teheran Press.

al-Yūnīnī, Qutb al-Dīn Mūsā b. Muḥammad. 1998. *Early Mamluk Syrian Historiography: Al-Yūnīnī's Dhayl Mir'at al-Zamān*. Ed. and tr. Li Guo. 2 vols. Leiden: Brill.

Zetterstéen, Karl Wilhelm, ed. 1919. *Beiträge zur Geschichte der Mamlukensultane in den Jahren 690 –741 der Higra nach arabischen Handschriften*. Leiden: Brill.

제6장

툭투카와 그의 후손들

몽골 치하 원나라 군대의 지역 간 이동성과 정치적 음모

❊

베레드 슈라니

몽골 치하 중국(1260~1368)의 군사 체제를 만들어낸 것 가운데 하나는 외국의, 비非한족 장군들이 권력의 자리에 오른 것이다. 그것은 또한 중국 군사 체제에 일어난 가장 중요한 변화 가운데 하나이기도 했다. 그러한 변화는 흔히 비교적 짧은 시간 안에, 한두 세대 안에 이루어졌다. 원나라 군대와 행정 조직에서 고위직에 오른 군 지휘관들의 가족에는 몽골인과 비몽골 외국인이 포함돼 있다. 후자는 중국의 원나라 자료에 색목인色目人(비한인, 비몽골인) 장군으로 알려져 있으며(색목인의 지위는 몽골인과 현지 한인의 중간이었다),[1] 대부분 이민자들이다. 또 주로 중앙아시아 출신이다. 그들은 몽골 군대 및 행정 조직에 들어와 승진한 사람들이다.

외국인인 색목인 장군들이 원나라 군대에 충원된 것은 유라시아 곳곳에서 몽골에 정복된 군대와 군 인력의 동원 및 편입이라는 보다 광범위한 현상을 반영한다. 포로와 이민들로 충원되는 새로운 수비대가 원나라 시대 내내 만들어졌다. 몽골의 확장을 계속하고 정복된 땅을 지키기 위해서였다.[2]

킵착인 장군 툭투카Tuqtuqa, 土土哈(1237~1297)와 그 후손들은 13세기 후반기에 중앙아시아에서 원나라의 군사 원정에 공헌한 것에서부터 1368년 왕조 붕괴 직전까지 궁정 음모와 승계 투쟁에 개입된 것에 이르기까지, 몽골 유라시아에서의 색목인 장군들의 지역 간 이동 및 신분 이동을 보여주는 매우 적절한 사례다. 이 가족 이야기의 두 번째(그렇다고 덜 중요한 것은 아니다) 측면은 그들이 원나라 군사 조직 안에서 권력의 자리에 오르고 그 가족이 원나라 정치 무대에 더욱 복잡하게 얽혀든 것이 원나라 군사 조직이 경험한 변화를 더욱 입증한다는 것이다. 이는 원나라 장군들의 초점이 제국의 영토 확장과 그 변경 보호에서 내부의 정치적 권력 투쟁으로 변화한 것을 수반한다.

툭투카와 그 가족의 사례는 13세기 몽골 유라시아의 '킵착 국면'이라는 보다 넓은 맥락과 서로 연결돼 있다. 킵착 기마 궁수들이 몽골군에 비교적 효과적으로 저항하던 것에서부터, 몽골군으로부터 달아나거나 몽골군에 붙잡혀 몽골 군대에 편입된 킵착 난민들의 물결을 거쳐, 마지막으로 스텝 곳곳의 노예 시장에 킵착 포로들이 넘쳐나고 이에 따라 맘룩 군사노예 체제에서 킵착인의 수요가 늘어난 일에 이르기까지, 킵착인들은 몽골이 지배하는 유라시아 대륙의 거의 어느 곳에서나 볼 수 있었다. 제국 안에서든 더 먼 곳에서든 마찬가지였다.

이에 따라 킵착인들에 대한 언급은 13~14세기의 다양한 역사 자료에 흩어져 여러 언어(한문, 페르시아어, 아라비아어, 라틴어, 러시아어 등등)로 남아 있다. 킵착인들이 유라시아 각지에 흩어져 있었던 것은 그들의 형성이 유동적이었기 때문이기도 하다. 킵착인은 동질적 민족 집단이라기보다는 여러 이질적 유목민 부족(주로 튀르크어를 사용하는)을 한데 모은 초부족적인 정치적 동맹체 안에서 느슨하게 조직됐다.[3]

13세기 이전에 킵착 연맹은 지역적으로 나뉘어 있었다. 분명한 지리적 단위로 각기 다른 부족이 연맹을 이끌었다. 그들은 도나우강 유역에서부터 유라시아 대륙을 온통 가로질러 시베리아까지 뻗쳐 있었다. 능숙한 가마인이자 궁수였던 킵착인들은 동유럽과 중앙아시아의 지역 지배자들과 국가에 용병으로 모집되고 고용됐다. 주로 화라즘(현재의 우즈베키스탄), 불가리아, 헝가리 같은 곳이었다. 이를 통해 그들은 유라시아의 변경을 지키는 데서 상당한 경험을 축적했다.

몽골의 정복을 기점으로 킵착인들은 지리적으로 더욱 여러 곳으로 분산됐다. 킵착인들은 몽골에 항복하거나 아니면 몽골인들에게 포로로 잡혀 몽골의 군대 조직에 편입됐다. 게다가 킵착인들은 또한 이집트와 시리아의 맘룩 술탄국(1250~1517)에도 대량으로 팔려 맘룩 군사 조직 안에서 유력한 민족 집단이 됐다. 일부 킵착인들은 몽골 군대를 피해 동유럽과 남유럽, 특히 발칸반도로 달아났다. 그들은 그곳에서 군사 및 정치 엘리트로 편입됐다.[4]

몽골은 칭기스 칸 생전에 이미 제국 확장의 여러 전선에서 킵착인들의 군사적 능력과 전투 전문 기술을 직접 체험한 바 있었다. 1216년 시베리아, 1220년대 초 중앙아시아, 1223년 몽골이 러시아와 벌인 최초의 소규모 충돌 등에서다. 사실 몽골은 카스피해와 흑해에서 도나우강까지 뻗쳐 있는 '다슈티 킵착Dasht-i Qipchaq'(킵착 초원)의 기마 궁수들을 자국이 팽창해나가는 데서 중대한 장애물이라고 생각했다. 그들을 복속시키는 것이 몽골이 1237~1241년 유럽에서 군사 원정을 시작한 주요 이유 가

운데 하나였다.[5]

몽골의 이전 원정은 실패했지만, 1235~1236년 우구데이 카안(재위 1229~1241)이 자신의 조카 바투(?~1255)에게 지휘를 맡겨[6] 서쪽으로 보낸 군대는 킵착의 저항을 극복하고 빈Vienna 남쪽의 비너노이슈타트Wiener-Neustadt 성문에까지 이르렀다. 이 몽골의 원정 이후 많은 킵착인이 동유럽으로 달아났다. 그들은 헝가리에서 몽골에 저항을 계속하다가 1241년 최종적으로 패배했다. 오늘날의 루마니아와 불가리아 쪽으로 달아난 다른 무리들은 그곳에 정착해 독자적 분파를 이루었다.

동유럽의 몽골 국가인 금장 칸국[주치 울루스, 킵착 칸국]에서는 킵착인들이 군사력의 주류를 이루었다. 킵착 포로들은 또한 다른 동유럽(예컨대 러시아인) 병사들과 함께 중국으로 보내지기도 했다. 장래의 카안 뭉케(재위 1251~1259)에게 전리품으로 분배된 것이었다.[7] 능숙한 병사들을 몽골 군대에 편입시키면서 몽골의 성공과 팽창이 쉬워졌다. 몽골은 정복된 동아시아의 주민들을 중앙아시아 및 서아시아를 정복하는 데 이용했고, 그런 뒤에 킵착 포로를 포함하는 서아시아에서 징발된 병사들을 동방의 새로운 변경을 지키는 데 동원했다.[8]

킵착 병사들은 뭉케와 함께 싸운 후 나중에 뭉케의 동생이자 계승자인 쿠빌라이(재위 1260~1294) 카안의 부대로 보내져 거기에 합류했다. 킵착인들은 원나라 군대와 황제 경호대에서 중요한 부분이 됐다. 이 정예 경호대가 원나라 군대의 선봉에 있었다. 여기에는 카안의 개인 경호대인 케식과 제국 궁궐 경비대인 숙위宿衛가 포함됐다.[9] 이 정예 군부대들 사이에는 상당한 중첩이 있었던 것으로 나타난다. 케식과 숙위는 모두 카안의 호위병이자 친구로 고용됐지만, 필요성이 생기면 제국의 변경으로 파견됐다.[10]

몽골에 의해 정복된 여러 민족 집단이 이들 서로 다른 경호 부대로 흡수됐다. 각 경호대는 가장 큰 민족 집단을 나타내는 이름을 썼다. 예를 들어 흠찰위欽察衛(킵착), 강례위康禮衛(캉글리康曷利 즉 동킵착),[11] 아속위阿速衛(아수드Asud 즉 알란),[12] 당올위唐兀衛(탕구트Tangut)[13] 같은 식이었다. 그러나 이 경호 부대들의 민족 구성은 이질적이었다. 처음에 뭉케 관하에 있었고 나중에 쿠빌라이의 군대에 편입된 킵착 포로들은 원나라 흠찰위의 근간이 됐다. 그러나 흠찰위에는 카를룩Qarluq, 葛邏祿인,[14] 캉글리인, 알란인, 몽골인, 한인도 포함돼 있었으며, 이들 모두는 주로 킵착인이었던 지휘부 아래 있었다.[15]

원나라 군대 조직에서 색목인 장군들의 승진은 쿠빌라이 카안이 자신의 대권 승계를 굳건히 하는 데서 마주친 도전들과 긴밀하게 연결돼 있었다. 쿠빌라이 카안은 1260년 자신이 카안(몽골 제국의 황제)임을 선언한 뒤 동생이 자신의 통치에 반기를 들었음을 알게 됐다. 동생은 몽골에서 군사를 일으켜 쿠빌라이의 군대를 공격했다. 이 반란을 지원한 것이 같은 칭기스 일족 내 경쟁 가문인 차가다이 가문과 우구데이 가문의 자손들이었고, 그들은 나중에 독자적으로 쿠빌라이의 통치에 도전했다. 반란자들의 저항을 진압하기 위해 쿠빌라이는 거란인·여진인·한인 등 다양한 민족 집단으로 구성된 개인 경호대를 창설했다.[16]

그러나 1260년대 초반에 쿠빌라이를 괴롭혔던 또 하나의 내부 전선은 한인 지휘관들이 조직한 반란들이었다. 몽골의 이전 동맹자들이었던 이들 지휘관은 자립을 추구하거나 한족 왕조 남송南宋(1127~1279)과 함께하기 위해 몽골을 배반했다.[17]

색목인 장군들과 외국인이 주축이 된 부대는 이런 투쟁들에서 쿠빌라이의 중요한 자산이었다. 몽골인들은 다른 몽골인들을 상대로 싸우는 것을 꺼렸기 때문에 쿠빌라이는 몽골인들의 저항에 맞서 자신에게 개인적으로 충성하는 외국인인 색목인 부대를 고용했다. 게다가 한인들의 반란으로 쿠빌라이의 한인 장군들에 대한 불신이 커졌고, 이에 따라 그는 이들 반란을 진압하기 위해 더욱 색목인 부대를 고용했고 더 나아가 색목인 경호대를 추가로 설치했다. 카안은 자신의 권력을 확고히 하기 위해 이 사적인 충성심을 가진 경호대의 일부를 수도에 배치했다. 툭투카의 킵착 가문은 새 경호대의 강화라는 맥락에서 지배적 위치로 올라섰다.

툭투카의 가족과 원나라에서의 그들의 출세

툭투카의 아버지 반두차Banducha, 班都察는 초기에 항복한 킵착인 무리에 속했다. 그는 1230년대 말의 서방 원정 이후 몽골에 합류했다. 몽골 군대로의 전환은 신속했다. 반두차와 그의 부하들은 항복(아마도 1239년 초였을 것이다)한 직후인 몽골의 마가스Magas[18] 정벌 때 몽골 편에서 싸웠다. 반두차와 그의 부대는 몽골 군대와 함께 돌아온 뒤 쿠빌라이의 사령부에 배속됐다.

1250년대 초, 반두차는 장래의 카안이 대리大理 왕국(938~1253)을 상대로 첫 군사 원정에 나설 때 킵착인 병사들로 이루어진 소규모 부대를 이끌고 그를 수행했다. 《원사》에 따르면, 그 병사들은 100명에 불과했다. 대리국(오늘날의 서남 중국 윈난) 정복은 큰 진전이었다. 이곳을 장악함으로써 몽골은 남송 공격을 위한 더 나은 입지를 확보했고, 동남아시아의 대륙 교역로에 접근할 수 있었다.[19] 반두차와 그의 아들 툭투카는 대리 원정에 참여하고 나중에 쿠빌라이 카안이 북쪽으로 원정할 때도 수행함으로써 전쟁터에서의 특출한 능력을 증명해 보였고, 이후 쿠빌라이 군대의 지휘 계통에서 승진의 길을 밟아 올라갔다.[20]

반두차와 그의 아들은 다음으로 수도에 배치된 쿠빌라이의 숙위에 발탁됐다. 변경이 평화로울 경우 궁궐을 지키는 그들은 카안과 지근거리에 있었다. 더구나 쿠빌라이가 군사 원정에 나서면 이 충성스러운 숙위는 여전히 쿠빌라이의 곁에 머물면서 그의 지휘를 직접 받아 싸웠다. 쿠빌라이는 즉위 초에 두 개의 치열한 전선에서 저항에 맞닥뜨렸다. 남송을 상대로 계속 전쟁을 하고 있던 쿠빌라이와 그의 군대는 몽골군이 정복한 정주 복속민들로부터 얻어온 전쟁 기법과 기술(주로 수군과 공성전이다)을 적용하고 있었다.[21]

그러나 쿠빌라이의 지배가 몽골과 중앙아시아 스텝 출신의 몽골 황족들로부터 도전받고 있던 북방 전선에서는 원나라 군대가 유목민의 전투 방법을 택하고 있었다. 주로 기마 궁술이었다. 기마 궁수들은 말 위에서 화살을 쏘고 파상 공격을 하는 싸움을 훈련했던 만큼 초원의 탁 트인 공간에서의 전투에 더 적합했지만, 요새화된 도시를 공격하는 데도 도움이 됐다. 유목민 전투에서 얻은 반두차 부자의 능력은 북방 전선에서 사용됐다.

반두차와 툭투카는 쿠빌라이가 동생 아릭 부케(?~1266)를 상대로 벌이는 싸움에 동행했고, 카안에게서 인정을 받았다. 반두차는 다른 색목인 엘리트 및 원나라 황실 인사들과의 혼인 동맹을 추진함으로써 자신의 입지를 강화했다. 이를 통해 그는 황실의 사위가 됐다. 원나라 엘리트들에게는 영광스러운 자리였다.[22]

쿠빌라이는 1264년 동생을 격파한 뒤 툭투카(그는 이때 숙위대에서 아버지의 직위를 물려받은 상태였다)에게 원나라 북쪽 변경 수비대로 나가라고 명령했다.[23] 쿠빌라이는 동생에게 승리를 거두었지만 이로써 북쪽 변경의 문제가 사라진 것은 아니었다. 쿠빌라이는 그곳에서 역심을 품은 우구데이의 손자 카이두(재위 1271~1301)와 연장된 싸움을 벌이고 있었다. 자신의 능력을 더욱 과시한 툭투카는 군대에서 승승장구했다. 유목민 전투 훈련을 받은 것이 중요하게 작용했다. 카이두의 군대는 그들이 쓰고 있는 스텝 전투의 방식을 똑같이 써야만 격파할 수 있다고 쿠빌라이 카안이 확신한 것도 툭투카의 조언 덕분이었을 것이다.[24]

1270년대 후반에 툭투카와 그의 부하들은 그곳에서 몇 차례의 결정적 전투에서 승리했다. 1271년 쿠빌라이는 자신의 아들 노모간Nomoghan, 那木罕(?~1292)의 지휘 아래 몇 명의 황족을 보내 카이두와 싸우게 했다. 그러나 1276년에 함께 간 황족들이 반란을 일으켜 노모간을 억류했다. 툭투카는 바아린Baarin, 八鄰부 출신 바얀Bayan, 伯顔(1236~1295)의 휘하로 배속됐는데, 그는 남송을 정벌하기 위해 떠났다가 북쪽으로 돌아와 원나라 군대를 이끌고 반란자들을 물리쳤다.[25]

1279년, 툭투카는 그의 킵착 전사들과 함께 뭉케의 아들 시레기Shiregi, 失烈吉(?~1280*)를 상대로 한 제국 군대의 대규모 원정에 참여했다. 툭투카와 그의 부하들은 나중에 쿠빌라이로부터 개인적으로 보상을 받았다. 중국 북쪽 수도 부근과 남쪽 집경集慶(현대의 난징南京)에 있는 땅이었다. 각 킵착 가정은 급료와 연례 하사품을 더 받았다.

툭투카는 북쪽에서 성공을 거두면서 자신의 지휘하에 있는 부대를 확대할 수 있었다. 카안은 모든 킵착 병사를 툭투카의 관할 아래로 보내고 최고의 킵착 병사들을 숙위대로 보내도록 명령했다. 툭투카는 몇 개의 군과 민간 직위에 승진했고,[26] 과거 남송 병사 출신의 신부군新附軍에서

800명의 군사를 더 받았다.[27]

1280년대에 쿠빌라이의 통치가 안정되면서 툭투카 부대의 군사적 기반과 기술 역시 확대되고 다양해졌다. 그의 부하들은 이제 더 이질적인 병사들을 포함했다. 캉글리 같은 색목인 병사들이 이제 남인南人으로 알려진 남중국 병사들과 함께 싸웠다. 각 집단은 서로 다른 전투 기술을 사용했다. 색목인들은 대개 기마 궁수였으며, 남인들은 보병전과 공성전에 능했다. 더구나 툭투카와 그의 가족은 그 영향력을 몽골인 부대로까지 확장했다.

원나라 군대에서는 지휘관과 관리들이 동시에 여러 직위를 갖는 일이 흔했다. 행정 관리이면서 부대와 병사들을 직접 지휘하는 식이다. 예를 들어 툭투카는 1285년에 추밀원부사樞密院副使로 임명됐는데, 추밀원은 케식을 제외한 원나라 안의 모든 군부대를 지휘했다.[28] 1년 뒤인 1286년 툭투카는 새로 만들어진 흠찰친군위欽察親軍衛를 지휘하는 자리에 선임돼, 그 관리 조직을 자신에게 개인적으로 충성하는 킵착 병사들로 채웠다. 1280년대 후반에 툭투카는 또한 신설된 카를룩만호부哈剌魯萬戶府[29]의 초대 지휘관이 됐다. 툭투카의 빠른 승진은 이 다민족 부대를 이전에 다른 지휘관 휘하에 있었던 킵착 노예들과 병사들로 보강할 수 있게 했다. 그 색목인 지휘관들은 킵착 출신으로 카안에게 직접 충성을 바쳤으며, 카안은 자기네 몽골 병사들과 지휘관들보다도 그들을 더 신뢰했다고 한다.[30]

쿠빌라이 카안은 1287년 반란을 일으킨 몽골 황족 나얀Nayan, 乃顏(1257*~1287)[31]에 대한 정벌 과정에서, 색목인 정예 경호대에 더 의존하고 그 경호대를 확대한다는 선택의 덕을 톡톡히 보았다. 이때 쿠빌라이의 몽골인 병사들은 같은 몽골인인 적을 공격하기를 거부했다. 같은 민족이라는 연대감 때문이었다. 《원사》에 따르면, 카안의 몽골군은 "말을 멈추고 고향의 말로 이야기를 하기 시작했고, 이어 무기를 내려놓고 싸움을 하지 않았다."[32] 마르코 폴로에 따르면, 쿠빌라이는 이 소식을 듣고 도성에 배치돼 있던 색목인 병사들을 소집해 나얀을 진압하도록 했다.[33] 자기네 몽골 병사들이 자신에게만 충성하는 것은 아님을 목격한 쿠빌라이는 이에 따라 색목인 경호대에 더욱 의존할 수밖에 없었다.[34]

툭투카는 흠찰친군위 지휘관이 된 뒤 두 차례(1286~1287, 1288) 테무르 울제이투를 호위하라는 명령을 받았다. 울제이투는 쿠빌라이의 손자이자 장래의 계승자(성종成宗, 재위 1294~1307)였으며, 나얀의 협력자 잔당을 소탕하러 북쪽 변경으로 가는 것이었다. 1년 뒤인 1289년, 툭투카는 다시 쿠빌라이의 또 다른 손자인 진왕晉王 감말라Gammala, 甘麻剌(1263~1302)를 따라 카이두 정벌 원정에 참가했다. 카이두의 병사들이 매복해 감말라와 그 부하들을 포위했지만 툭투카가 구출해냈다.

나중에 툭투카는 쿠빌라이가 북쪽을 순행巡幸하는 데 수행했다. 툭투카는 군사적 공적과 부대 지휘 능력을 인정받아 쿠빌라이로부터 상을 받았으며, 칭찬을 받고 영예를 얻고 그 아버지와 마찬가지로 칭기스 일족의 딸과 혼인했다. 제남왕濟南王 에질Ejil, 也只里(?~1307)의 여동생 탑륜塔倫이었다.[35]

1294년 테무르 울제이투가 카안 자리에 오르자 그는 툭투카에게 선물과 함께 구용군왕句容郡王[36] 등 명예로운 칭호를 하사했다. 이 칭호는 툭투카의 몇몇 후손이 이어받았다. 툭투카는 북쪽 변경으로 돌아갔고, 1297년 그곳에서 죽었다.[37]

툭투카의 후손들

툭투카의 가장 유명한 아들은 준쿠르Junqur, 牀兀兒(1260~1322)다. 그는 아버지의 뛰어난 군 경력을 이어받았고, 동로몽골군만호부東路蒙古軍萬戶府 지휘관에 임명됐다. 1280년대 말에 창설된 이 만호부는 또 하나의 혼성 부대였다. 몽골인들에 더해 킵착인 같은 색목인들도 있었다.[38] 쿠빌라이는 이들 부대를 다민족으로 구성함으로써 병사들의 개인적 충성심을 담보할 수 있었다. 부대의 다민족 구성은 더 나아가 경호 부대들 내부의 균형을 유지해 권력이 한 민족 집단이나 한 명의 군 지휘관의 손에 과도하게 집중되는 일을 피하는 데도 도움을 주었다. 툭투카가 죽을 무렵에 북쪽 변경은 아직 완전히 평정되지 않은 상태였다. 준쿠르는 아버지의 길을 따랐고, 몇 차례의 원정을 이끌어 큰 성공을 거두었다. 테무르 울제이투 치세 초기에 그는 좌위친군左衛親軍 도지휘사都指揮使가 됐다.[39]

준쿠르는 또한 바아린 부족의 반란군 진압에 나섰다. 이들은 과거 칭기스 칸의 동맹자였는데, 원나라와 백장白帳 칸국(현재의 시베리아와 몽골 서부에 있었다) 사이에 살고 있었다. 바아린의 일부는 카이두와 협력했다. 준쿠르는 바아린의 방어벽을 무너뜨리고 1290년대 말 그들을 상대로 몇 차례의 전투에서 승리했다. 그 뒤 카안 테무르 울제이투는 준쿠르를 흠찰좌친군欽察左親軍 도지휘사에 임명했다. 이 자리는 준쿠르가 죽은 뒤 그의 자손들이 계속 맡게 된다. 툭투카의 가족을 포함해서 성공한 킵착 장군들은 대부분 흠찰좌친군을 지휘했다. 흠찰좌친군은 킵착 병력의 핵심이었고 그들의 군사적 성공 뒤에 있던 주력 부대였다. 준쿠르는 또한 첨추밀원사僉樞密院事를 지냈고, 이 기구에서 승진해 중앙 행정의 일익을 담당했다. 그러나 준쿠르는 도성에 머물지 않았고 그 대신 제국의 변경에

서 싸움을 계속하는 쪽을 택했다.[40]

세기말에는 준쿠르의 아들 엘테무르El-Temür, 燕帖木兒(1285~1333)가 합류했고, 이들은 함께 서북 변경으로 가서 반란을 일으킨 제왕諸王들을 토벌하는 몇 차례 원정(1299~1301)에 참여해 승리를 거두었다. 이들 원정은 열여덟 살인 장래의 카안 카이샨Qaishan, 海山(무종武宗, 재위 1307~1311)이 이끌었다.[41] 원나라의 황족들은 소중한 군사적 경험을 얻고 군의 충성심을 확보하기 위해 자주 제국 변경의 군사 원정에 파견됐다.

카이샨은 킵착인 지휘관들의 군사적 능력과 경험에 의존했고, 자주 준쿠르에게 조언을 요청했다. 준쿠르는 또한 1301년 카이두를 상대로 한 원나라의 마지막 전투에 참여했다. 원나라 군사는 패배했지만 준쿠르는 자신이 참여한 전투에서 승리해 공적에 대한 포상을 받았다. 카이두의 이전 동맹자인 차가다이 칸 두아(재위 1282~1307)와 아릭 부케의 아들 말릭 테무르Malik Temür(?~1307)가 평화 협정 논의에 나선 것은 그의 승리 덕분이었다고 한다.[42] 협정은 1304~1305년에 타결됐고, 그 이후 중앙아시아의 군주들은 테무르 카안에게 복종했다.[43]

원나라와 우구데이 울루스 친척들 사이의 갈등은 쿠빌라이·테무르·카이샨의 치세 동안 지속됐다. 그것은 1310년에야 마무리됐다. 카이두의 계승자(카이두의 아들 차파르)[44]가 쿠빌라이의 증손 카이샨에게 최종적으로 항복한 것이다. 원나라는 국경 수비대로 우구데이 울루스의 군대를 유지했다. 원나라는 1310년대와 1320년대에 걸쳐 우구데이 울루스 잔여 세력의 도움으로 중앙아시아의 차가다이 칸국의 몽골을 물리치는 데 성공했고, 이에 따라 반세기 이상 몽골 제국을 찢어놓았던 내부 갈등을 끝냈다.[45]

몽골 내부 갈등의 종말은 또한 킵착인들의 원나라 정치 개입에서 중대한 전환점이 됐다. 준쿠르는 변경이 평정된 뒤 관심을 군사 문제에서 원나라 내부 정치 무대로 전환하고 원나라의 후계 투쟁에 개입하기 시작했다.[46]

색목인의 대두

1307년 테무르 카안이 남자 후계자 없이 죽자 테무르의 사촌 아난다Ananda, 阿難答(1273*~1307)의 파벌과 테무르 카안의 조카들인 카이샨 및 아유르바르와다Ayurbarwada(장래의 인종仁宗, 재위 1311~1320)의 파벌 사이에 치열한 승계 투쟁이 시작됐다. 준쿠르와 그의 아들 엘테무르는 흠찰위와 함께 카이샨을 지지했다. 그들은 카이샨 편에 서서 궁정의 몇몇 고위 인사와 더불어 북쪽 변경에서 싸웠다.[47]

1307년 4월, 아유르바르와다는 대도大都에 도착했고, 우승상右丞相 하르가순Harghasun, 哈剌哈孫(1257*~1308*)의 지원을 받아 궁정을 장악한 뒤 안서왕安西王 아난다와 그의 지지자들을 체포해 처형했다. 이어 준쿠르와 그의 킵착 병사들은 카이샨과 함께 도성으로 왔고, 카이샨이 즉위했다. 아유르바르와다는 카이샨의 즉위를 인정하고 그의 후계자로 지명됐다. 카이샨의 아들은 그다음에 이어받는 것을 보장했다. 준쿠르는 카이샨의 즉위에 핵심 역할을 했다. 그에게 도성의 정치 상황을 알려주고 돌아가 카안 자리에 오르도록 촉구한 것이다.[48]

카이샨은 즉위한 뒤 지지자들에게 넉넉하게 포상하고 이전의 동료 군인 몇 명을 중앙 민-군 관리 요직에 임명했다.[49] 카이샨이 가장 신뢰하는 지휘관이었던 준쿠르는 칭기스 일족의 딸과 혼인했다. 톨루이 가문의 야쿠두Yaqudu, 牙忽都(?~1310)의 딸 찰길아察吉兒였다.[50] 준쿠르의 딸 몇 명도 칭기스 일족의 남자들에게 시집을 갔다.

준쿠르는 카이샨과 그의 후계자 아유르바르와다 밑에서 여전히 흠찰위 지휘관 자리를 유지했다. 1314~1315년, 준쿠르는 차가다이 칸 에센 부카Esen Buqa, 也先不花(재위 1310~1318)를 상대로 한 원정에서 원나라 군대를 이끌었다. 그는 원나라 국경 너머로 멀리 나가 중앙아시아 핵심부인 탈라스Talas(오늘날의 카자흐스탄 심켄트Shymkent)까지 진군했지만 결국 갈등을 끝내는 데는 실패했다.[51] 이 무렵까지 흠찰위는 덩치가 불어나 1322년에는 흠찰좌위와 흠찰우위의 두 별도 부대로 나뉘게 됐다.[52]

아유르바르와다가 죽은 뒤 그의 아들 시데발라Shidebala(영종英宗, 재위 1321~1323)가 준쿠르의 적극적인 지원 아래 즉위했다. 그러나 약 2년 뒤인 1323년 시데발라의 통치는 당숙인 예순〔이순〕 테무르Yesün〔Yisün〕 Temür(태정제泰定帝, 재위 1323~1328) 파에 의해 전복됐다. 이때는 준쿠르는 이미 죽은 뒤였고, 그의 아들이자 계승자인 엘테무르는 새로운 정치 상황에 맞닥뜨리고 있었다.[53]

엘테무르와 가족의 유산

엘테무르는 카이샨 아래에서 숙위로 복무하면서 처음 원나라 역사의 중심 무대에 들어갔고, 10년 동안 그의 아버지와 함께 북쪽 변경에 주둔했다. 카이샨이 즉위한 뒤 엘테무르도 카이샨을 돕는 높은 직위에 임명됐다. 동지선휘원사同知宣徽院事 같은 자리다.[54] 엘테무르는 그의 선조들과는 달리 일생의 대부분을 궁정에서 보냈고, 따라서 왕조의 민간 행정에 익숙했다.

엘테무르는 원나라 궁정의 이전 승계 투쟁에서 중요한 역할을 하지 않았다. 그러나 그는 1328년 예순 테무르가 죽은 뒤 원나라의 여름 수도인 상도上都[55]에서 벌어진 유혈 내전으로 확대되는 갈등에서 핵심 역할을 했다. 이것은 카이샨 가문의 권좌 복귀로 이어진다.

예순 테무르 치하에서 엘테무르와 그 가족들은 요직에서 밀려났다. 엘테무르가 추밀원의 하급직에 임명된 것이 이를 말해준다.[56] 이에 따라 엘테무르는 분명히(즉각적이지는 않았지만) 카이샨 가문을 권좌에 복귀시키기 위한 쿠데타를 지원했다.[57] 그는 아마도 가문의 영광과 많은 재물을 되찾기를 원했을 것이다.[58]

'양도지전兩都之戰'으로 알려진 1328년의 후계 투쟁은 색목인 장군들이 이끌었고, 이에 따라 원나라 정치에서 색목인들의 영향력이 늘어났음을 입증했다. 엘테무르는 카이샨의 막내아들 툭 테무르Tuq Temür(문종文宗, 재위 1328~1332)를 카안 후보로 미는 대도파大都派[59]를 이끌었고, 반대파인 상도파上都派는 이슬람교도 고위 관리인 다울라트 샤흐Dawlat Shāh, 倒剌沙(?~1328)가 우두머리였다. 그는 다른 고위 관료 및 예순 테무르에게 충성하는 황실 친척들과 함께 예순 테무르의 아들 아라기박Aragibag 1320~1328(천순제天順帝)[60]을 제위에 올리고자 했다. 엘테무르는 카이샨의 작은아들 툭 테무르를 선택했다. 툭 테무르는 북중국과 남중국 모두에서 이미 행정과 군사 경험이 있었다.[61]

군사 원정을 계획해봤던 엘테무르의 경험은 이 쿠데타에서도 중요했다. 그는 예순 테무르가 죽기도 전부터 자신의 움직임을 꼼꼼하게 계획했다. 상도에 있던 카안이 죽자 엘테무르는 대도에서 도성을 접수하고 주요 관직과 도시의 행정에 대한 통제권을 장악했으며 자신과 함께 모

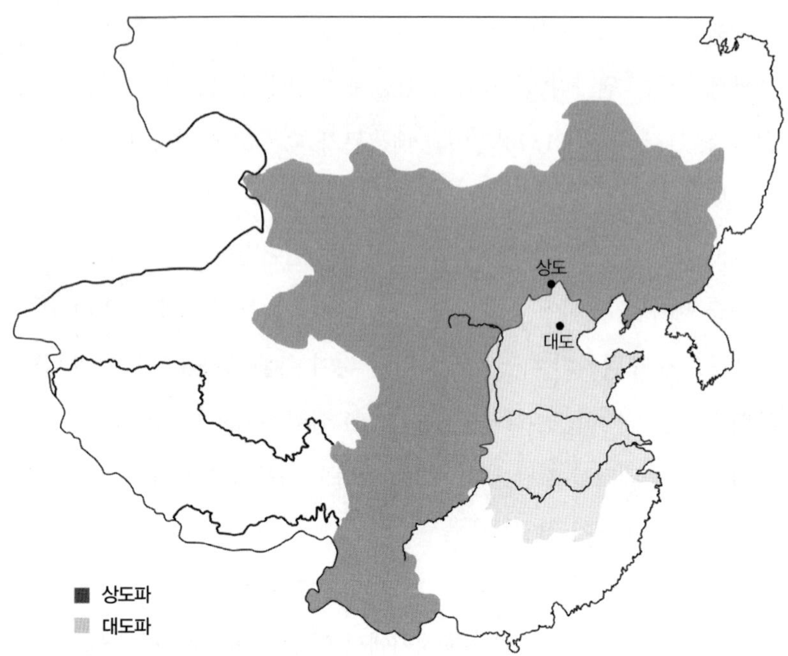

지도 6-1 양도지전(1328). 대도파와 상도파의 영역. (譚其驤 1996, 3-4; Dardess 1973, 40; Hsiao, "Mid-Yuan" 1994, 544에 의함)

의한 사람들을 핵심 직위에 앉혔다.[62] 그런 뒤에 엘테무르는 자신에게 충성하는 병사들에게 전략 지역을 방어하도록 명령했다. 그러는 한편으로 그는 군 보급품을 입수하고 병사들에게 음식물을 공급했다.

1328년 10월에 엘테무르는 툭 테무르를 제위에 올렸다. 그런 뒤에 엘테무르 자신은 동생 사둔Sadun, 撒敦(?~1335)[63]과 함께 상도파를 진압했다. 상도파 지도자인 다울라트 샤흐는 1328년 말 툭 테무르에게 항복하고 옥새를 넘겨주었다. 다울라트 샤흐의 항복으로 후계 전쟁이 막을 내렸다. 그것은 사실 유력한 두 색목인 지휘관 엘테무르와 다울라트 샤흐가 벌인 권력 투쟁이기도 했다(지도 6-1 참조).[64]

엘테무르파가 이길 수 있었던 것은 엘테무르의 능력 덕이기도 했지만, 그들이 인구가 더 많고 부유한(따라서 가용 자원과 병력이 더 많은) 지역의 지원을 받은 덕이 컸다.[65]

1328년, 엘테무르는 태평왕太平王의 작위를 받았다. 현재의 안후이성安徽省에 있는 봉지를 함께 받는 것이었다. 사둔 역시 군과 행정 기구에서 중요한 자리를 받았다.[66] 1년 뒤, 특별히 엘테무르를 위해 대도독부大都督府의 자리가 새로 만들어졌다. 이 자리에서 그는 몇 개의 정예 경호 부대를 지휘했다.[67]

엘테무르 권력의 전성기는 툭 테무르의 시대였다. 그는 군 최고 지휘관이었을 뿐 아니라 우승상(즉 총리에 해당한다)에 임명됐고, 어사대부御史大夫이기도 했다.[68] 엘테무르는 사실상 궁정의 모든 일을 결정했고, 그의 흠찰위는 왕조의 가장 두드러진 군사 및 정치 세력이 됐다. 군 내부의 민족적 균형도 깨져 흠찰위가 다른 모든 민족을 압도했다.[69] 엘테무르 역시 그의 선조들처럼 황실에 장가들었으며, 더구나 그의 딸은 원나라의 마지막 카안 토곤테무르Toghon-Temür(순제順帝, 재위 1333~1370, 즉 혜종惠宗)와 혼인했다.[70]

엘테무르는 원나라의 승계 정치에 계속해서 개입한 듯하다. 1329년 툭 테무르는 제위를 그의 형 코실라Qoshila(1300~1329)에게 넘기기로 결정했다. 그러나 잠시 후 코실라가 갑자기 죽었다. 엘테무르가 독살했을 가능성이 높다. 엘테무르는 툭 테무르 재위 시에 자신이 얻은 핵심 직위들을 유지하고 싶어 했다. 이에 따라 제위는 다시 툭 테무르에게로 돌아갔다.[71]

엘테무르의 권력이 절정에 있을 때 카안 툭 테무르는 상도 북쪽 지역에 비석을 세우도록 명령했다. 툭 테무르의 승계를 지원한 엘테무르를

사진 6-1 상도 부근 양췬먀오羊群廟 지역의 엘테무르 조상 사원이 있었던 것으로 추정되는 곳. (魏堅 2008, 2: 269에 의함). 魏堅 제공

기리는 것이었다. 툭 테무르는 더 나아가 아직 살아 있는 엘테무르를 위한 사원을 지으라고 명령했다. 20세기 말에 상도에서 이루어진 한 고고학 발굴에서 엘테무르 사원 유적이 발견됐다. 몽골 엘리트의 제례 중심지 부근이었다.[72] 사원은 엘테무르의 킵착 선조들에게 바쳐진 것으로 상도의 지역 풍광 속에 원나라에 복무한 이 외국인 가문의 역사를 새겨 넣었다(사진 6-1 참조).

인생의 만년에 엘테무르는 사치스러운 생활을 한 것으로 기록돼 있다. 그는 많은 돈을 뿌려댔고, 아내를 여럿 두었다.[73] 엘테무르는 1332년 툭 테무르가 죽고 나서 곧 죽었다. 원나라 다음 황제 승계에 영향을 미칠 기회를 갖지 못했다.[74] 엘테무르의 죽음을 계기로 그 가문도 쇠락했다. 얼마 뒤인 1335년에 엘테무르의 자손들은 원나라 마지막 황제 토곤테무르를 상대로 음모를 꾸몄다는 죄목을 쓰고 온 가족이 숙청당했다. 심지어 토곤테무르의 아내였던 엘테무르의 딸도 살해됐다.[75]

결론

킵착인인 툭투카와 그 가족의 권세는 원나라 군대의 복합적 성격을 잘 드러낸다. 그 지휘관들 상당수는 중국과 몽골에서 수천 킬로미터나 떨어진 곳에서 나고 자란 외국인이었다. 킵착 병사들은 서부 초원에서 태어나 몽골의 동유럽 원정 동안에 다른 킵착인 포로 및 난민이 유라시아 대륙 곳곳으로 분산될 때 동쪽으로 보내져 쿠빌라이군의 주춧돌이 됐다.

킵착인들 역시 원나라 치하 중국의 다른 색목인 집단들과 마찬가지로, 쿠빌라이가 정복된 중국 병사들과 자신의 몽골 군대 모두를 불신하는 덕을 보았다. 킵착인들은 남송 정복에서는 그리 두드러지지 않았지만, 스텝 전투의 전문성을 가진 그들은 원나라 북쪽과 서쪽 변경을 평정하려는 쿠빌라이 카안의 지속적 시도에 소중한 존재가 됐다.

쿠빌라이 카안이 1286년 색목인 경호대의 하나로 흠찰위를 창설한 순간부터 킵착인들은 황제에게 가장 믿음직스럽고 충직한 부대 가운데 하나가 돼서, 궁궐과 황실 인사들을 지키고 더 나아가 원나라의 변경을 지켰다. 킵착인들은 그 대가로 많은 보상을 받았고, 이에 따라 흠찰위에서 복무하는 것이 킵착인들이 선호하는 직무가 됐다. 원나라에서 복무하는 킵착인의 수는 색목인 군사 조직이 팽창함에 따라 계속 늘었다. 킵착인 부대에 입대하는 병사들이 늘면서 부대는 둘로 나뉘었다.

툭투카 일가의 사람들은 몽골 엘리트 출신이나 색목인 출신의 아내와 함께 칭기스 일족 공주들과도 혼인했다. 이런 혼맥과 동맹의 조합으로 이 가족은 원나라 엘리트 사이에서 강력한 발판을 얻을 수 있었다. 황실 역시 이러한 혼인을 이용해 색목인 가문을 감시하고 그들의 충성심을 확보했다.

원나라 중·후기의 계승 투쟁은 왕조와 킵착 지휘관들의 의제 모두가 겪은 변화를 입증한다. 1307년에 준쿠르는 카이샨의 등극을 지원했다. 카안 후보 시절의 카이샨은 북방과 중앙아시아 변경에서 킵착인들과 함께 싸울 때 이 가족의 충성심을 확보했다. 게다가 1328년의 유혈 승계 전쟁 때 수도에서 관직을 가지고 있던 엘테무르는 스텝과 중국 행정 양쪽을 가장 잘 알고 있는 후보자인 툭 테무르를 선택했다.

엘테무르는 툭 테무르의 등극을 조직한 뒤 전례 없는 권력을 쥐었다. 그러나 툭 테무르가 죽고 난 뒤 원나라의 마지막 황제 아래서 그의 경쟁자(그리고 이전의 동료)이던 관료 메르키드부의 바얀Bayan, 伯顏(?~1340)이 부상하면서 엘테무르 가문은 제거됐다. 왕조에 대한 충성의 역사를 지니고 있어도 소용없었다.

툭투카와 그 가족의 이야기는 원나라 치하의 중국에서 색목인 장군들의 권력이 커지고 그들이 군 복무에서 민간 행정과 궁정 정치로 변신하는 모습을 예시한다. 준쿠르는 거의 죽는 순간까지 계속 스텝에 주둔하면서 원정을 이어갔다. 그러나 변경에서의 몽골에 대한 저항이 진압되고 변경 지휘관들의 중요성이 줄어들자 그의 아들 엘테무르는 민간 업무 쪽이 더 유망하다는 사실을 깨달았다. 엘테무르는 '정권 창출자'가 되고[76] 민간 및 군 양쪽 영역 모두에서 최고의 자리에 올랐지만, 그럼에도 불구하고 황제의 호의에 전적으로 의존했다. 엘테무르의 죽음은 그의 가족의 운명을 결정지었고, 그들이 부귀에서 몰락하는 것은 권력의 자리에 오를 때와 거의 마찬가지로 신속했다.

가족이 권력의 정점에 있을 때 건설한 엘테무르와 그 조상들의 사원은 이 가족이 걸어온 길을 압축하고 있다. 그것은 실크로드의 서쪽 지역인 우랄산맥과 볼가강 사이에서 몽골인들에게 항복한(불과 한 세기 전에) 한 가족의 인상적인 이력과 급속한 출세를 보여주고 있다. 그것은 외국인인 이 킵착인 가족이 겪은 원나라 치하 중국 사회로의 동화 과정을 기록하고 있을 뿐만 아니라 그들이 먼 기원에 대한 기억을 가지고 있었음도 보여준다. 이렇게 그것은 원나라 군사 제도의 창설을 통해 만들어진 복잡한 정체성과 기회와 한계를 말해주고 있다.

주

이 연구는 유럽연합의 제7차 프레임워크 프로그램(FP/2007-13)/ERC 보조금 협약 n. 312397하에서 유럽연구협의회ERC의 지원과 Confucius China 연구 프로그램의 지원을 받았다. 나는 편집자들, 특히 내게 조언을 해준 Michal Biran 교수와 지도와 관련해 도움을 준 Amit Niv 및 Eduard Naiman에게 감사를 드리고 싶다.

1 색목인('여러 부류의 사람들'이라는 뜻이다)의 지위는 몽골인과 현지 한인의 중간이었다. Hucker 1985, 404 (§4941); Atwood 2004, 494.

2 Allsen 2015, 137.

3 유목 부족들의 구조에 관한 추가적 정보는 Lindner 1982, 689-711; Golden 1990, 280.

4 Baybars al-Manṣūrī 1998, 2-4; Rashīd al-Dīn 1999, 2: 513-14; Golden 1991, 133-34; Golden 2014, 183-84; Amitai-Preiss 1995, 18; Atwood 2004, 340, 455; Jackson 2005, 124; Vásáry 2005, 54-55, 166-67; Allsen 2015, 138-39; Brose 2017, 71-72.

5 Golden 1990, 280; Atwood 2004, 282-83, 455, 479, 521; Allsen 2015, 122; Brose 2017, 69, 71.

6 이 원정 역시 수베에테이 바아투르Sübe'etei Ba'atur(1176~1248) 장군과 다른 황자들이 함께 이끌었다. 장래에 황제가 되는 구육과 뭉케도 포함해서다. Atwood 2004, 455.

7 전리품은 그가 1235~1241년 서방 원정에서 한 역할에 따른 것이다. 이 원정과 킵착의 운명에 대한 추가 정보는 宋濂 1976, 2: 35, 3:43, 121: 2977; Juwaynī 1997, 553-54; Rashīd al-Dīn 1999, 2: 352; Atwood 2004, 455; Jackson 2005, 39-40, 63-67; Vásáry 2005, 62-65, 166-67; Allsen 2015, 138; Brose 2017, 72-73.

8 Allsen 1987, 7; Allsen 2015, 124.

9 宋濂 1976, 99: 2523-25; Hucker 1985, 330 (§3960), 461 (§5854).

10 Hsiao 1978, 34.

11 Atwood 2004, 455; Lee 2004, 218.

12 아수드 또는 오세트Osset인으로도 알려진 알란인은 이란계 유목 민족으로, 본래 흑해와 카스피해 사이의 스텝 출신이었다. 뭉케 치하에서 그들은 포로로 중국에 보내졌다. 1272년 쿠빌라이가 아속위를 만들었다. 이 부대는 다른 부대와 마찬가지로 몽골에서 반란을 진압하는 일을 도왔다. 1287년 나얀Nayan, 乃顏의 반란 같은 것들이다. 1323년의 쿠데타 때도 동원됐다. Atwood 2004, 430.

13 탕구트는 서하西夏(982~1227) 왕조를 세운 내륙 아시아의 민족이었다. 서하는 오늘날의 중국 서북부를 장악하고 중앙아시아로 가는 실크로드를 지배했다. 서하는 칭기스 칸의 첫 번째 공격과 1227년 그의 마지막 전투에서 모두 목표물이 됐던 나라였다. 칭기스 칸은 그곳에서 죽었다. 서하가 멸망한 뒤 탕구트 유민들은 몽골 군대로 들어갔고, 나중에 원나라로 편입됐다. Dunnell, 1994, 154-214.

14 카를룩인은 12세기에 카자흐스탄 남부와 신장 북부를 지배한 튀르크계 민족이었다. 그들은 1211년 칭기스 칸에게 복속했고, 몽골 군대에 편입됐다. Atwood 2004, 448-49.

15 Hsiao 1978, 44-47; Lee 2004, 266-67; Liu 2013, 169; Allsen 2015, 139.

16 거란인과 여진인은 북중국에 살던 유목 민족으로, 각기 요遼(907/916~1125) 왕조와 금金(1115~1234) 왕조를 세웠다. Lee 2004, 171, 198-200.

17 가장 유명한 것이 1262년 이단李璮의 난이다. Atwood 2004, 335.

18 아수드의 수도였으며, 현재는 러시아 인구시Ingush 공화국의 수도다. Atwood 2004, 417.

19 이 책 무카이·피아셰티의 글을 보라.

20 宋濂 1976, 128: 3131-32.

21 Hill 1973, 104-6; Allsen 1987, 7; Lo 2012, part 3.

22 칭기스 일족의 딸들과 혼인한 사위인 부마駙馬 또는 구레겐güregen은 몽골 시대에 흔히 군사 또는 정치 영역에 참여하고 권력의 자리에 올랐다. 宋濂 1976, 128: 3131-32; Dardess 1973, 42-43; Landa 2016, 163, 168-69; Brose 2017, 72-73.

23 蘇天爵 1962, 3: 47; 宋濂 1976, 128: 3132; 虞集 2004, 27: 230; Dardess 1973, 42-43; 屠寄 2012, 102: 641.

24 Rossabi 1988, 77; Biran 1997, 1, 90-91.

25 宋濂 1976, 117: 2908, 128: 3132; 虞集 2004, 27: 230-31; Hsiao 1993, 597-98; Biran 1997, 1, 37-40; Brose 2017, 75.

26 예컨대 대장군大將軍 같은 직위다. 다른 직위에 관해서는 宋濂 1976, 128: 3132.

27 宋濂 1976, 128: 3132-33; 虞集 2004, 27: 230; Dardess 1973, 43; Hsiao 1978, 15; Brose 2017, 75-77.

28 宋濂 1976, 128: 3133; Atwood 2004, 606.

29 카를룩만호부에는 주로 킵착인과 캉글리인 병사들이 포함됐다.

30 이 병사들은 본래 반란을 일으켰다가 쿠빌라이에게 항복한 황족들이 지휘하던 부대의 일부와 쿠빌라이의 손자 아난다의 부대에 있던 킵착인들이었다. 蘇天爵 1962, 3: 49; 宋濂 1976, 128: 3133; Atwood 2004, 556; Liu 2013, 171-72, 175; Brose 2017, 75.

31 나얀은 칭기스 칸의 형제(이복형 벨구테이Belgütei 또는 친동생 테무게 옷치긴Temüge Odchigin)의 자손이었다. 그는 만주에 주둔하고 있었는데, 쿠빌라이가 직접 이끈 원정 이후 반란을 일으켰다가 처형됐다. Atwood 2004, 401.

32 〔(…) 立馬相鄕語, 輒釋仗不戰 (…)〕 宋濂 1976, 173: 4048.

33 Polo 1938, 195-97.

34 Lee 2004, 229-32.

35 에질은 칭기스 칸의 동생 하치운Hachi'un, Qachi'un, 合赤溫(1166*~1207*)의 증손자로, 1288년 툭투카에 의해 반란군의 손에서 구출됐다. 宋濂 1976, 128: 3133-34; 虞集 2004, 27: 231; Dardess 1973, 43; Biran 1997, 47; 屠寄 2012, 102: 642; Brose 2017, 82-83.

36 구용은 집경로集慶路에 속했고, 현대의 난징 부근이었다. 宋濂 1976, 128: 3137-38; 虞集 2004, 27: 232, 235; Brose 2017, 77-80.

37 宋濂 1976, 128: 3135.

38 Liu 2013, 170, 174.

39 宋濂 1976, 128: 3135.

40 宋濂 1976, 128: 3135-37; Liu 2013, 172; Atwood 2004, 37.

41 宋濂 1976, 128: 3136, 138: 3326.

42 宋濂 1976, 128: 3136-37; Dardess 1973, 10-11; Biran 1997, 52-54; Lee 2004, 211-12.

43 그들의 굴복과 평화 협정에 관해서는 Qāshānī 1969, 33; 宋濂 1976, 21: 454, 128: 3137; Biran 1997, ch. 3; Dunnell 2014, 185-200; Shurany 2014, 28-45.

44 Biran 2016.

45 갈등의 마지막 국면에 관해서는 Liu 2005, 339-58.

46 Liu 2013, 169-70; Allsen 2015, 137.

47 여기에는 나중에 준쿠르의 장인이 되는 톨루이 가문의 야쿠두와 하르가순이 포함된다. 宋濂 1976, 114: 2873-74, 117: 2909; Dardess 1973, 13; Hsiao 1994, 505-6; Atwood 2004, 215; Zhao 2008, 243; Humble 2015, 324; Brose 2017, 80-81.

48 宋濂 1976, 128: 3137; Hsiao 1994, 506-7; Liu 2013, 169.

49 Dardess 1973, 16-17; Brose 2017, 81.

50 찰길아의 아버지인 초왕 야쿠두는 칭기스 칸의 막내아들이자 쿠빌라이의 아버지인 톨루이의 증손자다. 宋濂 1976, 128: 3136; Dardess 1973, 17; Brose 2017, 83-84.

51 Atwood 2004, 86, 556; Liu 2005, 348-50.

52 宋濂 1976, 99: 2529-30, 138: 3331; 葉新民 1983, 109-11; Farquhar 1990, 272-73 (§50.1, 50.2); Allsen 2015, 122.

53 이 반란은 테무르의 손자인 텍시Tegshi, 鐵失(?~1323)가 이끌었다. 그는 이 쿠데타의 핵심 세력인 아속위의 지휘관이었다. 킵착인들은 이 반란에서 두드러지지 않았는데, 아마도 준쿠르가 1322년에 죽었기 때문일 것이다. 宋濂 1976, 128: 3137-38, 207: 4599-600; Dardess 1973, 18; Hsiao 1994, 532-33; Liu 2013, 169-70.

54 宋濂 1976, 138: 3326.

55 오늘날의 내몽골에 있던 상도는 이미 1250년대에 쿠빌라이에 의해 건설됐으며, 나중에 원나라의 여름 수도 구실을 했다. 원나라 카안들은 대도와 상도를 오갔고, 뜨거운 여름을 시원한 상도에서 보냈다.

56 宋濂 1976, 138: 3326.

57 이전에 시데발라를 지지했던 황족과 관리들이 엘테무르에게 접근해 그가 살해된 데 대한 복수를 하려 했던 듯하다. Cleaves 1950, 53 n. 173; Dardess 1973, 42; Hsiao 1994, 542-43.

58 宋濂 1976, 184: 4235-36; Cleaves 1950, 53 n. 173; Dardess 1973, 42-43; Hsiao 1994, 542-43.

59 이 대도파에는 엘테무르 외에 원나라의 지난 두 카안 밑에서 권력을 누렸던 몽골 관리 메르키드부의 바얀Bayan, 伯顏(송나라를 정복한 바아린부의 바얀과는 다른 인물이다)도 있었다. 여기에는 또한 준쿠르의 아내인 찰길아 공주 같은 황실 인사들도 포함됐다. 宋濂 1976, 138: 3326-27; Hsiao 1994, 542-43.

60 Hsiao 1994, 541.

61 宋濂 1976, 138: 3326-7; Hsiao 1994, 542-43.

62 엘테무르는 상도에 있는 사람들과도 함께 모의했으나, 그들은 금세 붙잡혔다.

63 사둔은 선봉 부대를 이끌었고, 엘테무르의 오른팔이었다.

64 宋濂 1976, 138: 3326-31; Cleaves 1950, 53 n. 173; Dardess 1973, 38-42; Hsiao 1994, 543-44; 屠寄 2012, 126: 757.

65 대도파는 북경과 중앙 평원(즉 남과 북의 중국 본토) 지역 대부분을 통제했다. 중서中書(중서성의 소재지 즉 수도권 지방이다)와 하남河南·호광湖廣·강서江西·강절江浙

같은 곳이다. 상도파의 거점은 만주·몽골과 섬서陝西·감숙甘肅·사천四川·운남雲南 등 보다 주변적인 지역이었다(지도 6-1 참조). Dardess 1973, 40; Hsiao 1994, 544.

66 宋濂 1976, 138: 3328, 3330-34; Dardess 1973, 48; Hsiao 1994, 547; 屠寄 2012, 126: 757-58.

67 엘테무르가 이 자리에서 지휘한 경호 부대 가운데는 우선 흠찰좌위 및 흠찰우위와 용익시위龍翊侍衛, 친군親軍, 카를룩만호부 등이 포함된다. Farquhar 1990, 271-75 (§§ 50-50.7). 또한 宋濂 1976, 99: 2529-30, 138: 3331-32; Dardess 1973, 47-48; Hsiao 1978, 228 n. 176; 葉新民 1983, 109-10; Robinson 2009, 39-40; 屠寄 2012, 126: 757-59; Allsen 2015, 121.

68 따라서 엘테무르는 정부 '권력의 세 분야'를 감독했다. 민간(중서성), 군(추밀원), 어사대御史臺다. 宋濂 1976, 138: 3331; 葉新民 1983, 109-11; Lee 2004, 258-59.

69 흠찰위는 아속위의 두 배 규모였고, 당올위보다 훨씬 컸다. Lee 2004, 249; Liu 2013, 170.

70 엘테무르는 오룩Örüg과 혼인했는데, 아마도 코실라의 딸인 듯하다. 宋濂 1976, 114: 2878-79; Dardess 1973, 49, 192 n. 74; Brose 2017, 83-84.

71 宋濂 1976, 31: 701; Dardess 1973, 26-27; Liu 2013, 170.

72 양췬먀오羊群廟의 쿠이수거우奎樹溝 지역이다. 宋濂 1976, 35: 796, 138: 3332; 魏堅 2008, 1: 70, 85-87, 692-707.

73 이런 것들은 엘테무르를 나쁜 관리로 묘사하는 상투적 표현일 수 있다.

74 宋濂 1976, 138: 3333; Hsiao 1994, 557.

75 엘테무르의 자손들에 대한 음모의 배후는 엘테무르의 이전 동맹자인 메르키드부의 바얀이었을 것이다. 宋濂 1976, 138: 3334; Dardess 1973, 56-57; Hsiao 1994, 567-68; Robinson 2009, 119.

76 Hsiao 1994, 549, 559.

참고 문헌

譚其驤 主編. 1996. 中國歷史地圖集, 第七册. 北京: 中國地圖出版社.

屠寄. 2012. 蒙兀兒史記. 元史二種. 上海: 上海古籍出版社.

葉新民. 1983. "元代的欽察·康里·阿速·唐兀衛軍." 內蒙古社會科學 6: 109-15.

蘇天爵. 1962. 元朝名臣事略. 北京: 中華書局.

宋濂. 1976. 元史. 北京: 中華書局.

虞集. 2004. "句容郡王世績碑." 全元文, 李修生 主編, 27: 229-37. 南京: 鳳凰出版社.

魏堅. 2008. 元上都 (上·下). 北京: 中國大百科全書出版社.

Allsen, Thomas T. 1987. *Mongol Imperialism: The Policies of the Grand Qan Möngke in China, Russia, and the Islamic Lands, 1251-1259*. Berkeley: University of California Press.

________________. 2015. "Population Movements in Mongol Eurasia." In *Nomads as Agents of Cultural Change: The Mongols and Their Eurasian Predecessors*, ed. Reuven Amitai and Michal Biran, 119-51. Honolulu: University of Hawai'i Press.

Amitai-Preiss, Reuven. 1995. *Mongols and Mamluks: The Mamluk-Ilkhanid War, 1260-1281*. Cambridge: Cambridge University Press.

Atwood, Christopher P. 2004. *Encyclopedia of Mongolia and the Mongol Empire*. New York: Facts on File.

Baybars al-Manṣūrī. 1998. *Zubdat al-fikra fī ta'rīkh al-Hijra*. Berlin: Verlag Das Arabische Buch.

Biran, Michal. 1997. *Qaidu and the Rise of the Independent Mongol State in Central Asia*. Richmond, Surrey: Curzon Press.

____________. 2016. S.v. "Chapar b. Qaidu." In *Encyclopaedia of Islam*, 3rd edition. Online version.

Brose, Michael C. 2017. "Qipchak Networks of Power in Mongol China." In *How Mongolia Matters: War, Law, and Society*, ed. Morris Rossabi, 69-86. Leiden:

Brill.

Cleaves, Francis W. 1950. "The Sino-Mongolian Inscription of 1335 in Memory of Chang Ying-Jui." *Harvard Journal of Asiatic Studies* 13: 1–131.

Dardess, John W. 1973. *Conquerors and Confucians: Aspects of Political Change in Late Yuan China*. New York: Columbia University Press.

Dunnell, Ruth W. 1994. "The Hsi Hsia." In *The Cambridge History of China. Vol. 6. Alien Regimes and Border States, 907–1368*, ed. Herbert Franke and Denis Twitchett, 154–214. New York: Cambridge University Press.

_______________. 2014. "The Anxi Principality: [Un]Making a Muslim Mongol Prince in Northwest China during the Yuan Dynasty." *Central Asiatic Journal* 57: 185–200.

Farquhar, David M. 1990. *The Government of China under Mongolian Rule: A Reference Guide*. Stuttgart: Franz Steiner.

Golden, Peter B. 1990. "The Peoples of the South Russian Steppes." In *The Cambridge History of Early Inner Asia*, ed. Denis Sinor, 256–84. Cambridge: Cambridge University Press.

______________. 1991. "The Qipčaqs of Medieval Eurasia: An Example of Stateless Adaptation in the Steppes." In *Rulers from the Steppe: State Formation on the Eurasian Periphery*, ed. Gary Seaman and Daniel Marks, 2: 132–57. Los Angeles: Ethnographics Press.

______________. 2014. "Qipčaq." In *Turcology and Linguistics: Éva Ágnes Csató Festschrift*, ed. Nurettin Demir, Birsel Karakoç, and Astrid Menz, 183–202. Ankara: Hacettepe University.

Hill, Donald R. 1973. "Trebuchets." *Viator* 4: 99–114.

Hsiao, Ch'i-Ch'ing. 1978. *The Military Establishment of the Yuan Dynasty*. Cambridge, MA: Harvard University Press.

_______________. 1993. "Bayan." In *In the Service of the Khan: Eminent Personalities of the Early Mongol-Yüan Period (1200–1300)*, ed. Igor de Rachewiltz, et al., 584–607. Wiesbaden, Germany: Harrassowitz.

_______________. 1994. "Mid-Yüan Politics." In *The Cambridge History of China*. Vol.6. *Alien Regimes and Border States, 907–1368*, ed. Herbert Franke, and Denis Twitchett, 490–560. New York: Cambridge University Press.

Hucker, Charles O. 1985. *A Dictionary of Official Titles in Imperial China*. Stanford,

CA: Stanford University Press.

Humble, Geoffrey. 2015. "Princely Qualities and Unexpected Coherence: Rhetoric and Representation in 'Juan' 117 of the 'Yuanshi.'" *Journal of Song-Yuan Studies* 45: 307–37.

Jackson, Peter. 2005. *The Mongols and the West*, 1221–1410. Harlow, Essex: Pearson Longman.

Juvaini [Juwaynī], 'Ala-ad-Din 'Ata-Malik. 1997. *Genghis Khan: The History of World Conqueror*. Tr. John A. Boyle. Manchester: Manchester University Press.

Landa, Ishayahu. 2016. "Imperial Sons-In-Law on the Move: Oyirad and Qonggirad Dispersion in Mongol Eurasia." *Archivum Eurasiae Medii Aevi* 22: 161–98.

Lee, Yonggyu. 2004. "Seeking Loyalty: The Inner Asian Tradition of Personal Guards and its Influence in Persia and China." PhD diss., Harvard University.

Lindner, Rudi P. 1982. "What Was a Nomadic Tribe?" *Comparative Studies in Society and History* 24: 689–711.

Liu, Yingsheng. 2005. "War and Peace between the Yuan Dynasty and the Chaghadaid Khanate (1312–1323)." In *Mongols, Turks, and Others: Eurasian Nomads and the Sedentary World*, ed. Reuven Amitai and Michal Biran, 339–58. Leiden: Brill.

____________. 2013. "From the Qipčaq Steppe to the Court in Daidu: A Study of the History of Toqtoq's Family in Yuan China." In *Eurasian Influences on Yuan China*, ed. Morris Rossabi, 168–177. Singapore: Institute of Southeast Asian Studies.

Lo, Jung-pang. 2012. *China as a Sea Power, 1127–1368: A Preliminary Survey of the Maritime Expansion and Naval Exploits of the Chinese People during the Southern Song and Yuan Periods*. Ed. Bruce A. Elleman. Singapore: NUS Press/Hong Kong: Hong Kong University Press.

Polo, Marco. 1938. *The Description of the World*. Tr. and ann. Arthur C. Moule and Paul Pelliot. London: Routledge.

Qāshānī, 'Abd al-Qāsim 'Abdallah b. 'Alī. 1969. *Ta'rīkh-i Ūljaytū*. Ed. Mahīn *Hamblī*. Tehran: BTNK.

Rashīd al-Dīn, Fad. lallāh. 1999. *Rashiduddin Fazlullah's Jami'u't-tawarikh: Compendium of Chronicles: A History of the Mongols*. Vol. 2. Tr. Wheeler M. Thackston. Cambridge, MA: Harvard University, Department of Near Eastern Languages and Civilizations.

Robinson, David M. 2009. *Empire's Twilight: Northeast Asia under the Mongols*. Cambridge, MA: Harvard University Press.

Rossabi, Morris. 1988. *Khubilai Khan: His Life and Times*. Berkeley: University of California Press.

Shurany, Vered. 2014. "Islam in Northwest China under the Mongols: The Life and Times of Prince Ananda (d. 1307)." MA thesis, Hebrew University of Jerusalem.

Vásáry, István. 2005. *Cumans and Tatars: Oriental Military in the Pre-Ottoman Balkans, 1185-1365*. Cambridge: Cambridge University Press.

Zhao, George Qingzhi. 2008. *Marriage as Political Strategy and Cultural Expression: Mongolian Royal Marriages from World Empire to Yuan Dynasty*. New York: Peter Lang.

◆ 제2부 ◆

상인들

Merchants

제7장

자파르 화자

사이이드, 상인, 스파이, 그리고 칭기스 칸의 장군

❁

추이하오

몽골 제국이 출범하면서, 심지어 칭기스 칸이 1219~1225년 동부 이슬람 세계를 복속시키기 전부터 몽골의 신하가 된 이슬람교도들이 있었다. 주로 중앙아시아와 이란 출신으로 몽골에 합류한 이들은 다양한 직역職域에서 일했다. 가장 흔한 부류가 몽골이 새로 정복한 정주민 지역의 행정관이었다.

칭기스 칸의 초기 추종자인 자파르 화자Jaʿfar Khwāja, 札八兒火者(1201~1221? 활동)는 신생 제국 사업에 참여한 이슬람교도의 첫 사례 가운데 하나다. 이 글은 정사인 《원사》의 자파르 화자 전기[1]를 바탕으로 당대의 한문·페르시아어·아라비아어 기록들을 참조해, 제국 확장의 초기 단계라는 더 넓은 맥락에서 자파르 화자의 이력을 탐구한다. 자파르 화자가 몽골을 위해 일하면서 발휘한 다양한 기능은 이슬람교도가 신생 제국에서 수행한 중요한 역할과 몽골에 복무함으로써 얻게 된 커다란 신분 이동의 기회를 예증해준다.

배경
— 칭기스 칸 이전의 대륙 실크로드

자파르 화자가 칭기스 칸의 세계와 가졌던 초기 접촉은 그의 교역 활동과 관계가 있다. 그 뒤에는 실크로드를 따라 전개된 동-서 간 상업적 관계의 오랜 역사가 있다. 대체로 중앙아시아의 이슬람교도 상인들이 촉진한 것이다. 이슬람 세계와 중국 사이의 상업적 연계는 우마이야Umayya 시대(661~750)와 압바스 지배 초기(8~9세기)에 번성했다.

10세기 이후에 동아시아 및 중앙아시아에서 몇 개의 새로운 지역 정치체가 등장했다. 불교국인 거란인들의 요遼(907/916~1125), 탕구트인들의 서하西夏(1038~1227), 고창회골高昌回鶻(843~1209) 왕국 등이다. 나중에 카라키타이(1124~1218), 이슬람교의 카라한Qarakhan(955*~1213), 화라즘(1077~1231)도 출현했다. 이들 정치체는 대륙 실크로드를 지역적 교역망으로 나누었다. 정치적 분열과 때때로 일어나는 갈등이 반드시 교역 단절이라는 결과를 낳은 것은 아니지만, 그것은 분명히 중국과 이슬람 세계 사이의 유라시아 대륙 내부 교류를 복잡하게 만들었다(지도 7-1 참조).[2]

그 뒤 여진족의 금나라(1115~1234) 황제들은 이전 왕조인 요나라의 거란인들과 달리 몽골 지역을 통제하에 둘 수 없었고, 여진인들은 몽골 고원(오늘날의 내몽골)과의 경계를 따라 여러 군데의 국경 교역 시장을 만들어 스텝의 민족 집단들을 달래고자 했다.[3] 이 교역소들은 주로 스텝으

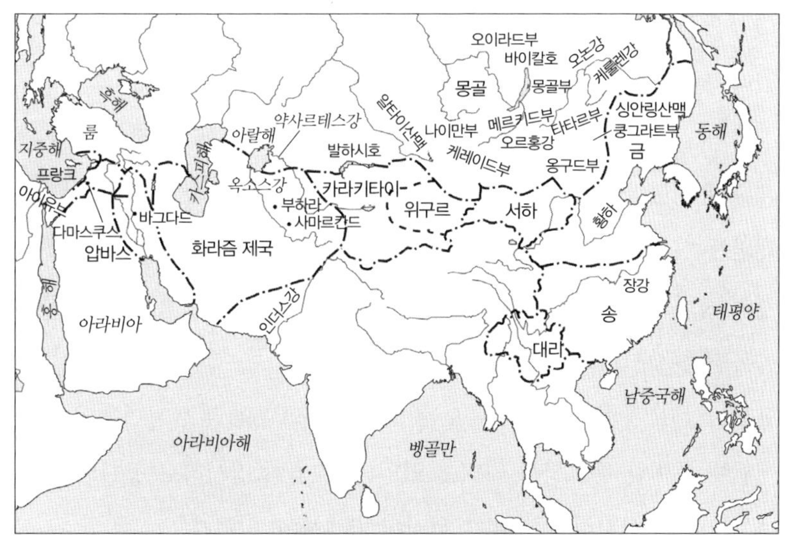

지도 7-1 칭기스 칸 등장 이전의 지역 정치체들. (Biran 2007, 24에 의함)

로 이어지는 전략적 루트와 실크로드를 따라 위치해 있었다. 교역소 가운데 일부는 4~10세기 사이에 만들어진 소그드계 중국 이주자들의 정착지로까지 거슬러 올라갈 수 있다.[4]

금나라 치하에서 더 동쪽과의 교역은 대체로 고창 출신의 위구르 상인들(대체로 불교도였다)이 주물렀다.[5] 12세기에는 이슬람 세계에서 동쪽으로 여행하는 상인들 대부분은 서하(중국 서북부)까지만 가고, 더 동쪽인 중국 본토까지 가는 경우는 드물었다.[6] 그러나 중앙아시아에서 온 일부 이슬람교도 상인들은 금나라의 서방 무역을 유지할 수 있게 했다. 특히 동東카라한 수도 카슈가르Kashgar(중국 신장 서부)와 카라키타이 수도 발라사군(키르기스스탄)에서 온 상인들이었다. 여진인들은 그들을 '이슬람 위구르인'으로 간주하고 거주 이슬람 상인들을 위구르 이주민 마을에 정착하도록 했다.[7] 더구나 연경燕京으로도 알려진 금나라 수도 중도中都

(오늘날의 베이징)에는 중앙아시아 출신 이주자들의 대규모 정착지가 있었다. 불교도인 위구르인과 이슬람교도들이었다.[8]

그러나 중앙아시아 상인들은 또한 몽골의 부족들과도 직접적 교역 관계를 유지했다. 금나라 지배자들은 자국이 통제하는 국경 시장에서 거래되는 상품의 종류를 제한했다. 그들은 철물과 무기를 스텝 민족들에게 수출하는 것을 금지했다. 중앙아시아 상인들이 이 틈을 메우며 몽골 유목민들에게 그들이 원하는 상품을 공급했다. 옷 같은 일용품들이 대표적이었다. 중앙아시아에서 오는 교역 상품의 흐름은 유목민들의 일상생활에 특별한 중요성을 지니고 있었다. 교역이 잠시라도 중단되면 스텝 지역에서 심각한 물자 부족 현상이 발생할 수 있었다.[9]

장거리 교역에 종사하는 중앙아시아 상인들은 다른 측면에서도 몽골인들에게 유용했다. 그들은 여러 언어를 능숙하게 사용하는 것으로 유명했다.[10] 더구나 몽골인들은 금나라 법에 따라 중국으로 들어가는 것이 항상 금지돼 있었기 때문에[11] 그들은 떠돌이 상인들을 정보원이나 심지어 스파이로 삼아 이웃 정주민들에 관한 정보를 수집했다.

자파르 화자의 초기 행적

중국 자료에 따르면, 자파르 화자는 새이賽夷, Sayyid 즉 선지자 무함마드Muḥammad의 후손이었다.[12] 그의 고국은 '대서大西'였는데, 이는 중앙아시아를 가리키거나 서아시아를 포함하는 더 먼 서쪽 지방을 가리키는 말이었다('대서'는 'Great West(daxi)'를 번역한 것인데 흔히 쓰는 말은 아니며, 뒷부분 설명은 '서역西域'의 개념과 일치하지만 '서역'은 보통 'Western Regions(Xīyù)'로 영역된다). 그는 중앙아시아와 동부 이란의 이슬람 사회와 어떤 연계가 있었을 것이다. 당대의 이슬람교도 저자인 주즈자니Jūzjānī(1193~1260*)와 알바티티al-Baṭīṭī(1260년 활동)가 모두 자파르 화자의 이름과 금나라 정복 과정에서의 그의 공적에 대해 기록하고 있기 때문이다.[13] 그들은 자파르 화자가 서아시아 출신의 아라비아어를 쓰는 시아파 이슬람교도라 밝히고 있다.[14]

자파르 화자는 나중에 칭기스 칸이 되는 테무진을 13세기로 접어드는 시기에 처음 만났다. 테무진이 경쟁 세력인 타타르Tatar부部 및 타이치우트Taychi'ut부를 상대로 한 몇 차례의 싸움에서 승리했을 때였다. 이러한 승리들에 고무된 자파르 화자는 칭기스 칸의 신하로 들어갔다. 하산Ḥasan, 哈散(아산Asan, 阿三)[15] 같은 다른 이슬람교도 상인들과 마찬가지로, 아마도 충성을 바치는 대가로 호의적인 교역 협정과 자신의 상인단에 대한 보호를 얻어낼 심산이었을 것이다.[16]

자파르 화자는 약삭빠른 사업가일 뿐만 아니라 노련한 기마 궁수로 묘사되고 있다. 한문으로 된 자파르 전기에 따르면, 몽골인들은 '사이이드Sayyid'를 '족장族長'에 해당하는 서방의 칭호로 이해했다. 자파르가 테무진을 만났을 때 환대를 받은 까닭도 그 덕분이었을 것이다.[17] 더구나 자파르의 한문 전기는 또한 그의 인상적 외모를 강조한다. 그는 "용감한 기상이 가득"하고 "독수리의 눈에 이마가 넓었다."[18]

1203년이 되자 테무진과 그의 후원자인 케레이트Kereyit 부족 수장 옹칸Ong-khan, 汪罕(1130*~1203)이 맺은 동맹에 금이 가기 시작했다. 테무진은 타타르부에 승리한 후 옹칸 집안과 혼인 동맹을 추진했다. 그러나 옹칸의 아들 셍굼Senggüm(1154~1204)은 테무진의 혼인 제안을 거부했다. 시기심 때문이었거나 개인적 적대감 때문이었을 것이다. 그는 테무진의 제안을 거부하도록 옹칸을 설득했다. 그들은 혼인에 동의하는 체하면서 약혼 잔치에서 테무진을 사로잡을 계획을 꾸몄다. 그러나 셍굼 밑에서 일하던 말 사육사 두 명이 장래의 칭기스 칸에게 몰래 경고를 보냈다. 셍굼과 옹칸은 음모가 누설됐음을 알고는 칭기스 칸을 추적해 만주 변경에서 그를 무찔렀다.[19]

테무진은 소수의 전사들과 함께 인근의 할하Khalkha강 쪽으로 도망쳤다.[20] 장래의 칭기스 칸은 부하들과 함께 발주나Baljuna(몽골어로 '흙탕물'이라는 뜻이다) 지역으로 피신한 뒤 그의 충성스러운 추종자들과 함께 유명한 약속을 한다. 테무진은 손을 하늘 쪽으로 올리고 이렇게 맹세했다.

> "내가 대업大業을 성공적으로 이루어낸다면 나는 너희들 모두와 이를 나눌 것이다. 만약 이 말을 어긴다면 저 강물과 같아질 것이다[실패자가 돼서 사라질 것이라는 말이다]."[21]

자파르 화자는 테무진의 맹세를 목격했다고 하는 열아홉 명 속에 들어 있었던 듯하다. 그가 테무진이 가장 신뢰하는 누쿠르(친구) 가운데 하나였을 것이라는 얘기다. 자파르 화자는 발주나 맹세의 다른 참여자들과 마찬가지로 칭기스 칸의 경호대인 케식의 중요 일원이었을 것이다.[22] 그러나 설사 자파르 화자가 발주나 맹세 이전에 테무진과 가깝지 않았다고 하더라도, 그 이후에는 분명히 가까웠다.

금나라 정복 시기의 자파르 화자의 활동

발주나 사건 이후 테무진은 1203년 케레이트부, 1204년 나이만Naiman부를 격파하고 여러 몽골 부족을 통합했다. 그는 황제 자리에 올라 1206년 '대집회大集會'인 쿠릴타이quriltai에서 칭기스 칸이라는 칭호를 받았다. 그로부터 얼마 뒤에 칭기스 칸은 북중국 정복에 나섰다. 그는 이 원정을 준비하는 동안에 망명자, 난민, 상인, 외교 사절들로부터 금나라에 관한 정보를 수집했다.[23]

자파르 화자는 외교적 능력과 금나라에 대한 지식으로 칭기스 칸에게 정보를 제공하는 사람들 가운데서 쉽게 눈에 띄었다. 자파르 화자는 '사절'을 의미하는 엘치elchi, 乙里只(페르시아어 일치īlchī)로서 유명해졌고, 이 칭호는 이슬람 세계 기록에서도 그의 별칭이 됐다.[24]

자파르 화자가 처음 금나라에 사절로 간 것은 1209년 직후다.[25] 칭기스 칸의 신생 정치체와 금나라 사이에 긴장이 높아지고 있어 자파르가 금나라 땅으로 들어가는 것은 위험이 매우 컸다. 자파르는 칭기스 칸이 금나라 황제에게 보내는 친서를 가지고 갔다. 친서는 여진족 지배자에게 몽골에 항복하고 공물을 바치라고 요구하고 있었다. 바쳐야 할 공물에는 물건뿐만 아니라 인력도 포함돼 있었다. 금나라 황제는 여러 명의 개인들, 특히 여러 언어를 사용하는 통역자들을 넘겨줘야 했다.[26] 그들의 요구에 격노한 금나라 황제는 "칭기스 칸이 우리나라에 온다면 우리 상승군常勝軍의 힘을 알게 될 것"[27]이라고 위협했다. 그러고는 자파르 화자를 투옥하도록 명령했다.

칭기스 칸의 사절인 자파르 화자를 감금한 것은 그가 칸에게 몽골의 위협에 맞서 공격을 감행하려는 금나라의 계획을 알리지 못하게 막으려는 것이었을 듯하다. 그러나 자파르는 달아났다. 자신이 우연히 발견한 비밀 통로를 통해 안전하게 몽골로 돌아온 그는 금나라의 계획을 칭기스 칸에게 보고했다.[28] 칭기스 칸에게는 자신의 사절을 억류한 것이 금나라를 상대로 전쟁을 선언할 수 있는 '개전 사유casus belli'가 돼주었다.

당대의 한 이슬람교도의 기록에 따르면, 칭기스 칸은 금나라 황제의 행동에 대해 듣고는 한 산의 꼭대기로 올라가 허리띠를 목에 두르고 연사흘 동안 그곳에 머물며 하늘의 도움을 빌었다. 그는 나흘째 되는 날 돌아와서 하늘이 자신에게 승리를 허락했다며, 이전 금나라 황제에 대한 개인적인 복수를 하기 위해 금나라에 맞서 싸우도록 부하들을 자극했다.[29]

칭기스 칸은 1211년 자기 정권의 새로운 칭호 '예케 몽골 울루스Yeke Mongghol Ulus'(대大몽골국)를 선포한 다음 병사들을 이끌고 남쪽으로 행군했다.[30] 칭기스 칸은 동맹자인 옹구트Önggüt 부족 수장의 지원을 업고 금나라 영토로 쳐들어가 여진군의 주력 부대를 궤멸시켰다.[31] 몽골 군대는 한 달 동안 금나라 수도인 중도를 포위 공격 했지만, 결국 적절한 공성攻城 무기가 없어 철수할 수밖에 없었다. 이듬해에 몇몇 분견대가 계속해서 금나라 방어선을 약화시켰고, 나중에 하북성의 여러 도시를 점령했다.[32]

1213년, 칭기스 칸은 금나라 황제의 두 번째 화친 제의를 물리쳤다. 몽골 군대는 집합해 거용관居庸關으로 행군했다. 남쪽 금나라 수도로 향하는 길목을 방어하는 전략적 요새였다.[33] 거용관은 유목민 세계와 정주민 세계를 분리하는 천연 경계처럼 생각됐다.[34]

금나라는 몽골이 거용관으로 공격해올 것을 예상하고 요새에서 몽골에 대비한 방어 준비를 했다. 철을 녹여 관문關門을 봉쇄하고 철질려鐵蒺藜(마름쇠)를 반경 수십 킬로미터의 지역에 뿌려놓았다. 칭기스 칸은 거용관이 잘 방비된 것을 보고 자파르 화자를 불렀다. 그는 이른바 흑수림黑樹林[35]을 통과하는 비밀 통로로 갈 것을 제안했다. 그렇게 하면 몽골군이 하룻밤 사이에 거용관에 도착해 금나라 수비대를 급습할 수 있다는 것이었다.[36] 여행하는 상인이었던 자파르 화자는 국경을 넘는 상인들이 국경 수비대를 피해 금 제국의 내지로 건너가는 비밀 통로를 알고 있었다. 상품 교역이나 밀수를 위해 수백 년 동안 사용하던 길이었다.[37]

이에 따라 칭기스 칸은 자파르 화자에게 숲을 지나는 비밀 통로로 제베(?~1223) 장군의 소부대를 안내하도록 명령했다. 칭기스 칸 자신은 휘하 정예 부대와 함께 서남쪽에서 거용관을 협격하기로 했다.[38] 동틀 무렵에 금나라 수비대는 두 방향에서 거센 공격을 당했고, 방어할 방법이 없었다. 병사들은 학살당했고, 요새는 몽골군에 점령당했다.[39]

자파르 화자는 몽골 병사들을 거용관으로 안내한 뒤에, 이어지는 군사 행동에도 참여했다.[40] 그는 단순히 총사령관 제베의 보좌역 노릇을 하는 데 그치지 않고, 현지 행정관들을 항복하도록 설득하는 일도 맡았다. 탁주涿州(현재의 허베이성)에 주둔하고 있는 현지 수비대의 항복을 받아들인 '행성行省 팔찰八札'은 자파르 화자로 비정할 수 있다. 물론 그는 몇 년 지나서야 지방관인 '행성'의 공식 칭호를 얻지만 말이다.[41] 자파르 화자는 칭기스 칸의 허락을 얻어 현지 지방관들에게 새 몽골 군주에 대한 저항을 포기하라는 포고 서한을 보냈다.[42]

거용관의 함락은 금나라 북방 전선의 붕괴를 알렸다. 북중국은 이제 몽골의 침입에 무방비 상태였다. 송나라 사절은 "금나라 정부가 지난 백 년 동안 비축한 인력과 군사 자원을 소진하고 이에 따라 국가의 치명적 몰락을 초래한"[43] 것은 바로 이 전투였다고 인정했다.

자파르 화자가 몽골의 승리에서 어떤 역할을 했는지에 대해서는 자료들의 의견이 갈린다. 《몽골 비사》와 라시드 앗딘(1247*~1318)은 제베·카타이Qatai·보차Bocha 등 몽골 지휘관들이 올린 훌륭한 공훈에 대해서만 기록하고 있고,[44] 반면에 다른 역사가들(중국과 이슬람 세계 모두의)은 자파르 화자가 금 정복 과정에서 이룬 뛰어난 공적에 대해 이야기하고 있다.[45]

1214년 봄에 칭기스 칸은 다시 한 번 중도를 포위하고, 그 북쪽 교외에 사령부를 설치했다. 황하 북쪽을 약탈한 뒤, 칭기스 칸의 아들들이 지휘하는 몽골군의 우익과 칭기스 칸의 동생들이 이끄는 좌익은 도시 바깥에 집결했다. 그러나 이 무렵에 몽골군의 보급품이 떨어져가고 식량이 부족해지면서 병사들 사이에서 전염병이 발생했다. 중도 포위를 계속하다가는 칭기스 칸의 병사들이 위험에 빠질 우려가 있었다.[46] 생생한 역사의 반복처럼 보이는 것이지만, 교황이 몽골에 보낸 사절 조반니 다 피안델카르피네〔플라노 드 카르피니〕(1185*~1252)는 굶주린 '타타르' 병사들이 인육을 먹기까지 했다고 주장한다. 열 명당 한 사람꼴로 희생됐다고 한다.[47] 포위전이 지지부진해 압박을 받았지만 칭기스 칸은 휘하 장군들의 조언을 물리쳤다. 그러고는 금나라와의 평화 협상을 위해 자파르 화자를 자신의 특사로 파견했다.[48]

금나라 황제 완안영제完顏永濟(재위 1208~1213)는 포위 직전 궁정 쿠데타로 인해 살해됐다〔이때 폐위되고 다시 위왕衛王으로 강등돼 받은 시호에 따라 위 소왕紹王으로 불린다〕. 조카 완안순完顏珣(재위 1213~1224)이 그 뒤를 이어 선종宣宗이 됐다. 1214년 2월, 새 황제는 자신의 궁정에서 자파르 화자를 맞았다. 자파르는 칭기스 칸의 전갈을 전했다.

> 너의 산동山東·하북河北 군현郡縣은 모두 내게 넘어왔고, 네게 남은 것은 연경뿐이다. 하늘이 이미 너를 약화시켰는데 내가 다시 너를 험지로 몬다면 하늘

이 내게 뭐라고 하겠느냐? 내가 지금 군사를 돌리려 하는데, 네가 우리 군사에게 음식을 대접해 우리 장수들의 화를 풀어줄 수 있겠느냐?[49]

자파르는 이어서 칭기스 칸의 평화 조건을 제시했다. 금, 희귀품, 비단, 말 등을 공물로 바치라는 것이었다. 칭기스 칸은 여기에 더해 여진 공주를 자신에게 시집보내고 남녀 노예 500명도 보내라고 요구했다. 칭기스 칸의 명령에 따라 금나라 우승상 완안복흥完顏福興(1149~1215)이 직접 공주를 데리고 선물을 들고서 그의 야영지로 왔다.

자파르 화자의 주장에 따라 금나라 황제 역시 궁궐에서 북쪽을 향해 절을 해야 했다. 칭기스 칸에 대한 그의 복속을 드러내기 위해서였다.[50] 금나라 황제는 몽골의 공격이 두려워 칭기스 칸의 요구를 모두 받아들였다. 그는 이전 황제인 위 소왕이 아끼던 딸 '소저저小姐姐'가 가장 예쁘고 영리하다고 생각해 칭기스 칸의 아내감으로 점찍었다. 중국과 페르시아의 자료들은 모두 '공주황후公主皇后'(페르시아어로는 '군주하툰gūnjū khātūn')로 불린 이 공주가 몽골인들로부터 좋은 대우를 받았다고 적었다. 공주는 칭기스의 주요 황후 네 명 가운데 하나가 됐으며, 제4 오르도(황실 숙영지)에 배정됐다.[51]

중도 행정 책임자로서의 자파르 화자

1214년 5월, 여진 황제는 금 제국의 운이 다했음을 깨닫고는 황성을 남경南京(현재의 카이펑開封)으로 옮기기로 결정했다. 그의 결정은 약함의 표시로 보였고, 나라에 처참한 결과를 낳았다. 한 달 뒤, 도성 교외에 주둔하고 있던 금나라 정예 부대가 반란을 일으켜 몽골에 투항했다.[52] 반란군의 지원을 업은 몽골 군대는 이어 남쪽으로 진군해 중도를 포위했다. 그러나 이 금나라 수도는 1년 동안 몽골 군대에 저항했다.[53]

도시가 인육을 먹는 지경에 이르자 여진의 도원수都元帥 완안복흥은 자살했고, 도시의 생존자들은 항복했다. 길어진 포위전과 전투는 처참한 결과를 낳았다. 연경이 함락된 직후 그곳에 도착한 화라즘 사절은 시체가 눈 덮인 산같이 쌓였으며 도시 거리는 사람의 비계로 끈적거렸다고 말했다.[54]

《원사》의 자파르 전기에 따르면, 칭기스 칸은 포위전의 승리가 자파르 덕이라고 말했다. 성벽 위에서 도시를 내려다보며 그는 자파르에게 말했다.

"네가 활을 쏘아 화살이 떨어지는 곳까지 모두 너의 봉지로 주겠다."[55]

자파르의 봉지에는 '사왕부四王府'(금 황제의 넷째 아들의 집)가 포함됐고, 자파르는 그곳을 자기 집으로 삼았다.[56] 칭기스 칸은 또한 자파르 화자를 '황하이북철문이남천하도다루가치黃河以北鐵門以南天下都達魯花赤'로 임명했다.[57]

자파르 화자의 공식 직함인 다루가치는 그의 신분을 반영한다. 그는 복속한 중심 도시의 행정을 감독하기 위해 파견된 황제의 대리인이었다. 몽골 행정의 핵심 기구인 다루가치는 12세기에(1218년 몽골에 의해 멸망할 때까지) 중앙아시아를 지배한 카라키타이의 정부 조직에서 가져온 것이었다.[58] 자파르는 중국에 처음 임명된 다루가치였던 듯하며, 그의 임명은 신생 몽골 제국이 중국에서 관료 조직을 형성하는 과정에서 중요한 단계였다.

행정 관료인 자파르 화자 외에 몽골의 자르구치(판관, 중국어로 단사관斷事官)인 삼가르Samghar, 三木合拔都가 칭기스 칸의 대리인으로 임명됐고, 부지르Bujir, 不只兒는 중도에 주둔한 몽골군 사령관이 됐다.[59] 세 사람은 선택된 현지 엘리트들을 감독하며 지역 문제를 책임지게 됐다. 이런 방식은 제국에 지배적인 이중 행정 체제에 영향을 주게 되는 초기 패턴을 대표한다. 이는 몽골이 지명한 사람과 현지 엘리트가 지역 문제를 관리하면서 서로 협력할 것을 필요로 한다.[60] 자파르 화자는 여러 언어를 사용했다. 그는 중국 지식인들과 자유롭게 대화했다고 기록돼 있으며, 카라키타이 지배하의 중앙아시아에서 사용된 중국어에 대한 지식을 미리 가지고 있었던 듯하다.[61] 중국어에 능숙한 것은 그가 행정 업무를 수행하는 데서 유리했을 것이다.

자파르 화자는 만년을 연경에서 보냈고, 몽골 정부에서 후배 관료들에 대한 힘을 점차 잃어갔다. 1221년 이 도시를 방문한 남송 사절은 찰팔札八(자파르)이 나이 들었다고 적었다. 그는 자파르가 칭기스 칸의 마지막 '공신功臣'이라고 말했다.[62]

《원사》 자파르 화자 전기의 마지막 부분은 장춘진인長春眞人이라 불린 대중적 인기를 끈 도교 전진도全眞道의 도사 구처기丘處機(1148~1227)와의 만남을 이야기한다. 1210년대에 구처기는 몽골의 침입이라는 격동의 시기에 큰 고통을 받고 있는 북중국의 대중들에게 정신적·물리적 안식처를 제공해 명성을 키워갔다.[63] 몽골인들 역시 이 도교 학자에게 이끌렸다. 구처기는 이른바 장생술長生術로 유명한 사람이었다. 칭기스 칸은 1222년 힌두쿠시산맥에서 가까운 자신의 숙영지로 그를 불러 황금 패와 '신선神仙'의 칭호를 주어 영예롭게 했다.[64]

자파르는 구처기와 칭기스 칸 사이에서 연결고리 역할을 했다. 1219년 그는 내주萊州(현재의 산둥성)로 파견돼 도사에게 칸을 알현하도록 청했다. 아마도 자파르가 이전에 이 도사를 알고 있었기 때문이었을 것이다.[65] 구처기가 중앙아시아에서 돌아온 뒤인 1223년에 자파르는 칭기스 칸의 명령에 따라 이 도사에게 태극궁太極宮(현대의 베이징 백운관白雲觀)으로 거처를 옮기도록 청하는 편지를 썼다. 지역 행정 책임자로서 자신의 권한으로 할 수 있는 일이었다.[66] 이듬해 구처기에게는 이전 금나라 황궁 경내에 위치한 경화도瓊華島(오늘날의 베이징 베이하이北海공원 내)가 주어져 새 도교 사원을 짓도록 했다. 이 땅은 "지방 장관인 선차宣差(다루가치, 판관) 자파르 각하의 기증"[67]을 통해 얻은 것이었다.

공식적 접촉 외에도, 자파르와 구처기는 친밀한 관계를 유지한 듯하다. 자파르의 전기는 두 사람 사이의 사적 대화를 기록하고 있다. 구처기는 자파르에게 그 자신이 매우 귀하게 되는 것을 원하는지 아니면 자손이 번성하는 것을 원하는지 물었다. 자파르는 이렇게 대답했다.

"사람은 모두 죽는데 부귀가 무슨 소용이 있겠소? 자손이 별 탈 없이 제사를 이어갈 수 있으면 그만이오."[68]

구처기는 그 대답에 고개를 끄덕였다. 몽골인을 대리하는 이슬람교도 지방관과 그들의 후원을 받고 있는 도사 사이에 오간 이 진솔한 대화는 몽골의 다원주의적 통치하에서 종교 간의 접촉과 종교를 뛰어넘는 협력 관계가 흔하게 일어났음을 보여준다.

그의 전기에 따르면 자파르는 '소원'을 이루었다. 그는 장수를 누리고 118세에 죽었다. 그는 최소 두 명의 아들을 두었다. 알라칸Alaqan, 阿里罕

과 밍릭차Minglikcha, 明里察다. 손자는 일곱 명이었고, 대부분 계속해서 중앙 및 지방 관서에서 고위직으로 일했다.[69] 페르시아 연대기들은 그의 후손 가운데 한 사람인 무스타파Muṣṭafā라는 이슬람교도가 1304년 9월 이란의 일 칸 울제이투Öljeitü(재위 1304~1316)의 궁정에 왔다고 말하고 있다. 원나라 황제 테무르(재위 1294~1307)가 칭기스 일족 네 울루스 전체가 전면적 평화 협정을 맺었음을 선포하기 위해 보낸 사절이었다.[70]

결론

자파르 화자의 이야기는 몽골 치하 중국의 이슬람교도 상인들의 다재다능함과 함께 지리적·사회적 이동성도 예증한다. 자파르 화자는 칭기스 칸의 초기 지지자 가운데 한 사람이었고, 그의 능력(재정적·언어적·군사적 역량의 조합과 함께 고귀한 출신과 인상적인 외모까지)은 북중국의 몽골 정복 과정과 신생 몽골의 행정에서 그가 중요한 자리를 차지할 수 있게 했다.

몽골인들은 자신들에게 복속한 이슬람 상인들의 금융·교역 관련 능력을 인정했고, 이에 따라 그들은 제국의 교역(제국 내부 및 더 먼 곳과의)에서 중요한 역할을 할 수 있었다. 이슬람 상인의 가족들은 자기네의 정치적·행정적·경제적 특권을 통해 상당한 자산을 축적했다. 그들은 종종 몽골 제국의 강역 안에서, 특히 원나라 중국에서 이주하고 흩어졌다.

자파르 화자의 이야기는 또한 이슬람교도들이 몽골 제국 건설 과정에서 맡았던 중요한 역할들을 보다 폭넓게 보여준다. 이슬람교도들은 몽골의 제업帝業에 참여했다. 교역 상대로서의 역할뿐 아니라 군사적·정치적 활동과 나중에는 비이슬람 지역, 특히 중국에서도 통치자와 관리자로서 참여하기도 했다. 그들은 자기네의 군사적·지적 능력을 바쳐 북중국과 중앙아시아에서 성공적이고 신속한 정복을 이루어냈다. 몽골 지배자들은 이슬람 협력자들의 도움에 대한 보답으로 그들을 중요한 자리에 올려주었고, 때로 중국 현지의 한인 주민들보다 우대했다.

자파르 화자와 그 가족들은 북중국의 통치자로 임명된 이후 그곳에 정착해 몇 세대에 걸쳐 계속해서 몽골을 위해 일했다. 이 이주 가족은 이슬람교 정체성은 유지했지만 중국의 전통과 관습 역시 받아들였다. 이렇게 자파르 화자와 그 후손들의 이력과 생애는 몽골이 중국에서 외국인(특히 이슬람교도) 행정관들을 즐겨 채용했다는 사실을 말해줄 뿐만 아니라, 이들 개인과 그 가족들이 중국의 환경과 사회에 통합됐음도 이야기해주고 있다.

주

1 宋濂 1976, 120: 2960-61.

2 Biran 2013, 250; Hansen 2013; Biran 2015.

3 처음으로 여러 곳의 국경 시장을 연 것은 금 태종太宗(재위 1123~1135) 때였다. 脫脫 1975, 81: 1826.

4 소그드인들은 오늘날의 우즈베키스탄과 타지키스탄인 제라프샨Zerafshan강 유역에서 발원한 고대 이란계 민족이다. 중앙아시아와 중국에서 상인으로 유명했다. 榮新江 2001, 37-110.

5 Biran 2015, 582.

6 趙珙 1983, 13: 14a-b.

7 그러한 재정착의 사례 하나가 정사인 《금사》에 나온다. 脫脫 1978, 121: 2637.

8 洪皓 2000, 1: 95.

9 예컨대 이븐 알아시르Ibn al-Athīr(1160~1233)는 1218년 몽골에서 발생한 의류품 부족은 화라즘이 카라키타이로부터 옥소스강 동쪽 땅을 빼앗은 데서 발생했다고 적고 있다. Biran 2005, 138.

10 彭大雅 2014, 85.

11 趙珙 1983, 13: 13b.

12 宋濂 1976, 120: 2960; 陳高華 等 2011, 1: 246.

13 알바티티는 이슬람력 658년(서기 1260년)에 서아시아에서 쓰였다고 하는, 최근 출판된 몽골에 관한 아라비아어 저작의 저자다. 약간의 착오(예컨대 1260년 이후에 사용된 지명이 나온다)가 있어 저작이 후대의 편집본임을 시사한다. 이 저작이 진짜인지는 판단하기 어렵지만, 그것이 자파르를 언급하고 있다는 사실은 중요하다. Baṭīṭī 2015, 70.

14 Min al-shīʿa al-sadīda ʿarabī al-nasab wa-l-lisān. Al-Baṭīṭī 2015, 70; Jūzjānī 1964, 2: 100, 103; Jūzjānī 1881, 2: 954, 965.

15 발주나에서 미래의 칭기스 칸을 만나 그의 부대에 합류한 하산(아산)은 아마도 페르시아 자료에 나타나는 하산 하지Ḥasan Ḥajjī일 것이다. 그는 칭기스 칸의 친구이자 상인으로, 칭기스 칸의 맏아들 주치를 따라 화라즘 원정에 동행했고 1219년 무렵 우트

라르Uṭrār(카자흐스탄 서부) 인근의 숙낙Suqnaq 주민들에게 살해당했다. *The Secret History*, de Rachewiltz 2006, 1: 104, 2: 657-58.

16 Ratchnevsky 1993, 72.

17 宋濂 1976, 120: 2960.

18 〔札八兒長身美髯·方瞳廣顙.〕 宋濂 1976, 120: 2960. 선명하고 날카로운 두 눈은 당대 몽골인들이 선망하는 모습이었다. 그것은 또한 누군가의 개인적 자질을 판단하는 데도 사용됐다. *The Secret History*, de Rachewiltz 2006, 1: 14.

19 Ratchnevsky 1993, 69; *The Secret History*, de Rachewiltz 2006, 1: 88.

20 *The Secret History* (de Rachewiltz 2006, 1: 95)는 칭기스 칸을 따른 사람의 수를 2600명이라고 적고 있다. 그러나 Rashīd al-Dīn (1998, 1: 186)은 4600명이라는 다른 수치를 제시한다.

21 〔"使我克定大業, 當與諸人同甘苦, 苟渝此言, 有如河水."〕 宋濂 1976, 120: 2960.

22 Cleaves는 칭기스 칸의 부하 수가 19명이라고 주장했다. 그러나 2010년 출판된 14세기 자료 《몽골 소식Akhbār-i mughūlān》은 70명의 충직한 추종자들이 테무진과 함께 그곳에 있었다고 말한다. Cleaves 1955, 391-92; Shīrāzī 2010, 19; Lane 2012, 545; The Secret History, de Rachewiltz 2006, 1: 114, 2: 658.

23 李心傳 2000, 2: 842; 야율아해耶律阿海의 전기는 宋濂 1976, 150: 3549.

24 Jūzjānī 1964, 2: 100; Jūzjānī 1881, 2: 954; Baṭīṭī 2015, 70; Ibn al-Dawādārī 1972, 7: 235.

25 元好問 2004, 571. 元好問은 이 사건이 대안大安 연간(1209~1211) 초에 일어났다고 말하고 있어, 1209년 무렵으로 보았다.

26 명단에는 마경상馬慶祥 같은 경제와 외교 문제 전문가들이 포함됐다. 마경상은 여섯 개 언어에 능통한 위구르인 네스토리우스교도로, 상서성尙書省 역사譯史로 있던 능숙한 통역이었다.

27 Khondamīr 1994, 1: 12-13.

28 Jūzjānī 1881, 2: 954; 宋濂 1976, 120: 2961.

29 Jūzjānī 1964, 2: 100; Jūzjānī 1881, 2: 954. 이 복수는 칭기스의 종증조부이자 단명한 12세기 몽골 국가의 지배자 함바카이Hambaqai(암바카이Ambaqai) 칸의 죽음을 말하는 듯하다. 함바카이는 타타르인들에게 붙잡혀 금 황제에게 보내졌다. 그는 나무 당나귀에 못 박혀 서서히 고통스럽게 죽었다. Rashīd al-Dīn 1998, 1: 130.

30 陳曉偉 2016, 233-46.

31 脫脫 1975, 93: 2066; 宋濂 1976, 1: 15. 칭기스 칸의 군대는 먼저 야호령野狐嶺(지금의 허베이성河北省 완취안현萬全縣)에서, 이어 거용관居庸關(지금의 베이징시 창핑구

昌平區)에서 금나라 군대를 격파했다.

32 程卓 2013, 3: 1253.

33 거용관은 산들을 갈라놓는 골짜기에 위치했다. 중도 북쪽 약 60킬로미터 지점이다. *The Secret History*, de Rachewiltz 2006, 2: 891.

34 熊夢祥 2001, 251.

35 흑수림은 거용관 동쪽에 위치한 소나무 숲으로 비정할 수 있다. 顧祖禹 2005, 1: 432-33.

36 宋濂 1976, 120: 2961; Jūzjānī 1964, 2: 100; Jūzjānī 1881, 2: 953-54; 脫脫 1975, 103: 2267.

37 Al-Baṭīṭī 2015, 70.

38 자형관紫荊關은 또한 '자형령紫荊嶺'으로도 나타난다. 脫脫 1975, 86: 1326, 101: 2228.

39 宋濂 1976, 120: 2961; Jūzjānī 1964, 2: 100-101; Jūzjānī 1881, 2: 954; *The Secret History*, de Rachewiltz 2006, 1: 247.

40 성원들이 대부분 이슬람교도인 튀르크계 부족 카를룩인으로 구성된 분견대 하나도 몽골과 함께 이 전투에 참여했는데, 자파르 화자는 이들을 지휘했을 것이다. 같은 종교를 가지고 있기 때문이다. 黃溍 2008, 1: 426.

41 宋濂 1976, 152: 3606. 屠寄는 '팔찰'이 '자파르'의 변형이라고 지적했다. 屠寄 1989, 50: 444; 또한 Pelliot 1933-35, 925-26.

42 馬祖常 1991, 239.

43 〔是戰也, 罄金虜百年兵力, 銷折潰散殆盡, 其國遂衰.〕 趙珙 1983, 13: 14b.

44 *The Secret History*, de Rachewiltz 2006, 1: 175-76; Rashīd al-Dīn 1998, 1: 218.

45 예컨대 맘룩 역사가 이븐 앗다와다리Ibn al-Dawādārī(1309/1310~1335/1316 활동)는 일지īljī(사절)의 칭호를 가진 자파르 화자가 칭기스 칸이 금나라에 보낸 첩자였다고 말했다. Ibn al-Dawādārī 1972, 7: 235; Haarmann 1974, 29-30. Baṭīṭī (2015, 70)는 심지어 황제를 잡은 것이 자파르 화자 덕분이라고 말하고, 이 공적으로 칭기스 칸이 그에게 금 황제의 옥좌와 아내를 주었다고 말한다. 이런 과장된 서술은 자파르가 나중에 금 수도의 행정 책임자로 임명된 데서 나왔을 것이다.

46 Rashīd al-Dīn은 이례적인 더위로 "몽골 병사들이 모두 (전염병 또는 피로에) 시달렸다(ranjūr shuda ast)"라고 말했다. Rashīd al-Dīn 1994, 1: 449. Cf. Rashīd al-Dīn 1998, 1: 220; *The Secret History*, de Rachewiltz 2006, 1: 177.

47 Plano Carpini 1996, 52. 이 기록은 나중에 몽골 포위전 때 금나라 사람들이 인육을 먹었다는 소문에 바탕을 둔 것이거나, 유럽인들이 몽골의 야만성을 인식한 데서 기

인한 것일 수 있다. 이는 또한 이 포위전 동안의 몽골이 처했던 절박한 상황을 반영한 것일 수 있다. 물론 몽골인들은 자기네 가축을 잡아먹는 선택을 했을 가능성이 더 높지만 말이다. Guzman 1991, 31-68.

48 脫脫 1975, 14: 302-4, 306; 楊志玖 2003, 363-69.

49 〔"汝山東·河北郡縣悉爲我有, 汝所守惟燕京耳. 天旣弱汝, 我復迫汝於險, 天其謂我何? 我今還軍, 汝不能犒師以弭我諸將之怒耶?"〕 宋濂 1976, 1: 17; 李心傳 2000, 2: 850. 번역은 Ratchnevsky 1993, 113.

50 李心傳 2000, 2: 850-51.

51 공주는 칭기스 칸의 아이 다섯 명을 낳았다. *The Secret History*, de Rachewiltz 2006, 1: 177; 脫脫 1975, 14: 303-4; 王國維 1983, 13: 67a-b; Rashīd al-Dīn, Shu'ab-i panjgāna. MS Topkapi Sarai, III Ahmet, 2937, fol.105b; Ḥamdallāh al-Mustawfī 2011, 7: 205.

52 당대 중국 문헌에는 이 정예 부대를 규군乣軍이라 불렀다. 그것은 여러 민족 집단의 병사들로 구성됐으며, 그 상당수(예컨대 거란인과 타타르인 등)는 유목민들이었고 주로 금나라의 서북 변경을 따라 주둔하고 있었다. 蔡美彪 2012, 215-47.

53 宇文懋昭 1986, 1: 344.

54 Jūzjānī 1964, 2: 103; Jūzjānī 1881, 2: 965.

55 〔"汝引弓射之, 隨箭所落, 悉畀汝爲己地."〕 宋濂 1976, 120: 2961. 활을 쏘아 봉지를 정하는 것은 몽골의 전통 관습이었다. 칭기스 칸은 공이 있는 측근들에게 금 수도의 봉지를 줄 때 이 관습을 사용했다. Chan 1991, 75-76.

56 劉祁 1983, 4. 그 뒤에 이 저택의 일부는 몽골의 이 지역 행정의 중심 기구인 연경행상서성燕京行尚書省의 관청으로 쓰였다.

57 宋濂 1976, 120: 2961. '철문'은 거용관을 가리킨다. 금나라 사람들이 철을 녹여 관문을 봉쇄했다.

58 Buell 1979, 131-32; Biran 2005, 119-22.

59 陳高華 等 2011, 1: 246. 이 텍스트에 관해서는 洪金富 2012, 48. 삼가르의 군사적 공적에 대해서는 宋濂 1976, 1: 17, 150: 3556, 155: 3611; 부지르의 전기에 관해서는 宋濂 1976, 124: 3059; de Rachewiltz 1993, 131-34.

60 Aigle 2006-7, 65-72.

61 李志常 1983, 13: 2a-2b; Biran 2005, 127-28.

62 趙珙 1983, 13: 10b.

63 de Rachewiltz and Russell 1984, 1-27; Yao 1986, 201-19.

64 李志常 1983, 13: 9b. 이 여행은 장춘진인의 제자 이지상李志常에 의해 기록됐고, 몽골

지배하의 중앙아시아에 관한 중요한 자료다.

65 宋濂 1976, 120: 2961, 202: 4524.

66 李志常 1983, 13: 14a; 陳垣 1988, 539.

67 李志常 1983, 13: 15a; 陳垣 1988, 457.

68 〔"百歲之後, 富貴何在? 子孫無恙, 以承宗祀足矣."〕 宋濂 1976, 120: 2961.

69 宋濂 1976, 120: 2961.

70 Qāshānī 1969, 32.

참고 문헌

顧祖禹. 2005. 讀史方輿紀要. 全十二册. 賀次君·施和金 點校. 北京: 中華書局.

屠寄. 1989. 蒙兀兒史記. 上海: 上海古籍出版社.

馬祖常. 1991. 石田先生文集. 李叔毅 點校. 鄭州: 中州古籍出版社.

宋濂. 1976. 元史. 北京: 中華書局.

楊志玖. 2003. 元代回族史稿. 天津: 南開大學出版社.

榮新江. 2001. 中古中國與外來文明. 北京: 三聯書店.

王國維. 1983. 聖武親征錄校注. 王國維遺書, 卷十三. 上海: 上海書店出版社.

宇文懋昭. 1986. 大金國志校證. 崔文印 校證. 全二册. 北京: 中華書局.

熊夢祥. 2001. 析津志輯佚. 北京: 北京古籍出版社.

元好問. 2004. 元好問全集. 姚奠中 主編. 太原: 山西古籍出版社.

劉祁. 1983. 歸潛志. 北京: 中華書局.

李心傳. 2000. 建炎以來朝野雜記. 徐規 點校. 北京: 中華書局.

李志常. 1983. "長春眞人西遊記校注." 王國維遺書, 卷十三. 上海: 上海書店出版社.

程卓. 2013. "使金錄." 宋代日記叢編, 全三册, 顧宏義·李文 整理標校, 3: 1244-57. 上海: 上海書店出版社.

趙珙. 1983. 蒙韃備錄箋證. 王國維遺書, 卷十三. 上海: 上海書店出版社.

陳高華 等 點校. 2011. 元典章. 全四册. 天津: 天津古籍出版社.

陳曉偉. 2016. "再論'大蒙古國'國號的創建年代問題." 中華文史論叢1: 233-46.

陳垣. 1988. 道家金石略. 北京: 文物出版社.

蔡美彪. 2012. "乣與乣軍之演變." 遼金元史考索, 215-47. 北京: 中華書局.

脫脫. 1975. 金史. 北京: 中華書局.

彭大雅. 2014. 黑韃事略校注. 許全勝 校注. 蘭州: 蘭州大學出版社.

洪皓. 2000. 松漠紀聞. 豫章叢書·史部(一). 陶福履·胡思敬 編. 南昌: 江西教育出版社.

洪金富. 2012. "《元典章》點校釋例續." 元史及民族與邊疆研究集刊 24: 46-54.

黃溍. 2008. 黃溍全集. 王頲 點校. 天津: 天津古籍出版社.

Aigle, Denise. 2006-7. "Iran under Mongol Domination: The Effectiveness and

Failing of a Dual-Administrative System." *Bulletin d'études orientales* 57: 65–78.

Al-Baṭīṭī, Ḥusayn b. ʿAlī. 2015. *Aḥwāl mulūk al-tatār al-mughūl*. Ed. Rasūl Jaʿfariyān. Qom, Iran: n.p.

Biran, Michal. 2005. *The Empire of the Qara Khitai in Eurasian History: Between China and the Islamic World*. Cambridge: Cambridge University Press.

__________. 2007. *Chinggis Khan: Makers of the Muslim World*. Oxford: One-World.

__________. 2013. "Unearthing the Liao Dynasty's Relations with the Muslim World: Migrations, Diplomacy, Commerce, and Mutual Perceptions." *Journal of Song-Yuan Studies* 43: 221–51.

__________. 2015. "The Qarakhanids' Eastern Exchange: Preliminary Notes on the Silk Roads in the Eleventh and Twelfth Centuries." In *Complexity of Interaction along the Eurasian Steppe Zone in the first Millennium C.E., ed. Jan Bemmann and Michael Schmauder*, 575–95. Bonn: Rheinische Friedrich-Wilhelms Universität Bonn.

Buell, Paul D. 1979. "Sino Khitan Administration in Mongol Bukhara." *Journal of Asian History* 13: 121–51.

Chan, Hok-lam. 1991. "Siting by Bowshot: A Mongolian Custom and Its Sociopolitical and Cultural Implications." *Asia Major* 4: 53–78.

Cleaves, Francis W. 1955. "The Historicity of the Baljuna Covenant." *Harvard Journal of Asiatic Studies* 18: 357–421.

de Rachewiltz, Igor, ed. 1993. *In the Service of the Khan: Eminent Personalities of the Early Mongol-Yuan Period*, Wiesbaden, Germany: Harrasowitz.

________________. 2006. *The Secret History of the Mongols: A Mongolian Epic Chronicle of the Thirteenth Century*. 2 vols. Leiden: Brill. de Rachewiltz, Igor, and Terence Russell. 1984. "Ch'iu Ch'u-chi (1148–1227)." *Papers on Far Eastern History* 29: 1–27.

Guzman, Gregory G. 1991. "Reports of Mongol Cannibalism in the Thirteenth-Century Latin Sources: Oriental Fact or Western Fiction?" In *Discovering New Worlds: Essays on Medieval Exploration and Imagination*, ed. Scott D. Westrem, 31–68. New York: Garland Publishing.

Haarmann, Ulrich. 1974. "Altun Hān und Čingiz Hān bei den ägyptischen Mamluken." *Der Islam* 51: 1–36.

Ḥamdallāh al-Mustawfī. 2011. *Ẓafarnāma*. Vol. 7. Tehran: Pazhuhishgāh-i ʿulūm-i insābī wa muṭāliʿāt-i farhangī, 1390sh.

Hansen, Valerie. 2013. "International Gifting and the Kitan World, 907–1125." *Journal of Song-Yuan Studies*43: 273–302.

Ibn al-Dawādārī, Abū Bakr b. ʿAbdallāh b. Aybak. 1972. *Kanz al-durar wa-jāmiʿ al-ghurar*. Vol. 7. Ed. Ulrich Haarmann as *Der Bericht über die frühen Mamluken*. Cairo: Deutsches Archäologisches Insitut Kairo.

Jūzjānī, Minhāj al-Sirāj. 1964. *Ṭabaqāt-i Naṣirī*. Ed. ʿAbd al-Ḥayy Ḥabībī. 2 vols. Kabul: Pūhanī Maṭb.

____________________. 1881. *Tabakat-i-Nasirī: A General History of the Muhammadan Dynasties of Asia: including Hindustan, from A.H. 194 (810 A.D.) to A.H. 658 (1260 A.D.) and the Irruption of the Infidel Mughals into Islam*. Tr. H. G. Raverty. London: Gilbert & Rivington.

Khondamīr [Khwāndamīr], Ghiyāth al-Dīn b. Humām al-Dīn al-Ḥusayn. 1994. *Habibu's-siyar: The Reign of the Mongol and the Turk; Genghis Khan-Amir Temür*. Vol. 3, pt. 1. Ed. and tr. Wheeler M. Thackston. Cambridge, MA: Harvard University Press.

Lane, George. 2012. "Mongol News: The *Akhbār-i Moghulān dar Anbāneh Qutb*, by Quṭb al-Dīn Maḥmud ibn Masʿūd Shīrāzī." *Journal of the Royal Asiatic Society* 22: 541–59.

Pelliot, Paul. 1933–35. "Sur un passage du *Cheng-wou ts'ing-tcheng lou*." In *Qing zhu Cai Yuan pei sheng liushiwu sui lunwen ji* 慶祝蔡元培先生六十五 歲論文集 [Festschrift in Honor of Cai Yuanpei on His Ninetieth Birthday], ed. Institute of History and Philology, Academia Sinica 中央研究院歷史語言 研究所, 2: 907–38. Beijing: Academia Sinica.

Plano-Carpini, John of. 1996. *Historia Mongalorum: The Story of the Mongols Whom We Call the Tartars*. Tr. Erik Hildinger. Boston: Branden Publishing.

Qāshānī, Abū al-Qāsim ʿAbdallāh b. Muḥammad. 1969. *Tārīkh-i Ūljāytū*. Ed. M. Hambly. Tehran: Shirkat-i intishārāt-i ʿulūmī wa farhangī, 1348sh/1969.

Ratchnevsky, Paul. 1993. *Genghis Khan: His Life and Legacy*. Ed. and tr. Thomas Nivison Haining. Oxford: Blackwell.

Rashīd al-Dīn, Faḍl Allāh. *Shuʿab-i panjgāna*. MS Topkapi Sarai, III Ahmet, 2937.

____________________. 1994. *Jāmiʿ al-tawārīkh*. Ed. Muḥammad Rawshan. Tehran:

Nashr-i Alburz, 1373sh/1994.

______________________. 1998. *Rashiduddin Fazlullah's Jami'u't-Tawarikh: Compendium of Chronicles; A History of the Mongols*. Tr. and ed. Wheeler M. Thackston. 3 vols. Cambridge, MA: Harvard University, Department of Near Eastern Languages and Civilizations.

Shīrāzī, Maḥmūd b. Mas'ūd Quṭb al-Dīn. 2010. *Akhbār-i mughūlān*. Ed. Irāj Afshār. Qom, Iran: Kitābkhāna-i Ayatallāh Marashī Najafī, 1389sh/2010.

Yao Tao-Chung [Daozhong]. 1986. "Ch'iu Ch'u-chi and Chinggis Khan." *Harvard Journal of Asiatic Studies* 46: 201–19.

제8장

보두앵 드 에노

흑해 무역로를 개척한 외교 사절

❊

존 기브프리드

오늘날 폴로 일가 사람들은 카안의 궁정에 갔던 최초의 유럽 일반인 여행자로서 보통 기억되고 있다. 그러나 마르코 폴로(1254~1324)가 집을 나서기 25년 전이자 니콜로 폴로Niccolo Polo(1230~1294) 및 마페오 폴로 Maffeo Polo(1252~1309)가 부를 찾아 동방으로 여행하기 10년 전에, 콘스탄티노폴리스의 십자군 황제의 사절 보두앵 드 에노Baudouin de Hainaut가 뭉케 카안(재위 1251~1259)의 궁정으로 사명을 띠고 출발했다.

마르코 폴로에게는 자신의 이야기를 대서사시로 기록해줄 루스티켈로 다 피사Rustichello da Pisa가 있었지만 보두앵에게는 그런 사람이 없었다. 다만 보두앵은 루이 9세(재위 1226~1270)의 파견으로 몽골 땅에 가게 된 프란체스코회 수도사 기욤 드 뤼브룩Guillaume de Rubrouck(1220*~1293*)을 만났고, 그에게 조언을 해주었다. 뤼브룩이 왕에게 올린 보고서는 보두앵 자신의 여행에 관한 우리의 유일한 자료이며, 역사가들이 그의 활동을 재구성할 수 있는 단서를 제공한다. 보두앵의 여행은 콘스탄티노폴리스에서 흑해를 건너 크림반도와 유라시아 초원으로 가는 길을 개척하게 된다.

콘스탄티노폴리스의 십자군

보두앵의 사행使行의 뿌리는 1204년 제4차 십자군의 콘스탄티노폴리스 점령에서 찾을 수 있다. 이 십자군은 플랑드르 백작 보두앵 9세Baldwin IX(1172~1205)가 콘스탄티노폴리스의 로마니아Romania(1204~1261) 제국의 첫 지배자인 보두앵 1세Baldwin I(재위 1204~1205)로 선출되면서 막을 내렸다('로마니아' 제국은 편의적 명칭인 '라틴' 제국으로 불리기도 한다). 그러나 그리스인과 불가리아인이 모두 십자군의 지배에 저항하면서 그들의 정복은 공고해지지 못했다. 그 대신 로마니아(및 그 동맹자인 베네치아)와 불가리아 왕국, 세 동로마 후계 국가들(각기 이피로스Ípiros, 니카이아Níkaia, 트라페준타Trapezoúnta[트레비존드Trebizond]에 본거지를 두고 있었다) 사이에 동로마 세계의 통제권을 둘러싼 60년간에 걸친 투쟁이 이어졌다.[1]

사절인 보두앵 드 에노(황제 보두앵과는 다른 사람이다)는 콘스탄티노폴리스를 정복한 십자군의 일원은 아니었다. 그러나 그는 새 황실과는 가까운 친척이었다. 벨기에 역사가 샤를 베를린덴Charles Verlinden은 보두앵 드 에노가 플랑드르 여女백작 마르그리트Marguerite의 아들이자 황제 보두앵 1세의 손자라고 주장했다.[2] 하지만 출판되지 않은 플라망어 면허장을 보면, 보두앵은 오히려 마르그리트의 사촌이고 따라서 몇몇 로마니아 지배자의 사촌이다.[3] 이 나라에서 가장 오랜 기간 지배했던 군주이자 보두앵 1세의 조카였던 황제 보두앵 2세(재위 1228~1273)도 그 사촌 가운데 하나다.

1219년 이전의 어느 시점에 보두앵 드 에노는 동방의 콘스탄티노폴리스로 가서 로마니아 제국의 귀족으로서 한자리를 차지했던 듯하다. 콘스탄티노폴리스에서 그가 남긴 행적에 대한 기록은 별로 없다. 그는 1219년에 발행된 한 면허장의 증인으로 등장하고 있다.[4] 그 이후 그는 꼭 20년 동안 역사 기록에서 사라진다.

1236년, 몽골은 대대적 동유럽 침공을 시작했다. 주요 목표물 가운데 하나가 쿠만Cuman인들이었다. 그들은 킵착인으로도 알려진 튀르크계 민족으로, 몽골의 지배에 격렬하게 저항했다. 그 대신 달아난 쿠만인들은 대거 발칸반도로 밀려들었다.[5] 가장 큰 집단은 헝가리로 갔고, 그들은 거기서 벨라 4세Béla IV(재위 1235~1270) 왕의 환영을 받았다.[6] 그러나 더 많은 수가 더 남쪽으로 갔고, 그곳에서 그들은 불가리아 및 로마니아와 동맹을 맺었다.

쿠만과 로마니아 사이의 동맹은 이교도들의 의식에 따라 맺어졌다. 쌍방은 물과 포도주를 탄 서로의 피를 나누어 마심으로써 '피를 나눈 형제'가 됐다. 또한 개 한 마리를 양쪽 병사들이 집중적으로 공격한 뒤 잘게 토막 내는 의식을 연출했다. 누구든 협정을 깨면 그런 운명이 된다는 점을 상징하는 것이었다.[7] 로마니아 쪽에서는 보다 전통적인 기독교 방식으로 동맹을 확인했다. 로마니아를 대표하는 세 귀족과 쿠만 수장의 세 딸 사이의 혼인이었다.[8]

이렇게 동맹을 확인하기 위해 보두앵 드 에노는 쿠만 왕 사로니우스Saronius의 딸과 혼인했다.[9] 이 혼인은 10여 년 뒤 황제 보두앵 2세가 보두앵 드 에노를, 몽골 궁정으로 가는 사절을 이끌도록 선택한 이유를 설명해줄 것이다. 보두앵은 아내를 통해 스텝 지역의 언어와 전통에 친숙해졌던 듯하다. 더군다나 아내가 같이 몽골에 갔을지도 모른다. 그렇게 하는 편이 도움이 됐을 것이다. 14세기 피렌체 상인 프란체스코 페골로티 Francesco Pegolotti는 스텝 지역을 여행하는 상인이 쿠만어에 유창한 여성과 동행한다면 보다 편할 것이라고 썼다.[10]

이 쿠만 동맹으로 로마니아 제국은 그리스인들과의 관계에서 단기적 이득을 얻었지만, 몽골의 분노 또한 사고 말았다. 몽골은 헝가리를 초토화하고 나서 남쪽으로 방향을 돌려 로마니아 제국과 불가리아, 그리고 그들의 동맹인 쿠만을 향했다.[11] 황제 보두앵 2세는 몽골과 치른 첫 번째 격돌에서 승리했지만, 이어진 전투에서 패하고 말았다. 두 차례의 전투는 모두 1242년 무렵에 벌어졌다.[12] 그럼에도 불구하고 몽골은 공성 장비가 없었으므로 십자군의 요새들을 함락할 수 없었고, 이에 따라 그들의 군대를 동쪽으로 철수하고 말았다.[13]

이 공격의 결과는 곧이어 벌어진 쾨세다으 전투(1243)[14]에서 튀르크(셀주크)와 그 동맹자들이 패배한 사실과 더불어 에게해 지역에서 그리스계 니카이아 제국 하나를 빼고는 모든 주요 세력이 몽골의 침략에 의해 약화됐음을 의미했다. 니카이아는 그 공백을 메우며 이 지역의 지배적 세력으로 떠올랐다.[15]

몽골인과의 만남

몽골의 동유럽 침공은 서방을 거의 경악시켰다. 몽골이나 그들의 의도에 대해서는 알려진 것이 거의 없었다. 그래서 교황 인노켄티우스 4세는 1246년 리옹 공의회Council of Lyons를 소집했다. 무엇보다도 유럽이 몽골에 대해 어떻게 대응해야 하는가를 논의하기 위한 것이었다.

유럽의 종교 지도자 및 세속 지도자들 가운데 프란체스코 수도사와 도미니코회 수도사들을 파견해 몽골인들을 찾아내서 그들의 속셈을 알아보자는 데 동의한 사람들이 있어(보두앵 2세도 그 가운데 한 사람이었다) 다섯 팀이 꾸려졌다.[16] 프란체스코회의 조반니 다 피안델카르피네〔플라노 드 카르피니〕(1185*~1252)가 이끈 한 팀은 동유럽, 러시아, 스텝 지역을 가로질러 여행해 마침 대칸 구육(재위 1246~1248)의 즉위식을 볼 수 있었다.[17] 다른 특사들은 그렇게 운이 좋지 않았다. 그들은 모두 서아시아로 보내져 실크로드를 따라 동방으로 가는 전통적인 길을 따라갔다. 그러나 앙드레 드 롱쥐모André de Longjumeau, 니콜라 아셀리노,[18] 도밍고 데 아라곤Domingo de Aragon, 로렌수 드 포르투갈Lourenço de Portugal 등이 이끈 사절단들은 모두 몽골과 어떤 의미 있는 접촉을 하는 데 실패했다. 나중 두 사람은 동방 기독교도들과의 접촉으로 초점을 바꾸어서 조금 성공한 듯하지만 말이다.[19]

곧 두 번째 특사의 파도가 이어졌다. 몽골과 유럽 사이의 접촉이 늘어난 덕분이었다. 프랑스 왕 루이 9세는 동방의 십자군 원정 중에 그러한 사절단을 두 차례 보냈다. 앙드레 드 롱쥐모가 이끈 사절단과, 기욤 드 뤼브룩이 이끈 사절단이었다. 이 두 사절단의 중간 시기에 루이의 친척이자 동방에서의 동맹자였던 보두앵 2세 황제가 자신의 사절단을 몽골에 보냈다. 보두앵 드 에노가 이끈 사절단이었다.

보두앵 드 에노가 사절로 가게 된 정확한 사정은 분명치 않다. 그럼에도 불구하고 기존 이론 가운데 하나는 폐기할 수 있다. 보두앵 2세가 몽골과의 전투에서 사로잡혀 자신과 자신의 제국이 몽골에 복속하게 됐음을 시사한다는 주장이다.[20] 이 이론에 따르면, 10년 후 보두앵 드 에노가 몽골에 간 목적은 콘스탄티노폴리스의 십자군 정권이 새로운 대칸 뭉케에게 충성을 맹세하고 그로부터 자신의 작위를 확인받거나 야를릭yarligh(몽골어 자를릭jarlig, 칙령)을 받으려던 것이 된다.[21]

이는 문제가 있는 가설이다. 보두앵이 굴복했다는 증거가 전혀 없기 때문이다. 더구나 보두앵 2세는 몽골에 항복한 죄로 파문을 당했어야 한다. 안티오키아의 십자군 군주가 항복했을 때 그랬듯이 말이다.[22] 그러나 보두앵은 리옹 공의회에서 인노켄티우스 교황의 오른쪽에 앉았다.[23] 분명히, 이교도 유목민들에게 신하가 되겠다고 맹세한 사람이 그런 대우를 받을 수는 없다. 더구나 기욤 드 뤼브룩이 몽골에 복속한 에게해 지역의 나라들을 열거할 때 그는 로마니아를 포함하지 않았다.[24]

이 사행의 이유로서 보다 믿을 수 있을 만한 것이 알렉산다르 우젤라츠Aleksandar Uzelac의 최근 두 논문에서 발표됐다. 그는 보두앵 2세가 그리스계 경쟁자들과의 싸움에서 몽골의 도움을 얻기 원했다고 주장한다. 우젤라츠는 이를 보두앵의 '유목민 외교'라고 불렀다. 보두앵 2세가 쿠만과 동맹을 맺었듯 스텝 부족들과 동맹을 맺으려는 의지를 말한다. 서유럽 지배자들은 국내와 '성지'에서의 절박한 필요에 정신이 팔려 보두앵 2세를 도우러 오는 데 관심을 보이지 않고 있었기 때문이다.[25]

어떻든 보두앵 드 에노를 사절로 파견한 직접적 원인은 규명하기 어렵다. 우젤라츠는 두 가지 가능성을 제시한다. 하나는 니콜라 아셀리노 파견과 앙드레 드 롱쥐모의 제2차 사절 파견 이후 몽골 사절이 교황의 궁정에 왔을 가능성이다. 이 파견은 1249년 키프로스의 루이 9세에게 파견된 한 몽골 총독이 했던 동맹 약속에 응하는 것이었다.[26] 그러나 보두앵 드 에노가 이런 국면들 가운데 한 시기에 파견됐다면 그는 뭉케(재위 1251~1259) 대칸을 만나기 훨씬 전에 도착했을 것이다.

더 가능성이 높은 것은 테오돌루스Theodolus라는 시리아 기독교도 사기꾼의 파견이다. 그는 본래 앙드레 드 롱쥐모의 2차 사행의 일원이었다. 그러나 일행을 떠나 나중에 홀로 뭉케를 만나러 갔다.[27] 거기서 그는 공상적 이야기를 지어냈다. 몽골이 세계를 지배할 것이라고 예언하는, 금색 잉크로 밀봉한 하늘의 편지를 가지고 왔는데 어쩌다가 잃어버렸다는 주장이었다.[28]

그럼에도 불구하고 뭉케는 테오돌루스를 대리인으로 삼아, 루이 9세와 교황에게 보내는 사절을 이끌도록 했다. 그들을 복속시키겠다는 것이었다. 테오돌루스는 스텝 지역을 가로지르고 흑해를 지나 니카이아로 갔고, 거기서 그리스계 황제에 의해 구금됐다.[29] 이 거짓말쟁이는 자신의 신분을 증명해주는 편지를 내놓지 못해 구금됐고, 그가 그동안 모은 선물과 공물도 모두 압수당했다.[30]

우리가 알기에 지나는 도시들에서 공물을 거둔 이 사절단이 테오돌루스의 여정에서 라틴계 서방의 첫 주요 도시인 콘스탄티노폴리스를 곧장 지나쳐 가고 그 직후에 결코 자신들에게 친화적이지 않은 도시 니카이아에 머물게 됐다는 것은 매우 비논리적이다. 따라서 테오돌루스는 거의 틀림없이 콘스탄티노폴리스에 머물렀을 것이고, 그의 방문으로 보두앵 2세 황제는 보두앵 드 에노를 몽골에 보내기로 결심했을 것이다. 결정적인 것은 아니지만, 이 이론은 증거와 가장 잘 부합하고 보두앵의 출발 시간도 대칸과 만날 수 있는 시간과 부합한다.

이렇게 해서 보두앵 드 에노는 1251년 말 또는 1252년 초에 콘스탄티노폴리스를 출발해 흑해를 건너고 육로를 통해 사르탁Sartaq(재위 1256~1257)의 숙영지로 갔다. 보두앵 드 에노는 금장 칸국〔킵착 칸국, 주치 울루스〕의 첫 통치자 바투 칸(재위 1227~1255)의 아들이자 후계자로 친기독교적 인물이었다. 그곳에서 그는 사르탁의 최측근으로부터 유럽의 지배자 가운데 누가 가장 강대하냐는 질문을 받았다.[31] 보두앵 드 에노는 그곳을 떠나 카라코룸을 향했고, 아마도 사라이에 있는 바투의 궁정을 거쳤을 것이다.[32]

그런 뒤에 보두앵 드 에노는 콘스탄티노폴리스로 귀국했고, 거기서 프란체스코회 수도사 기욤 드 뤼브룩을 만났다. 기욤은 루이 9세에 의해 사르탁의 궁정에 파견돼 이 왕자와의 관계를 트려 했었고, 자신은 알지 못했지만 뭉케의 궁정으로 〔보두앵이 했던 것과〕 같은 여행을 떠나기 직전이었다(지도 8-1 참조).

보두앵 드 에노가 그리스계 국가들을 상대로 한 몽골의 군사 원조를 청하러 갔었는지는 모르지만, 이후 그런 움직임은 전혀 없었다. 그러나 이 사행은 금장 칸국과 로마니아 사이의 외교 관계를 열었거나 기존 관계를 강화하는 데 이바지했다.[33]

더구나 보두앵의 사행 시기는 로마니아 제국과 베네치아의 그 동맹자들이 흑해에서 정치적·군사적·경제적 개입을 늘렸던 10년의 시작과 일치한다. 보두앵 2세 황제는 기욤 드 뤼브룩을 몽골에 보내면서 자신이 서명한 외교상의 신임장을 주었고, 크림반도에 있던 베네치아 상인들은 기욤에게 몽골의 숙영지로 가는 최선의 방법에 대해 조언했다.[34] 이 두 가지는 모두 보두앵과 베네치아인들이 몽골 궁정과 친밀한 관계였음을

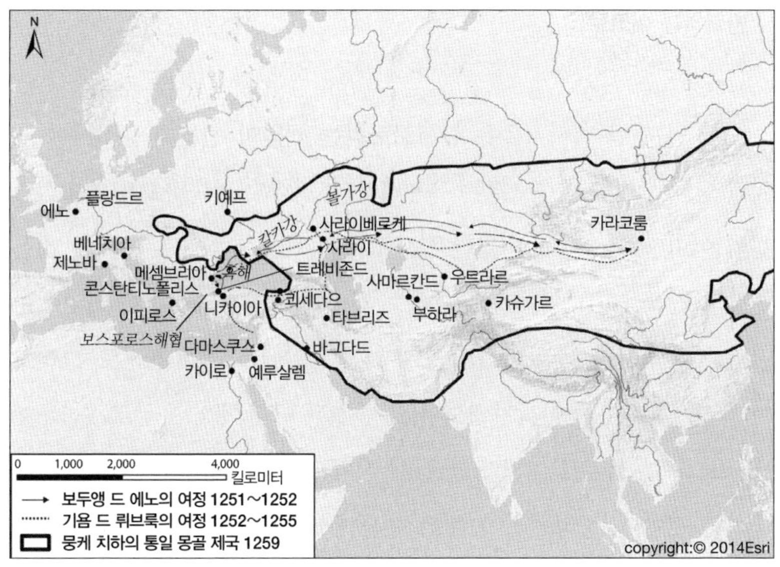

지도 8-1 보두앵 드 에노의 세계(1250년대 무렵)

시사한다. 동시에 보두앵 2세는 또한 몽골의 속국이자 흑해 무역의 중심지인 그리스계 트레비존드 제국과 혼인 동맹을 추진했다.[35]

베네치아는 또한 1000명의 무장 병력을 가진 수비대의 유지비를 지불함으로써 로마니아를 강화하자고 제안했다.[36] 게다가 1258년에는 베네치아 함대가 흑해 서안에 있는 도시 메셈브리아Mesembria를 점령했다.[37] 3년 뒤 베네치아인들과 십자군들은 다프누시아Daphnousia섬(현재 터키의 흑해 연안에 있는 케프켄Kefken섬이다)을 공격했다. 이 작은 섬은 보스포로스해협을 나와 동쪽으로 갈 때 만나는 첫 항구였고, 이에 따라 옆바람으로 인해 배들이 보스포로스해협으로 들어가지 못할 때 이 섬이 안전한 항구가 돼주었다.[38] 1250년대에 이렇게 여러 움직임이 일어난 이유는 아마도 세계 무역에서 큰 변화가 일어난 때문이었을 것이다. 바로 새로운 실크로드의 탄생이었다.

변화하는 실크로드

수십 년 동안 역사가들은 실크로드라는 개념이 전근대 유라시아 교역의 형태에 대한 압축으로는 유용하지만, 하나의 단순하고 불연속적인 길의 이미지로 아시아를 횡단하는 모든 장거리 교역을 나타내는 것은 현장의 진실을 지나치게 단순화하는 것이라고 생각해왔다.[39] 그러나 이 글의 목적상 몽골 등장 이전의 오랜 기간 동안에 비단과 향신료, 그리고 기타 사치품들이 동아시아에서 서로 연결된 여러 개의 육상로(우리는 이를 '실크로드들'로 부를 수 있다)를 통해 서쪽으로 흘러갔다고 말하는 편이 공정할 것이다. 중앙아시아·페르시아·메소포타미아를 거쳐 지중해 동안으로 가서 그곳에서 이탈리아 상인들이 이 물건들을 유럽 시장으로 가져갔다.[40]

몽골의 등장은 이 실크로드들에 많은 변화를 가져왔다. 주된 이유는 유라시아 대륙 대부분이 처음으로 단 하나의 세력에 의해 통제됐다는 점이다. 이 글에서 보여주겠지만, 몽골의 지배기에 일어난 한 가지 중요한 진전은 유라시아 초원을 가로질러 흑해에서 끝나는 좀 더 북쪽의 실크로드가 개발됐다는 점이다. 1250년대에 실크로드는 극적 격변을 겪었다. 몽골의 침입과 성지에서 벌어진 기독교 내부의 다툼 때문이었다.[41] 뭉케의 동생 훌레구(1218~1265)는 서아시아를 가로지르는 몽골의 서방 침공을 이끌며 옛 실크로드상에 있는 도시들을 초토화하고 정복했다. 가장 유명한 곳이 바그다드였고, 그곳은 1258년 점령됐다.[42]

한편, 오랫동안 끓고 있던 성지 기독교도들 사이의 경쟁이 아코Akko에 있는 삽바스Sabbas(439~532) 성인의 수도원 마르사바Mar Saba를 둘러싼 분쟁으로 분출됐다.[43] 이 '삽바스 성인 전쟁'은 곧바로 예루살렘 왕국에서의 전면적 내전으로 비화했다. 한쪽은 제노바와 구호기사단, 그리고 예루살렘 왕국의 호족 일파로 이루어졌고, 다른 한쪽은 베네치아와 성전기사단, 그리고 예루살렘의 다른 호족들로 구성돼 있었다. 아코는 전면적 시가전으로 초토화됐다. 양측의 공성 무기들이 밤낮으로 불을 뿜었고, 1년이 지나 제노바 구역이 함락되고 나서야 전투가 끝났다.[44]

전쟁은 곧 에게해 지역으로 확산됐고, 그곳이 베네치아와 제노바 사이의 지중해 횡단 전쟁에서 중요한 전쟁터가 됐다.[45] 1261년, 제노바는 베네치아의 적인 그리스계 니카이아 제국과 동맹을 맺으면서 해군의 지원을 약속하고 그 대가로 베네치아가 에게해와 흑해 지역에서 가지고 있는 재산과 교역 이권을 받기로 했다.[46] 그해에 그리스계 세력들은 콘스탄티노폴리스를 탈환했다. 역시 같은 해에 이제 이란과 메소포타미아(1260~1335)를 기반으로 한 몽골 국가인 일 칸국의 첫 번째 통치자가 된 훌레구는 같은 몽골인인 금장 칸국의 베르케Berke(재위 1257~1266) 칸을 공격해 캅카스산맥 이남에 있는 베르케의 영토 전부를 점령했다. 가장 중요한 도시가 타브리즈였다.[47]

과거 역사가들은 이 순간을 대전환을 위한 촉매제로 보았다. 베르케는 스텝 지역에서 고립돼버렸고, 실크로드의 부를 이용할 수 없었다.[48] 이에 따라 그는 이집트의 맘룩 술탄국과 동맹을 맺었다. 공통의 적인 몽골계의 일 칸국과 싸우기 위해서였다. 그는 또한 주로 제노바인 같은 서방 상인들을 꾀어 실크로드의 새로운 가지를 개척했다. 제노바인들은 그들의 그리스계 동맹자들이 베네치아인들을 몰아낸 뒤 이제 막 흑해 지역에서 장사를 시작한 참이었다.[49] 그들은 크림반도에 있는 자기네 기지에서 비단과 향신료, 그리고 기타 사치품들을 입수할 수 있었고 또한 금장 칸국에서 보내는 군사 원조를 이집트의 동맹자들에게 실어 보낼 수 있었다.

그러나 이하의 마지막 절에서는 이 새로운 실크로드가 1261년의 콘스탄티노폴리스와 타브리즈 함락 이전에 생겼음을 보일 것이다. 이와 함께 보두앵 드 에노 같은 사람들에 의한 외교적 접촉이 이 새로운 교역망의 발달에 중요했다는 사실도 검토할 것이다. 하지만 몽골 시기의 교역관계 발전을 분석하기에 앞서 몽골인들이 도래하기 이전 흑해 무역의 특성에 대해 먼저 논의해봐야 한다.

흑해 무역의 진화

중세의 거의 전 시기에 걸쳐 흑해는 러시아·스칸디나비아와 스텝 지역에서 들어오는 물건들을 콘스탄티노폴리스로 전해주는 통로 노릇을 했다. 러시아는 스칸디나비아와 동로마 제국 사이의 무역 집산지로서 바이킹들에 의해 만들어졌다. 꿀과 모피에서부터 동로마 황제의 개인 경호대인 유명한 바랑고스Varangos 친위대에 이르기까지 모든 것을 남쪽 콘스탄티노폴리스로 보냈다.[50] 드녜프르Dnieper강을 따라 구불구불 내려가는 이 무역은 키예프를 중세 러시아의 중심지로 만들었다. 1204년 이전에 동로마 제국은 이탈리아 상인들의 흑해 무역 참여를 엄격히 제한했다.[51] 1204년 제4차 십자군이 콘스탄티노폴리스를 점령한 뒤 이 제한은 자취를 감추었다.

제4차 십자군과 1230년대 말 몽골의 러시아 정복 사이의 기간에 베네치아가 어느 정도나 흑해 무역에 참여했는지에 대해서는 논란이 있다. 이 시기에 흑해에서의 무역을 언급하는 베네치아의 통상 관련 기록으로 지금까지 남아 있는 것은 단 세 건뿐이고, 이들이 말해주는 바는 관련된 상인들의 이름 정도다.[52] 그러나 조반니 다 피안델카르피네는 키예프에서 베네치아 상인들을 만났고, 기독교도 저자 및 이슬람교도 저자들은 몽골의 정복 이전과 이후에 모피(검은여우, 다람쥐, 흰담비, 비버 등) 교역이 계속됐음을 기록하고 있다.[53]

교역 역시 이 시기에는 또 다른 분야에서 활기를 띠었다. 바로 노예다.[54] 노예는 수백 년 전부터 흑해 상업에서 주종 품목이었지만, 몽골의 침공 이후 노예 공급이 증가하면서 이 시장에서 호황이 이어졌다. 노예와 관련된 거래로 기록에 남은 최초의 사례(한 러시아 여성이 콘스탄티노폴리스에서 베네치아로 보내졌다)가 1223년의 것이라는 사실은 주목할 만하다. 몽골이 칼카Kalka강에서 대승한 바로 그해다.[55] 시장은 곧 노예들로 넘쳐나서 기욤 드 뤼브룩조차도 니콜라스Nicholas라는 이름의 남자아이 노예를 사서 여행 중에 자신을 돕게 한다.[56]

베네치아인들은 이 노예들을 팔 좋은 시장을 서아시아에서 발견했다. 그곳에서는 지배자들이 노예 병사 즉 맘룩들로 자기네 군대를 강화하려 하고 있었다.[57] 실제로 노예 무역은 1261년 이전에도 규모가 매우 커서, 교황 인노켄티우스 4세가 개입해 베네치아인들과 다른 이탈리아 상인들이 매우 많은 기독교도 노예를 이슬람교도들에게 판다며 질책해야 했다.[58] 1261년 이후 제노바인들은 노예 무역의 수준을 한 단계 높여, 대량의 노예 병사들을 배에 실어 이집트로 보내 맘룩 군대를 강화할 수 있게 했다.[59]

노예 무역이 베네치아와 제노바 상인들에게 돈이 되는 것이긴 했지만, 크림반도 시장을 특히 귀중하게 만든 것은 이 시장의 다른 두 상품 즉 비단과 향신료였고 이것들은 1250년대 초 이곳을 방문한 기욤 드 뤼브룩에 의해 처음 보고됐다.[60] 아마도 이러한 점이 베네치아와 로마니아 제국이 1250년대에 이 지역을 확보하려 많은 노력을 기울인 이유일 것이다.

동지중해 무역이 이슬람교도와 몽골 사이의 전쟁 및 '삽바스 성인 전쟁'으로 위협을 받자 베네치아인들은 흑해에 더 공을 들였다. 당시 레반트에서 벌어진 전쟁에서 패배한 제노바 역시 성지를 탈환하기보다는 흑해를 그리스인들의 지원을 받는 숙적 베네치아인들로부터 빼앗는 것이 최선이라는 결론을 내렸다. 이는 양측이 흑해 무역에서 얻을 수 있는 수익을 얼마나 높게 평가했는지를 분명하게 말해준다. 이 이른 시기에 그곳에서 동방의 사치품 교역은 물량 면에서 많지 않았지만, 더 많은 교역이 이루어질 가능성은 존재했다. 외교적 전망에 따른 것이었다.

따라서 베르케 치하에서 이 실크로드의 특징이 되는 상품들의 교역은 모두 그의 치세 이전부터 있었던 것으로 보인다. 나는 그 대신에 이 루트가 그의 형 바투의 외교 정책에서 비롯한다고 주장한다. 1250년대에 몽골 권력의 중심축은 서쪽으로 옮겨졌다. 뭉케의 근거지 카라코룸에서 스텝 지역에 있는 바투의 땅으로다.[61] 바투는 뭉케의 즉위를 도왔고 변경에 위치해 있어 반半독립적 지위를 누렸는데, 이는 몽골과의 교섭을 추구하는 유럽과 서아시아의 사절들이 바투의 궁정으로 와야 하고 그에게 선물을 바쳐야 한다는 의미였다. 그러면 바투는 그들을 카라코룸으로 보내는 것이다. 그의 사촌에 대한 충성 서약 행위였다.[62]

그러나 바투의 궁정으로 오는 길에는 또 다른 기착지가 있었다. 급이 높은 바투의 봉신封臣인 아들 사르탁의 땅과 동생 베르케의 땅이다. 뤼브룩은 사르탁의 숙영지가 러시아인·블라크Vlach인·불가리아인·체르케스인·알란인과 크림반도에서 오는 사람들이 바투의 궁정으로 가는 경로에서 어떻게 위치하는지를 적고 있다.[63] 기독교도로 이름이 널리 알려진 사르탁은 이 기독교도 방문자들로부터 많은 선물을 받았다. 마찬가지로 아나톨리아와 서아시아에서 오는 사절들이 택하는 경로인 그루지야에 숙영지가 있던 베르케는 이슬람교를 받아들이고 이슬람 세계에서 오는 사절들로부터 많은 선물을 받았다.[64]

몽골 세계에서는 공물과 교역이 함께 가는 것이었다. 예를 들어 니콜로와 마페오 폴로가 보석을 가지고 베르케의 궁정으로 가서 그것을 칸에게 이문을 붙여 팔았는지, 아니면 그에게 그냥 선물로 주고 그 대신 푸짐한 보상을 받았는지는 분명치 않다.[65] 이 너그러움은 상인들을 몽골 궁정으로 끌어들이는 검증된 방법이었다. 우구데이는 상인들이 가져온 물건이 최상급이 아니어도 그들에게 턱없이 많은 답례를 했으며, 그의 아들 구육은 넉넉하게 주기로 유명했다.[66]

어떻든 이들 몽골 지배자들의 궁정은 1261년보다도 훨씬 전에 교역을 끌어들이고 있었다. 뤼브룩은 바투의 숙영지는 어디로 옮기든 시장이 따라다녔다고 말했다.[67] 뭉케의 개혁 이전에 상인들은 사절들을 따라 몽골의 우전郵傳 조직을 공짜로 이용했다.[68] 그렇지만 크림반도에서 중국까지 여행하는 상인들보다는 지역적으로 장사하는 사람들이 틀림없이 훨씬 많았을 것이다. 물론 전통적인 실크로드에서도 그랬을 것이다.[69]

바투의 카라코룸행 북방 외교 '초고속도로'와 그 주위에서 성장하게 되는 교역망은 두 가지의 주요 장점을 지니고 있었다. 바로 속도와 안전이다. 100년도 지나지 않아 피렌체 상인 페골로티는 크림반도에서 중국으로 가는 여정을 동방으로 가는 가장 안전하고 가장 빠른 길이라고 말했다.[70] 그러나 이는 기독교 세계에서 몽골로 외교 사절을 보내던 가장 이른 시기에도 마찬가지였다. 피안델카르피네, 뤼브룩, 보두앵 드 에노

등 북방 여행을 시도했던 세 사절은 모두 몽골의 심장부에 갔다가 다시 고국으로 돌아오는 일을 별다른 어려움 없이 해냈다. 반면에 전통적인 실크로드의 남방 길을 따라갔던 사람들 가운데는 앙드레 드 롱쥐모만이 자신의 두 번째 여행에서 몽골 궁정에 갈 수 있었다. 그러나 앙드레는 몽골 부왕의 전폭적 보호와 지원에도 불구하고 돌아오는 도중에 알레포에서 투옥됐다.[71]

그러나 피안델카르피네는 1240년대 중반에 리옹에서 몽골까지 비교적 안전하게 여행할 수 있었지만, 구육의 궁정까지 가는 데는 15개월이 걸렸다. 뤼브룩이 콘스탄티노폴리스에서 뭉케의 궁정까지 8개월 걸린 것과 비교하면 상당히 오래 걸린 것이다.[72] 그 이유는 동유럽을 통과하는 육로 여행이 길었기 때문이다. 금장 칸국에서 이탈리아로 가는 교역로를 가능하게 했던 것은 지중해를 건너고 콘스탄티노폴리스를 지나 흑해를 거쳐 바로 몽골의 문 앞인 크림반도까지 항해할 수 있었던 상인들의 능력이었다. 이 흑해 지름길은 보두앵 드 에노 몽골 사행의 커다란 유산이었다. 보두앵 드 에노는 이 길을 택한 유럽인 가운데 우리가 알 수 있는 첫 번째 사람으로서, 뤼브룩 같은 외교 사절과 폴로 집안 같은 상인들이 곧 따라가게 되는 길을 개척했다.[73] 이 길은 100년도 되지 않아 유럽과 동아시아 사이를 연결하는 주요 도로가 된다.

따라서 흑해를 건너는 이 교역 회랑回廊이 열리기 시작하던 초기에도 베네치아와 그 동맹인 로마니아 제국이 이 교역로의 장악을 최우선 관심사로 올려놓은 것은, 특히 남방 노선이 불안정함을 감안하면 당연한 일이었다. 불행하게도 흑해를 통제하려는 이 욕망은 로마니아 제국의 파멸을 초래했다. 1261년 여름의 6월 어느 날 밤, 베네치아 함대가 다프누시아섬을 점령하려고 나가 있을 때, 본래 불가리아를 공격하려던 그리스계 니카이아군은 콘스탄티노폴리스가 사실상 무방비 상태임을 알아차리고는 기습을 감행해 방어가 허술한 성문을 제압하고 도시를 점령했다.[74] 이 공격으로 동로마 제국이 회복되고 동맹자인 제노바인들은 흑해 무역에서 거의 반세기 동안 지배적 위치를 차지했다. 그것이 이 도시에 비길 데 없는 부를 가져다주었다.

결론

우리 이야기의 주인공들에 대해 말하자면, 보두앵 2세 황제는 그의 인생 마지막 10여 년 동안 유럽 각지를 돌아다니며 자신이 가진 모든 것을 팔았고, 자신의 복위를 위한 원조를 구했지만 성과를 거두지 못했다.[75] 그의 사촌 보두앵 드 에노 또한 다시 떠돌이가 됐지만, 그는 1262년에 또 다른 사촌 플랑드르의 여백작 마르그리트로부터 땅을 하사받아 오늘날의 벨기에에서 지역 소小영주로서 조용한 생활에 정착했다.[76] 이로써 보두앵 드 에노는 지금까지 만들어졌던 최대 육상 제국의 역사에서 각주脚註로 사라져갔다.

주

이 연구는 유럽연합의 제7차 프레임워크 프로그램(FP/2007-13)/ERC 보조금 협약 n. 312397하에서 유럽연구협의회ERC의 지원을 받았다.

1 Wolff 1962, 200-201.

2 Verlinden 1952, 125-28.

3 《플랑드르의 마르그리트 여백작이 보두앵 드 에노에게 주는 면허장》, 1262.

4 Tafel and Thomas 1856-57, 2: 214-15.

5 Vásáry 2005, 63-64; 또한 이 책의 슈라니의 글을 보라.

6 Jackson, 2005, 61.

7 Joinville 1995, 244; Joinville 2009, 475.

8 Trois-Fountaines 1874, 950.

9 Vásáry 2005, 66.

10 Pegolotti 1936, 21-22; tr. Yule and Cordier 1914, 3:153.

11 Giebfried 2013, 132-33.

12 Giebfried 2013, 133.

13 Giebfried 2013, 133.

14 쾨세다으 전투에 관해서는 이 책 이을드즈의 글을 보라.

15 Giebfried 2013, 133-35.

16 Jackson 2005, 87; Roncaglia 1953, 36; Baldwin 1985, 472.

17 피안델카르피네 사행의 개관을 위해서는 Dawson 1980, xv-xvii.

18 아셀리노의 실패한 사행에 관해서는 이 책 이을드즈의 글을 보라.

19 Baldwin 1985, 472-75; Dawson 1980, xviii-xix. 로렌수 드 포르투갈에 관해서는 Roncaglia 1953, 33-44; 니콜라 아셀리노에 관해서는 Guzman 1971, 234-49; 도밍고 드 아라곤에 관해서는 Tisserant 1924, 340-55.

20 Richard 1992, 118; Hamilton 2014, 50.

21 Richard 1992, 118.

22 Richard 1999, 410-11.

23 Abulafia 1988, 361.

24 Jackson 2005, 117.

25 Uzelac 2012, 64-65.

26 Uzelac 2015, 67.

27 Rubruck, ed. van den Wyngaert 1929, 253-54; tr. Jackson 2009, 184.

28 Rubruck, ed. van den Wyngaert 1929, 254; tr. Jackson 2009, 184.

29 Rubruck, ed. van den Wyngaert 1929, 254-5; tr. Jackson 2009, 185-86.

30 Rubruck, ed. van den Wyngaert 1929, 255; tr. Jackson 2009, 186.

31 Rubruck, ed. van den Wyngaert 1929, 151; tr. Jackson 2009, 115.

32 Rubruck, ed. van den Wyngaert 1929, 201; tr. Jackson 2009, 200.

33 Uzelac 2015, 70-71.

34 Uzelac 2015, 69-71.

35 Joinville 1995, 294; Joinville 2009, 293.

36 Norden 1903, 759-60.

37 Riant 2004, 1: 157.

38 Geanakoplos 1959, 99.

39 Christian 2000, 2-6; Hansen 2017, 5-8; Jackson 2017, 210-11.

40 Lambton 1988, 333-34; Jackson 2005, 295-301; Jackson 2017, 214-17.

41 Karpov 2011, 419-20.

42 Jackson 2017, 128-31, 164-68; 또한 이 책 호두스의 글과 이을드즈의 글을 보라.

43 Marshall 1992, 39-40.

44 Marshall 1992, 225-28.

45 Longnon 1962, 220-21.

46 Geanakoplos 1959, 84-85, 87-89.

47 Ciocîltan 2012, 148.

48 Saunders 1977, 67-76; Ciocîltan 2012, 148-57.

49 Ciocîltan 2012, 150-52.

50 Frankopan 2017, 122-23.

51 Jacoby 2007, 698.

52 Della Rocca and Lombardo 1971, 18-20, 83-84, 200-201.

53 Carpini, ed. van den Wyngaert 1929, 129; tr. Dawson 1980, 71; Ciocîltan 2012, 142, 146-47.

54 Frankopan 2017, 114-32.

55 Jacoby 2007, 690–91.

56 Rubruck, ed. van den Wyngaert 1929, 170; tr. Jackson 2009, 69.

57 맘룩 노예 시장에 관해서는 이 책 마조르의 글을 보라.

58 Jacoby 2007, 690–91.

59 Saunders 1977, 73.

60 Rubruck, ed. van den Wyngaert 1929, 166; tr. Jackson 2009, 64.

61 Ciocîltan 2012, 51–53.

62 Ciocîltan 2012, 53.

63 Rubruck, ed. van den Wyngaert 1929, 209; tr. Jackson 2009, 126.

64 Rubruck, ed. van den Wyngaert 1929, 209; tr. Jackson 2009, 127.

65 Polo 1986, 105; Polo 2016, 3.

66 May 2016, 104.

67 Jackson 2017, 215.

68 May 2016, 106.

69 Jackson 2017, 211.

70 Pegolotti 1936, 22–23; tr. Yule and Cordier 1914, 3: 152.

71 Jackson 2009, 35.

72 Carpini, ed. Van Den Wyngaert 1929, lx, 116; tr. Dawson 1980, xv, 61; Rubruck, ed. Van Den Wyngaert 1929, 164; tr. Jackson 2009, 61, 176.

73 Uzelac 2015, 70–71.

74 Wolff 1962, 231.

75 Wolff 1962, 232.

76 《플랑드르의 마르그리트 여백작이 보두앵 드 에노에게 주는 면허장》, 1262.

참고 문헌

Abulafia, David. 1988. *Frederick II: A Medieval Emperor*. Oxford: Oxford University Press.

Allsen, Thomas. 1997. *Commodity and Exchange in the Mongol Empire: A Cultural History of Islamic Textiles*. Cambridge: Cambridge University Press.

Baldwin, Marshall W. 1985. "Missions to the East in the Thirteenth and Fourteenth Centuries." In *History of the Crusades*. Vol. 5. *The Impact of the Crusades on the Near East*. ed. N. P. Zacour and H. W. Hazard, 452-518. Madison: University of Wisconsin Press.

Charter of Countess Margaret of Flanders to Baldwin of Hainaut, 1262. Archives Déartementales du Nord, CC série B 1357, n. 1293.

Ciocîltan, Virgil. 2012. *The Mongols and the Black Sea Trade in the Thirteenth and Fourteenth Centuries*. Tr. Samuel P. Willcocks. Leiden: Brill.

Christian, David. 2000. "Silk Roads or Steppe Roads? The Silk Roads in World History." *Journal of World History* 11.1: 1-26.

Dawson, Christopher. 1980. *The Mission to Asia*. Toronto: University of Toronto Press.

della Rocca, Roberto Morozzo, and Agostino Lombardo. 1971. *Documenti del commercio veneziano nei secoli XI/XIII*. Turin: Bottega d'Erasmo.

Frankopan, Peter. 2017. *The Silk Roads: A New History of the World*. New York: Vintage Books.

Geanakoplos, Deno John. 1959. *Emperor Michael Palaeologus and the West, 1258-1282*. Cambridge: Cambridge University Press.

Giebfried, John. 2013. "The Mongol Invasions and the Aegean World (1241-61)." *Mediterranean Historical Review* 28: 129-39.

Guzman, Gregory G. 1971. "Simon of Saint-Quentin and the Dominican Mission to the Mongol Baiju: A Reappraisal." *Speculum* 46: 232-49.

Hansen, Valerie. 2017. *The Silk Road: A New History with Documents*. Oxford: Oxford

University Press.

Hamilton, Bernard. 2014. "The Latin Empire and Western Contacts with Asia." In *Contact and Conflict in Frankish Greece and the Aegean, 1204–1453*, ed. Nikolaos G. Chrissis and Mike Carr, 43–63, Farnham, England: Routledge.

Jackson, Peter. 2005. *The Mongols and the West, 1221–1410*. New York: Pearson.

___________. tr. 2009. *The Mission of Friar William of Rubruck: His Journey to the Court of the Great Khan Mongke, 1253–1255*. Indianapolis: Hackett.

___________. 2017. *The Mongols and the Islamic World*. New Haven, CT: Yale University Press.

Jacoby, David. 2007. "Byzantium, the Italian Maritime Powers, and the Black Sea before 1204." *Byzantinische Zeitschrift* 100: 677–99.

Joinville, John of. 1995. *La vie de Saint Louis*. Ed. Jacques Monfrin. Paris: Dunod.

______________. 2009. *Chronicles of the Crusades*. Tr. Caroline Smith. New York: Penguin

Books.

Karpov, Sergei. 2011. "Main Changes in the Black Sea Trade and Navigation, 12th–15th Centuries." In *Proceedings of the 22nd International Congress of Byzantine Studies*, ed. Iliiа̑Iliev et al., 417–30. Sofia: Bulgarian Historical Heritage Foundation.

Lambton, Ann K. S. 1988. *Continuity and Change in Medieval Persia: Aspects of Administrative, Economic, and Social History, 11th–14th Century*. Albany: State University of New York Press.

Longnon, Jean. 1962. "The Frankish States in Greece, 1204–1500." In *A History of the Crusades. The Later Crusades, 1189–1311*, vol. 2, ed. Robert Lee Wolff, Kenneth M. Setton, and Harry W. Hazard, 234–75. Madison: University of Wisconsin Press.

Marshall, Christopher. 1992. *Warfare in the Latin East, 1192–1291*. New York: Cambridge University Press.

May, Timothy. 2016. "Commercial Queens: Mongolian Khatuns and the Silk Road." *Journal of the Royal Asiatic Society* 26: 89–106.

Norden, Walter. 1903. *Das Papsttum und Byzanz*. Berlin: Behr.

Pegolotti, Francesco Balducci. 1936. *La pratica della mercatura*. Ed. Allan Evans. Cambridge, MA: Medieval Academy of America Press.

Phillips, Jonathan. 2005. *The Fourth Crusade and the Sack of Constantinople*. New York: Penguin.

Polo, Marco. 1986. *Il milione*. Ed. Ruggiero M. Ruggieri. Florence: Olschki.

__________. 2016. *The Description of the World*. Tr. Sharon Kinoshita. Indianapolis: Hackett.

Queller, Donald, and Thomas Madden. 1999. *The Fourth Crusade: The Conquest of Constantinople*. Philadelphia: University of Pennsylvania Press.

Riant, Paul-Édouard-Didier. 2004. *Exuviae sacrae Constantinopolitanae*. 2 vols. Paris: Éditions du le Comité des Travaux Historiques et Scientifiques.

Richard, Jean. 1992. "À propos de la mission de Baudouin de Hainaut: L'empire Latin de Constantinople et les Mongols." *Journal des savants* 1: 115–21.

__________. 1999. *The Crusades, c.1071–c.1291*. Tr. Jean Birrell. Cambridge: Cambridge University Press.

Roncaglia, Martiniano. 1953. "Frere Laurent de Portugal OFM et sa légation en Orient (1245–1248)." *Bollettino della badia greca di Grottaferrata* 7: 33–44.

Saunders, John Joseph. 1977. "The Mongol Defeat at Ain Jalut and the Restoration of the Greek Empire." In *Muslims and Mongols: Essays on Medieval Asia*, ed. G. W. Rice, 67–76. Christchurch, Australia: University of Canterbury Press.

Tafel, Gottlieb Lukas Friedrich, and Georg Martin Thomas. 1856–57. *Urkunden zur älteren Handels-und Staatsgeschichte der Republik Venedig, mit besonderer Beziehung auf Byzanz und die Levante: Vom neunten bis zum Ausgang des funfzehnten Jahrhunderts*. 3 vols. Vienna: Hofund Staatsdruckerei.

Tisserant, Eugene. 1924. "La légation en Orient du franciscain Dominique d'Aragon, 1245–47." *Revue de l'oriente chretien* 24: 336–55.

Trois-Fontaines, Alberic of. 1874. *Chronica Alberici Monachi Trium Fontium, a monacho NoviMonasterii Hoiensis interpolata*. Ed. Paul Scheffer-Boichorst. In *Monumenta germaniae historica*. Series scriptores 23. Stuttgart: Hiersemann.

Uzelac, Aleksandar. 2012. Balduin od Enoa i 'Nomadska Diplomatija' Latinskog Carstva" [Baldwin of Hainaut and 'the Nomadic Diplomacy' of the Latin Empire]." *Istorijski časopis* 61: 45–65.

__________. 2015. "The Latin Empire of Constantinople, the Jochids and Crimea in the Mid-Thirteenth Century." *Golden Horde Review* 3: 62–76.

Van den Wyngaert, Anastasius, ed. 1929. *Itinera et relationes Fratrum Minorum saeculi*

XIII et XIV. Florence: Quaracchi.

Vásáry, István. 2005. *Cumans and Tatars: Oriental Military in the Pre-Ottoman Balkans, 1185–1365*. Cambridge: Cambridge University Press.

Verlinden, Charles. 1952. "Boudewijn van Henegouwen: een onbekende reiziger door Azie" [Baldwin of Hainaut: An Unknown Traveler of Asia]." *Tijdschrift voor Geschiedenis* 65: 122–29.

Wolff, Robert Lee. 1962. "The Latin Empire of Constantinople." In *A History of the Crusades. The Later Crusades, 1189–1311*, ed. Robert Lee Wolff, Kenneth M. Setton, and Harry W. Hazard, 187–233. Madison: University of Wisconsin Press.

Yule, Henry, and Henri Cordier, tr. 1914. *Cathay and the Way Thither*. 3 vols. London: Hakluyt Society.

제9장

자말 앗딘 앗티비

아시아를 가로지른 이라크 상인

❁

마타냐 길

1250년대에 바그다드 옹기장이 집안의 두 형제가 인도양을 건너는 위험한 여정에 나섰다. 귀중한 진주를 화물로 싣고서였다. 그들은 바다 여행을 통해 페르시아만의 키시Kish섬에서 아프리카의 스와힐리Swahili 해안으로 갔다. 거기서 그들은 남인도(현재의 타밀나두)의 판디아계 마바르 왕국으로, 이어 남중국으로 갔고 여행을 계속해 북중국의 목적지에까지 갔다.

이 글은 두 형제 중 한 사람인 바그다드 지역 상인이자 기업가 자말 앗딘 이브라힘 앗티비Jamāl al-Dīn Ibrāhīm al-Ṭībī(1232~1306)의 이야기를 풀어본다. 자말 앗딘의 성공적인 이력은 몽골의 지배가 제공한 새로운 상업적 기회를 지역 상인들이 어떻게 이용했는지를 예시해주는 좋은 사례다. 티비 집안은 몽골의 보호 아래 그들의 개인적이고 제국적인 교역망을 지역 무대 너머로까지 발전시켜, 그것을 아시아와 더 먼 곳에 있는 몽골 지배하의 육상로 및 해상로 곳곳에 미치는 무역 기업으로 변모시켰다.

몽골 지배자들은 교역의 흐름을 촉진하고 자기네 궁정에 물건을 공급하며 또한 자신들의 부를 늘리기 위해 새로운 제도를 도입하고 유라시아 횡단 교역을 촉진하는 기초와 기반 시설을 깔았다. 오르탁ortaq은 이러한 특별한 제도들 가운데 하나다.[1] 칸, 그 부인들, 아들들, 몽골 엘리트 성원들, 그리고 정부 관리들까지도 상인과 상업적이고 계약으로 맺어지는 동업 관계가 된다. 몽골 쪽 동업자들은 상인에게 그의 상업 벤처에 투자 자본을 제공하며 이 수익성 높은 오르탁 신분과 연관된 각종 특혜를 부여했다. 그 대가로 상인은 몽골 동업자에게 이윤의 가장 큰 몫을 주었다.

제국이 팽창하고 중앙집권화를 거치면서 오르탁의 특권은 변화를 겪었지만 거기에는 보통 운송 보조금, 오르탁 본인 및 재산 보호, 그리고 어떤 경우에는 세금 면제까지 포함됐다. 몽골인들은 오르탁 시스템을 통해 번창하는 아시아 횡단 장거리 무역에서 소비자로서, 투자자로서, 기업가로서 적극적 역할을 했다. 제국의 오르탁 및 비非오르탁 상인 계층에서 이슬람교도와 위구르인들이 특히 많은 세력을 차지했지만, 시리아 기독교도, 아르메니아인, 여타 집단들 역시 교역에 참여했다.[2]

몽골 치하의 상업적 동반자 관계인 오르탁을 연구하는 데는 약간의 어려움이 따른다. 이 용어 자체가 자료에 별로 나오지 않으며, 몽골의 그러한 상업 투자의 세부 내용은 분명한 설명이 없다. 상인들은 자기네의 사적 재정상 이익과 상업적 계약을 그들의 공식적 오르탁 사업과 뒤섞었으며, 몽골인들 자신은 사적 자본과 제국의 토지·재산·특권 사이의 경계를 자주 넘나들었다. 더구나 오르탁 시스템은 상인들이 자기네의 지역 기업을 초지역적 교역망으로 확장하기 위해 채택한 유일한 방법은 아니었다. 다른 수단으로 친족 관계와 후원 관계, 선물, 국가의 공식 임명(특히 외교관, 사절 지방 장관, 세무 관리 등) 등이 있었다.

이 글은 가장 유명한 상인 한 사람에 관한 이야기를 통해 일 칸국에 본거지를 둔 상인들이 교역의 확대 과정에서 담당했던 역할을 탐구한다. 자말 앗딘 앗티비와 그의 가족은 일 칸국이 지배하는 바그다드와 페르시아만의 키시섬에 기반을 두고 서아시아·남아시아·동아시아에 있는 시장들을 서로 연결하는 교역망을 구축하고 유지했다. 그 거래 범위는 이라크·이란·시리아·아나톨리아·유럽에서 아프리카·예멘·인도·중국에까지 뻗쳤다.

자말 앗딘과 그 아들들은 더 나아가 그들의 교역 활동이나 몽골 궁정과의 유대 관계를, 일 칸국의 행정 및 통치에서 자신들이 유리한 위치를 얻는 데 이용했다. 학자들이 일 칸국 무역의 확대 과정에서 티비 가문이 담당했던 역할에 대해 검토하기는 했지만,[3] 아라비아어 자료를 아직 모두 검토한 것은 아니다. 이 자료들을 페르시아 및 중국의 동시대 자료들과 함께 놓고 본다면 자말 앗딘과 그 아들들의 상업 활동과 확장을 더 잘 재구성할 수 있을 것이다.

자말 앗딘의 성공은 더 나아가 인도양 해상 교역로를 보완한 육상로가 몽골의 패권 아래 들어간 변화와 서로 연결돼 있다. 자말 앗딘 앗티비가 바다를 통해 중국으로 간 것은 몽골이 해상 네트워크로 확장해 들어가는 데서 새로운 단계의 시작을 알리는 신호였다. 13세기 후반기 동안, 특히 1279년 몽골이 송 왕조를 격파하고 번성하는 그 항구들을 합병한 이후, 서로 손을 잡은 두 몽골 국가인 광역 이란권의 일 칸국(1260~1335)

과 중국의 원나라(1271~1368) 사이 교역 관계의 주된 통로는 대륙 실크로드에서 해상로로 옮겨졌다. 그 해상로는 페르시아만에서 남인도와 중국으로 이어졌다. 해상 교역을 확보하려는 몽골의 노력은 해상로와 육상로 사이의 연결을 더욱 원활하게 해서, 구세계 대부분을 이리저리 연결하는 아시아 횡단 교역망을 만들어냈다.[4] 오르탁과 개별 상인들은 이 해상-육상 교역로의 양쪽 끝인 원나라와 일 칸국에서 그 확대를 용이하게 하는 데서 중요한 역할을 했다.

종전의 학자들은 11세기 이후 압바스 칼리파국의 점차적 쇠락과 특히 1258년 몽골의 바그다드 정복이 서인도양 교역의 중심 통로를, 바그다드가 중심에 있던 이라크-페르시아만 루트에서 카이로와 예멘을 남인도와 연결한 홍해 루트로 바꾸게 만들었다고 주장했다.[5] 그러나 티비 일가의 인상적 교역망은 바그다드가 일 칸국 치하의 인도양과 연결된 교역에서 대륙 간 교역 중심지로서 그 핵심적 위치를 여전히 유지했음을 보여준다.

바그다드에 기반을 둔 티비 일가와 확장하는 그들의 교역망은 이 도시가 진주 제조와 거래에서 최고 중심지로서 수행했던 역할을 회복하는 데 도움을 주었다. 바그다드산 진주는 중국·인도·예멘·유럽의 시장으로 팔려 나갔다. 이 도시는 티비 일가가 사업을 인도양 무역으로 확장할 때 여전히 운영과 자금 조달의 중심지였다. 이 가족의 이야기는 또한 일 칸국 및 이라크와 예멘 라술Rasūl 왕조 사이의 관계가 중요했음을 잘 부각하고 있다.

자말 앗딘의 등장과 초기 이력

자말 앗딘은 1232년 바그다드의 한 이슬람교도 가정에서 태어났다. 이라크 동남부 와시트Wāsiṭ시 부근 앗티브al-Ṭīb라는 마을이 그들의 본향이다. 아버지 무함마드 이븐 사디 앗티비Muḥammad ibn Saʿdī al-Ṭībī는 압바스 칼리파 안나시르al-Nāṣir(재위 1180~1225)의 재위 시절에 와시트에서 바그다드로 이주했다. 티비 일가는 옹기장이 가족이었다. 와시트의 농촌 지역 주민들이 사용하는 점토 술잔인 사와밀sawāmil을 만들어 팔았다. 자말 앗딘은 젊어서 가업을 버리고 바그다드에서 진주 꿰기thaqb al-luʾluʾ를 배웠고, 그 일을 익힌 뒤 진주 상인으로서 일을 시작했다.[6]

바그다드는 진주 산업으로 유명했다. 유명한 베네치아 여행가이자 상인이었던 마르코 폴로(1254~1324)는 이 도시의 번성하는 진주 산업과 1258년 몽골의 정복 이전 이 도시와 인도양 사이 교역 관계에서 자신이 무엇을 배웠는지를 이야기하면서 이렇게 썼다.

> 바우닥Baudac[바그다드]은 큰 도시다. (…) 그곳에는 세계의 모든 사라센Saracen의 칼리파라 불리는 최고위 성직자가 있다['사라센'은 중세 유럽의 기독교 세계에서 이슬람교도들을 가리키는 말로 쓰였다]. 마치 로마에서 대부분의 지역이 세계 모든 기독교도의 교황의 관구管區인 것과 비슷하다. (…) 그곳에서 인도양으로 갈 수 있다. 상인들은 인도양을 오르내리며 물건을 가지고 왕래한다. 바우닥에서 인도양으로 흐르는 강의 길이는 18일의 여정임을 알아야 한다. 인도로 가고자 하는 상인은 강을 따라 키시Kisi라 불리는 도시까지 내려가고 거기서 인도양으로 들어간다. 나는 또한 이 강의 바우닥과 키시 사이에 바스트라Bastra[바스라Basra]라 불리는 큰 도시가 있다는 사실을 덧붙여야

겠다. (…) 그리고 인도[인도양]에서 기독교 국가들[유럽]로 가져오는 진주는 거의 전부가 바우닥에서 가공한다.[7]

그러나 폴로의 기록에 따르면, 몽골이 바그다드를 정복한 뒤 타브리즈가 바그다드를 대신해서 새로운 상업 중심지 자리를 차지했다. 유럽 상인들은 이제 이곳에서 진주와 비단과 여타 사치품을 구매했다. 타브리즈는 인도양을 건너고 페르시아만, 바그다드, 모술을 거쳐 오는 상품들의 새로운 목적지가 됐다.[8] 그러나 자말 앗딘의 이야기는 폴로의 기록과는 대조적으로 바그다드가 번성하는 타브리즈의 시장과 함께 진주 거래에서 중심적 위치를 유지했음을 말해준다.

이 대륙을 횡단하는 진주 교역은 유럽의 수요에 의해서뿐만 아니라 몽골 엘리트의 소비 방식에 의해서도 추동됐다. 진주, 특히 커다란 백진주는 룰루lu'lu'(꿴 것)든 두르durr(꿰지 않은 것)든 몽골 엘리트들 사이에서 수요가 많은 사치품이었다. 몽골인들은 흰색을 행운 및 카리스마와 연결시켰다. 몽골인들에게 진주는 희귀성이 있는 것으로, 장신구와 옷에도 사용됐고 의약품으로도 쓰였으며 다른 상품이나 서비스와 교환하는 용도로도 쓰였다.[9]

1250년대에 젊은 진주 상인 자말 앗딘은 바그다드와 키시섬을 여행했다. 키시는 페르시아만의 주요 상업 중심지이며, 진주 채취가 주요 산업인 곳이었다. 그곳에서 그는 백진주를 잔뜩 샀다. 꿰어서 바그다드에서 팔기 위해서였다.[10] 그 사업에서 2000디르함dirham을 모은 자말 앗딘은 중국으로 가는 긴 항해에 나섰다. 그의 상업 기업을 확장하기 위한 노력의 하나로 진주를 더 사다 팔려는 것이었다(지도 9-1 참조).[11]

자말 앗딘은 여행에 동생 타키 앗딘 압둘라흐만Taqī al-Dīn 'Abd al-Raḥman

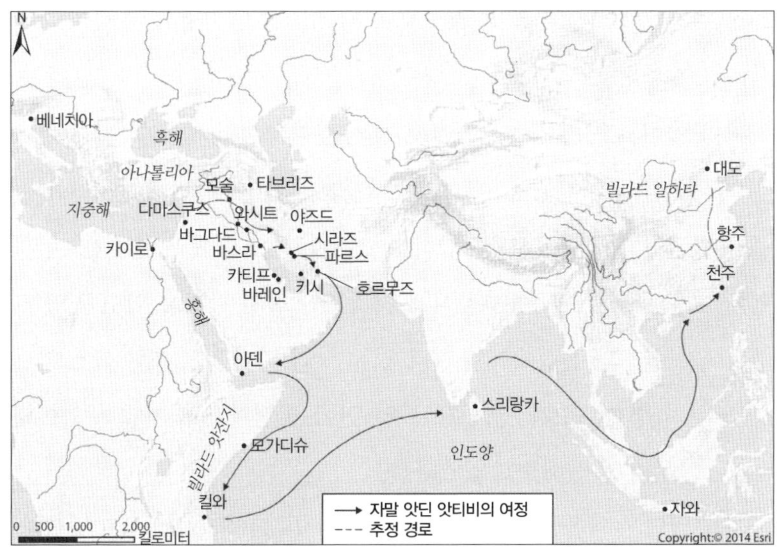

지도 9-1 자말 앗딘 앗티비의 여행

(?~1303)을 데리고 갔다. 그들의 여정은 바그다드와 키시 중간에 와시트를 지나갔다. 키시에서부터 두 형제는 배를 타고 중국으로 갔다. 먼저, 역시 진주 채취의 중심지 역할을 하고 있던 인도양 연안의 몇몇 기착지를 지났다. 페르시아만이나 남중국해 해변과 마찬가지로 인도양 연안 또한 진주를 산출하는 곳이 많았다.[12] 형제는 먼저 아프리카 동남부의 스와힐리 해안으로 향했다. 그런 뒤에 남인도의 마바르 왕국으로, 이어 남중국으로 갔고, 아마도 그곳에서 북중국으로 향했을 것이다.[13]

형제는 중국에서 돈을 번 뒤 일 칸국으로의 귀국 길에 나섰다. 1260년대 말에 그들은 중국에서 마바르로 갔고, 거기서 자말 앗딘의 동생은 판디아 지배자의 신하로 들어간 뒤 정착했다. 동생은 마바르에 남았지만 자말 앗딘은 페르시아만으로 여행을 계속해 다음으로 이란 남부의 시라즈시市로 향했다.[14] 자말 앗딘은 돌아온 순간부터 한 발 한 발 몽골의 군대와 궁정으로 나아갔다. 투자 자본과 이익을 얻을 기회가 더 많은 곳이었다.

자말 앗딘은 시라즈에 도착하자 샴스 앗딘 무함마드 이븐 말릭 타지쿠 알야즈디Shams al-Dīn Muḥammad ibn Malik Tāzīku al-Yazdī(?~1300)와의 연줄을 만들었다. 샴스 앗딘은 당시 파르스Fārs(페르시아만 연안의 한 주) 관청에 고용돼 있었고, 1265년 이래 시라즈의 현지 행정을 맡고 있었다. 중국에서 인도와 유럽에까지 뻗쳐 있는 상업 기업을 소유한 샴스 앗딘은 또한 유명한 오르탁 상인으로 일 칸국 궁정과 권력자인 주와이니Juwaynī 가문의 일을 해주고 있었다.[15]

자말 앗딘은 처음에 샴스 앗딘 밑에서 와킬wakīl(상업 대리인)로 일했다. 자말 앗딘은 진주를 꿰고 장식하고 또한 진주를 이용해 장식하는 데 일가견이 있어 진주 및 진주 장신구 공급자로서 독자적 명성을 얻었다.[16]

자말 앗딘의 이력은 1270년대에 더욱 탄력을 받았다. 이때 그는 아제르바이잔에 있는 일 칸 아바카Abaqa(재위 1265~1282)의 궁정(오르도)으로 가는 샴스 앗딘 타지쿠Shams al-Dīn Tāzīku와 동행했다. 그곳에서 자말 앗딘은 타지쿠의 후원자들을 소개받았다. 대신大臣 샴스 앗딘 알주와이니Shams al-Dīn al-Juwaynī(?~1284)와 몽골 아미르 수쿤착(?~1290)[17]이었다. 자말 앗딘의 진주가 마음에 들었던 주와이니와 수쿤착은 그와 오르탁 제휴 관계를 맺고 여기에 6만 디나르dinar의 투자금까지 주었다.

그러자 자말 앗딘은 이 돈을 이용해 페르시아만의 호르무즈에서 진주를 사다가 귀금속과 진주를 상감한 사치스러운 장신구를 만들었다. 궁정으로 돌아온 그는 주와이니에게 자신의 상품을 증정하고 푸짐한 선물도 안겼다. 보석의 가치는 36만 디나르였다. 우리는 선물이 그러한 상업적 계약에서 중요한 역할을 한다는 데 주목해야 한다. 선물은 때로는 동업자의 투자금이나 그에게서 빌린 돈을 돌려주는 데 쓰이기도 하고, 또는 이윤에서 그의 몫을 주는 데도 쓰이며, 상인에게 새로운 투자 자본을 제공하는 데 쓰이기도 했다.[18]

주와이니와 수쿤착은 자말 앗딘에게 시라즈의 연례 수입에 대한 하왈랏ḥawālat(어음)을 주었다. 그리고 자말 앗딘은 시라즈로 갔고, 그곳에서 적절한 수입을 거뒀다.[19] 이는 몽골 궁정에서 일반적 관습이었다. 현금이 부족하면 궁정이나 사령관이나 지배자는 상인에게 지불이나 투자로서 장래의 조세 수입에 대한 어음을 지급한다. 대부분의 경우 상인은 직접 그것을 거둔다.[20]

자말 앗딘은 궁정과의 새로운 연줄을 잘 이용해 자신의 상업적 네트워크를 더욱 확장했다. 해마다 궁정으로 돌아가 사치스러운 보석을 지배자의 아내들이나 다른 여성들에게 팔았다. 아바카의 시종들은 그에게 물건을 주었고, 반면에 주와이니와 수쿤착은 많은 어음을 주었다. 그것은 바그다드와 타브리즈의 연례 수입을 포괄한다는 것이어서 자말 앗딘은 매우 부유해졌다.[21] 투자 자본이나 지불을 어음 즉 징세 도급권과 교환하면 농민이나 세금을 내는 신민들로서는 큰 부담이 되기도 한다. 그들은 자신에게 배당된 지역에서 가능한 최대의 수입을 뽑아내려는 탐욕스러운 상인들을 직접 대해야 한다. 아라비아의 전기 작가들은 자말 앗딘이 신민들에게 동정적이고 공정하게 대했다며 그를 호의적으로 언급하고 있다.[22]

1280~1290년대에 자말 앗딘은 계속해서 자신의 상업적 관계를 통해 이득을 보았다. 1277~1278년 페르시아만에서 그의 맞수이자 경쟁자였던 호르무즈의 지배자 마흐무드 칼하티Maḥmūd Qalhatī가 죽자 그가 인도양으로 확장하는 일이 더 쉬워졌다. 1281년 이후 자말 앗딘은 페르시아

만에서 최고의 상인이었고, 일 칸 아르군Arghun(재위 1284~1291) 치하에서 파르스 지역의 세금을 거두는 것으로 계약돼 있었다.[23]

이 시점에서 자말 앗딘은 자신의 재산 및 궁정과의 상업적 관계를 이용해 일 칸국 정부에서 공식 지위에 오르게 된다. 1293년, 일 칸 게이하투Geikhatu(재위 1291~1295)의 대신 사드르 앗딘 할리디 잔자니Ṣadr al-Dīn Khālidī Zanjānī(?~1298)는 자말 앗딘을 4년간 파르스의 지방 장관으로 임명했다. 그 기간 동안 자말 앗딘은 이 지역의 세금을 마음대로 거둘 수 있었다. 이 자리의 대가로 자말 앗딘은 재정 부족에 시달리고 있는 궁정에 많은 돈을 냈다. 일 칸국의 은화로 1000만 디나르나 됐다. 자말 앗딘이 궁정에 이러한 거액을 지불한 것이, 사드르 앗딘 대신이 나중에 그를 횡령 혐의로 기소하려 했지만 좌절된 이유에 대한 한 가지 설명을 제공한다.[24]

게다가 궁정은 자말 앗딘에게 페르시아만에서 출발하는 해상 무역을 감독할 권한을 부여했다. 인도에 남았던 그의 동생 타키 앗딘은 바로 그해인 1293년에 마바르 왕국의 대신에 임명됐고, 이에 따라 인도 동남부 코로만델해안에 있는 판디아 왕조의 항구들에 대한 통제권을 얻었다.[25]

남인도 해상 무역 중심지에 이슬람 상인들이 진출한 것은 이미 9세기의 사례가 확인됐다. 이슬람 상인들은 상업 및 친족 네트워크에 접근할 수 있고 행정 및 언어 능력도 있어 곧바로 남인도 정치체들의 정치 및 관료 엘리트들 사이에서 중심적 존재가 됐다. 공식 직위에 오른 이슬람 상인들은 자기네의 상업적 기업을 유지했다. 그것이 흔히 양쪽 모두에게 유리하게 작용했다. 상인들은 자기네의 재정적 이득을 늘렸고, 지배 엘리트들은 지역 간 무역과 정보망에 접근할 수 있고 자기네 궁정에 들어오는 사치품이 끊기지 않도록 보장할 수 있었다.[26]

자말 앗딘과 타키 앗딘이 인도양 양쪽에서 동시에 부상하면서 티비 집안의 형제가 일 칸국의 해상 교역로에 대한 독점이나 마찬가지의 힘을 얻게 됐다. 그들은 엄청난 돈을 축적해 자말 앗딘은 이제 페르시아만에서 약 100척의 배를 거느리는 사설 함대를 보유하게 됐다. 타키 앗딘은 마바르에서 어떤 상인도 중국에서 온 상품을 살 수 없도록 한 뒤 자말 앗딘의 대리인이 상품을 검사해 가장 가치 있는 물건들을 티비 가문이 가져가게 했다.[27]

진주 상인으로 출발한 티비 형제는 이제 자기네의 독점을 말 수출로까지 확대해, 이란과 이라크에서 기른 말을 배에 실어 남인도와 중국으로 보냈다. 그곳에서는 군사용 말의 수요가 매우 많았다. 몽골계 원나라와 판디아 왕조는 모두 이웃 나라와 적대 관계에 있어 육로를 통해 말을 수입하는 데 어려움을 겪고 있었다. 원나라는 중앙아시아의 차가다이 울루스가, 판디아는 북인도의 델리 술탄국이 문제였다.[28] 이에 따라 해상로가 고급 아라비아 말의 주요 공급 채널이 됐다.

티비 형제는 키시와 페르시아만에서 말을 배에 실어 마바르로 보내고, 거기서 중국으로 보냈다. 자말 앗딘은 연간 1만 마리의 말을 마바르로 보냈다. 가격은 말 한 마리에 220디나르로 고정됐고, 말이 운송 도중에 죽더라도 값은 지불해야 했다.[29] 인도와 중국의 구매자에게 매우 불리한 그런 계약을 강요할 수 있었다는 것은 말의 수요가 매우 많고 얻을 수 있는 이문이 커서 수입업자가 위험한 거래를 할 가치가 있었음을 말해준다.

티비 형제가 굴지의 인도양 상인으로 명성을 쌓아가고 형제가 일 칸국의 인도 및 중국 무역의 독점권을 가지고 있다는 사실 역시 일 칸국 바깥의 왕조와 개인들의 관심을 끌었고, 그들은 이후 티비 형제와의 협력을 모색했다. 역시 인도에 대량으로 말을 수출하고 있던 예멘의 라술 왕조(1228~1454) 지배자들은 이 가족과 상업적 협력 관계를 구축하고 긴밀한 유대를 형성했다.[30]

자말 앗딘의 사업은 번창했지만 그와 이전 그의 후원자 샴스 앗딘 타지쿠 사이는 틀어졌고, 두 사람은 철천지원수가 됐다. 샴스 앗딘 타지쿠가 가난해진 뒤인 1294년에 자말 앗딘은 그에게 단 200디나르를 준다는 데 동의했다. 말 한 마리 값도 되지 않는 금액이었다.[31] 아마도 자말 앗딘은 사업 경쟁자를 제거하고 싶은 마음에서 그렇게 했던 듯하다.

타지쿠가 가난해진 것은 호르무즈를 둘러싼 권력 투쟁과 연관돼 있었다. 그러나 자말 앗딘은 호르무즈의 상황을 진정시키고 해상 무역에서 자신의 지배력을 늘릴 방법을 발견했다. 그는 튀르크 장군 바하 앗딘 아야즈Bahā' al-Dīn Ayāz와 동맹을 맺었다. 자말 앗딘은 처음에 호르무즈의 지배자 마흐무드 칼하티를 위해 일했으나 1277~1278년 그의 후원자가 죽은 뒤 칼하티 가문을 상대로 반란을 일으켰다. 자말 앗딘은 키시에 바하 앗딘의 망명처를 제공하고 그가 칼하티 가문으로부터 호르무즈를 빼앗아내는 일을 도왔다. 그 대가로 바하 앗딘은 티비 가문의 페르시아만 패권을 인정했다.[32]

자말 앗딘이 넉넉한 자선 기부로도 유명해졌을 때 자말 앗딘은 수피교도 샤이흐Shaykh 이즈 앗딘 알파루시'Izz al-Dīn al-Fārūthī(?~1296)와 긴밀한 관계를 구축하고 그에게 자신의 여행에 대해 이야기했으며 해마다 많은 지원을 제공했다. 자말 앗딘이 샤이흐에게 한 기부는 1290년대 초 샤이흐가 다마스쿠스로 이주했을 때도 지속됐으며, 자말 앗딘은 또한 샤이흐가 죽은 뒤 그의 빚을 청산해주었다.[33] 이 수피교 스승이 시리아로 이주한 뒤에도 자말 앗딘이 그를 지속적으로 지원한 것은 자말 앗딘이 이집트와 시리아를 지배하고 있던 맘룩 술탄국(1250~1517)과 적어도 간접적 끈을 가지고 있었을 가능성을 보여준다.

더구나 맘룩과 일 칸국은 계속 적대적 관계였다. 일 칸국이 지배하던 이라크와 시리아 사이에, 심지어 그들이 적대하는 기간(1260~1323)[34] 동안에도 지속적으로 상업적·학술적 연결이 이루어지고 있었다는 사실과 맘룩 자료에 자말 앗딘 관련 정보가 많다는 사실은 이런 결론을 뒷받침하는 듯하다.

자말 앗딘의 몰락

일 칸 가잔의 치세(1295~1304)에 그 정부 내에서 자말 앗딘의 권력은 정점에 달했다. 그가 급격히 추락한 것도 가잔의 치세에서였다. 1296년에 가잔 칸은 그에게 이라크의 조세·재정 관리 책임을 맡겼으며, 바그다드와 시라즈 부근의 땅을 임대해주었다.[35] 그러나 자말 앗딘은 연간 지대地代를 내는 데 어려움을 겪었고, 이에 따라 1298년 그는 타브리즈의 궁정에 소환됐다.

자말 앗딘은 일 칸 가잔의 호의를 얻으려 맏아들 파흐르 앗딘Fakhr al-Dīn(?~1304)을 데리고 갔다. 아들이 일 칸과 전부터 알고 지내던 터라 자신에게 닥친 문제를 누그러뜨릴 수 있으리라는 기대에서였다. 자말 앗딘은 오르도(궁정)에 도착하자 수입·회계 장부를 내놓았고, 그는 이후 2년 동안 그곳에 구금당했다.[36] 자말 앗딘은 이전의 임대를 연장할 수는 없었지만, 키시를 새로운 임대지로 받았다 1298년부터 4년간이었고, 지대로 연간 70만 디나르를 내야 했다.[37]

자말 앗딘이 궁정에 구금돼 있는 동안 그의 아들 파흐르 앗딘이 원나라 중국에 대한 가잔의 사절 겸 오르탁 상인이 됐다. 파흐르 앗딘은 일 칸을 대신해 교역을 수행하고 일 칸국과 원나라 사이의 동맹을 유지하는 외에, 중국에 있는 가잔의 영지에서 비단을 들여오는 일도 아울러 맡았다. 1250년대 이래 거둬들이지 못하던 것이었다.[38] 이 외교적이고 상업적인 임무를 위해 파흐르 앗딘은 일 칸으로부터 교역을 위한 자본금 10만 디나르와 함께 군사적 지원을 받았다. 페르시아인 및 튀르크인이 섞인 노련한 선원과 궁수들이었다. 그러나 이 항해에 정크선을 공급한 사람은 바로 자말 앗딘이었다. 게다가 자말 앗딘은 아들에게 주어진 배에 자신의 상품과 바그다드 및 바스라에 있는 동업자들의 상품을 가득 실었다. 8만 디나르 상당의 진주와 보석들이었다.[39]

파흐르 앗딘의 중국 여정은 타브리즈에서 곧장 시작되지 않고 바그다드에서, 그것도 1301년에 가서야 시작됐다. 티비 가문과 아덴 항구 사이의 상업 활동 촉진에 관해 라술 왕가의 술탄 알무아야드 히자브르 앗딘 다우드 이븐 유수프al-Mu'ayyad Hizabr al-Dīn Dāwud ibn Yūsuf(재위 1296~1321)와 첫 번째 서신을 나눈 지 거의 3년이 지난 뒤였다.[40]

파흐르 앗딘은 당시 북인도 해안을 따라 항해할 수 없었던 듯하다. 델리 술탄국과 말 상인들 사이의 갈등 때문이었다. 말 상인들은 델리 술탄국의 적인 판디아 왕조와 거래하고 있었다. 이에 따라 파흐르 앗딘은 아덴 항구를 이용한 뒤 서남 인도의 마바르에 도착했다. 거기서 파흐르 앗딘은 중국의 젊은 오르탁 상인 양추楊樞(1282~1331)의 안내를 받아 배를 이끌고 중국으로 갔다. 양추는 인도와의 교역을 위해 남중국에서 출항한 원나라 관본선官本船의 선장이었다. 파흐르 앗딘이 중국으로 간 여정은 아마도 약 1년 정도 걸렸던 듯하다.[41]

자말 앗딘이 자기 아들의 무역 수익이 자신이 키시의 행정관직에 대한 연간 대가를 지불할 만큼 될 것이라고 생각했다면 그것은 오산이었다. 그의 아들이 아직 중국으로 가고 있던 1302년에 자말 앗딘은 키시의 지배자 자리를 잃었다. 그는 일 칸국에 대해, 자신이 키시를 다스리는 동안 이 해안 지역의 연간 수입은 40만 디나르였다고 단언했다. 그러나 이라크 상인이자 인도양 무역에서 자말 앗딘의 경쟁자였던 누르 앗딘 아흐마드 이븐 앗사이야드Nūr al-Dīn Aḥmad ibn al-Ṣayyād는 키시의 연간 수입이 130만 디나르가 돼야 한다고 궁정에 주장했다. 자말 앗딘이 장담했던 것보다 훨씬 많은 액수였다.[42] 이 증언에 근거해 대신이었던 라시드 앗딘(1247*~1318)은 자말 앗딘의 해임을 명령하고 누르 앗딘을 그 자리에 임명했다.

그럼에도 불구하고 라시드 앗딘은 자말 앗딘과 그의 상업 대리인들이 페르시아만에서 방해받지 않고 활동을 계속하도록 허락했다. 유일한 조건은 자말 앗딘이 그의 배들이 키시를 통해 실어 나르는 상품들에 대한 세금을 정부에 내는 것이었다. 이 세금은 그의 배가 키시에까지 오지 않고 일 칸국의 다른 항구에서 하역하더라도 전액을 다 내야 했다.[43]

티비 가문의 무역 제국은 1303년 자말 앗딘의 동생 타키 앗딘이 죽으면서 더욱 큰 타격을 입었다. 자말 앗딘은 마바르 왕국에서 끊어진 동생의 상업적 연줄을 복원하려고 또 다른 아들 시라지 앗딘 우마르Sirāj al-Dīn ʿUmar(?~1315)를 그곳에 보냈다. 타키 앗딘의 자리를 확보하고 그 동생이 남긴 막대한 재산을 찾아오기 위해 20만 디나르를 주어 보낸 것이다.[44] 1305년, 자말 앗딘은 맏아들 파흐르 앗딘이 중국에서 4년을 머문 뒤 돌아오는 길에 죽었다는 소식을 들었다. 파흐르 앗딘은 숙부와 함께 마바르에 묻혔고, 그의 아버지인 자말 앗딘은 아들의 모험적인 동방 사업을

통해 재산을 되찾는다는 희망을 죄다 잃어버렸다.[45]

그러나 바로 그해 새로 즉위한 일 칸 울제이투(재위 1304~1316)가 자말 앗딘을 키시에서 시라즈로 불렀다. 시라즈의 수입이 급감한 뒤 이 도시의 재정 문제를 맡기기 위해서였다. 자말 앗딘은 병중임에도 이 자리를 받아들였다. 그리고 1306년 일흔여섯의 나이로 죽을 때까지 그 자리에 머물렀다. 자말 앗딘이 죽은 뒤 시라즈 주민들이 근사한 무덤을 만들고 그의 유해를 묻었다. 바그다드에서는 자말 앗딘을 추모하는 대중 기도회가 열렸다.[46]

자말 앗딘의 아들 및 친척들은 그의 뒤를 이어 14세기 중반까지 지방 장관과 상인으로 활동했다. 그들은 키시·바그다드·타브리즈에서 예멘·인도·중국은 물론 베네치아와도 무역을 계속했다.[47]

결론

13세기 후반에 인도양을 가로지르는 무역 제국을 건설한 자말 앗딘과 그의 동생 타키 앗딘 형제의 이야기는 몽골의 정치체들(이란의 일 칸국과 중국의 원나라)이 인도양 해상 무역으로 확장한 일과 긴밀하게 얽혀 있다. 특히 1279년 원나라가 송나라를 격파하고 남중국의 항구들을 손에 넣은 이후다.

몽골이 이란을 포함하는 서아시아를 정복하고 지배하면서 지역 내부 및 지역 간 교역로에 변화가 일어났다. 마르코 폴로가 말했듯이, 일 칸국의 지배하에서 타브리즈는 동방 이슬람 세계의 새로운 무역 중심지가 됐다. 그러나 바그다드에서 초라하게 출발한 티비 가문은 이 도시를 자기네의 지역 간 무역 기업(처음에는 진주를, 나중에는 말을 거래했다)의 운영 중심지로 삼았다. 바그다드는 여전히 바스라, 타브리즈, 알히자즈al-Hijaz〔오늘날 사우디아라비아의 홍해 연안 지역〕, 후라산, 중앙아시아, 유럽에서 인도양으로 이어지는 육상로를 연결하는 방대한 연결망의 중요한 중심지였다. 예멘과 맘룩 술탄국 사이의 무역도 연결하고 있었다.[48]

티비 가문은 부를 쌓고 더구나 진귀한 품목(진주에서 말로 확대됐다)에서 무역 활동을 확장하면서 몇 가지 메커니즘을 성공적으로 이용했다. 상인들은 흔히 친족 간 유대 관계에 의존하는데, 타키 앗딘이 마바르에 정착하고 곧이어 그가 판디아 왕조의 대신에 임명된 것은 분명히 티비 가문의 팽창을 원활히 하는 데 중요한 디딤돌이었다. 특히 그들의 말 무역 사업에서 그러했다. 이와 함께 이들 형제는 1290년대의 잠시 동안 인도양 무역에서 독점권을 얻었던 것으로 보인다.

마찬가지로 중요한 것이 몽골의 오르탁이라는 상업적 제휴 시스템이었다. 자말 앗딘은 밑바닥에서부터 일 칸국 엘리트와의 후원 관계를 구축해야 했다. 그는 다른 오르탁 상인이자 지방관인 샴스 앗딘 타지쿠의 대리인으로 시작했고, 이어 몽골 지방관 수쿤착 및 권력을 쥔 대신 주와이니와 상업적 제휴 관계를 맺었다. 마지막으로 그는 이권을 누릴 수 있고 수익성이 높은 오르탁의 위치에서 몽골 지배자들을 위해 일하는 자리에 올라 자신의 상품을 궁정에서 직접 팔았다.

귀한 선물과 이윤이 흘러가면 몽골인들은 확실하게 그에게 계속해서 자본금을 주거나 일 칸국이 지배하고 있는 땅과 도시들에서 소득을 얻을 수 있도록 임대를 줬다. 자말 앗딘의 상품에 대금을 지불하거나 그의 기업에 투자하기 위한 것이었다. 다른 경우에 자말 앗딘은 어음과 대여의 대가로 궁정에 많은 돈을 지불했고, 때로는 지방 장관이나 그 비슷한 자리에 임명돼 자신의 금융 및 무역 관련 사업을 진행할 수 있었다. 임대와 관직을 교환하는 이 시스템은 일 칸국의 후원자들이 장래의 세금 수입을 사업 자본이나 지불로 전환할 수 있게 하며, 후원자에게 투자할 현금이 없거나 국가 재정이 일시적으로 부족할 때 특히 유익했다.[49]

자말 앗딘이 몽골 엘리트와 직접 상대할 수 있는 위치에 올라선 것은 궁정과 직접적 연줄이 없는 다른 상인들에 비해 상당한 이점이었다. 몽골인들의 이윤과 사치품에 대한 욕심은 상인들 사이에 치열한 경쟁이 일어날 조건을 만들었고, 또한 사회적·경제적으로 큰 신분 이동이 일어날 기회를 제공했다. 그것은 또한 바로 그 상인들이 급격하게 몰락할 상황도 만들어냈다.

티비 집안은 참으로 그들의 유라시아 교역망에서 동맹자가 필요했고, 예멘의 라술 왕가와 긴밀한 관계를 구축했다. 예멘과 페르시아만은 경쟁하는 별개의 두 길을 제공했지만, 항구들 사이의 협력 또한 존재했다. 티비 가문의 기업은 몽골의 후원 아래서 아시아를 가로지르는 상업 시스템이 부상한 것과, 몽골의 지배가 지역 및 광역 기업가들에게 제공한 기회의 전형적 사례다.

주

이 연구는 유럽연합의 제7차 프레임워크 프로그램(FP/2007-13)/ERC 보조금 협약 n. 312397하에서 유럽연구협의회ERC의 지원을 받았다.

1 튀르크어에서 온 용어인 오르탁은 몽골어에서 '동업자'와 '친구'를 의미했고, 나중에는 '동지'의 의미도 생겼다. Allsen 1989.

2 오르탁 시스템에 관해서는 Allsen 1989; Endicott-West 1989.

3 예를 들어 Aubin 1953, 89-100; Lambton 1987, 107-8; Lambton 1988, 335-41; Allsen 1997b, 22; Fiorani Piacentini 2004; Aigle 2005, 124, 142-53; Kauz 2006; Yokkaichi 2008a, 2008b; Chaffee 2013; Qiu 2014, 2, n. 4-5.

4 Allsen 1997b; Yokkaichi 2008a, 74; Kuroda 2009; Manz 2010,157-58; Biran 2015, 550-51.

5 Ashtor 1976, 250, 262-64; Wing 2013, 304-5.

6 Al-ʿAsqalānī 1993, 1:60; al-Dhahabī 1987-2004, 61:71; al-Birzālī 2006, 3:325-26; al-Yūnīnī 2013, 22:346.

7 Polo 1938, 1:101.

8 Polo 1938, 1:104.

9 Serjeant 1942, 82-84; Balazs 1960, 327; Allsen 1997a, 18-19, 28-29; Donkin 1998, 105-12; Atwood 2004, 429, 265.

10 Al-Ṣuqāʿī 1973, 32; al-Yūnīnī 2013, 22: 346. 키시섬 및 그곳과 바그다드 사이 연관성에 대해서는 Polo 1938, 1: 101; Ibn Baṭṭūṭa 1853, 2: 244-46; Ibn Baṭṭūṭa 1956-2000, 2: 407-9; Qiu 2014: 3.

11 Ibn al-ʿImād 1986-93, 8: 26; al-ʿAynī 2009-10, 4: 438; al-ʿAsqalānī 1993, 1: 60; al-Birzālī 2006, 3: 325-26; al-Dhahabī 1987-2004, 61: 71.

12 Ptak 1993, 147.

13 스와힐리 해안을 가리키기 위해 사용된 아라비아어 용어는 '빌라드 앗잔지Bilād al-Zanj'다. '흑인의 땅'이라는 뜻이다. '앗신Al-Ṣīn'은 중국 전체를 가리키는 것일 테지만 여기서는 아마도 남중국을 의미하는 듯하다. 자말 앗딘은 앗신에서 계속 항해해

'빌라드 알하타Bilād al-Khaṭā' 즉 북중국으로 가기 때문이다. Bosworth 1978; Becker and Dunlop 1986. 이 지역의 진주 산업에 관해서는 Donkin 1998, 196-204.

14 Al-Dhahabī 1987-2004, 61: 71; Ibn al-ʿImād 1986-93, 8: 26; al-ʿAynī 2009-10, 4: 438; al-ʿAsqalānī 1993, 1: 60. 이 여행에 대한 더 이상의 정보는 없다. 자말 앗딘은 1268년 이후 시라즈로 돌아온 듯하며, 그의 동생 타키 앗딘은 마바르의 판디아 왕 자타바르만 순다라 판디얀Jatavarman Sundara Pandyan 2세(재위 1268~1293)의 신하로 들어갔다. 판디아 왕조는 서기전 400년 무렵부터 서기 17세기 전반기까지 남인도 일부를 지배한 고대 타밀 왕조였다. Rockhill 1914, 433; Subrabmanya Aiyer 1917, 172-75.

15 타지쿠는 1262~1263년 일 칸 훌레구(재위 1260~1265)가 금장 칸국의 지배자 베르케 칸(재위 1257~1266)과 전쟁을 할 때 병사들의 음식을 공급해 초기 재산을 만들었다. 그는 1260~1270년대에 주와이니 가문과 긴밀한 유대를 형성해 전성기를 누렸다. Al-Ṣuqāʿī 1973, 32-33; Lambton 1988, 335; Jaʿfarī 2005, 243; al-Yūnīnī 2013, 22: 347-48; Rashid al-Dīn 1994, 2: 1061; Anonymous 1976, 283. On the Juwaynīs: Lane 2003, 177-212.

16 Al-Ṣuqāʿī 1973, 32-33; al-Yūnīnī 2013, 22: 346; al-Dhahabī 1987-2004, 61: 71.

17 수쿤착은 술두스Suldus 부족 출신의 몽골 장군으로, 1270~1280년대에 시라즈와 파르스의 지방 장관을 지냈다. Rashid al-Dīn 1994, 2: 1178; Lane 2003, 135-44; Limbert 2004, 21-22. Dhahabī는 이 만남이 아바카의 치세 초기, 아마도 1272년 이후에 있었다고 말한다. 수쿤착이 지방 장관이 되고 페르시아만에서 일 칸국의 교역을 확보하는 일을 맡고 있을 때였다. Al-Dhahabī 1990, 387; Waṣṣāf 1853, 1: 194-95; Āyatī 2004, 114; Aubin 1953, 84-87; Aigle 2005, 122-23; Qāshānī 1969, 157; Zarkūb Shīrāzī 1931, 65-66; Kauz 2006, 57.

18 Allsen 1989, 119-20.

19 Al-Ṣuqāʿī 1973, 32; al-Yūnīnī 2013, 22: 346-47; al-ʿAynī 2009-10, 4: 439.

20 İnalcık 1986; Lambton 1988, 334.

21 Al-Ṣuqāʿī 1973, 32; al-Yūnīnī 2013, 22: 347.

22 이들의 폐해에 대해서는 Allsen 1989, 102, 105.

23 Yule 1870, 348; Aubin 1953, 85; Waṣṣāf 1853, 2: 221-22; Āyatī 2004, 126; Qāshānī 1969, 151-60; Martinez 1975, 192; Kauz 2006, 58; Qiu 2014, 5-6.

24 Waṣṣāf 1853, 3: 268-69, 332-35; Āyatī 2004, 187-88; Rashīd al-Dīn 1994, 2: 1273; Anonymous (Pseudo-Ibn al-Fuwaṭī) 2005, 535; Lambton 1988, 335-41; Aigle 2005, 149-50.

25 Elliot and Dowson 1871, 3: 32-35; Zarkūb Shīrāzī 1931, 73; Āyatī 2004, 15; Rashīd al-Dīn 2005, 41-42; Aubin 1953, 89-99; Lambton 1988, 335-41; Limbert 2004, 24; Aigle 2005, 142-43; Kauz 2006, 58, 66; Chaffee 2013, 46-47.

26 Haridas 2016.

27 Rashīd al-Dīn 2005, 40-42.

28 Vallet 2006, 291-92; Yokkaichi 2008b, 87-97.

29 Elliot and Dowson 1871, 3: 32-35; Rashīd al-Dīn 2005, 41; Kauz 2006, 66.

30 자말 앗딘의 동생 타키 앗딘의 이름이 인도 지배자와 관련된 명단에 말 상인으로 나오며, 라술 왕가는 1293~1294년 그에게 진귀한 선물을 했다. Jāzim 2003-5, 1: 515, 519. 예멘과 타키 앗딘의 관계에 대해서는 al-ʿAsqalānī 1993, 3: 412; al-Ṣafadī 1998, 4: 372-73. 라술 왕조에 관해서는 Smith 1995; Vallet 2010.

31 Waṣṣāf 1853, 3: 296-300; al-Ṣuqāʿī 1973, 33; Qāshānī 1969, 151-61; al-Yūnīnī 2013, 22: 348; Aigle 2005, 147-53; Kauz 2006, 58-60.

32 Waṣṣāf 1853, 3: 296-300; Qāshānī 1969, 151-61; al-Ṣuqāʿī 1973, 33; al-Yūnīnī 2013, 22: 348; Aubin 1953, 89-100; Aigle 2005, 147-53; Kauz 2006, 58-60.

33 Al-Dhahabī 1987-2004, 61: 71; al-ʿAynī 2009-10, 4: 438-39; al-Yūnīnī 2013, 22: 347. 리파이Rifāʿī 교단의 샤이흐인 알파루티에 관해서는 Ohlander 2012.

34 이들 관계에 관해서는 Amitai-Preiss 1995, 208-11; Gill 2015, 43-49, 66-70.

35 ʿAzzāwī 1935, 1: 378; Ibn al-ʿImād 1986-93, 8: 26; Rashīd al-Dīn, ed. Rawshan 1994, 2: 1157; Anonymous (Pseudo-Ibn al-Fuwaṭī) 2005, 534, 539.

36 Ibn al-Fuwaṭī 1995, 1: 224-25, 2: 525; Āyatī 2004, 193-94; Qiu 2014, 6-7.

37 Lambton 1987, 115; Āyatī 2004, 223-24; Kauz 2006, 60.

38 이런 영지들은 대규모 원정 뒤, 특히 통일 제국 시기에 몽골 왕들에게 배당됐다. 제국이 분할된 뒤 많은 영지가 다른 가계家系의 지배하에 있었고(예컨대 훌레구 가문의 영지가 중국에 있었다), 이에 따라 다른 가문에서 그 소유자를 위해 수입을 챙겨줘야 하는 상황이었다. 지배자들은 때로 이 미래의 수입을 투자 또는 대리인들(오르탁 상인 같은)에 대한 지불에 사용했다. Allsen 1989, 111; Allsen 2001, 33-34, 43-47을 보라.

39 Elliot and Dowson 1871, 3: 45-47; al-Dhahabī 1987-2004, 61: 71; al-Ṣafadī 1998, 1: 118; Allsen 2001, 49.

40 Waṣṣāf 1853, 3: 303-9.

41 양추에 관해서는 Park 2012, 112-13; Chaffee 2013, 50-51. 파흐르 앗딘의 항해에 관해서는 Qiu 2014.

42 누르 앗딘 아흐마드 이븐 앗사이야드는 몽골 치하에서 1280년대에 와시트와 이라크의 지방 장관으로 일했다. Ibn al-Fuwaṭī 1995, 2: 22–23; Anonymous (Pseudo-Ibn al-Fuwaṭī) 2005, 479, 484–85, 496, 529; Ja'farī 2005, 243.

43 Waṣṣāf 1853, 4: 405; Āyatī 2004, 224; Aubin 1953, 98; Lambton 1987, 115–16.

44 Elliot and Dowson 1871, 3: 45; Āyatī 2004, 261; Yokkaichi 2008b, 87–97. 시라지 앗딘은 1315년 델리 술탄국의 유명한 노예 장군 말릭 카푸르Malik Kafur(?~1316)에 의해 살해당했다. 그는 술탄 알라 앗딘 힐지'Alā' al-Dīn Khiljī(재위 1296~1316) 밑에서 일했고, 마바르를 침공했다. Waṣṣāf 1853, 5: 646–47; Shīrazī 1949, 546–47.

45 Waṣṣāf 1853, 3: 303–9, 4: 505–6; Elliot and Dowson 1871, 3: 35, 45–47; Ibn al-Fuwaṭī 1995, 2: 525; al-Ṣafadī 1998, 1: 18; Allsen 2001, 34, 49–53; Yokkaichi 2005, 125–36; Kauz 2006, 64–65; Qiu 2014, 14–15.

46 Elliot and Dowson 1871, 3: 47; Ibn al-'Imād 1986–93, 8: 26; al-Birzālī 2006, 3: 326; al-Yūnīnī 2013, 22: 346; Lambton 1987, 118.

47 Qāshānī 1969, 161–63; Ibn al-Fuwaṭī 1995, 1: 224–25; Lambton 1988, 341–42; Fiorani Piacentini 2004, 251–60; Limbert 2004, 25; Aigle 2005, 160–61; Kauz 2006, 60–61; Martinez 2008–9, 220–21.

48 Amitai-Preiss 1995, 208–11; Gill 2015, 43–49, 66–70.

49 Lambton 1987, 108; Lambton 1988, 334; Atwood 2004, 429–30; de la Vaissiere 2014, 107–8.

참고 문헌

Aigle, Denise. 2005. *Le Fārs sous la domination mongole: Politique et fiscalité (XIIIe–XIVe s.)*. Paris: Association pour l'avancement des études iraniennes.

Allsen, Thomas T. 1989. "Mongolian Princes and Their Merchant Partners, 1200–1260." *Asia Major* 2: 83–126.

________________. 1997a. *Commodity and Exchange in the Mongol Empire: A Cultural History of Islamic Textiles*. Cambridge: Cambridge University Press.

________________. 1997b. "Ever Closer Encounters: The Appropriation of Culture and the Apportionment of Peoples in the Mongol Empire." *Journal of Early Modern History* 1: 2–23.

________________. 2001. *Culture and Conquest in Mongol Eurasia*. Cambridge: Cambridge University Press.

Amitai-Preiss, Reuven. 1995. *Mongols and Mamluks: The Mamluk-Īkhānid War, 1260–1281*. Cambridge: Cambridge University Press.

Anonymous. 1976. *Taʾrīkh-i shāhī Qarākhitāʾiyān*. Ed. Muḥammad Ibrāhīm Bāstānī Pārīzī. Tehran: Bunyād-i farhang-i Īrān.

Anonymous (Pseudo-Ibn al-Fuwaṭī). 2005. *Kitāb al-ḥawādith li-muʾallif min al-qarn al-thāmin al-hijrī wa-huwa al-kitāb al-musammā wahman biʾlḥawādith al-jāmiʿa wal-tajārib al-nāfiʿa*. Ed. Bashshār Maʿrūf. Qum, Iran: Intishārāt-i Rashīd.

al-ʿAsqalānī, Aḥmad b. ʿAlī b. Ḥajr. 1993. *Al-Durar al-kāmina fī aʿyān al-miʾa al-thāmina*. 3 vols. Beirut: Dār al-jīl.

Ashtor, Eliyahu. 1976. *A Social and Economic History of the Near East in the Middle Ages*. London: Collins.

Atwood, Christopher P. 2004. *Encyclopedia of Mongolia and the Mongol Empire*. New York: Facts on File.

Aubin, J. 1953. "Les princes d'Ormuz du XIIIe au XVesiècle." *Journal asiatique* 241: 138–77.

Āyatī, ʿAbd al-Muḥammad. 2004. *Taḥrīr-i taʾrīkh-i Waṣṣāf*. Tehran: Pizhūhishgāh-i

ʿulūm-i insānī wa muṭālaʿāt-i farhangī.

al-ʿAynī, Badr al-Dīn Maḥmūd b. Aḥmad. 2009-10. *ʿIqd al-jumān fī tārīkh ahl al-zamān: ʿAṣr salāṭīn al-mamālīk*. Ed. Muḥammad Amīn. 4 vols. Cairo: Dār al-kutub wal-wathāʾiq al-qawmiyya.

ʿAzzāwī, ʿA. 1935. *Tārīkh al-ʿIrāq bayna iḥtilālayn: Ḥukūmat al-Mughūl*. Baghdad: Maṭbaʿat Baghdād.

Balazs, Étienne. 1960. Review of *Economic Structure of the Yüan Dynasty*, translation of chapters 93 and 94 of the *Yüan shih*, tr. Herbert Franz Schurmann. *Journal of Asian Studies* 19: 325-27.

Becker, C. H. and Dunlop, D. M. 1986. S.v. "Baḥr al-Zand̲j." *Encyclopaedia of Islam*. 2nd ed. Online version accessed January 15, 2018, http://referenceworks.brillonline.com/entries/encyclopaedia-of-islam-2/bah-r-al-zand-j-SIM_1066.

Biran, Michal. 2015. "The Mongol Empire and the Inter-Civilizational Exchange." In *The Cambridge History of the World*, vol. 5, ed. Benjamin Z. Kedar and Merry Wiesner-Hanks, 534-58. Cambridge: Cambridge University Press.

al-Birzālī, al-Qāsim b. Muḥammad. 2006. *Al-Muqtafī ʿalā kitāb al-rawḍatayn al-maʿarūf bi-taʾrīkh al-Birzālī*. Ed. ʿUmar ʿAbd al-Salām Tadmurī. Beirut: al-Maktaba al-ʿaṣriyya.

Bosworth, C. E. 1978. S.v. "Ḳarā Ḵh̲iṭāy." *Encyclopaedia of Islam*. 2nd ed. Online version accessed January 14, 2018, http://referenceworks.brillonline.com/entries/encyclopaedia-of-islam-2/kara-khitay-SIM_3890?s.num=2&s.q=%E1%B8%B2ara+K%CC%B2h%CC%B2it%C4%81i.

Chaffee, John. 2013. "Cultural Transmission by Sea: Maritime Trade Routes in Yuan China." In *Eurasian Influences on Yuan China: Cross-Cultural Transmissions in the 13th and 14th Centuries*, ed. M. Rossabi, 41-59. Singapore: University of Singapore Press.

de la Vaissière, Étienne. 2014. "Trans-Asian Trade, or the Silk Road Deconstructed (Antiquity, Middle Ages)." In *The Cambridge History of Capitalism*, ed. Larry Neal and Jeffrey. G. Williamson, 1: 101-24. Cambridge: Cambridge University Press.

al-Dhahabī, Muḥammad b. Aḥmad. 1990. *Muʿjam shuyūkh al-Dhahabī*. Ed. Rawḥīyah ʿAbd al-Raḥmān al-Suyūfī. Beirut: Dār al-kutub al-ʿilmiyya.

____________. 1987-2004. *Tārīkh al-islām wa-wafayāt al-mashāhīr waʾl-*

a'lām. Ed. 'Abd al-Salām Tadmurī. Beirut: Dār al-kitāb al-'arabī.

Donkin, R. A. 1998. *Beyond Price: Pearls and Pearl-Fishing; Origins to the Age of Discoveries*. Philadelphia: American Philosophical Society.

Elliot, H. M., and J. Dowson, J. 1871. *The History of India: As Told by Its Own Historians; The Muhammadan Period (Vol. III)*. London: Trübner.

Endicott-West, Elizabeth. 1989. "Merchant Associations in Yuan China: The *Ortogh*." Asia Major 2: 127–54.

Fiorani Piacentini, Valeria. 2004. "The Mercantile Empire of the Ṭībīs: Economic Predominance, Political Power, Military Subordination." *Proceedings of the Seminar for Arabian Studies* 34: 251–60.

Gill, Matanya. 2015. "Commerce in the Ilkhanid State (1260–1335) as Reflected by Ibn al-Fuwaṭī's (d. 1323) Biographical Dictionary." MA thesis (in Hebrew), Hebrew University of Jerusalem.

Haridas, V. V. 2016. *Zamorins and the Political Culture of Medieval Kerala*. Delhi: Orient Black Swan.

Ibn Baṭṭūṭa, Abū 'Abdallāh Muḥammad. 1853. *Voyages d'Ibn Battûta*. Ed. and tr. C. François Defrémery and B. R. Sanguinetti. 5 vols. Paris: Édition Anthropos.

________________. 1956–2000. *The Travels of Ibn Baṭṭūṭa, A.D. 1325–1354*. Tr. H. A. R. Gibb. 5 vols. Cambridge: Cambridge University Press.

Ibn al-Fuwaṭī, Kamāl al-Dīn 'Abd al-Razzāq b. Aḥmad. 1995. *Majma' al-ādāb fī mu'jam al-alqāb*. Ed. Muḥammad al-Kāẓim. 6 vols. Tehran: Mu'assasat al-ṭibā'a wa'l-nashr.

Ibn al-'Imād, Shihāb al-Dīn 'Abd al-Ḥayy. 1986–93. *Shadharāt al-dhahab fī akhbār man dhahab*. Ed. 'Abd al-Qādir al-Arnā'ūṭ. Beirut: Dār Ibn Kaṯhīr.

İnalcık, H. 1986. S.v. "Ḥawāla." *Encyclopaedia of Islam*. 2nd ed. Online version accessed January 15, 2018, http://referenceworks.brillonline.com/entries/encyclopaedia-of-islam-2/h-awa-la-SIM_2807.

Ja'farī, Ja'far b. Muḥammad. 2005. *Tārīkh-i Yazd*. Ed. Īraj Afshār. Tehran: Shirkat-i intishārāt-i 'ilmī wa-farhangī.

Jāzim, Muḥammad, ed. 2003–5. *Nur al-ma'arif, Lumiere de la Connaissance: Règles, lois et coutumes du Yemen sous le règne du sultan rassoulide al-Muzaffar*. Sanaa, Yemen: Centre français d'archéologie et de sciences sociales de Sanaa.

Kauz, Ralph. 2006. "The Maritime Trade of Kish during the Mongol Period." In

Beyond the Legacy of Genghis Khan, ed. Linda Komaroff, 51–68. Leiden: Brill.

Kuroda, Akinobu. 2009. "The Eurasian Silver Century,1276–1359: Commensurability and Multiplicity." *Journal of Global History* 4: 245–69.

Lambton, Ann K. S. 1987. "Mongol Fiscal Administration in Persia (Part II)." *Studiaislamica* 65: 97–123.

__________. 1988. *Continuity and Change in Medieval Persia: Aspects of Administrative, Economic and Social History*, 11th–14th Century. London: I. B. Tauris.

Lane, George. 2003. *Early Mongol Rule in Thirteenth-Century Iran. A Persian Renaissance*. London: Routledge Curzon.

Limbert, John W. 2004. *Shiraz in the Age of Hafez: The Glory of a Medieval Persian City*. Seattle: University of Washington Press.

Manz, Beatrice F. 2010. "The Rule of the Infidels: The Mongols and the Islamic World." In *The New Cambridge History of Islam* 3, ed. David O. Morgan and Anthony Reid, 128–68. Cambridge: Cambridge University Press.

Martinez, Arsenio Peter. 1975. "International *Trade Cycles*: Bullion Transfers and Economic Policy in Mongol Western Asia." PhD diss., Columbia University.

__________. 2008–9. "The Eurasian Overland and Pontic Trades in the Thirteenth and Fourteenth centuries." *Archivum EurasiaeMedii Aevi* 16: 127–223.

Ohlander, Erik S. 2012.S.v. "Al-Fārūthī, ʿIzz al-Dīn." *Encyclopaedia of Islam*. 2nd ed. Online version accessed January 8, 2018, http://referenceworks.brillonline.com/entries/encyclopaedia-of-islam-3/al-faruthi-izz-al-din-COM_27006.

Park, Hyunhee. 2012. *Mapping the Chinese and Islamic Worlds: Cross-Cultural Exchange in Pre-modern Asia*. Cambridge: Cambridge University Press.

Polo, Marco. 1938. *The Description of the World*. Tr. A. C. Moule and P. Pelliot. London: George Routledge & Sons.

Ptak, Roderich. 1993. "Yuan and Early Ming Notices on the Kayal Area in South India." *Bulletin de l'École française d'Extrême-Orient* 80: 137–56.

Qāshānī, ʿAbū al-Qāsim ʿAbd Allāh. 1969. *Tārīkh-i Ūljāytū*. Ed. M. Hambly. Tehran: Shirkat-i intishārāt-i ʿilmī wa farhangī.

Qiu Yihao. 2014. "Background and Aftermath of Fakhr al-Dīn Ṭībī's Voyage: A Resurvey on the Interaction between the Ilkhanate and the Yuan at the Early

14th Century." Paper read at the international conference New Approaches on the Il-Khans, Ulanbataar, Mongolia, May 21–23.

Rashīd al-Dīn. 1994. *Jāmi' al-tawārīkh*. Ed. Muḥammad Rawshan and Muṣṭafā Mūsawī. 4 vols. Tehran: Nashr-i Alburz.

______________. 2005. *Jāmi' al-tawārīkh: Tārīkh-i Hind wa Sind wa Kashmīr*. Ed. Muḥammad Rawshan. Tehran: Markaz-i nashr-i mīrāth maktūb.

Rockhill, W. W. 1914. "Notes on the Relations and Trade of China with the Eastern Archipelago and the Coast of the Indian Ocean during the Fourteenth Century." *T'oung Pao* 15: 419–47.

al-Ṣafadī, Khalīl b. Aybak. 1998. *A'yān al-'aṣr wa-a'wān al-naṣr*. 6 vols. Beirut: Dār al-fikr al-mu'āṣir.

Serjeant, R. B. 1942. "Material for a History of Islamic Textiles Up to the Mongol Conquest." *Ars islamica* 9: 54–92.

Shīrazī, Mu'īn al-Dīn Abū al-Qāsim Junayd. 1949. *Shadd al-izār fī ḥaṭṭal-awzār 'an zawwār al-mazār*. Ed. Muḥammad Qazwīnī and 'Abbās Iqbāl. Tehran: Chāpkhānah-yi majlis.

Smith, G. R. 1995. S.v. "Rasūlids." *Encyclopaedia of Islam*. 2nd ed. Online versionaccessed December 14, 2017, http://referenceworks.brillonline.com/entries/encyclopaedia-of-islam-2/rasu-lids-COM_0912.

Subrabmanya Aiyer, K. V. 1917. *Historical Sketches of Ancient Dekhan*. Ed. K. S. Vaidyanathan. Madras: Modern Printing Works.

al-Ṣuqā'ī, Faḍl Allāh b. Abī al-Fakhr. 1973. *Tālī kitāb wafayāt al-a'yān*. Ed. Jacqueline Sublet. Damascus: Institut française d'études orientales.

Vallet, Eric. 2006. "Yemeni Oceanic Policy at the End of the Thirteenth Century." *Proceedings of the Seminar for Arabian Studies* 36: 289–96.

__________. 2010. *L'Arabie marchande: État et commerce sous les sultans Rasūlides du Yémen (626–858, 1229–1454)*. Paris: Publications de la Sorbonne.

Waṣṣāf, Sharaf al- Dīn 'Abd Allāh ibn Faḍl Allāh. 1853. *Tajziyat al-amṣār watazjiyat al-a 'ṣār*. Bombay. Reprint, Tehran 1338/1959–60.

Wing, Patrick. 2013. "'Rich in Goods and Abounding in Wealth:' The Ilkhanid and Post-Ilkhanid Ruling Elite and the Politics of Commercial Life at Tabrīz, 1250–1400." In *Politics, Patronage, and the Transmission of Knowledge in 13th–15th Century Tabrīz*, ed. Judith Pfeiffer, 301–21. Leiden: Brill.

Yokkaichi, Yasuhiru. 2005. "Az Sīraf bah Kīsh: Tijārat-i Uqiyānūs-i Hind wa Kīsh dar ʿaṣr-i Mughūl [From Sīraf to Kīsh: Maritime Trade in the Indian Ocean under Mongol Rule]." *Proceedings of the International Congress of Siraf Port, 14–16 November*, 125–36. Bushehr, Iran: Bonyād-i Irānshināsi.

________________. 2008a. "Chinese and Muslim Diasporas and the Indian Ocean Trade Network under Mongol Hegemony." In *The East Asian Mediterranean: Maritime Crossroads of Culture, Commerce, and Human Migration*, ed. Angela Schottenhammer, 73–103. Wiesbaden, Germany: Harrassowitz.

________________. 2008b. "Horses in the East-West Trade between China and Iran under Mongol Rule." In *Pferde in Asien: Geschichte, Handel und Kultur/Horses in Asia: History, Trade, and Culture*, ed. Bert Fragner et al., 87–97. Wiesbaden, Germany: Harrassowitz.

Yule, Henry. 1870. "An Endeavour to Elucidate Rashiduddin's Geographical Notices of India." *Journal of the Royal Asiatic Society* 4: 340–56.

al-Yūnīnī, Quṭb al-Dīn Mūsā b. Aḥmad. 2013. *Dhayl mirʾāt al-zamān fī tārīkh al-aʿyān li-Sibṭ Ibn al-Jawzī*. Vol. 22. Ed. ʿAbbās Hānī al-Jarrākh. Beirut: Dār al-kutub al-ʿilmiyya.

Zarkūb Shīrāzī, Abū al-ʿAbbās Aḥmad Abī al-Khayr. 1931. *Shīrāznāma*. Ed. Bahman Karīmī. Tehran: Maṭbaʿa-yi rūshanāʾī.

제10장

타이둘라

기독교 상인을 후원한 금장 칸국 황후

❈

실비어 코바치

몽골 제국은 그 엘리트 여성들의 상대적 자주성과 정치 참여로 유명하다. 몽골 황실의 아내와 딸들은 제국의 의사 결정 과정에 참여했다. 다만 정부와 행정에 보다 직접적으로 관여하지는 않았다. 독자적인 재산을 보유했고 그것을 자신의 이동 궁정인 오르도에서 관리했던 엘리트 여성들은 또한 대부분 경제적으로 독립해 있었다. 이에 따라 그들은 정치 영역이나 통치, 심지어 제국의 외교 활동에 참여하는 데 상대적으로 자유로웠으며, 교역을 촉진하기 위해 필요한 자본과, 지역 간 또는 대륙 간 수준에서 상업적 기업을 갖고 있었다.[1]

금장 칸국[킵착 칸국, 주치 울루스] 역사상 가장 유명한 카툰(황후)인 타이둘라Taydula(?~1361)[2]는 여성이 제국의 정치와 상업 분야에 관여한 가장 유명한 사례다. 남편 우즈벡Özbek(재위 1313~1341) 칸과 함께 통치한 타이둘라는 기독교 국가들에 대한 찬조와 후원을 이용해 자신의 무역 이익과 칸국의 외교 관계를 촉진했다. 설명 자료들과 타이둘라 자신이 발행한 면허장들은 칸국의 정치와 상업에 깊이 개입했다는 그의 이미지를 확인해주고 있다.

금장 칸국은 광대한 영토를 지배했다. 그 전성기에 북쪽은 볼가강 상류와 카마Kama강 유역, 동쪽은 이르티시Irtysh강 상류, 서쪽은 도나우강 하류, 남쪽은 크림반도와 캅카스산맥, 우스튜르트Ustyurt고원, 아무다리야Amu Darya〔아무강〕 하류, 시르다리야Syr Darya〔시르강〕 중류에까지 이르렀다(오늘날의 우크라이나, 러시아 일부, 카자흐스탄, 북부 우즈베키스탄을 포괄한다). 제국의 영토는 농경과 도시 기반 경제의 정주민 사회[3]도 포함돼 있었지만, 그럼에도 불구하고 이 나라는 대체로 스텝 기반 경제의 유목민 제국이었다. 금장 칸국은 경쟁한 일족 일 칸국의 이란이나 멀리 있던 일족 원나라의 중국과 달리 그 광대한 영토가 이전에 단일 제국 조직 아래 통일됐던 적이 한 번도 없었다. 이에 따라 칸국의 지배자들은 자기네에게 복속된 정주민의 행정 및 문화 전통에 덜 의존했다.

칸국의 주민은 대체로 여러 가지 튀르크어를 사용하는 집단들로 이루어졌다. 쿠만-킵착인과 볼가불가르인 같은 민족들이다. 정복자인 몽골인은 소수였고, 그들은 점차 튀르크어를 사용하는 주민들에게 동화됐다. 튀르크와 몽골 유목민들 외에 이란계 언어를 사용하는 사람들이 북캅카스와 화라즘에 살았고, 크림반도에는 더 작은 규모의 유대인 사회가 자리 잡고 있었다. 제국에는 기독교도 주민도 상당수 있었다. 정복된 루시Rus'의 공국들과 크림반도의 그리스·아르메니아·이탈리아인 식민지들이 있었기 때문이다. 크림반도의 기독교도들은 대부분 도시에 거주했고, 그들의 정착지는 레반트 무역에서 통과 시장 역할을 했다.

제국의 민족적·종교적 다양성은 그 종교 정책에도 반영됐다. 몽골의 지배는 그 신민들의 종교에 대해 다원주의적 태도를 분명히 드러냈다. 그들의 종교적 다원주의는 타이둘라의 남편인 우즈벡 칸이 1312/1313년 이슬람교로 개종한 뒤에도 지속됐다. 그것이 칸국의 점진적 이슬람화 과정을 되돌릴 수 없게 만들었지만 말이다.

당대 자료들은 타이둘라가 어떤 민족 출신인지에 대해 언급이 없다. 다만 후대의 기록들에는 킵착인으로 나온다. 튀르크계 킵착인은 칸국에서 가장 수가 많은 유목 민족이었다. 그러나 연구자들은 지금 타이둘라가 쿵그라트Qongrat 출신이라고 주장한다. 전통적으로 칭기스 일족과 밀접한 혼인 관계를 맺은 몽골 부족이다.[4] 타이둘라는 본래 우즈벡의 정실 부인이 아니었다. 우즈벡의 첫 번째 정처가 죽은 뒤에야 그 자리를 차지했다.[5] 어떻든 이는 타이둘라의 민족 정체성이 기록되지 않은 이유를 설명해준다.

1332년 유명한 여행가 이븐 바투타Ibn Baṭṭūṭa(1304~1368/1377)가 캅카스 북쪽 우즈벡의 궁정에 갔을 때 타이둘라는 이미 칸의 정처였다. 이븐 바투타는 우즈벡과 타이둘라 사이에서 세 자녀가 태어났다고 적었다. 그 가운데 두 아들 티니벡Tinibek(재위 1341~1342)과 자니벡Janïbek(재위 1342~1357)은 나중에 칸이 되고, 이름을 밝히지 않은 딸은 칸국의 화라즘[6] 총독의 아들 하룬 벡Hārūn Bek과 혼인했다. 또 다른 아라비아 저자에 따르면, 타이둘라는 우즈벡이 죽은 뒤 남편의 장남 티니벡을 상대로 한 음모에 가담해 자신이 좋아하는 아들 자니벡이 그 대신 권좌에 오르는 데 도움을 주었다.[7]

우즈벡 궁정에서 타이둘라가 차지하고 있던 위치가 이 모로코 여행자의 관심을 끌었다. 그는 금요일 예배 후 우즈벡 황금 천막의 좌석 배치를 이야기한다. 타이둘라는 칸의 오른쪽에 앉았고 카박Kabak 카툰이 그 옆에 앉았다. 칸의 다른 두 아내인 바얄룬Bayalūn과 우르두자Urdujā는 칸의 왼쪽에 앉았다.[8] 이븐 바투타는 카툰들의 시종이 굉장히 많아 깜짝 놀랐다. 그들은 수많은 남녀 노예와 수행원을 거느렸다. 이 여행가의 관찰은 카툰의 오르도가 여자 집사(와지르vazīr)와 여자 시종에 의해 관리됐음을 시사한다.

이븐 바투타가 타이둘라를 찾아갔을 때 이 카툰은 하녀들에 둘러싸여 있었고, 하녀들은 체리를 씻고 있었다. 카툰은 그를 천막 안으로 맞아들였고, 쿠미스kumiss(젖술)를 대접했다. 발효시킨 말젖으로 만든 전형적인 몽골의 알코올 음료였다. 이븐 바투타는 카툰이 돈궤, 옷, 세간, 음식이 든 수레 300대를 갖고 있다고 적었지만, 그럼에도 불구하고 카툰은 "인색하다"[9]라고 주장했다. 이뿐만 아니라 이븐 바투타는 사실이기보다는 규방에 관한 공상에 더 가까울 듯한 일화에서, 타이둘라가 성性적 재주나 독특한 성기 덕분에 우즈벡이 가장 좋아하는 아내의 위치를 차지했다고 말했다. 그는 칸이 "매일 밤 타이둘라가 처녀처럼 느껴져서", 그리고 더욱이 "카툰의 성기가 반지 같은 모양"[10]이어서 매우 좋아한다고 적고 있다. 그러나 타이둘라가 높게 평가된 데 대한 보다 그럴듯한 설명은 그의 강하고 위엄 있는 성격이었다.

금장 칸국의 역사에 가장 큰 흔적을 남긴 것은 타이둘라의 정치적 야심과 우즈벡 사후의 승계 투쟁에 대한 끈질긴 개입이었다. 칸국은 타이둘라의 남편 치세에 전성기를 맞았다. 쇠락의 조짐은 그들의 아들 자니벡의 통치 동안에 나타나기 시작했다. 자니벡의 아들 베르디벡Berdibek(재위 1357~1359)이 살해되고 나서 20년 동안의 쇠퇴와 혼란이 이어졌고, 칸국은 결코 거기서 완전하게 회복할 수 없었다. 제국은 붕괴했고, 1430년대에 새로운 정치체들이 만들어졌다. 주요 계승 국가들인 카잔Qazan 칸국과 아스트라한Astrakhan 칸국은 1552년과 1556년에 다시 러시아인들에게 정복된다.

남편과 아들과 손자의 통치 기간에 중요한 위치를 누렸던 야심가 타이둘라는 자기 삶의 마지막 해가 돼서도 권력을 유지하고자 애썼다.[11] 1359년 자신의 손자 베르디벡이 피살된 이후 칭기스 칸의 손자이자 주치의 아들인 바투의 자손이 끊어지자, 타이둘라는 주치의 또 다른 아들인 시반Shiban의 후손을 데려다가 칸국의 제위를 맡겼다고 기록돼 있다. 심지어 혼인을 통해 시반 가문과 새로운 동맹을 공고히 하려 노력했는지도 모른다. 16세기 역사가 외테미시 하지Ötemish Ḥājjī에 따르면, 나이 든 이 카툰은 시반의 자손 히드르Khiḍr(재위 1360~1361)가 너무 매력적임을 알고는 머리칼을 검게 물들였다. 새칸과 혼인할 수 있을까 하는 희망을 품고서였다. 실제로 히드르는 이 영향력 있는 여자와 혼인하려 했지만, 그러지 말라는 조언을 들었다.[12]

카툰은 금장 칸국을 20여 년(1359~1380) 동안이나 괴롭혔던 무정부 상태의 초기에 끔찍한 죽음을 맞았다. 볼가 강변에 있는 칸국의 수도 사라이 부근에서 벌어진 전투 때 사로잡힌 타이둘라는 길들이지 않은 말이 끄는 썰매에 묶였다고 한다. 말은 물에 침식된 좁은 골짜기로 내몰렸고, 그곳을 내달려 몽골 카툰을 매단 썰매를 박살내버렸다.[13]

타이둘라와 흑해 무역

금장 칸국은 몇 개의 국제 교역로의 교차점에 놓여 있어 상인들이 북에서 남으로 가로지르며 북쪽 삼림의 산물들을 팔았다. 모피·펠트·가죽·밀랍과 노예였다. 또한 여행자들이 동에서 서로 이 나라를 가로질렀고, 상인들이 유럽에서 중앙아시아와 더 나아가 중국으로도 향했다. 몽골 엘리트들은 이 지역 간 상거래를 촉진하는 데 대단한 관심을 가지고 있었고, 여성 엘리트 성원들 또한 칸국의 무역을 촉진하는 데 관여했다. 이런 목적을 위해 자신의 자본을 대기도 했다.

흑해 무역은 제국에 가장 중요했다.[14] 가장 중요한 교역 중심지는 이탈리아의 식민지들이었다. 돈Don강 하구에는 베네치아의 식민지 타나Tana(오늘날의 아조프Azov)가 있었고, 크림반도에는 제노바인의 도시 카파Kaffa(오늘날의 페오도시아Feodosia)가 있었다. 이들 항구에서 온갖 상품이 배에 실려 지중해의 여러 지역으로 갔다. 스텝과 타이가Taiga 삼림에서 나는 노예·가죽·양털·밀·보리·기장·밀랍·소금·치즈·물고기와, 동방에서 나는 산물들로 주로 비단과 향신료이었다(지도 10-1 참조).

타이둘라가 제국 내에 사는 기독교도들(가톨릭교도든 정교도든)에게 제공한 지원은 유럽인이 흑해 지역에서 벌인 무역 활동에 대한 더 넓은 관심과 서로 연결돼 있었다. 1344년 봄, 베네치아 원로원은 자니벡 칸의 궁정에 사절을 보내 1년 전 타나에서 터진 이탈리아 상인들과 현지 주민들 사이의 갈등을 해결하고자 했다. 그 갈등은 곧 칸국과 흑해 지역 이탈리아 무역 식민지들 사이의 본격적 전쟁으로 번졌다. 베네치아인들은 외교적 수단을 통해 갈등을 끝내고자 했다. 베네치아 대표단의 1344년 4월 28일 자 보고에 따르면, 대표단은 자니벡 등 여러 궁정 인사와 함께

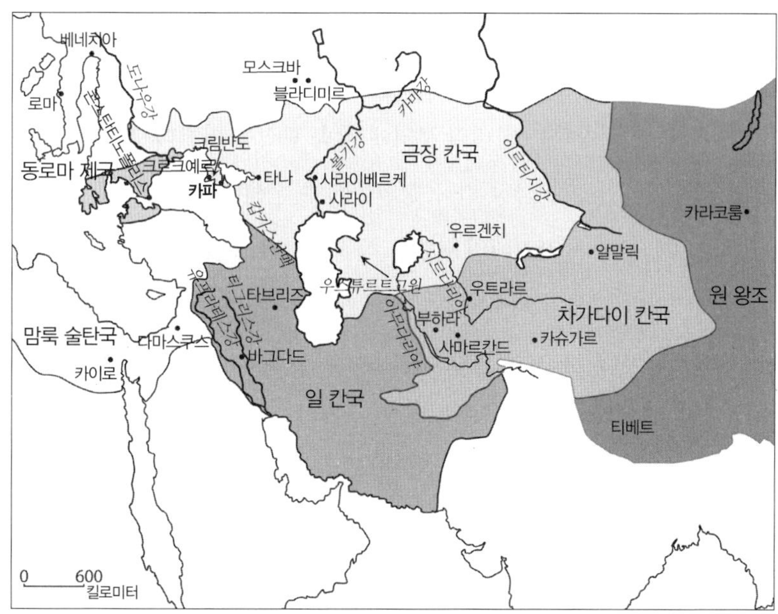

지도 10-1 금장 칸국과 그 무역 상대들

이름이 기록되지 않은 한 카툰도 만났다.[15]

베네치아의 흑해 무역 중심지인 타나는 동-서 대륙 중심 도로를 연결하는 유럽의 교역장이었다. 14세기 동안에 이 루트는 금장 칸국 수도 사라이, 화라즘의 우르겐치Urgench, 차가다이 수도 알말릭(오늘날의 신장 북부), 그리고 중국을 지나며 매우 많은 양의 사치품을 유럽으로 운송했다. 타이둘라는 타나에 정박한 기독교도의 배들이 낸 수입 관세의 일부가 자신의 금고로 배당된 이래 이 무역에서 직접적인 경제적 이득을 얻었다.

이는 타이둘라의 손자 베르디벡 칸이 1358년에 내린 칙령을 통해 알 수 있다. 이 징세액으로 얻은 소득 중 일정 금액을 칸의 징수원들에게 넘기라고 카툰에게 요구하는 내용이다.[16] 베네치아인들은 타이둘라가 기독교인 사회들을 후원한다는 것뿐 아니라 칸에게 상당한 영향력이 있고 더 나아가 베네치아 회사들을 통해 흑해 무역을 번창하게 하는 데 개인적 관심이 있음도 알았던 듯하다.

타이둘라는 번창하는 타나의 무역에 계속 관심을 가졌다. 1353~1354년에 베네치아인들은 금장 칸국 상인들에게 손해를 입혔고, 이에 그들은 베르디벡 칸에게 자기네의 불만을 해결해달라고 말했다. 1358년 9월, 칸은 베네치아 영사와 타나의 상인들에게 즉각 배상금을 지불하라고 명령했다.[17] 그러나 카툰은 2830솜모sommo(은銀 530킬로그램에 해당한다)의 배상금이 베네치아 상인들에게 너무 무겁다고 생각했고, 그들의 재정 부담을 덜어주기로 결정했다. 1359년 카툰이 베네치아 도제Doge(지도자)에게 보낸 편지가 라틴어로 번역됐는데, 카툰이 550솜모(은 103킬로그램)를 갚아주었음을 증언하고 있다. 베네치아가 내야 할 돈의 5분의 1에 해당하는 액수다.[18]

몽골 카툰은 왜 이런 자선 행위를 했을까? 첫째로, 그것은 '기독교도의 후원자'로서 자신의 명성을 더 높일 수 있었다.[19] 둘째로, 베네치아와 칸국 사이의 긴장 관계를 완화하는 데 이바지하면 자신의 정치적 위상을 높일 수 있었다. 하지만 카툰은 또한 보상을 바라고 있었을 것이다. 베네치아 도제에게 보낸 편지에는 그 돈을 받은 개인의 명단을 포함하는 상세한 지불 내역이 동봉돼 있었다.[20] 명단에는 또한 손해를 본 상인들이 아닌 사람들의 이름도 일부 들어 있었고(예컨대 카툰의 회계 담당자와 통역도 있었다), 그것이 아마 도제 조반니 돌핀Giovanni Dolphin(재임 1356~1361)의 대리인이 타이둘라의 이른바 관대함에 항의한 이유일 것이다.[21] 그들의 반대에도 불구하고 카툰은 베네치아 대표단이 보는 앞에서 명단에 있는 개인들에게 돈을 주었다.[22]

기독교도 후원자로서의 타이둘라

타이둘라는 몽골 지배 엘리트와 그들의 신민인 기독교도들 사이의 우호 관계를 촉진하고 증진했다. 칭기스 일족의 정복자들은 신민들의 종교적 자유를 보장하는 것으로 잘 알려져 있었다. 복속된 민족들은 자유롭게 자기네 종교를 유지했다. 정복자의 권위에 문제를 제기하거나 복속된 민족의 관습이 몽골의 토착 신앙에 위배되지만 않으면 됐다. 몽골 지배자들은 각 종교의 대표자들에게 세금을 면제해주었고, 그 대신에 종교 대표자들은 몽골 지배자와 그 가족을 위해 기도를 해야 했다. 종교 전문가들은 더 나아가 제국에 새로 편입된 영토의 안정과 통합을 촉진해야 했다. 실제로 루시 교회의 성직자들 역시 칸국으로부터 세금을 면제받았고, 그 대신 그 대표자들은 지배자와 그 가족을 위해 기도했다.[23]

칸의 아내들 역시 몽골 지배자와 복속 민족들의 종교 기구들 간 관계를 유지하는 일에 참여했다.[24] 몽골인들이 종교 공동체들을 지원하고 보호한 것은 오로지 정치적 동기에서만은 아니었고, 어떤 경우에는 황실 남녀 구성원들의 특정 종교 신봉과 그에 대한 헌신에 의해 강화되기도 했다. 예를 들어, 금장 칸국에서 칸을 옹립하는 데 영향력을 발휘한 노가이Noghai(?~1299)의 정처 야일락Yāylāq은 프란체스코회 신자들의 후원자이기도 했고, 프란체스코회에서 세례를 받기도 했다. 야일락은 프란체스코회에 크림반도에 있는 도시 크르크예르Qırq Yer(오늘날의 추풋칼레 Çufut Qale)의 건물 하나를 제공했을뿐더러 그들의 안전을 보장했다.[25]

그러나 카툰들이 종교 공동체와 그 기구에 제공한 지원은 그들이 그 종교의 신도냐 아니냐에 달린 것이 아니었다. 칭기스 칸의 막내아들 톨루이의 아내인 소르칵타니 베키Sorqaqtani Beki(?~1252)는 동방교회 신자였지만 그에 구애되지 않고 부하라Bukhara의 마드라사madrasa(이슬람교의 대학)를 건설하고 유지하는 데 기부금을 냈다.[26]

타이둘라 자신이 어떤 종교를 가졌었는지는 해결되지 않은 문제다. 타이둘라가 금장 칸국에서 기독교 공동체의 후원자 노릇을 했기 때문에, 일부 역사가들은 그가 남편이 믿던 이슬람교가 지배하는 궁정에서 드러내지 않은 기독교도였다고 주장한다.[27] 그러나 타이둘라에 관해 가장 좋은 정보원인 이븐 바투타는 이 카툰이 기독교도라는 말을 하지 않는다. 반대로 그는 자신의 친구 하나가 카툰의 궁정에서 《쿠란》 독경讀經을 했다고 말하고 있다.[28] 그리고 카툰의 아들 자니벡과 손자 베르디벡은 분명히 이슬람교도였다.

타이둘라는 대체로 1341년 우즈벡이 죽은 이후 기독교도들의 후원자로 나타난다. 그럼에도 불구하고 일부 자료는 카툰이 그전에 이미 기독교 공동체들을 대신해 개입했음을 시사한다. 앞서 언급한 대로, 우즈벡이 이슬람교로 개종했다고 해서 이 일이 기독교 박해로 이어진 것은 아니었다. 우즈벡 칸은 즉위 직후인 1314년 3월 20일 프란체스코회에 특혜를 주는 야를릭 즉 칙령을 내렸다. 차별적 세금을 없애고 그 교회와 수녀원에 대한 황실의 보호를 확인하는 것이었다.[29]

이븐 바투타의 기록은 우즈벡의 아내들이 서로 다른 종교 공동체를 후원하도록 할당됐을 가능성을 더 높인다. 타이둘라에게는 기독교 쪽이 할당되고, 칸의 또 다른 아내인 우르두자에게는 이슬람 공동체가 할당된 듯하다.[30] 트베리Tver'의 군주 알렉산드르 미하일로비치Aleksandr Mikhaĭlovich(재위 1337~1339)가 1339년 칸이 자신을 처형하기로 결정했다는 말을 듣고 타이둘라에게 궁정에서 자신을 위해 개입해달라고 요청한 것은 아마도 이 카툰이 기독교도들에 대해 동정심이 있었기 때문일 것이다.[31]

교황 베네딕투스[베네딕토] 12세Benedictus XII(재임 1334~1342)는 1340년 '북쪽 지방 타르타리Tartary의 황후 타이돌라Taydola' 앞으로 보낸 편지에서 타이둘라가 금장 칸국에 사는 가톨릭교도들을 지원해준 데 대해 감사를 표했으며, 우즈벡의 사절들이 자신에게 카툰의 독실하고 자애로운 태도에 대해 말해주었다고 썼다. 우즈벡은 카툰이 선행을 계속해주기를 요청하고 카툰이 '가톨릭 신앙'으로 개종하기를 촉구했다.[32] 교황 역시 카툰이 기독교도들의 뒤를 봐준 것을 개인적으로 기독교 신앙에 기울어진 것으로 오해한 듯하다.[33]

세 통의 야를릭에 나타난 타이둘라와 루시 교회의 관계

13세기 후반에 금장 칸국을 건설한 뒤 몽골 정복자들은 정교회와의 관계를 정상화했다. 칸국의 지배자들은 몇 개의 야를릭에서 루시 교회의 세금 면제를 확약하고, 또한 그들의 재산과 예배 시설의 보호를 보장했다. 그 대신에 루시 교회 대표들은 칸과 그 친족을 위해 기도하도록 지시받았다.

루시 교회에 내리는 여섯 통의 금장 칸국 칙령(khanskie i͡arlyki)은 13세기부터 14세기의 것으로 알려졌다.[34] 이 기록들은 오로지 교회 소장품이라는 형태로만 우리에게 전해지며, 몽골어나 튀르크어 원본이 아니라 그 러시아어 번역본이다.[35] 칙령 여섯 통 가운데 네 통(1267년, 1351년, 1357년, 1379년)은 교회에 재정적 면제 등 여러 혜택을 주는 것이고, 두 통(1347년, 1354년)은 자유 통행 문서(proezzha͡ia gramota)다. 사라이 출신의 어떤 주교와 루시 교회 수장 대주교 알렉시이Aleksiĭ에게 자유롭고 안전한 여행을 보장한 것이다. 여섯 통 가운데 세 통은 타이둘라 카툰의 명의로 돼 있다. 두 통(1347년, 1354년)은 자유 여행을 허락한 것이고, 한 통(1351년)은 세금 면제를 허락한 것이다.

14세기 이집트의 백과사전 편집자 알우마리al-'Umari는 금장 칸국의 카툰이 정치 생활에 적극적으로 참여했을 뿐만 아니라 독자적으로 칙령을 발포할 수 있었다고 말한다.[36] 타이둘라의 칙령은 금장 칸국과 더 나아가 몽골 제국에서 황실 여성들에게 주어졌던 독특한 권한과 특권을 잘 말해주고 있다. 이것들은 아울러 궁정에 분명한 위계 구조가 있고 칸국에 잘 발달된 사무 관행이 있었음도 말해준다.

그런데 타이둘라가 발부한 문서는 '그라모타gramota'(증서)로 언급돼 있고, 반면에 금장 칸국 지배자가 발행한 칙령(예컨대 1357년 베르디벡이 발부한)은 '알 탐가 야를릭al tamgha yarligh'(붉은 도장이 찍힌 칙령)이라는 제목이 붙어 있다.[37] 타이둘라는 아마도 자신이 내리는 칙령에 황제의 붉은 도장을 사용할 권한이 없었던 듯하다. 그것은 오직 칸에게만 주어진 권한이었다.[38]

타이둘라가 발부한 첫 번째 증서(1347년)는 또한 그 수신처 때문에도 이례적이다. 칸이 발부한 다른 야를릭과 타이둘라가 발부한 다른 두 증서는 수신처가 루시 영토에 임명된 금장 칸국 관리 또는 금장 칸국 신민으로 돼 있다. 그러나 타이둘라의 1347년 자유 통행 증서는 수신처가 모스크바 대공 시메온 이바노비치Simeon Ivanovich(재위 1340~1353)와 그에게 복속한 군주들이었다. 다시 말해서 루시 공국 사람들이었다.

증서를 받은 대주교의 정체는 약간의 문제를 제기한다. 우리는 이 시기에 요안Ioan이라는 이름을 가진 대주교에 대해 알지 못한다. 그는 아마도 사라이의 하급 성직자(아마도 주교)였을 것이다. 칸국 수도의 정교회 주교직은 1261년 이후 존재했다. 주교직은 종교적 목적보다는 정치적 목적에서 만들어졌다. 주교는 대주교들과 금장 칸국 칸들의 관계를 공고히 하는 일을 맡고 있었다. 칸국에 배치된 주교들은 궁정에 영향력을 얻어 루시와 아마도 동로마 제국을 대신해 개입하고자 했다. 사라이의 주교 요안은 루시의 동북쪽 영토를 여행하기 위해서는 타이둘라의 보호가 필요했다. 증서의 본문은 그러한 여행이 자주 이루어질 것임을 시사하고 있다.[39] 증서의 다음 부분에서 타이둘라는 자유로운 통행을 막거나 공격하거나 고위 성직자와 그 부하들의 말을 압수하지 말도록 경고하고 있다.[40]

타이둘라가 1351년 발부한 두 번째 증서는 루시 교회 수장인 대주교 페오그노스트Feognost에게 주는 것이었고, 수신처는 칸국 관리들이었다. 이는 타이둘라가 몽골 궁정과 교회 사이에서 중재자 역할을 했음을 다시 한 번 보여준다.[41] 루시 교회에 세금 면제와 기타 특권을 주는 증서는 주로 새로운 칸이 즉위하거나 새로운 대주교가 임명될 때 발부된다. 러시아 연대기에 따르면, 페오그노스트 대주교는 야를릭을 요청하기 위해 최근 즉위한 자니벡의 궁정에 갔으나, 이전 관행과 달리 칸은 페오그노스트에게 세금을 내도록 요구했다.[42] 그러나 페오그노스트 대주교는 칸과 카툰, 그리고 고위 관료들에게 뇌물을 주고 문서를 얻을 수 있었다.

자니벡의 1342년 야를릭은 현재 남아 있지 않으나, 타이둘라의 1351년 증서는 칸의 칙령에 근거하고 있었던 듯하다.[43] 칸의 야를릭이 지켜지지 않아 타이둘라가 다시 발부해야 했을 가능성도 있다.[44] 타이둘라의 증서는 칸이 대주교에게 기부금을 주었고 황제의 붉은 도장이 찍힌 야를릭(s alo͡iu tamgo͡iu ͡iarlyk)을 건네주었다고 말한다. 증서는 페오그노스트가 블라디미르Vladimir의 대주교 자리에 취임한 이후 자니벡과 타이둘라, 그리고 그 아이들을 위해 기도해왔다고 적고 있다. 증서는 이어 대주교에게서 징수해서는 안 되는 세금의 종류를 나열하고, 누구든 그의 땅, 수원지, 채소밭, 포도밭, 공장을 몰수하는 것을 금지했다.[45]

타이둘라의 마지막 증서는 1354년에 발부된 또 하나의 자유 통행 보증서다(이 장 마지막의 부록 참조).[46] 증서는 대상이 되는 사람은 알렉시이이고, 그의 직위는 대주교이며, 그의 여행 목적지는 차르그라드Tsar'grad 즉 콘스탄티노폴리스라고 분명하게 적시하고 있다. 페오그노스트 대주교는 1353년 봄 전염병에 걸려 죽었다.[47] 그의 후임으로 지명된 알렉시이는 금장 칸국으로 가서 통행증을 요청했다. 그는 2월 11일 자신에게 발부된 통행증을 받아 콘스탄티노폴리스를 향해 떠났다. 콘스탄티노폴리스의 총대주교로부터 대주교로 임명받기 위해서였다. 이 자유 통행증은 알렉시이와 그 하인들의 말을 가로막거나 공격하거나 몰수하는 것을 금지했다. 그들이 자니벡, 그 아이들, 그 어머니인 타이둘라를 위해 기도하고 있기 때문이었다.

이 놀라운 문서 증거 외에, 타이둘루가 루시 교회를 지원한 것이 갖는 중요성은 후대 러시아 전설의 변형물로부터도 추찰할 수 있다. 여기서 타이둘라는 기독교를 좋아하는 것으로 돼 있을 뿐만 아니라 기적을 연출해 몽골의 후원을 요청하는 루시 교회의 주장을 입증하는 역할을 한다. 16세기의 《니콘 연대기Nikonovskaya letopis'》는 타이둘라가 눈병에 걸려 알렉시이 대주교를 불렀는데, 대주교가 타이둘라를 성수聖水로 축복하자 곧바로 눈이 말끔해졌다고 기록하고 있다. 타이둘라는 그 보답으로 알렉시이와 그 일행에게 성의聖衣 등 푸짐한 선물을 내렸다.[48]

결론

중세 몽골 사회가 가부장적이고 부계적이긴 했지만, 엘리트층의 여성들은 사회의 최상층에서 중요한 역할을 했다. 그들은 정치적, 경제적, 종교적 후원에 참여했다. 타이둘라 역시 다른 많은 몽골 카툰처럼 정치적으로 적극적이고 영향력 있는 역할을 했다. 특히 승계 분쟁의 경우에 그러했다. 아들 자니벡의 승계를 지원했고, 나중에는 히드르가 금장 칸국 권좌에 오르도록 했다.

야심 찬 카툰은 또한 제국에서 교역을 촉진하는 데 자신의 영향력을 사용했다. 타이둘라는 흑해 무역에 관여하고 직접 투자하기도 했다. 또한 베네치아 상인들을 지원해 그들이 궁정과의 갈등을 해결하는 일을 돕고 특혜와 재정적 이득을 얻을 수 있도록 했다. 타나의 라틴계 기독교도 상인 공동체와 긴밀하게 접촉한 것은 카툰과 상인 서로의 경제적 이익에 의해 추동된 것이었다.

타이둘라의 기독교도 신민들에 대한 후원은 주로 자신의 교역 이익과 연관된 것이었던 듯하다. 다른 카툰들과 달리 타이둘라는 기독교 교회, 수도원, 학교 건설에 기부하지 않았다. 앞서 언급한 야일락이 했던 것처럼 말이다. 또한 타이둘라는 우구데이의 아내 투레게네(섭정 1242~1246)처럼 그들에게 종교 서적을 공급하지도 않았다.[49] 타이둘라는 오히려 몽골 남성 지배자들과 발맞추어 루시 교회 대표들에게 세금을 면제해주고 안전 통행증을 주어 그들을 지원했다.

타이둘라는 이들 증서를 칸의 명령에 의거하고 그들의 권위 아래서 발급했지만, 그럼에도 불구하고 이 칙령들은 자신의 명의로 된 것이었다. 이에 따라 타이둘라는 그 이름이 칙령과 사무 기록에 남아 있는 얼

마 안 되는 몽골 여성 엘리트 명단에 이름을 올리고 있다.[50]

타이둘라의 기독교도들에 대한 지원이 영적 확신보다는 정치적·경제적 이득을 얻을 수 있다는 전망에서 비롯한 것이었고 몽골의 더 넓은 종교 정책에 일반적인 실용적 접근에 의존하기는 했지만, 그럼에도 불구하고 그것은 루시 정교회와 금장 칸국의 튀르크-몽골 문화 사이의 소통을 강화하는 데 상당히 기여했다. 알렉시이 대주교가 기적적으로 타이둘라의 병을 치료했다는 이야기는 이슬람교를 믿는 몽골 치하에서 기독교도의 보호를 이루어낸 교회의 역할을 기념하고 찬양하기 위해 설계된 것이겠지만, 그것은 또한 교회가 마땅히 인정해야 할 몽골 카툰의 중요한 영향력을 시사하는 것이기도 하다.

부록

알렉시이 대주교에게 내린 타이둘라의 1354년 야를릭

자니벡의 야를릭[칙령]에 의거한 타이둘라의 말[명령]이다.[51]

여러 만 명과 천 명의 지휘관들[52]에게, 그리고 백 명과 열 명의 지휘관들,[53] 구역과 도시의 행정 책임자들,[54] [구역과 도시의] 군 지휘관들, 통과하는 사절들, 많은 사람들, 그리고 모두에게.

모두에게. 알렉시이 대주교가 차르그라드[콘스탄티노폴리스]로 가면, 그가 어디에 있든 아무도 그의 통행을 방해하지 말고 [아무도] 그에게 강제력을 행사하면 안 된다[라고 우리는 명령한다].[55] 더구나 그가 어디에 머무르든 [아무도] 그나 그의 수행원 누구도 붙잡아서는 안 되며, 통행을 방해해서는 안 된다. 그의 말이나 [그의 소유인] 어떤 것도 그에게서 빼앗으면 안 된다. 그들은 평화롭게 그들끼리 놓아두어야 한다. 그는 자니벡과 그의 아이들, 그리고 우리[타이둘라]를 위해 기도하기 때문이다. 우리는 이렇게 명령한다.

이제 앞으로는 누구든 [알렉시이와 그 일행에게] 완력을 가하면 그는 '대법大法'[56]에 따라 처벌될 것이다.

이러한 내용으로 우리는 도장[57] 찍힌 증서를 발부한다. 말[58]의 해, 아람Aram[59]의 달, 벳히이vetkhii[60]의 두 번째 날. 오르도가 굴리스탄Gulistan[61]에서 숙영[하고 있을 때]. (…) [62]가 썼다. 청원은 테미르 호자Temir Khoja가 (타이둘라에게) 제출했다.[63]

주

1 May 2016, 89-106; De Nicola 2017, 130-81: 카툰의 무역 개입에 관해서는 145-49.

2 이 이름은 '망아지 꼬리를 가진 자'(Pelliot 1949, 102-4; Zimonyi 2005, 307) 또는 '외삼촌 집에서 태어난 자'(Grigor'ev and Grigor'ev 2002, 196)를 의미한다.

3 루시, 화라즘, 볼가불가리아, 크림반도 등에서 발견된다.

4 Ivanics 2011, 213; Ivanics, 2017, 156, 251. 칭기스 일족과 쿵그라트의 관계에 대해서는 Landa 2016, 165-73, 193-95.

5 칸의 정처는 칸이 맨 처음 혼인한 상대이고(이거나) 후계자가 될 수 있는 아들을 낳은 사람이다. 아들을 낳지 못하거나 죽으면 다른 사람으로 대체된다. 우즈벡의 첫 번째 정처는 바얄룬Bayālūn(?~1323)인데(PSRL 18: 89), 우즈벡의 세 번째 아내인 동로마 황제의 딸 바얄룬Bayalūn과는 다른 사람이다. Ibn Baṭṭūṭa(1962, 2: 483, 486)는 타이둘라가 우즈벡에게 딸을 낳아준 이트 쿠주죽Īt Kujujuk을 대체했다고 말한다. 그러나 타이둘라는 아마도 정처가 되기 전에 이미 우즈벡의 아내 중 하나였을 것이다. 타이둘라와 우즈벡의 아들인 티니벡은 타이둘라가 정처에 오른 지 7년 뒤에 벌써 혼인했기 때문이다. Tizengauzen 1941, 101.

6 Ibn Baṭṭūṭa 1962, 2: 486; Ibn Baṭṭūṭa 1971, 3: 544. 역자(Gibb)는 후라산이라고 말하고 있지만 이는 잘못이다. 내가 여기에 관심을 갖게 해준 Peter Jackson 교수에게 감사를 표한다.

7 샴스 앗딘 앗슈자이Shams al-Dīn al-Shujā'ī에 따르면, 이들에게는 히드르벡Ḥiḍrbek이라는 동생이 하나 더 있었는데 그 역시 자니벡에 의해 살해됐다(Tizengauzen 1884, 254-55, 263-64). 17세기의 《칭기스의 서書Defter-i Chinggis-name》는 타이둘라가 자니벡과 혼인했다고 말한다. Ivanics and Usmanov 2002, 82-83; Ivanics 2017, 251. 이는 믿기 어렵다. 몽골의 수계혼收繼婚, levirate marriage 관습은 아들이 죽은 아버지의 처와 혼인할 수 있도록 하고 있지만, 자신의 친어머니는 제외되기 때문이다. 이런 혼동은 아마도 자니벡의 궁정에서 그 어머니인 타이둘라가 중요한 역할을 한 때문에 생긴 것으로 보인다.

8 bn Baṭṭūṭa 1962, 2: 483.

9 Ibn Baṭṭūṭa 1962, 2: 485-86.

10 Ibn Baṭṭūṭa 1962, 2: 485-87. 이븐 바투타 또는 그에게 정보를 준 사람이 지혜의 상징인 솔로몬의 반지와 우즈벡을 주무를 수 있도록 한 타이둘라의 반지 모양의 성기를 결부시킨 것이다. Zimonyi 2005, 308-9.

11 타이둘라는 손자 베르디벡이 자기 아버지 자니벡을 죽인 뒤 8개월 된 동생을 살려주라고 베르디벡을 설득했지만, 베르디벡은 자신의 손으로 아이를 죽였다고 한다. Tizengauzen 1941, 129.

12 Utemish-khadzhi 1992, 109, 112.

13 Utemish-khadzhi 1992, 113.

14 Ciocîltan 2012; 또한 이 책 기브프리드의 글을 보라.

15 Thomas 1880, 321.

16 Predelli 1899, 50; Grigor'ev and Grigor'ev 2002, 147, 153.

17 Predelli 1899, 52, Grigor'ev and Grigor'ev 2002, 185-91.

18 Predelli 1899, 53-54; Grigor'ev and Grigor'ev 2002, 204-17.

19 Grigor'ev and Grigor'ev 2002, 202.

20 편지와 지불 명단은 따로 기록돼 있다(Predelli 1899, 53-54). 그러나 그것들이 서로 연관된 것임은 내용으로 보아 분명하다(Grigor'ev and Grigor'ev 2002, 196-217). 다만 두 자료의 통화 단위는 다르다. 편지에는 솜모로 돼 있고, 명단에는 베스bess 즉 동로마 제국 금화인 베잔트bezant로 돼 있다. 편지에 언급된 550솜모는 명단에 나오는 1만 998베잔트와 대략 부합한다(Grigor'ev and Grigor'ev 2002, 207). 아르메니아인들은 명단의 일곱 번째에 올라 있다. 그들은 타이둘라에게서 가장 많은 돈을 받았다(5000베잔트). 타이둘라에게서 540베잔트를 받은 Bazimano는 아마도 베르디벡 칸의 편지에 나오는 Bassimat(Bachman?)와 같은 인물일 것이다. 이 상인은 베네치아인들로부터 강탈을 당한 뒤 베르디벡 칸에게 불만을 제기했다. Predelli 1899, 52; Grigor'ev and Grigor'ev 2002, 187, 201.

21 Cf. Ibn Baṭṭūṭa 1962, 2: 486. 증서의 날짜는 칸국 관청의 관행을 따르고 있다. 돼지해, 두 번째 달, 상현일로부터 다섯째 날(1359년 3월 4일)로 돼 있다. Grigor'ev and Grigor'ev 2002, 199, 202.

22 Predelli 1899, 53; Grigor'ev and Grigor'ev 2002, 204-17. 타이둘라가 베네치아인들을 맞은 굴리스탄Gulistan은 아마도 금장 칸국 칸들의 겨울 거처였을 것이다. 볼가강 지역의 어느 곳이었다. Fedorov-Davydov 1994, 22-23.

23 Atwood 2004, 237-56; Jackson 2005, 245-90.

24 De Nicola 2017, 182-222.

25 Golubovich 1913, 444–45.

26 Juwaynī 1997, 552–53.

27 Grigor'ev and Grigor'ev 2002, 127; Howorth 1880, 172, 178.

28 Ibn Baṭṭūṭa 1962, 2: 487.

29 Hautala 2014.

30 Grigor'ev 1990, 37–38.

31 이 군주는 아마도 타이둘라인 듯한 차리차 t͡sarit͡sa(황후)에게 하인 하나를 보냈으나, 그럼에도 불구하고 그는 아들과 함께 처형됐다. PSRL 15 2000, 49–50.

32 Golubovich 1923, 4:228.

33 Ryan 1998.

34 법적 문서와 외교적 문서는 몽골 제국 안에서는 동일한 형식이다. 야를릭의 구조에 관해서는 Herrmann 2004, 9–32. 금장 칸국의 사무 관행에 관해서는 Vásáry 1987; 차가다이 왕국에 관해서는 Biran 2008. 몽골의 문서에 관해서는 Ligeti 1972; Cerensodnom and Taube 1993. Cf. Atwood 2004, 239–41에서는 금장 칸국과 원나라의 칙령을 비교하고 있다.

35 Cherepnin 1955, 463–65.

36 Al-ʿUmarī 1968, 136.

37 타이둘라의 1351년 증서 또한 자니벡이 발부한 명령(추정하건대 1342년의 것)을 s alo͡iu tamgo͡iu i͡arlyk으로 언급하고 있다. 원나라의 중국에서도 황후의 칙령인 의지懿旨와 황제의 칙령인 성지聖旨 사이의 비슷한 명칭 구분이 보인다(Zhao and Guisso 2005, 18). 베르디벡의 1357년 칙령에 관해서는 Cherepnin 1955, 469–70; cf. Schurmann 1956, 346–48.

38 Grigor'ev 1990, 41. 타이둘라의 증서는 모두 궁정이 겨울 거처에 있는 동안에 작성됐다. 그곳이 기독교도 신민들을 접하는 곳이었던 듯하다. 타이둘라의 증서와 법적인 야를릭 사이에는 다른 구조적·형식적 차이도 있다. 칸의 칙령은 모두 신의 능력을 기원하는 말로 시작하는 반면, 카툰의 세 증서는 그 대신 칸과 자신의 명령을 언급하면서 시작한다. 예를 들어 타이둘라가 발부한 첫 번째 증서(1347년)는 아마도 "자니벡의 명령에 의거한 타이둘라의 말이다"로 시작하는 듯하다(Priselkov 1916, 79–81; Grigor'ev 1990, 38, 39, 42; Cherepnin 1955, 468, 470–71; Predelli 1899, 53). 이는 칭기스 자손이 아닌 칸의 하급자들(장군과 지방관)이 발부하는 포고령이 공통적으로 취하는 서두의 형태다(예를 들어 Matsui 2007, 61; Matsui 2008, 158; cf. Herrmann 2004, 73, 79, etc).

39 사라이의 루시 교회 사절은 교회 용품과 전례서典禮書를 얻고 옷과 음식물을 사기 위

해 고국으로 여행했다.

40 증서는 봉함이 됐던 듯하다(nishenem gramotu). Cherepnin 1955, 467. 몽골의 사무 정식定式에 따라 칙령은 서명 날짜와 장소로 끝난다. 돼지 해, 여덟 번째 달, 보름 후 다섯 번째 날(1347년 9월 25일)이다. 이때 오르도는 아마도 사리카미시Sarykamish 분지로 보이는 젤토이 트로스티Zheltoi Trosti('노란 갈대')에 있었던 듯하다(Grigor'ev 1990, 40–42).

41 Grigor'ev 1991, 85–86.

42 PSRL 10 1885, 215.

43 타이둘라의 증서에 따르면, 루시 교회는 직접세(poshlina) 및 수레세(podvoda)를 지불하는 것과, 식료(korm), 가외 요구(zapros), 지주에 대한 선물과 세금(dar), 현물 징수(pochestie)에 응하는 것이 면제됐다. Cherepnin 1955, 468. 금장 칸국의 세금에 관해서는 Vernadsky 1953, 219–23; Schurmann 1956, 343–59. 수레세와 식료는 우전郵傳(튀르크어 yam, 몽골어 jam) 제도와 관련된 세금이다.

44 Cf. Spuler 1965, 228.

45 이것은 니샨nishān(도장)이 찍혀 발부됐고, 사라이에서 작성됐다. 토끼 해, 아람달(위구르력의 첫 번째 달), 초생달로부터 여덟 번째 날 즉 1351년 3월 7일이다(이 날짜 계산에 관해서는 Pliguzov 1987, 579).

46 Cherepnin 1955, 470; Grigor'ev 1993, 149–54. 비슷한 칙령에 관해서는 Matsui 2008, 160.

47 흑사병이 1340년대에 금장 칸국에 미쳤고, 크림반도에서는 1346년에 발생했다. 크림반도에서 8만 5000명이 죽었다는 기록이 있는 것으로 보아 칸국의 영토 안에서 인구가 상당히 감소했음을 알 수 있다. 이 전염병으로 인해 1360년에 시작된 정정 불안이 야기됐다. Schamiloglu 2017, 325–43.

48 PSRL 11 1897 32–33; Kript͡sov 2005, 50–51.

49 De Rachewiltz 1981, 45.

50 예컨대 투레게네의 칙령(Zhao and Guisso 2005, 19); 일 칸 아부 사이드Abū Sa'īd(재위 1316~1335)의 아내 딜샤드Dilshād 카툰의 봉급과 세금 사정査定. Herrmann 2004, 102–6.

51 Cherepnin 1955, 470; Grigor'ev 1993, 149–54. 번역 검토를 도와준 István Ferincz 교수에게 감사를 드린다. 전통적인 몽골 문서는 '우리의 말üge manu'(튀르크어 sözümüz)이라는 상투어를 사용한다. 또는 단수형으로 '나의 말'(튀르크어 sözüm)을 쓴다. 이 문서는 오랜 제국의 정식定式을 엄격하게 유지하고 칭기스 제국의 선례를 언급해 그들의 권위를 이끌어낸다. 칙령의 구조는 보통 (1) 기도(invocatio) (2) 발

급자 이름(intitulatio) (3) 수신처(inscriptio)가 들어가는 서두 부분(protocollum)이 포함된다. (3)은 통상 몽골 관리이며, 타이둘라의 증서에는 (1)이 없다. 두 번째 부분은 문서의 본문(contextus)으로, 면제의 정당성을 설명하고 칙령의 상세한 내용을 담는다. 내용은 보통 교회와 그 구성원들에게 세금을 면제하거나 안전한 통행을 제공하는 것이다. 교회 대표들은 그 대가로 칸과 그 가족을 위해 기도할 것이 요구된다(narratio 및 dispositio). 그 다음에는 야를릭에 불복하는 불특정인에게 주는 포괄적 경고(sanctio)가 있다. 마지막 부분(eschatocollum)은 예컨대 "증서는 날인됐다"라는 식의 포고의 재확인(corroboratio)으로 시작되며, 문서가 발부된 장소와 시간(datatio)으로 마무리된다. 그리고 어떤 경우에는 증인과 관리, 그리고 서기 이름(subscriptio)까지 상세히 적는다. 금장 칸국의 증서는 때로 끄트머리에 의례적 업무 처리 방식과 관련된 사무적 메모를 적기도 한다. 예컨대 청원을 제출한 관리 이름 같은 것이다. 타이둘라의 증서들이 라틴어와 고대 교회 슬라브어 번역본으로만 남아 있지만, 본래 문서의 날짜 설정 역시 몽골의 업무 관행에 따랐을 것임은 분명하다. 연도는 전통적 몽골의 동물 순환 방식을 사용하고, 달과 날짜는 태음 주기에 따라 제시하는 것이다.

52 여기서 크니아지kn͡iaz'라는 칭호는 글자 그대로는 '군주'라는 뜻인데, 지휘관(아마도 아미르amir나 벡beg을 가리키는 듯하다)을 의미한다.

53 이는 내륙 아시아의 전통적인 십진 군사 편제를 반영한다. 그것이 칸국의 과세 기본 단위가 됐다. 칸국의 행정에서 병사 만 명의 지휘관인 만호는 temnik, 천호는 tys͡iachnik, 백호는 sotnik, 십호는 des͡iatnik이다. Vernadsky 1953, 207, 254, 223–24, 321.

54 러시아어 volosteli는 몽골어 darughachi에 해당한다(또는 darugha의 변형인 러시아어 doroga도 쓰였다). 그는 관리의 우두머리이자 영토 및(또는) 행정 단위의 감독자였고, 여러 기능을 수행했다. 국가의 수입을 감독하고, 인구 조사를 실시하며, 세금을 징수하고, 우편 조직을 감독하며, 질서를 유지했다. 칸국에서는 다루가를 구역·도시·마을의 세 층으로 구분했다. volosteli는 구역(volosti)의 다루가, gorodnye dorogi는 도시(goroda)의 다루가였다. Vásáry 1976, 188–90. 러시아 연대기에서 이들은 때로 baskak(튀르크어 basqaq)으로 언급된다. Vernadsky 1953, 211–12, 220; Vásáry 1976, 187–97.

55 대주교는 루시 교회에 의해 선출되고 콘스탄티노폴리스의 총대주교에 의해 임명됐다. 따라서 알렉시이가 통행증을 요청했을 때 그는 아직 공식적으로 대주교가 아니었다. 타이둘라는 (대주교라는) 그의 직함을 당겨 쓴 것이다.

56 Schurmann 1956, 349. 대법velíkaya poshlina은 칭기스 칸이 만들었다는 법전인 몽골

의 예케 자삭Yeke Jasaq을 말한다.

57 여기서의 페르시아어 니샨nishān(서명, 신호, 표지 문자, 도장, 우표 등 의미가 여럿이다)은 도장을 의미한다.

58 Eita. 튀르크어 At에서 왔다.

59 튀르크어 Aram. 위구르력의 첫 번째 달(1~2월)이다.

60 v vtoryi vetkha. 러시아어 vetkha는 vetkho의 속격이며, 그것은 달의 마지막에서 세 번째 날인 vetkhiĭ(노쇠한)에서 왔다(Schurmann 1956, 346). 일부 중세 몽골 문서에서 "처음 10일과 마지막 9~10일은 기수基數에 각기 sine(새로운) 또는 qagucin(노쇠한)을 붙여 표현한다. 달의 중순의 날들은 11부터 20까지의 기수로 나타낸다." Rybatzki 2003, 270-71. 이 날짜는 1354년 2월 11일에 해당한다. Cherepnin 1955, 480.

61 굴리스탄은 아마도 볼가강 지역에 있던 칸국 지배자들의 겨울 거처였던 듯하다. 주 22를 보라.

62 이 자리에는 보통 서기의 이름이 들어간다. 예컨대 베르디벡의 1357년 야를릭에는 세분치 테무르 미르박시seunch' Temur' mīur' bakshii; Sevünch Temür mīr-bakshi라는 서기 이름이 나온다. Cherepnin 1955, 470; Vásáry 1987, 37.

63 칸국의 사무 관행으로는 탄원자의 이름으로 청원을 제출하는 중개자가 있었다. Vásáry 1987, 38-44. 테미르 호자는 신원 미상이다.

참고 문헌

Atwood, Christopher P. 2004. "Validation by Holiness or Sovereignty: Religious Toleration as Political Theology in the Mongol World Empire of the Thirteenth Century." *International History Review* 26: 237–56.

Biran, Michal. 2008. "Diplomacy and Chancellery Practices in the Chagataid Khanate: Some Preliminary Remarks." *Oriente Moderno* 88: 369–93.

Cerensodnom, Dalantai, and Manfred Taube. 1993. *Die Mongolica der Berliner Turfansammlung*. Berliner Turfantexte XVI. Berlin: Akademie-Verlag.

Cherepnin, L[ev] V[ladimirovich]. 1955. *Pami͡atniki russkogo prava*. Ed. L. V. Cherepnin. Moscow: Gosudarstvennoe izdatelʹstvo i͡uridicheskoĭ literatury.

Ciocîltan, Virgil. 2012. *The Mongols and the Black Sea Trade in the Thirteenth and Fourteenth Centuries*. Boston, Leiden: Brill.

De Nicola, Bruno. 2017. *Women in Mongol Iran: The Khātūns, 1206–1335*. Edinburgh: Edinburgh University Press.

de Rachewiltz, Igor. 1981. "Some Remarks on Töregene's Edict of 1240." *Papers on Far Eastern History* 23: 39–63.

Fedorov-Davydov, G[erman] A[lekseevich]. 1994. *Zolotoordynskie goroda Povolzhʹi͡a*. Moscow: Izdatelʹstvo Moskovskogo universiteta.

Golubovich, Girolamo. 1913. *Biblioteca bio-bibliografica della Terra Santa e dell'Oriente Francescano*. Vol. 2. Florence: Collegio di S. Bonaventura.

____________. 1923. *Biblioteca bio-bibliografica della Terra Santa e dell'Oriente Francescano*. Vol. 4. Dal 1333 al 1345. Florence: Collegio di S. Bonaventura.

Grigorʹev, A[rkadiĭ] P[avlovich]. 1990. "Proezzhai͡a gramota Taĭduly ot 1347 g.. Rekonstrukt͡sii͡a soderzhanii͡a." *Vestnik Leningradskogo universiteta; Istorii͡a, i͡azykoznanie, literaturovedenie*, ser. 2, 3: 37–44.

____________. 1991. "Zhalovannai͡a gramota Taĭduly ot 1351 g.. Rekonstrukt͡sii͡a soderzhanii͡a." *Vestnik Leningradskogo universiteta: Istorii͡a, i͡azykoznanie, literaturovedenie*, ser. 2, 1: 85–93.

______________. 1993. "Proezzha͡ia gramota Taĭduly ot 1354 g.. Rekonstrukt͡sii͡a soderzhanii͡a." *Vostokovedenie: Filologicheskie issledovanii͡a* 18: 149-54.

Grigor'ev, A[rkadiĭ] P[avlovich], and V[adim] P[avlovich] Grigor'ev. 2002. *Kollekt͡sii͡a zolotoordynskikh dokumentov XIV veka iz Venet͡sii: istochnikovedcheskoe issledovanie*. St. Petersburg: Izdatel'stvo Sankt-Peterburgskogo universiteta.

Hautala, Roman. 2014. "I͡Arlyk khana Uzbeka frant͡siskant͡sam Zolotoĭ Ordy 1314 goda: latinskiĭ tekst, russkiĭ perevod i kommentarii." *Golden Horde Review* 3.5: 31-48.

Herrmann, Gottfried, 2004. *Persische Urkunden der Mongolenzeit: Text- und Bildteil*. Documenta Iranica et Islamica 2. Wiesbaden, Germany: Harrasowitz.

Howorth, Henry H. 1880. *History of the Mongols from the 9th to the 19th Century*. Part 2. *The So-called Tartars of Russia and Central Asia*. London: Longmans, Green.

Ibn Baṭṭūṭa. 1962-71. *The Travels of Ibn Batṭṭūṭa, A.D. 1325-1354*. Tr. H. A. R. Gibb. Vols. 2 and 3. Cambridge: Cambridge University Press.

Ivanics, Mária. 2011. "Die Frauen der Khane in der Goldenen Horde und in ihren Nachfolgestaaten." *Chronica: Annual of the Institute of History University of Szeged* 11: 211-20.

______________. 2017. *Hatalomgyakorlás a steppén. A Dzsingisz-námé nomad világa* [Practicing Power in the Steppe. The Nomadic World of the Chinggis-name]. Budapest: MTA Bölcsészettudományi Kutatóközpont Történettudományi Intézet.

Ivanics, Mária, and A. Mirkasym Usmanov. 2002. *Das Buch der Dschingis-Legende: Däftär-i Čingiz-nāmä*. I. Studia Uralo-Altaica 44. Szeged, Hungary: Department of Altaic Studies, University of Szeged.

Jackson, Peter. 2005. "The Mongols and the Faith of the Conquered." In *Mongols, Turks, and Others: Eurasian Nomads and the Sedentary World*, ed. Reuven Amitai and Michal Biran, 245-90. Leiden, Boston: Brill.

Juwaynī, 'Alā' al-Dīn 'Aṭā Malik. 1997. *Genghis Khan: The History of the World Conqueror*. Tr. J. A. Boyle with a new introduction and bibliography by David O. Morgan. Manchester: Manchester University Press.

Kript͡sov, D[mitriĭ] I͡U[r'evich]. 2005. "Dar Khanshi Taĭduly mitropolitu Aleksei͡u: Real'nost' ili legenda?" *Drevni͡ai͡a Rus': Voprosy medievistiki* 3: 50-51.

Landa, Ishayahu. 2016. "Imperial Sons-in-Law on the Move: Oyirad and Qonggirad Dispersion in Mongol Eurasia." *Archivum Eurasiae Medii Aevi* 22: 161–97.

Ligeti, Louis. 1972. *Monuments préclassiques 1. XIIIe et XIVe siècles*. Monumenta Linguae Mongolicae Collecta II. Budapest: Akadémiai Kiadó.

Matsui, Dai. 2007. "An Uigur Decree of Tax Exemption in the Name of Duwa-Khan." *Shinzhlėkh Ukhaany Akademiĭn mėdėė* 4: 60–68.

_______________. 2008. "A Mongolian Decree from the Chaghataid Khanate Discovered at Dunhuang." In *Aspects of Research into Central Asian Buddhism: In Memoriam Kōgi Kudara*, ed. Peter Zieme, 159–78. Turnhout: Brepols.

May, Timothy. 2016. "Commercial Queens: Mongolian Khatuns and the Silk Road." *Journal of the Royal Asiatic Society* 26: 89–106.

Pelliot, Paul. 1949. *Notes sur l'histoire de la Horde d'Or: Suivies de quelques noms turcs d'hommes et de peuples finissant en "ar."* Oeuvres posthumes de Paul Pelliot 2. Paris: Libr. d'Amérique et d'Orient.

Pliguzov, A[ndreĭ] I[vanovich]. 1987. "Drevneĭshiĭ spisok kratkogo sobranii͡a i͡arlykov, dannykh ordynskimi khanami russkim mitropolitam." In *Russkiĭ feodal' nyĭ arkhiv XIV—pervoĭ treti XVI veka*, ed. V. I. Buganov, 571–94. Moscow: Akademii͡a nauk SSSR, Institut Istorii.

Predelli, Riccardo. 1899. *Diplomatarium Veneto-Levantinum, sive acta et diplomata res Venetas, Graecas atque Levantis illustrantia. a. 1351–1454*. Vol. 2. Venice: Sumptibus Societatis.

Priselkov, M[ikhail] D[mitrievich]. 1916. *Khanskie i͡arlyki russkim mitropolitam*. Petrograd: Tipografii͡a "Nauchnoe di͡elo."

PSRL 10. 1885. *Letopisnyĭ sbornik imenuemyĭ Patriarshei͡u ili Nikonovskoi͡u letopis'i͡u: Polnoe sobranie russkikh letopiseĭ*. Vol. 10. St. Petersburg: Tipografii͡a ministerstva vnutrennikh del.

_____11. 1897. *Letopisnyĭ sbornik imenuemyĭ Patriarshei͡u ili Nikonovskoi͡u letopis'i͡u: Polnoe sobranie russkikh letopiseĭ*. Vol. 11. Saint Petersburg: Tipografii͡a I. H. Skorokhodova.

_____15. 2000. *Rogozhskiĭ letopiset͡s: Tverskoĭ sbornik; Polnoe sobranie russkikh letopiseĭ*. Ed. with a foreword to the edition of 2000 by B[oris] M[ihaĭlovich] Kloss. Vol. 15. Moscow: I͡Azyki russkoĭ kul'tury.

_____18. 2007. *Simeonovskai͡a letopis': Polnoe sobranie russkikh letopiseĭ*. Ed. with a foreword to the edition of 2007 by B[oris] M[ihaĭlovich] Kloss. Vol. 18. Moscow: Znak.

Ryan, James D. 1998. "Christian Wives of Mongol Khans: Tartar Queens and Missionary Expectations in Asia." *Journal of the Royal Asiatic Society* 8: 411–21.

Rybatzki, Volker. 2003. "Names of the Months in Middle Mongol." In *Altaica Budapestinensia MMII: Proceedings of the 45th Permanent International Altaistic Conference (PIAC) Budapest, Hungary, June 23–28, 2002*, ed. Alice Sárközi and Attila Rákos, 256–90. Budapest: Budapest Research Group for Altaic Studies, Hungarian Academy of Sciences.

Schamiloglu, Uli. 2017. "The Impact of the Black Death on the Golden Horde: Politics, Economy, Society, Civilization." *Golden Horde Review* 5: 325–43.

Schurmann, H[erbert] F[ranz]. 1956. "Mongolian Tributary Practices of the Thirteenth Century." *Harvard Journal of Asiatic Studies* 19: 304–89.

Spuler, Bertold. 1965. *Die Goldene Horde: Die Mongolen in Rußland 1223–1502*. 2nd ed. Wiesbaden, Germany: Harrassowitz.

Tizengauzen, V[ladimir] [Gustavovich]. 1884. *Sbornik materialov, otnosi͡ashchikhsi͡a k istorii Zolotoĭ Ordy: Izvlecheni͡ia iz sochineniĭ arabskikh*. Vol. 1. St. Petersburg: S. G. Stroganov.

________________. 1941. *Sbornik materialov, otnosi͡ashchikhsi͡a k istorii Zolotoĭ Ordy: Izvlecheni͡ia iz persidskikh sochineniĭ*. Vol. 2. Moscow: Izdatel'stvo Akademii nauk SSSR.

Thomas, Georgius Martinus. 1880. *Diplomatarium Veneto-Levantinum, sive acta et diplomata res Venetas, Graecas atque Levantis illustrantia. a. 1300–1350*. Vol. 1. Venice: Sumptibus Societatis.

al-ʿUmarī, Aḥmad Ibn-Yaḥyā Ibn Faḍlallāh. 1968. *Das mongolische Weltreich: Al-ʿUmarī's Darstellung der mongolischen Reiche in seinem Werk Masālik al-abṣār fī mamālik al-amṣār*. Ed. with paraphrase and commentary by Klaus Lech. Asiatische Forschungen Bd. 22 Wiesbaden, Germany: Harrassowitz.

Utemish-khadzhi. 1992. *Chingiz-name*. Ed. with facsimile, translation, transcription, textological commentary by V. P. I͡Udin. Prepared for edition by I͡U. G. Baranov. Commentary and index by M. Kh. Abuseitova. Alma-Ata, Kazakhstan: Gylym.

Vásáry, István. 1976. "The Golden Horde Term *Daruġa* and Its Survival in Russia."

Acta Orientalia Academiae Scientiarum Hungaricae 30: 187–97.

____________. 1987. *Az Arany Horda kancelláriája* [The Chancellery of the Golden Horde]. Keleti értekezések 3. Budapest: Kőrösi Csoma Társaság.

Vernadsky, George. 1953. *A History of Russia*. Vol. 3: *The Mongols and Russia*. New Haven, CT: Yale University Press.

Zhao, George Q., and Richard W. L. Guisso. 2005. "Female Anxiety and Female Power: The Political Involvement of Mongol Empresses during the 13th and 14th Centuries." In *History and Society in Central and Inner Asia: Papers Presented at the Central and Inner Asia Seminar, University of Toronto, 16–17 April 2004*, ed. Gillian Long, Uradyn Erden Bulag, Michael Gervers, 17–46. Toronto: Asian Institute, University of Toronto.

Zimonyi, István. 2005. "Ibn Baṭṭūṭa on the First Wife of Özbek Khan." *Central Asiatic Journal* 49: 303–9.

◆ 제3부 ◆

지식인들

Intellectuals

제11장

라시드 앗딘
이란의 불교와 몽골 실크로드

❁

요나탄 브락

불교는 13세기 중반 몽골의 등에 업혀 이란 세계의 문간에 처음 나타났을 때 이란에 생면부지의 종교는 아니었다. 동부 이란은 주로 서기 2~3세기에 불교도들의 활동과 학습의 중심지였다. 7세기에 이슬람교가 페르시아어권 세계로 확장된 이후 수백 년 동안 이슬람교도들은 줄곧 불교를 접해왔다. 주로 이란 동부와 후라산 곳곳에 산재한 많은 불교 유적과 공예품, 또는 9세기 바그다드의 세계주의적 지식 풍토에서 나온 산스크리트 의학 저작의 아라비아어 번역본에 나오는 불교도 학자들의 글을 통해서였다.[1] 그러나 11세기가 되면 이슬람교도들이 실제 불교도와 접하는 일은 매우 드물어져, 중앙아시아 학자 알비루니al-Bīrūnī(973~1048)는 불교의 교리에 대해 물어볼 불교도 정보원을 찾을 수 없었다.[2]

이런 현실은 몽골이 이슬람 세계 동부를 정복한 뒤 급변했다. 이란,

이라크, 아제르바이잔(1260~1335)을 중심으로 한 몽골 국가 일 칸국의 건설자 훌레구(재위 1260~1265)는 열렬한 불교(특히 티베트의 밀교密教) 지원자였다. 불교는 훌레구 및 그 후손들의 재정적·정치적 지원을 통해 이슬람 세계 깊숙한 곳까지 파고드는 데 성공했다. "흑해와 카스피해 남쪽 사이에, 아나톨리아를 인더스강 유역과 연결하는 길을 따라 불교 사원의 회랑"[3]을 건설한 것이다. 불교 사원군은 특히 일 칸들의 이동 숙영지로 자주 이용되는 곳들 부근에 많았다(지도 11-1 참조). 훌레구와 그 후예 일 칸들이 티베트 서부의 훌레구 가문 속령의 불교 학파에 제공한 넉넉한 후원은 티베트·카슈미르·인도 불교 승려들이 일 칸 궁정을 방문하도록 하는 강한 자극제가 됐다.[4]

이란에서 불교의 부활은 대략 40년 동안 지속됐다. 그것은 훌레구의 증손자 가잔(재위 1295~1304)이 이슬람교로 개종하고 이어 일 칸의 자리를 승계하면서 갑작스럽게 끝났다. 가잔은 여러 이슬람화 정책을 시행하고 불교도들에 대해 적대적 태도를 드러냈다. 그는 불교 수도원과 사원들을 약탈하고 파괴하도록 명령했다. 자기 아버지인 일 칸 아르군(재위 1284~1291)이 세운 것들까지 포함해서였다.[5]

몽골 지배하 이란의 이 '불교 부활 시대'에 대한 우리의 지식은 여전히 흐릿하다. 주요 증거는 일 칸국 이슬람교도 저자들로부터 나온 것이다. 그들은 불교의 이란 재진입에 별 관심이 없거나 이 문제에 의도적으로 침묵을 지키는 선택을 한 것으로 보인다.[6] 문제는 훌레구의 손자인 일 칸 아르군의 치세에 약간 분명해졌다. 아르군은 불교 승려들,[7] 특히 그들의 의료 전문 지식에 관심을 보였다.[8] 그의 너그러운 후원은 인도와 카슈미르의 승려들을 궁정으로 끌어모았고, 이슬람교도들은 거기서 그들과 마주쳤다.[9]

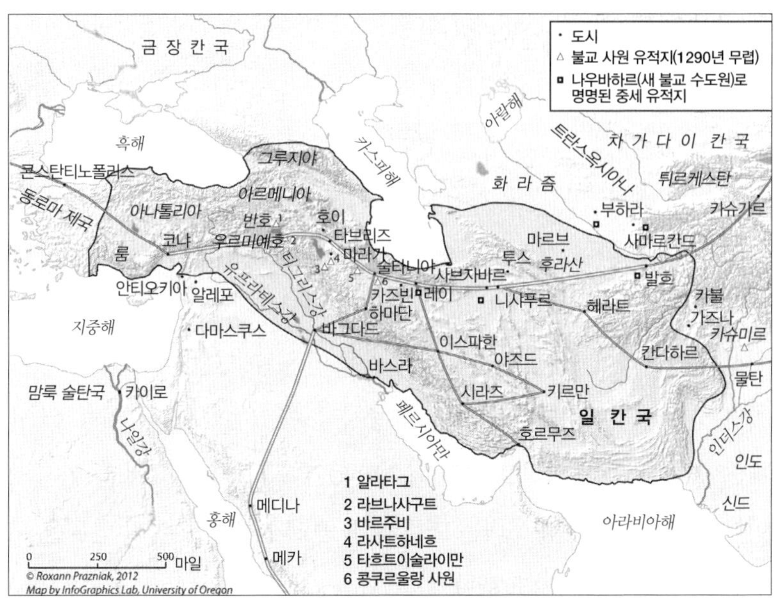

지도 11-1 일 칸국 이란의 불교 유적지. Roxann Prazniak 제공(원 출간 자료: Prazniak 2014, 653)

이슬람교도와 불교도 사이의 이런 접촉과 아르군 숙영지에서의 일상적 만남에 대한 중요한 자료는 수피파 샤이흐 알라 앗다울라 심나니 'Alā' al-Dawla Simnānī(1261~1336)의 생생한 자전적 기록이다. 1288년 여름에 심나니는 콩쿠르울랑Qonqur Öläng(서북 이란의, 나중에 술타니아Sulṭānīya가 건설되는 곳 부근)의 일 칸국 여름 숙영지에 구금돼 있었다. 그곳에서 심나니는 불교 승려들과의 논쟁에 참여하게 됐다. 그의 말에 따르면, 불교 승려들은 자신과 논쟁하기 위해 인도·티베트·카슈미르·위구르 등 아시아 곳곳에서 특별히 모인 사람들이었다. 데빈 드위스Devin DeWeese가 보여주듯이, 심나니의 기록은 아르군 궁정의 지적 생활에서 종교 간(불교 대 이슬람교) 논쟁이 중심을 이루었음을 입증하고 있다.[10]

격투기 시범과 즐거운 마상 무술에서부터 '지적 결투'에 이르기까지 공개 경연은 몽골이 제국을 확장해나가면서 익숙해지게 된 정주민들의 사치스러운 오락 경제의 선봉과 중심에 있었다. 궁정이 후원하는 논쟁은 지배자와 그 주변 인물들을 교육하거나 정보를 제공하는 일에서부터 칸의 궁정에 축적된 다양한 인간의 재능을 내보임으로써 그의 권위를 높이는 것까지, 여러 기능을 수행했다. 그 참가자의 입장에서는 종교 간 논쟁이 웅변술을 발휘하고, 칸이나 그 대리인들에게 자기네 종교의 우월성을 설득하며, 궁정의 지지와 후원을 얻을 수 있는 기회가 됐다. 어쩌면 장래에 지배자와 그 가족을 개종시킬 수 있는(또는 다른 경쟁 종교의 확산을 막을 수 있는) 발판을 마련할 수도 있었다.[11] 몽골 제국과 일 칸국의 이란에서 궁정의 논쟁 무대는 또한 상대 종교와 사상 및 지적 산물을 교환할 수 있는 기회이기도 했다.

이 글은 불교도들이 일 칸국(1260~1335)에서 종교 간 논쟁에 참여한 일과 더 넓게는 불교가 궁정에 끼친 영향에 대한 중요한 자료로서, 일 칸국의 대신이자 역사가·신학자인 라시드 앗딘의 저작을 탐구한다. 우리는 여기서 라시드 앗딘이 불교에 보인 태도에 대한 새로운 증거에 초점을 맞춘다. 특히 그가 불교에 관한 새로운 지식을 이슬람 세계에 들여오고 융합시키는 일을 촉진하는 데서 했던 두드러진 역할을 검토한다.

라시드 앗딘
— 생애 개관

라시드 앗딘 파들알라흐 알하마다니Rashīd al-Dīn Faḍlallāh al-Hamadānī (1247*~1318)는 이란 서부 하마단에 뿌리를 둔 유대인 의사 가정에서 태어났다.[12] 하마단은 당시 번성하는 유대인 사회의 중심지였다.

라시드 앗딘은 글을 많이 썼지만 자기 가족의 이력에 대해서는 별로 쓰지 않았고 자신의 어린 시절 삶에 관한 이야기도 별로 없다. 그는 1256년 이란 북부 마이문디즈에 있는 이스마일파 요새에서 몽골 군대에 의해 '해방'된 사람들 가운데 자신의 할아버지인 '훌륭한 의사' 무와팍 앗다울라Muwaffaq al-Dawla[13]와 그 자손들을 꼽고 있다. 시아파의 박식가 나시르 앗딘 투시(1201~1274) 역시 그 속에 있었다.[14] 거기서 라시드 앗딘은 할아버지와 가족들이 자기네 의사에 반해서, 미친 이스마일파 이맘Imam(지도자)에게 붙잡혀 있었다고 주장한다. 무와팍 앗다울라와 그 아이들은 안전하게 구조된 뒤 기꺼이 훌레구의 신하로 합류했다.[15]

그러나 라시드 앗딘 가족의 해방에 대한 그의 설명은 약간의 문제를 제기한다. 라시드 앗딘의 할아버지가 처음에 몽골의 침입으로 일어난 혼란 때문에 이스마일파에 의탁하고자 했고 그들이 나중에 요새가 항복하면서 포로가 됐다는 것은 타당성이 있다.[16] 그러나 이 서술은 또한 이상하게도 투시의 이전 기록을 반복하고 있다.[17] 따라서 그것은 라시드 앗딘이 자기네 가족이 몽골의 신하가 된 시초를(문제의 사건이 일어난 지 50년쯤 뒤에) 보다 거창하게 이야기하려던 노력을 반영한 것인 듯하다.

어떻든 라시드 앗딘은 가족이 항복했을 때 아마도 아홉 살이었던 듯하다.[18] 가족은 이란 서부 마라가에 정착했고, 그곳은 투시가 그의 유명한 천문 관측소를 건설한 곳이었다.[19] 이 관측소와 도시는 투시의 관리 아래 일 칸국 초기 수십 년 동안 중요한 지적 중심지가 됐다. 라시드 앗딘의 할아버지와 아버지 이마드 앗다울라 'Imād al-Dawla는 몽골 궁정의 의사(또는 약사)가 됐다.[20] 우리는 라시드 앗딘의 젊은 시절에 대해 거의 알지 못한다. 그가 아버지와 할아버지가 갔던 길을 따라 의료 전문가가 됐

던 듯하기는 하지만 말이다.[21]

유대인 의사들은 일 칸과 그 가족의 병을 보살피는 문제로 궁정에 자주 출입했고, 어떤 사람들은 이런 근접성을 이용해 정치적 영향력과 행정 고위직을 얻었다. 예컨대 유대인 의사 사드 앗다울라Sa'd al-Dawla(?~1291)는 1289년부터 1291년 그가 처형되기까지 일 칸 아르군의 대신을 지냈다.[22] 라시드 앗딘 역시 점차 높은 자리에 오르게 됐던 듯하다. 그는 일 칸 아바카(재위 1265~1282)와 아르군의 궁정에서 의료 실무자로부터 출발해 최고 지휘관인 아미르들과 함께 국사에 대해 조언하고, 결국 보다 공식적인 행정 직위에 임명되기에 이르렀다.[23]

우리는 또한 라시드 앗딘이 이슬람교로 개종한 시기와 배경에 대해서도 알지 못한다.[24] 라시드 앗딘은 유대교 동조자이며 더 고약하게는 이단자이자 가짜 개종자[25]라는 비난을 받았지만(이 비난에 대해 그는 자신의 방대한 신학 저작집[이하 참조]으로 막아냈다), 그는 자신의 개종에 대해 여전히 모호함을 유지했다. 라시드 앗딘의 아버지 이마드 앗다울라는 여전히 유대교도였지만,[26] 라시드 앗딘은 어느 곳에서 자기 아버지가 유명한 이슬람교도들(특히 독실한 사람들과 유식한 학자들)과 친하게 지냈으며 자신이 그런 사람들 속에서 자랐음을 암시했다. 라시드 앗딘이 이슬람교를 받아들였음을 설득하려는 것이었다.[27]

어떻든 라시드 앗딘은 일 칸 아바카의 치세 말년인 그의 나이 서른 무렵(1277년쯤)에는 이미 이슬람교로 개종을 했던 것으로 보인다.[28] 과거 유대교도였던 사실이 계속해서 라시드 앗딘을 괴롭혔음은, 라시드 앗다울라라는 이름의 유대교도가 일 칸 게이하투(재위 1291~1295)의 요리사로 일했다는 당대 기독교 기록으로 보더라도 분명하다.[29] 라시드 앗딘이 게이하투의 궁정에서 공식적 역할을 했고 따라서 이 유대인 요리사가 라시드 앗딘이라는 주장을 입증하는 다른 기록은 없다. 그러나 라시드 앗딘을 이 요리사라고 보는 것은 근거가 없지는 않다(게이하투의 치세가 아니라면 아마 그 계승자들의 치세일 것이다).

바우르치라 불리는 요리사는 몽골 친위대인 케식에서 매우 선망하고 대단히 존경받는 자리였다. 바우르치는 몽골 지배자와 친밀한 관계에 있는 사람을 가리키는 말이었다. 토머스 올슨Thomas Allsen은 이렇게 말한다.

"부엌은 이 제국에서 여러 화려한 이력의 출발점이었다."[30]

더구나 요리라는 일은 의료 전문 지식과 밀접하게 연관돼 있었다. 그리고 지배자 독살에 대한 공포는 분명히 믿을 만한 사람을 요리사에 임명할 것이 요구됐다. 라시드 앗딘은 가잔의 '영광스러운 요리사'로 일했다고 적혀 있다. 어떤 자료는 심지어 가잔 칸이 라시드 앗딘이나 그 아들이 아닌 다른 사람의 손을 거친 것은 먹지 않았다고까지 말하고 있다.[31]

라시드 앗딘과 그 가족이 오랫동안 궁정에서 성실하게 일한 것은 그가 중부 이란 야즈드의 총독으로 임명돼 보상을 받았다. 야즈드는 그에게 이미 연고가 있던 곳이었다. 라시드 앗딘은 의술을 공부하기 위해 야즈드에 갔었고, 이후 이 도시에서 재정적 이득을 얻었으며, 야즈드의 유력한 사이이드(선지자의 후예) 가문과 혼인 관계를 맺어 개인적 연줄도 있었다.[32]

그러나 라시드 앗딘은 1298년에 이미 궁정에서 행정을 지도하는 지위(또는 고위 자문관)에 올라 대신인 사드 앗딘 사바지Sa'd al-Dīn Sāvajī(?~1312)와 국정 운영을 함께하고 있었다. 둘 사이의 업무 분장이나 심지어 라시드 앗딘의 공식 직함이 정확히 어떻게 되는지조차 여전히 불분명하지만, 라시드 앗딘은 국가 운영의 중요한 짐을 지고 있는 것으로 묘사됐다.[33] 사바지와 라시드 앗딘 두 사람은 긴장된 관계에 있었을 것이고 이는 결국 1312년 사바지의 처형으로 이어졌다.[34]

라시드 앗딘은 그의 영향력 있는 위치를 일 칸국 대신으로서는 기록적이라고 할 정도로 20년 가까이 유지했지만, 그의 재임 기간은 그야말로 다사다난했다. 그의 궁정 이력과 영향력의 정점을 찍었던 20년 재임 시절은 격동의 시기였다. 궁정의 음모와 모략이 넘쳐났고, 거기에서 그는 음모를 꾸미는 자가 되기도 하고 그 대상이 되기도 했다. 라시드 앗딘의 경쟁자 가운데 하나가 거꾸러지면 새로운 상대가 등장하거나 라시드 앗딘을 반대하는 새로운 파벌이 형성되기도 했다.[35]

라시드 앗딘이 일 칸국 궁정에서 성공한 것은 그가 정치가와 정치 행위자로서 보인 재능 덕분이며,[36] 또한 그가 몽골인들의 문화적 규범을 잘 알고 몽골 지배자들, 특히 일 칸 울제이투(재위 1304~1316)와 친밀한 관계를 형성했기 때문이기도 하다.[37] 그럼에도 불구하고 그는 다른 일 칸국 대신들과 같은 운명을 맞았다. 울제이투가 죽고 얼마 지나지 않은 1318년, 라시드 앗딘은 설사약으로 울제이투 칸을 독살한 혐의로 자신의 아들 한 명과 함께 처형됐다.[38]

그러나 라시드 앗딘의 이력에서 가장 놀라운 부분은 그의 정치적 영악함도 아니고, 일 칸국 가잔 정부 개혁의 설계자라고 하는 그의 역할도 아니다.[39] 오히려 그것은 그의 인상적인 학문적 생산성이다. 특히 과중한 정부의 업무를 생각한다면 말이다. 저술가로서 라시드 앗딘은 무엇보다도 그의 세계사 책인 《역사 모음Jāmiʿ al-tawārikh》으로 유명하다. 책은 세계사의 가장 이른 사례 가운데 하나로 지목되고 있으며, "몽골 제국에 관한 단일 역사 자료로서는 가장 중요한 것"[40]이기도 하다.

라시드 앗딘의 서문에 따르면, 《가잔의 축복받은 역사Tārīkh-i mubārak-i Ghazanī》라는 제목의 제1권은 가잔이 집필을 주문한 것이었으나 이 지배자가 죽은 뒤에야 완성됐다. 여기에는 그 기원에서부터 칭기스 칸과 그 후계자들(중국, 이란, 킵착 초원, 중앙아시아의)에 이르는 몽골과 튀르크의 역사가 담겨 있다. 가잔의 계승자 울제이투가 미리 주문한 제2권은 타리흐이 알람ta'rīkh-i ʿālam(세계사)이다. 이슬람교 이전의 지배자들, 선지자 무함마드로부터 압바스 칼리파국의 종말에 이르는 이슬람교도들, 그리고 '나머지 세계'(오구즈 튀르크Oghuz Turk, 셀주크, 중국, 유대, 프랑크Frank, 인도)의 역사로 이루어졌다. 인도를 다룬 장에는 붓다의 생애와 가르침에 관한 내용이 더 들어 있다(이하 참조).[41]

이 작업으로 일 칸으로부터 두둑한 포상을 받은 라시드 앗딘은 그 상으로 동부 타브리즈에 유명한 종교 시설 라비라시디Rabʿ-i Rashīdī를 건설했다. 라비라시디는 '라시드 앗딘의 구역'이라는 의미로, 여기에는 그의 묘역墓域, 순례자 숙소, 병원, 도서관, 이슬람 사원, 학교 등이 포함돼 있다.[42]

이 두 권은 이슬람 세계 바깥의 다양한 문화에 대한 라시드 앗딘의 놀라운 개방성을 실증한다. 그러나 그의 중요한 성과는 몽골의 역사와 계보와 현재를 이슬람 세계 역사에 통합시켰다는 것이다.[43] 라시드 앗딘은 이 역사와 계보를 다룬 대작 외에 다른 분야(특히 신학과 철학)에서도 많은 저작을 남겼고, 그의 통합과 포괄성의 비전은 거기서도 쉽게 찾아볼 수 있다.

1305년 울제이투의 즉위 이후 라시드 앗딘은 신학·철학·과학 전선에서 다수의 논문을 쏟아냈다. 주로 칼람kalām(이슬람 신학) 및 타프시르tafsīr(《쿠란》 해설)와 관련된 주제들이었고, 이는 나중에 몇 개의 논문집으로 묶였다.[44] 라시드 앗딘의 신학 저작들은 그의 다른 저작들과 마찬가지로 일 칸국 궁정의 더 넓은 사회적·역사적 맥락과 밀접하게 연결돼 있다. 그 글들은 종교 내부 및 종교 간 토론과 지적 논쟁이 자주 벌어지는 궁정의 경쟁적 분위기를 반영하고 있다. 라시드 앗딘은 그러한 궁정 토론이나 보다 비공식적인 대화에서 자신을 향해 제기된 질문들에 대한 대답으로 논문들을 썼다. 이슬람교도(순나Sunna파와 시아파 모두), 기독교도, 불교도, 그리고 가장 중요하게는 바로 울제이투가 제기한 문제들이었다.[45]

역사 자료로 똑같이 중요한 것이 라시드 앗딘의 의학 및 농학 연구다. 여기서 우리는 그가 동아시아의 새로운 정보를 기록하는 데 큰 관심을 가졌음을 알 수 있다. 특히 중국의 의술과 농업, 언어와 문자가 그의 관심사였다. 라시드 앗딘이 궁정에서 구축한 인맥과 특히 몽골인 승상 볼라드Bolad, 孛羅(?~1313)와의 생산적 협력은 그가 중국과 몽골에 관한 정보를 받아들이는 통로가 됐다. 볼라드는 쿠빌라이(재위 1260~1294)의 사절로, 일 칸국 지배자들의 최고 고문이었다.[46] 이런 측면에서 주목할 만한 것이 중국 의학 서적을 페르시아어로 번역하는 계획이다. 이는 라시드 앗딘이 주도한 것으로, 이슬람 세계에서는 이런 종류의 시도가 처음이었다.[47] 불교는 라시드 앗딘의 궁정 인맥이 이슬람 세계의 지평을 넓히는 데서 중요한 역할을 한 또 다른 전문 분야였다.

라시드 앗딘의 《붓다의 생애와 가르침》

라시드 앗딘의 불교에 대한 기록은 오랫동안 이슬람교와 불교 양쪽 학자들을 사로잡았다.[48] 그의 세계사 《역사 모음》 제2권 '인도의 역사'에

그림 11-1 《역사 모음》(MSS 727, fol. 34a)에 나오는 그림 〈악마에게 과일을 건네는 샤카무니〉(1314). Nasser D. Khalili Collection 제공

들어 있는 이 부분은[49] 붓다의 생애에서 따온 장면과 동방의 풍광에 대한 놀라운 그림들이 곳곳에 들어 있는데,[50] 몽골 치하 유라시아 대륙의 종교 간 교류에서 중요한 사례로 생각돼왔다. 깨끗한 수정으로 만들어진 반원지붕의 구조물에서 붓다가 열반에 이르렀다는 이상한 기록[51] 등의 몇 가지 예외를 뺀다면, 붓다의 전기, 삶의 윤회, 미륵불 숭배 등 라시드 앗딘 기록의 세 가지 초점은 붓다의 생애와 교리에 관한 보다 충실하고 간단한 기록을 제공한다(그림 11-1 참조).[52]

학자들은 라시드 앗딘의 기록이 중세 이슬람 세계에서 불교에 대한 가장 정확한 서술이 된 것은 그가 궁정에서 '실제' 불교도인 정보 제공자들을 만났기 때문이라고 주장한다.[53] 라시드 앗딘은 '인도의 역사' 부분에서 자신에게 협력한 사람 가운데 하나인 카말라슈리Kamālashri라는 이

름의 바흐시bakhshī(불교 승려)가 이 부분의 주요 정보원이라고 밝히고 있다.[54] 라시드 앗딘은 카말라슈리가 "카슈미르에서 나서 자랐고, 눔nūm(놈nom) 즉 샤키무니Shākimūnī[샤캬무니Shakyamuni]의 키타브kitāb(책)를 잘 알고 있다"[55]라고만 말하고 있다. 그러나 우리가 아는 한 카말라슈리는 '인도의 역사' 이외에서는 나오지 않는다. 《역사 모음》이나 다른 어떤 일 칸국 기록에도 나오지 않는다.

그러나 최근 라시드 앗딘이 '인도의 역사' 부분을 포함하는 《역사 모음》의 제2권을 만들면서 시아파 일 칸국 궁정 역사가 압달라흐 알카샤니'Abdallāh al-Qāshānī(?~1317 이후)의 저작을 바탕으로 했고 따라서 카말라슈리의 말이나 이 승려가 쓴 일부 저작을 처음 끌어다 쓴 것은 알카샤니라는 사실이 밝혀짐에 따라, 라시드 앗딘이 직접 이 카슈미르 불교도와 협력했다는 데에 의문이 제기되고 있다.[56]

어떻든 카말라슈리의 정체는 오랫동안 역사가들을 곤혹스럽게 했다. 그들은 중국에 본거지를 둔 카슈미르 승려에서부터 티베트의 통역에 이르기까지 몇 가지 흥미롭지만 확실하다고는 결코 말할 수 없는 추측들을 제기했다.[57]

라시드 앗딘의 불교에 관한 서술의 문헌적 근거 역시 비슷하거나, 어쩌면 더욱 혼란스럽다. 그의 서술이 금강승金剛乘, Vajrayāna 즉 티베트 밀교 전통의 영향을 받았음을 시사하는 강력한 증거가 있다. 라시드 앗딘은 밀교를 우월한 가르침이라고 치켜세우고 있다.[58] 그러나 이 부분의 티베트 '지향성'은 그것이 초기 인도 산스크리트어 저작의 번역본을 베끼고 있고 특정한 전래의 한문 문헌으로 거슬러 올라갈 수 있는 중국 불교를 분명하게 언급하고 있어 대체로 빛이 바래고 있다.[59]

더구나 라시드 앗딘이 쓴 《역사 모음》의 '중국의 역사' 부분에 나오는 붓다의 생애에 관한 또 다른 짧은 기록에서는 일 칸국에 중국 선불교禪佛教 승려 및(또는) 그 문서가 있었다는 증거가 발견됐다. 이 부분의 서술은 (붓다의 어머니가 신비로운 광선에 의해 임신했다는 이야기도 들어 있다) 라시드 앗딘의 '인도의 역사'에 나오는 붓다 이야기와 사뭇 다르다. 학자들은 붓다에 대한 이 기록과 더 넓게는 라시드 앗딘의 '중국의 역사'가 몽골 치하 중국의 원나라에서 만들어진 중국의 불교 연대기로부터 끌어왔을 가능성이 높음을 보여주었다.

라시드 앗딘이 중국 역사와 문화에 대해 가지고 있던 지식은 중국 불교를 매개로 한 것이었고, 따라서 그 세계관에 의해 물들 수밖에 없었다.[60] 라시드 앗딘의 불교 묘사가 원나라 치하 중국에서 특히 널리 퍼지게 된 불교의 요소들을 반영한 듯하다는 사실은[61] 참으로 '인도의 역사'가 일 칸국 불교의 산물이 아니라 유라시아 대륙의 다른 쪽 끝인 몽골 지배하 중국의 불교 중심지에서 발주되고 만들어진 불교 교리 묘사의 페르시아어 번역본을 포함하고 있을 가능성을 제기한다.

불교를 다룬 부분에 널리 퍼져 있는 여러 영향을 추적하는 일은, 로니트 요엘리틀랄림Ronit Yoeli-Tlalim이 설명하듯 우리가 '인도의 역사'에 들어가 있는 하나의 특정한 문헌이나 전통(그것이 티베트의 것이든 탕구트의 것이든, 산스크리트 인도의 것이든 중국이나 중앙아시아 위구르의 것이든)을 지적해낼 수 있다 하더라도, 그 작업이 이 전통으로부터 기원했음을 확실하게 단정할 수 없다는 사실로 인해 더욱 복잡해졌다. 같은 저작이 여러 언어권에 전해지고 문서로도, 구전으로도 유포됐기 때문이다.[62] 다시 말해, '인도의 역사'는 몽골 유라시아의 산물로 생각해야 한다. 그것은 "불교와 이슬람 세계를 하나로 묶었을 뿐만 아니라, 처음으로 문화적 배경과 종교적 소속이 다른 여러 불교도를 하나로 묶었다."[63]

라시드 앗딘의 붓다에 대한 묘사는 또한 그가 불교를 보는 상대적으로 긍정적인 관점으로도 유명하다. 이슬람교도인 그는 불교의 개념을 설명하기 위해 너그럽게도 이슬람교 용어를 활용했고, 이를 통해 불교와 이슬람교 사이의 어떤 접점을 만들어냈다. 예를 들어 불교의 악마 마라Māra, 魔羅는 이슬람교의 악마 이블리스Iblīs로 불렀고, 붓다의 영적 진보는 수피의 용어로 묘사했다. 열반은 이슬람 신비주의자들의 신성神性 속에서의 헌신으로 그려졌다.[64] 조한 엘버스콕Johan Elverskog은 라시드 앗딘이 "다르마Dharma를 이슬람교도 독자들이 이해할 수 있고 더 나아가 그들의 구미에 맞게 만들고자"[65] 시도했다고 결론짓는다. 표면적으로 '인도의 역사'에 나타난 라시드 앗딘의 불교에 대한 견해는 정말로 이슬람교도 일반이 불교도들에 대해 취한 부정적 태도와는 다른 듯하다.

일 칸국 궁정에서의 불교 반박

그러나 라시드 앗딘은 불교도들에 대해 보다 양면적 태도를 품고 있었다. 이렇게 그는《역사 모음》의 우호적인 것처럼 보이는 상세한 불교 묘사를 진지한 어조로 마무리하고 불교의 윤회 이론을 반박하는 자신의 세 논문 가운데 첫 번째 것을 덧붙였다. 그는 자신이 불교도들의 타나수흐tanāsukh(영혼의 윤회)에 대한 오도된 신앙이 자신의 독자인 이슬람교도들의 신앙을 해치지 않을 것임을 확인하고자 하는 바람에 이끌린 것이라고 설명한다.[66]

라시드 앗딘은 윤회에 대한 세 개의 논박[67]에서 윤회(영혼의 재생) 이론의 허구성을 입증하고 그 이후에 관한 이슬람교의 견해를 제시한다. 그는 전생前生 대 영혼의 일시적 발생, 내생에서의 보상과 처벌, 각 육체와 영혼의 독립적 공존 가능성에서부터 종말의 고통과 영원한 천국 또는 지옥에 이르기까지 여러 가지 주제를 탐구한다. 따라서 세 논문은 단순한 논박에 그치는 것이 아니었다. 그것은 이슬람교도들이(특히 이슬람교로 개종한 라시드 앗딘의 몽골인 주인 일 칸 울제이투가) 자신의 육신의 죽음 뒤에 경험하리라고 생각되는 모든 것을 설명하는 안내서였다.[68]

라시드 앗딘의 불교 윤회에 대한 반박은 대체로 이론적 도전자와 벌이는 가상적 논쟁이라는 구조다.[69] 그러나 몇몇 경우에 그는 불교도들에 대한 자신의 실제 체험을 이야기한다. 한 가지 사례로, 라시드 앗딘은 '우상 숭배자' 즉 불교도들과 죽은 자의 부활 같은 문제에 관해 어떻게 논쟁할 것인가에 관한 체계적 통찰력을 나눠준다. 거기서 그는 마쿨 바흐스ma'qūl baḥth(합리적 주장)의 사용을 옹호한다.

> 나는 《역사 모음》을 쓰는 데 매달려 있었기 때문에 그들[우상 숭배자들 즉 불교도들]의 역사를 배우기를 요청했고, 이를 통해 그들의 국가와 이야기와 그들 신앙의 원리 역시 알게 됐으며, 이 과정에서 나는 그들과 각 문제를 이성적으로 토론했다.
>
> 그들[불교 승려들]은 현명하고 다정한(laṭīf) 본성을 지녔으며 이성을 따르고 이성적으로 말하기 때문에, 자기네가 말하는 것을 통해 그들의 마드합madhhab(학파/교리) 역시 세계가 아주 오래된 것이라고는 말하지 않으며 그들 역시 세계가 완전히 영원하고 스스로 존재한다는 것은 불가능함을 믿고 있음을 〔나는〕 알 수 있었다. 그러나 그들은 세계가 매우 많은, 셀 수 없는 세월 동안 존재할 것이라고 말했고, 비록 노아의 대홍수를 믿지는 않지만 일반적 대홍수(ṭūfān-i kullī)와 '시간의 종말'에는 동의한다고 했다.[70]

승려들의 좋은 성격, 박식함, 합리성에 대한 라시드 앗딘의 칭찬은 즉각 사람들의 관심을 끌었다. 불교는 합리적 논증, 학문적 논쟁, 공개 토론이라는 오랜 전통이 있었다. 이러한 전통은 먼저 티베트와 인도의 불교 학파들에서 널리 퍼졌고, 나중에 중국 불교에서도 마찬가지였다.[71] 비슷한 합리적 논쟁의 전통은 이슬람 세계에도 있었다. 더구나 추론과 합리적 실증이라는 그리스의 철학적 방법을 칼람(이슬람 신학)으로 점차 흡수하는 일은 일 칸국 시기에 정점에 이르렀다.[72]

이 과정의 정점은 라시드 앗딘 자신의 신학적 설명에서 찾아볼 수 있다. 그는 자신이 이성을 통해 이슬람 경전의 적합성과 신의 계시를 드러냄으로써 이전 이슬람 신학자들의 뒤를 따르고 있다고 생각했다.[73] 이 구절은 이슬람교도들이 합리적 논증이라는 불교의 방법을 알고 있었고 두 학문적 전통 사이의 친연성을 인식하고 있었을 뿐만 아니라 이런 공통점들이 불교와 이슬람교의 문화 간 호응을 위한 다리로 작용할 수 있음을 시사한다.

라시드 앗딘이 《역사 모음》의 인도에 관한 부분을 쓴다는 명목으로 불교도들과 지적 교류를 했다는 그의 이야기 역시 흥미롭다. 라시드 앗딘은 '인도의 역사'가 포함된 제2권의 작업을 일 칸 울제이투에게 제1권을 바친 뒤 시작했다고 주장하고 있어서, 이를 따르자면 그 대화는 1305년에 즉위한 울제이투의 재위 초가 된다. 그러나 그때쯤에는 일 칸국의 불교가 이미 10년에 걸친 쇠락을 겪은 뒤고 이슬람교가 몽골 엘리트 사이에서 강한 지배력을 얻고 있었다.[74]

실제로 울제이투 재위 기간의 궁정에서는 라시드 앗딘의 아버지 아르군의 궁정과 달리 저명한 불교도들이 있었다는 언급이 없다. 아르군 궁정의 경우에도 이슬람 저자들은 중요한 불교도들의 존재를 무시하는 경향이 있는 것이 사실이다. 그러나 불교 승려들이 울제이투의 궁정에 있었다면 그들은 울제이투 치하의 많은 궁정 토론과 지적 대결이라는 맥락에서 언급됐으리라고 생각하는 것이 여전히 합리적이다.

그러나 궁정의 토론을 광범위하게 기록하고 자신의 종교적 '상대자'들(예컨대 동로마 제국의 기독교도 의사 같은 사람들이다)과의 '논쟁'을 기록한 라시드 앗딘은 불교도 상대와 벌인 논쟁에 대해서는 도무지 언급을 삼가고 있다. 더구나 불교의 윤회설을 논박하려는 라시드 앗딘의 전방위적인 노력에도 불구하고 그의 모든 신학 저작(또는 그의 다른 저작들)에서 불교도와의 특정한 논쟁을 구체적이고 명확하게 언급한 것은 아르군의 수행원인 한 승려가 라시드 앗딘에게 불교의 고전적 '닭과 달걀' 수수께끼를 가지고 도전했던 것이 유일하다.[75]

> 어느 날 대왕 즉 돌아가신 대칸[76] 아르군 칸[재위 1284~1291]을 모시던 불교 승려인 바흐시[77] 하나가 왕의 면전에서 나를 시험했다. 새가 먼저 나왔느냐 알이 먼저 나왔느냐 하는 문제였다. 이 승려는 내가 대답을 하지 못할 것이라고 생각했다. 나는 이 질문을 들어본 적이 없고 그 의미에 대해 연구하거나 생각해본 적이 없어, [아주] 잠깐 당황하고 있었다.
>
> 짧은 순간이 지난 뒤 전능하신 하느님께서 은총과 영광으로 이 불쌍한 자[라시드 앗딘]에게 [답을] 알려주셨다. 나를 시험한 사람은 스스로 [그 의미를] 알지 못하고 유명한 [불교] 우화 같은 것을 반복하고 있었지만 [이를 숙고하는 것은] 그에게 무의미할 정도였다. (…) 그것을 반복하고 연구함으로써 [라시드 앗딘은] 새로이 알게 된 것이 많았다.[78]

울제이투와 불교 성자의 유골

라시드 앗딘의 윤회설 논박에 나오는 다른 불교도 '체험'에 대한 언급도 비슷하게 불교의 영향력과 불교-이슬람교 교류의 절정이 일 칸 아르군의 궁정이라고 지적한다. 라시드 앗딘과 울제이투 사이의 한 대화는 울제이투가 불교에 대해 알고 있는 것이 주로 그가 자기 아버지의 숙영지에서 자랄 때의 경험을 바탕으로 한 것임을 시사한다.

울제이투는 라시드 앗딘에게 샤린shārīn 즉 사리舍利, śarīra에 관해 묻는다. 불교의 현자들을 화장火葬한 뒤에 발견되는 작고 보석 같은, 부서지지 않는 유골이다.[79] 울제이투는 자기 아버지가 카르마를 만들어내는 이 유물의 열렬한 수집가였으며, 울제이투 자신이 직접 그것이 부서지지 않는지 확인하는 시험을 해보았다고 말한다. 그는 이슬람교도의 시신에서는 왜 이와 비슷한 놀라운 보물이 나오지 않는지 궁금해했다. 여기서 울제이투의 질문은 몽골인들이 성스러운 유물과, 인식할 수 있고 분명히 실재하는 그 능력, 경험적으로 시험할 수 있는 그 불멸성에 끌리고 있었음을 우리에게 환기하고 있다.

라시드 앗딘이 일 칸에게 한 대답은 참으로 이 숭배물이 갖는 설득력의 핵심을 찌르고 있다. 첫째로, 그는 자기네 이슬람교도들은 시신을 화장하지 않지만 만약 화장을 한다면 재 속에서 사리보다 더 좋고 더 훌륭한 것을 발견할 수 있으리라고 말했다. 둘째로, 사리는 성스러운 유물이 아니라 하느님의 경고이고, 그러므로 우리의 신체는 영원히 우리에게 속하며 따라서 훼손돼서는 안 된다는 것이다. 마지막으로, 불교 성자는 콩알만 한 유물을 남기는 모양이지만 이슬람 성자는 전혀 불에 타지 않는다고 라시드 앗딘은 설명한다. 수피 샤이흐들은 불을 먹거나 그 위를

걸어도 해를 입지 않으며, 아브라함은 불구덩이에 던져졌지만 무사했다는 것이다.[80]

이 의미심장한 일화에는 논의할 부분이 많다. 여기서 우리에게 중요한 것은 울제이투가 자기 아버지의 숙영지에 있을 때의 기억을 가지고 이야기하는 것이지 지금 불교도들과 나누는 대화를 가지고 이야기하는 게 아니라는 점이다. 일 칸국의 불교는 울제이투의 치세인 14세기 초에는 이미 과거의 유물이 돼버렸던 것일까, 아니면 라시드 앗딘이 그저 이 경험을 가잔의 개종 이전 시기로 밀어버림으로써 이슬람교의 승리를 우리가 받아들이게 하고자 했던 것일까?

그것은 말하기 어렵다. 그러나 라시드 앗딘의 글들을 보면 적어도 순나파 이슬람교도였던 라시드 앗딘 자신은 가장 큰 위협을 제기하는 것이 또 다른 이슬람교 분파인 시아파의 몽골 지배자에 대한 영향력 증대라고 생각했음을 시사한다. 그것은 불교의 '재발'에 비해 훨씬 우려스러운 일이었다.[81] 실제로 울제이투는 결국 불교로 돌아간 것이 아니라 시아파 이슬람교로 개종했다.[82]

따라서 불교에 대한 상세하고 정확한 묘사를 담은 '인도의 역사'는 더 이른 시기의 종교 간 지적 교류 곧 1280년대 말 아르군의 궁정에서 있었던 교류의 산물일 것이다. 라시드 앗딘이 아르군의 궁정에서 승려들을 만난 일과 그들이 일 칸국에 소개한 유라시아 불교 전통의 혼합물은 이후 오랫동안 라시드 앗딘의 지적 행로에 중대한 영향을 끼쳤다. 승려의 '닭과 달걀' 수수께끼에 대한 기록에서 라시드 앗딘은 실제로 불교의 도전이 아담의 창조와 신에게서 찾아야 할 인간 지식의 근원 같은 몇 가지 중요한 문제에서 자신이 새로운 사실을 깨닫는 데 도움을 주었다고 말한다.[83]

결론

드위스가 지적했듯이, 수피 심나니의 아르군 궁정 시절에 대한 기록, 특히 심나니가 불교 승려들과 벌였던 논쟁에 관한 보고는 몽골 지배자 숙영지의 유동적이고 절충적인 종교적 분위기를 보여준다. 이뿐만 아니라 종교가 서로 다른 사람들 사이의 경쟁적이고 긴장된 분위기 또한 보여준다.[84] 같은 조합(경쟁적인 분위기와 종교적으로 절충적인 환경)은 라시드 앗딘을 일칸국 불교 궁정의 '무대'에 올려놓은 몇몇 자전적 일화에도 반영됐다.

자신이 만난 승려들에 대한 라시드 앗딘의 직접적 인상은 불교에 대한 그의 이중적 태도를 드러낸다. 그는 어떤 경우에는 승려들이 "현명하고 다정"하다고 했고, 또 어떤 경우에는 승려들이 자기네 전통의 잠재력을 알지 못한다고 했다. 종교 간 토론에서 자신의 우월적 위치를 강조한 것이다.[85] 라시드 앗딘의 역사책은 이슬람 세계에서 붓다의 생애와 가르침에 대한 가장 포괄적인 설명을 제공하고 있지만, 그는 불교의 윤회설에 대한 자신의 논박으로 이를 보충하는 것을 선택한다. 라시드 앗딘이 불교에 대해 취한 이중성은 불교를 비록 경계선이지만 익숙한 자리에 놓으려는 그의 의식적 시도를 시사한다. 라시드 앗딘에게 불교가 이란에 존재하는 것은 전적으로 긍정적인 것은 아니지만, 그것이 이슬람교의 지배를 위협하지 않는 한 용인할 만한 것이었다.[86]

울제이투가 불교 유물에 제기한 질문에 대한 라시드 앗딘의 대답은 그가 일 칸의 경쟁적인 궁정 토론의 한 참여자로서 얼마나 능란했는지를 말해준다. 그것은 또한 몽골의 신하로서 문화적 중개에 관한 그의 능력을 드러낸다. 한편으로 라시드 앗딘은 불교 유물의 불멸성이 제기하는 지적 도전을 불교의 카르마 이론을 논박함으로써 대응했으며(몽골 지배자 자신의 경험적 관찰에는 결국 문제를 제기할 수 없었다), 다른 한편으로 그는 자신의 곤경을 이슬람 성인이 지닌 힘의 우월한 효능을 과시하는 것으로 바꿔버렸다. 재가 된 불교의 현자들은 작고 부서지지 않는 유물을 남겼지만, 이슬람교 선지자들과 성인들의 신체는 전혀 불에 타지 않는다. 라시드 앗딘의 대답은 따라서 불교와 이슬람교의 '불의 심판'으로 압축돼버리는데, 이는 불의 경연이라는 몽골 내륙 아시아의 신화적 전통에 호소하고 거기에 공명할 수 있는 주제다.[87]

이 일화는 라시드 앗딘의 가장 소중한 자산이 몽골인 후원자들의 문화적 규범과 전통을 놀랄 만큼 잘 알고 있다는 것이었음을, 그리고 특히 몽골과 이슬람 세계 사이를 연결할 수 있는 능력이었음을 다시 한 번 예증해준다. 그것이 몽골의 신하가 된 유대인 의사 집안의 자손을 점점 출세시켜 일 칸국 정부의 가장 영향력 있는 자리에 오르게 하고, 게다가 그 힘 있는 자리를 20년이라는 기록적인 기간 동안 유지할 수 있게 했다. 그것은 또한 몽골 엘리트를 이슬람교로 개종시키고 이슬람교의 대리인 노릇을 했던 라시드 앗딘의 역할을 말해준다.

따라서 토머스 올슨이 라시드 앗딘을 일 칸국의 가장 영향력 있는 문화 중개자로 본 것은 충분한 이유가 있다. 그러나 최근 연구가 보여주고 있듯이, 문화적 중개에는 문화적 경계를 넘어 조정하거나 차이를 희석하는 일 이상의 것이 필요하다. 반대로, 문화적 중개자는 또한 문화적 차이를 강조하고 유지할 책임도 지고 있는 사람들이다. 한 학자는 이렇게 말했다.

> 차이는 그들[문화 중개인들]의 장사 밑천이다. 그러나 그들이 제안하는 것은 통합이다.[88]

엘버스콕은 라시드 앗딘이 '인도의 역사'에서 불교의 천국과 지옥에 초점을 맞춘 것이 이슬람교와 불교 사이의 공통적 연결을 만들려는 시도가 아니었을까 생각한다.[89] 그러나 라시드 앗딘이 이를 폭넓게 다룬 것은 또한 '국외자'인 몽골인들을 위해 두 종교 사이의 차이를, 그리고 한쪽(즉 불교)에 대한 다른 한쪽(즉 이슬람교)의 우월성을 설명하고 되풀이하고 강조하려는 시도였다고 볼 수도 있을 것이다. 몽골인들의 눈에 정교한 구원관救援觀을 가진 두 초월적 종교는 결국 그렇게 달라 보이지 않았을 것이다.

불교는 라시드 앗딘에게 상당한 영향을 끼쳤다. 실크로드를 따라, 그리고 더 먼 곳까지 여행한 이 책에 나오는 다른 사람들과 달리 라시드 앗딘은 직접 몽골 치하 유라시아 대륙을 가로지르거나 심지어 이슬람 세계 본토 바깥으로 나가본 적도 없었다. 그러나 라시드 앗딘의 저작은 몽골의 정복과 지배로 개조된 유라시아 대륙에 대한 그의 엄청난 지식을 드러내고 있다. 본인이 직접 먼 거리를 여행하는 고통과 위험을 떠안지 않고도 이 하나가 된 세계의 많은 부분을 알고 더 나아가 경험까지 할 수 있었던 것은 바로 몽골이 지배하는 유라시아 대륙에서 물건과 사람과 사상과 종교의 유동성이 전례 없이 높아졌다는 진정한 증거일 것이다.

주

이 글은 예루살렘 히브리대학HUJI 마르틴부버협회Martin Buber Society of Fellows의 지원을 받아 쓴 것이다.

1 Prazniak 2014, 655-57.

2 Sachau 1910, 249; Elverskog 2010, 82-90.

3 Prazniak 2014, 661-66, on 661; 또한 Sperling 1990; Grupper 2004, 5-77; Azad 2011, 209-30.

4 Elverskog 2010, 149; Prazniak 2014, 655; Samten and Martin 2014, 297-331.

5 라시드 앗딘에 따르면, 승려들은 대부분 이슬람교로 개종하는 것을 선택했다. 그러나 그들의 개종은 진심이 아니었던 까닭에 가잔은 그들을 고국으로 돌려보냈다. Rashīd al-Dīn 1994, 2: 1357; Rashīd al-Dīn 1998-99, 3: 676. 가잔의 개종 이전 초기 불교도들과의 수련 및 불교 지원에 관해서는 Rashīd al-Dīn 1998-99, 3: 591; Jackson 1988, 535-36.

6 Prazniak 2014, 652.

7 그의 동생이자 계승자인 게이하투의 치세에도 불교에 호의적이었다. Grupper 2004, 50-63.

8 아르군이 불교 장생 의술에 보인 관심과 인도 승려가 그에게 준 조제약으로 인한 그의 중독 가능성에 관해서는 Yoeli-Tlalim 2013, 200. 또한 Buell 2011, 189-208.

9 Prazniak 2014, 663.

10 DeWeese 2014, 35-76.

11 Lane 2016.

12 라시드 앗딘의 유대교 배경에 관해서는 Netzer 1994.

13 그의 전체 이름은 아부 알파라지 알리(엘리) 이븐 아비 슈자Abū al-Faraj ʿĀlī/Eli ibn Abī Shujāʾ다. Kamola 2013, 104.

14 적에 대한 정치적 암살로 하샤신으로 알려진 니자르 분파는 혁명적 시아파 이스마일파의 한 분파다. 니자르 분파는 친순나파 정치체인 셀주크에 맞서 이란 영토 곳곳에 퍼져 있는 고립된 산악 요새의 네트워크를 중심으로 독자적 정치체를 만들었다.

Virani 2007; 투시에 관해서는 이 책 이사하야의 글을 보라.

15 Rashīd al-Dīn 1957, 3: 35-37; Rashīd al-Dīn 1998-99, 3: 483, 485; Netzer 1994, 122. 투시가 바로 이 가족을 훌레구에게 소개한 사람이었던 듯하다. Krawulsky 2011, 119-20.

16 이 가족의 탈출은 그들이 이스마일파 요새 안의 유대인 사회에서 살았기 때문에 더욱 촉진됐을 수 있다. Benjamin of Tudela 1907, 120-21.

17 Ṭūsī 1964, 24-25.

18 Krawulsky 2011, 120.

19 Ibn al-Fuwaṭī 1995, 2: 62, 5: 613.

20 Ibn al-Fuwaṭī 1995, 2: 62.

21 그의 의학적 훈련에 관해서는 Kamola 2013, 111-12; Pfeiffer 2016, 80-81; Hoffmann 2013, 9.

22 Fischel 1969, 90-117; Amitai 2013, 39-41; Brack 2019.

23 라시드 앗딘의 피후견인 문시 키르마니Munshī Kirmānī에 따르면, 게이하투가 라시드 앗딘에게 자리를 제안했지만 그는 이를 거절하고 궁정 의사이자 비공식적 조언자로 남았다고 한다. Munshī Kirmānī 1959, 112; Kamola 2013, 113.

24 거의 동시대의 일 칸국 저자 샤반카라이Shabānkāra'ī(?~1337)는 심지어 이 무사위 mūsawī(유대인) 의사가 나중에 울제이투의 치세가 돼서야 개종했다고 내비쳤다. Shabānkāra'ī 1984, 270.

25 Qāshānī 2005, 54-55, 131-32, 240-41; Krawulsky 2011, 132-33. 맘룩 자료들은 라시드 앗딘의 이전 유대교 정체성을 한목소리로 강조하며, 더 나아가 그가 《쿠란》을 왜곡하고 타락시켰다고 비난한다. Amitai-Preiss 1996, 32-33; Chipman 2013, 115-26; 또한 Brack 2019.

26 이마드 앗딘'Imād al-Dīn 대신 이마드 앗다울라라는 라캅laqab(칭호)을 사용한 것은 그가 여전히 유대교도임을 나타낸다. 앗다울라al-Dawla('나라의 기둥')는 보통 비이슬람교도(유대교도와 기독교도) 공직자에게 사용한 칭호였다.

27 라시드 앗딘의 '적들에 대한 답변'. Krawulsky 2011, 123, 132-33; Rashīd al-Dīn 2013 (facsimile copy of MS. 2235 Gulistan Palace Library), 79r-79v.

28 Amitai-Preiss 1996, 26.

29 Bar Hebraeus 1932, 496; Amitai-Preiss 1996, 26.

30 Allsen 2001, 127-29.

31 Amitai-Preiss 1996, 25-26. 라시드 앗딘은 라비 라시디Rab'-i Rashīdī에 대한 와크피야 waqfiyya(기부 증서)에서 자신을 일 칸의 관대함과 비교해 자애로운 주방에 고용된

'미친한 요리사'로 묘사하고 있다. Hoffman 2013, 12.

32 Mancini-Lander 2019, 1-24.

33 Kamola 2013, 124-25.

34 Qāshānī 2005, 122-28.

35 Morgan 1994, 443-44.

36 Morgan 1997, 179-88.

37 Shabānkāra'ī 1984, 270. 라시드 앗딘은 자신의 신학 저작에서 일 칸 가잔 및 울제이투와의 긴밀한 관계를 거듭 천명한다.

38 Kamola 2013, 1.

39 이 개혁에 관해서는 Petrushevsky 1968, 494-95; Lambton 1988, 135-37, 140-48, 176-80; Morgan 1994; Kamola 2013, 182-83.

40 Morgan 1994, 443-44; Melville 2008, 462-68.

41 제2권에는 울제이투 치세의 역사도 넣으려 했지만, 이 부분은 빼버렸거나 완성되지 않았다. 울제이투는 지리를 다루는 제3권도 주문했지만, 이것 역시 존재하지 않는다. Melville 2008, 462-68.

42 Blair 2016; Hoffmann 2014.

43 Pfeiffer 2013, 57-70.

44 Van Ess 1981, 12-21; Krawulsky 2011, 77-86.

45 예컨대 동로마 제국의 한 의사가 제기한 질문들이다. 이 의사는 아마도 콘스탄티노폴리스 태생의 주교 그리고리오스 키오니아데스Grigórios Chioniádis(1240*~1320*)였을 것이다. Rashīd al-Dīn 1993, 2: 52-53; Togan 1966, 9-15.

46 Allsen 2001, 72-80; Lambton 1998, 126-54.

47 《중국의 예술과 과학에 관한 일 칸의 보감Tānksūqnāma-yi Īlkhān dar funūn-i ʿulūm-i khiṭā'ī》에 관해서는 Allsen 2001, 144-60; Lo and Wang 2013; Berlekamp 2010; 그리고 이 책 이사하야의 글.

48 Jahn 1965; Elverskog 2010, 145-74; Akasoy 2013, 173-96; Yoeli-Tlalim 2013, 197-211.

49 Jahn 1965, xxxv-lxxv.

50 Canby 1993, 299-310.

51 Jahn 1965, xlviii.

52 Elverskog 2010, 151.

53 그의 선배인 비루니Bīrūnī와 대조적이다. 라시드 앗딘이 인도에 관한 앞부분 4개 장에서 비루니에 의존한 데 관해서는 Jahn 1965, xiii.

54 Akasoy 2013, 191, 196. Jahn은 그것이 두 사람 사이의 공동 작업이라고 보았다. Jahn 1965, xxxiii; Akasoy 2013, 189.

55 Jahn 1965, appendix 51 (facsimile copy of Topkapi Sarayi 940-H. 1654, A.D. 131, f. 328v.). 그리스어에서 온 '놈'은 '법' 또는 '책'에 해당하는 위구르-몽골 용어다. 이는 또한 산스크리트어 '다르마dharma'를 번역하는 데도 사용됐으며, 더 나아가 '종교'에 해당하는 몽골어 명칭이 됐다. Atwood 2016; Elverskog 2010, 295 n. 53.

56 두 저자 사이의 복잡한 관계에 대해서는 Otsuka 2018, 119-49(인도 부분에 대해서는 130, 131-34); 또한 Brack 2016, 322-44. 어떻든 우리는 인도에 관한 두 글 사이의 비교를 완벽하게 마치기 전에는 판단을 유보해야 한다.

57 Yoeli-Tlalim 2013, 202-4.

58 Jahn 1965, lxxv-lxxvii; Yoeli-Tlalim 2013, 204-11.

59 Jahn 1965, xxxiii, lxx-lxxi; Schopen 1982, 225-35; Elverskog 2010, 157-62.

60 Franke 1951; Calzolaio and Fiaschetti 2019 (parts 1-2).

61 Elverskog 2010, 158; Elverskog 2006/8, 87-124.

62 Yoeli-Tlalim 2013, 207-8.

63 Elverskog 2010, 162.

64 Akasoy 2013, 173-90; Elverskog 2010, 154; Jahn 1965, xliv.

65 Elverskog 2010, 154.

66 Reproductions in Jahn 1980: MS Royal Asiatic Society A 27 (dated 714/1314-15), 2077v; MS Topkapi Sarayi, 940-Hazine 1654 (dated 717/1317), 345r-345v.

67 Rashīd al-Dīn 1993, 2: 1-37; Rashīd al-Dīn 2013, 211-38, 253-301.

68 Pfeiffer 2013, 66-67.

69 예컨대 Rashīd al-Dīn 2013, 219-20.

70 Rashīd al-Dīn 2013, 282-83.

71 Garrett 1997, 195-209; Assandri 2009, 15-32; Beckwith 2011, 163-75.

72 Sabra 1994, 1-42; Endress 2006, 372-422; Eichner 2009; Belhaj 2016.

73 예를 들어 Rashīd al-Dīn 2008, 353-54, 401-2.

74 라시드 앗딘에 따르면, 가잔 치하에서 이미 일 칸국에 남아 있던 얼마 되지 않는 불교 승려들은 공개적으로 자기네 '종교의 교리'를 드러내 보일 엄두조차 내지 못했다. Rashīd al-Dīn 1994, 2: 1357; Rashīd al-Dīn 1998-99, 3: 676.

75 이 수수께끼는 불교도 현자와 그리스계 박트리아 왕 메난드로스 1세Ménandros I(?~서기전 130*) 사이의 대화인 유명한 팔리어 경전 《미란다왕문경彌蘭陀王問經; Milinda Pañha》(아마도 서기전 150년에서 서기 100년 사이에 편찬됐을 것이다)에 나온다.

Mendis 1993, 48.

76 저자는 아르군을 카안으로 언급하고 있다. 이 칭호는 전체 칭기스 제국의 수장에게 붙이는 것이며, 당시에는 쿠빌라이가 카안이었다. 아마도 죽은 일 칸의 명예를 높이기 위한 시도였던 듯하다.

77 바흐시에 관해서는 Jackson 1988, 535-36.

78 Rashīd al-Dīn 1976-77, 36-37.

79 Stone 2005, 60.

80 Rashīd al-Dīn 2013, 272-74.

81 특히 울제이투 궁정을 주름잡고 있던 시아파 인물들이 제기한 문제들에 대한 라시드 앗딘의 대응을 보면 그렇다. Rashīd al-Dīn 2008.

82 Pfeiffer 1999.

83 Rashīd al-Dīn 1976-77, 35-51.

84 DeWeese 2014, 35-76.

85 승려들이 자기네 전통에 대해 잘 알지 못하고 있다고 주장하는 비슷한 전략은 심나니 역시 토론에서 사용하고 있었다. DeWeese 2014, 48-53; Simnānī 1988, 185-88.

86 예컨대 그는 붓다를 "책을 든 나비nabī(선지자)"로 표현해 이슬람교도처럼 보이게 하고 있다. Elverskog 2010, 154-56.

87 DeWeese 1994, 244-62.

88 Reimitz 2013, 269.

89 Elverskog 2010, 154.

참고 문헌

Akasoy, Anna. 2013. "The Buddha and the Straight Path. Rashīd al-Dīn's *Life of the Buddha*: Islamic Perspectives." In *Rashīd al-Dīn: Agent and Mediator of Cultural Exchange in Ilkhanid Iran*, ed. Anna Akasoy, Charles Burnett, and Ronit Yoeli-Tlalim, 173–96. London: Warburg Institute.

Allsen, Thomas T. 2001. *Culture and Conquest in Mongol Eurasia*. Cambridge: Cambridge University Press.

Amitai-Preiss, Reuven. 1996. "New Material from the Mamluk Sources for the Biography of Rashid al-Din." In *The Court of the Il-khans*, 1290–1340, ed. Teresa Fitzherbert and Julian Raby, 23–37. Oxford: Oxford University Press.

Amitai, Reuven 2013. "Jews at the Mongol Court in Iran: Cultural Brokers or Minor Actors in a Cultural Bloom?" In *Cultural Brokers at Mediterranean Courts in the Middle Ages*, ed. Marc von der Nöh, Nikolas Jaspert, and Jenny Rahel Oesterle, 33–45. Munich: Wilhelm Fink/Paderborn: Ferdinand Schöningh.

Assandri, Friederike. 2009. "Inter-Religious Debate at the Court of the Early Tang: An Introduction to Daoxuan's *Ji gujin Fo Dao lunheng*." In *From Early Tang Court Debates to China's Peaceful Rise*, ed. Assandri and Dora Martins, 15–32. Amsterdam: Amsterdam University Press.

Atwood, Christopher P. "A Secular Empire? Estates, *Nom*, and Religions in the Mongol Empire." Paper presented at the University of California, Berkeley, September 29, 2016.

Azad, Arezou. 2011. "Three Rock-Cut Cave Sites in Iran and their Ilkhanid Buddhist Aspects Reconsidered." In *Islam and Tibet: Interactions along the Musk Routes*, ed. Anna Akasoy, Charles Burnett, and Ronit Yoeli-Tlalim, 209–30. Farnham, England: Ashgate.

Bar Hebraeus 1932. *The Chronography of Gregory Abû'l Faraj . . . Bar Hebraeus*. Tr. E. A. W. Budge. London: Oxford University Press.

Beckwith, Christopher I. 2011. "The Sarvāstivādin Buddhist Scholastic Method in

Medieval Islam and Tibet." In *Islam and Tibet: Interactions along the Musk Routes*, ed. Anna Akasoy, Charles Burnett, and Ronit Yoeli-Tlalim, 163–75. Farnham, England: Ashgate.

Belhaj, Abdessamad. 2016. "*Ādāb al-baḥth wa-al-munāẓara*: The Neglected Art of Disputation in Later Medieval Islam." *Arabic Sciences and Philosophy* 26: 291–307.

Ben Azzouna, Nourane. 2014. "Rashīd al-Dīn Faḍl Allāh al-Hamadhānī's Manuscript Production Project in Tabriz Reconsidered." In *Politics, Patronage, and the Transmission of Knowledge in 13th–15th Century Tabriz*, ed. Judith Pfeiffer, 187–200. Leiden: Brill.

Benjamin of Tudela. 1907. *The Itinerary of Benjamin of Tudela*. Ed. and tr. Marcus N. Adler. New York: Philip Feldheim.

Berlekamp, Persis. 2010. "The Limits of Artistic Exchange in Fourteenth-Century Tabriz: The Paradox of Rashid al-Din's Book on Chinese Medicine, Part I." *Muqarnas* 27: 209–50.

Blair, Sheila S. 2016. S.v. "Rabʿ-e Rašidi." *Encyclopaedia Iranica*. Available at www.iranicaonline.org/articles/rab-e-rashidi (accessed August 16, 2018).

Blochet, Edgard. 1910. *Introduction a l'histoire des mongols de Fadl Allāh Rashid ed-Din*. Leiden: Brill/London: Luzac.

Brack, Jonathan. 2016. "Mediating Sacred Kingship: Conversion and Sovereignty in Mongol Iran." PhD diss., University of Michigan.

__________. 2019. "A Jewish Vizier and His Shīʿī Manifesto: Jews, Shīʿīs, and the Politicization of Confessional Identities in Mongol-ruled Iraq and Iran (13th to 14th Centuries)." *Der Islam* 96.2: 374–403.

Buell, Paul D. 2011. "Tibetans, Mongols, and the Fusion of Eurasian Cultures." In *Islam and Tibet: Interactions along the Musk Routes*, ed. Anna Akasoy, Charles Burnett, and Ronit Yoeli-Tlalim, 189–208. Farnham, England: Ashgate.

Canby, Sheila R. 1993. "Depictions of Buddha Sakyamuni in the *Jamiʿ al-Tavarikh and the Majmaʿ al-Tavarikh*." *Muqarnas* 10: 299–310.

Calzolaio, Francesco, and Francesca Fiaschetti. 2019. "Prophets of the East: The Ilkhanid Historian Rashīd al-Dīn on the Buddha, Laozi, and Confucius and the Question of His Chinese Sources." *Iran and the Caucasus* 23.1: 17–34 (part 1); 23.2: 145–66 (part 2).

Chipman, Leigh. 2013. "The 'Allāma and the Ṭabīb: A Note on Biographies of Two Doctors, Rashīd al-Dīn and Quṭb al-Dīn al-Shīrāzī." In *Rashīd al-Dīn: Agent and Mediator of Cultural Exchange in Ilkhanid Iran*, ed. Anna Akasoy, Charles Burnett, and Ronit Yoeli-Tlalim, 115–26.

DeWeese, Devin. 1994. *Islamization and Native Religion in the Golden Horde: Baba Tükles and Conversion to Islam in Historical and Epic Tradition*. University Park: Pennsylvania State University Press.

______________. 2014. "'Alā' al-Dawla Simnānī's Religious Encounters at the Mongol Court near Tabriz." In *Politics, Patronage, and the Transmission of Knowledge in 13th–15th Century Tabriz*, ed. Judith Pfeiffer, 35–76. Leiden: Brill.

Eichner, Heidrun. 2009. "The Post-Avicennian Philosophical Tradition and Islamic Orthodoxy. Philosophical and Theological *Summae* in Context." Habilitation diss., Martin Luther University of Halle-Wittenberg.

Elverskog, Johan. 2006/8. "The Mongolian Big Dipper Sutra." *Journal of the International Association of Buddhist Studies* 29.1: 87–124.

______________. 2010. *Buddhism and Islam on the Silk Road*. Philadelphia: University of Pennsylvania Press.

Endress, Gerhard. 2006. "Reading Avicenna in the Madrasa: Intellectual Genealogies in the Chains of Transmission of Philosophy and the Sciences in the Islamic East." In *Arabic Theology, Arabic Philosophy: From the Many to the One; Essays in Honour of Richard M. Frank*, ed. James E. Montgomery, 372–422. Leuven: Peeters.

Fischel, Walter J. 1969. *Jews in the Economic and Political Life of Medieval Islam*. New York: Ktav.

Franke, Herbert. 1951. "Some Sinological Remarks on Rašîd Ad-Dîn's History of China." *Oriens* 4: 21–26.

Garrett, Mary M. 1997. "Chinese Buddhist Religious Disputation." *Argumentation* 11: 195–209.

Grupper, Samuel M. 2004. "The Buddhist Sanctuary-Vihara of Labnasagut and the Il-Qan Hülegü: An Overview of Il-Qanid Buddhism and Related Matters." *Archivum Eurasiae Medii Aevi* 13: 5–77.

Hoffmann, Birgitt. 2013. "Speaking about Oneself: Autobiographical Statements in the Works of Rashīd al-Dīn." In *Rashīd al-Dīn: Agent and Mediator of Cultural*

Exchange in Ilkhanid Iran, ed. Anna Akasoy, Charles Burnett, and Ronit Yoeli-Tlalim, 1–14.

______________. 2014. "In Pursuit of Memoria and Salvation: Rashīd al-Dīn and his Rab'-i Rashīdī." In *Politics, Patronage, and the Transmission of Knowledge in 13th–15th Century Tabriz*, ed. Judith Pfeiffer, 171–85. Leiden: Brill.

Ibn al-Fuwaṭī, Kamāl al-Dīn 'Abd al-Razzāq b. Aḥmad al-Shaybānī. 1995. *Majma' al-ādāb fī mu'jam al-alqāb*. Tehran: Mu'assasat al-ṭibā'a wa'l-nashr, 1416H.

Jackson, Peter. 1988. S.v. "Bak̲s̲ī," *Encyclopaedia Iranica*. Available at www.iranicaonline.org/articles/baksi-a-buddhist-lama (accessed July 28, 2018).

Jahn, Karl. 1965. *Rashīd al-Dīn's History of India: Collected Essays with Facsimiles and Indices*. The Hague: Mouton.

Kamola, Stephan T. 2013. "Rashīd al-Dīn and the Making of History in Mongol Iran". PhD diss., University of Washington.

Klein-Franke, Felix. 2002. "Rashīd al-Dīn's Self-Defense through his Commenting on al-Ghazālī's 'Reply to the Opponents of the "Proof of Islam": A Philosophical Interpretation of the Koranic Expression 'al-Amāna.' " *Le museon* 115: 199–214.

Krawulsky, Dorothea. 2011. *The Mongol Īlkhāns and Their Vizier Rashīd al-Dīn*. Frankfurt am Main: Peter Lang.

Lambton, Ann K. S. 1988. *Continuity and Change in Medieval Persia: Aspects of Administrative, Economic and Social History, 11th–14th Century*. Albany: State University of New York.

______________. 1998. "The Āthār wa aḥyā' of Rashīd al-Dīn Faḍl Allāh Hamadānī and His Contribution as an Agronomist, Arboriculturalist, and Horticulturalist." In *The Mongol Empire and Its Legacy*, ed. Reuven Amitai-Preiss and David O. Morgan, 126–54. Leiden: Brill.

Lane, George. 2016. "Intellectual Jousting and the Chinggisid Wisdom Bazaars." *Journal of the Royal Asiatic Society* 26: 235–47.

Lo, Vivienne, and Wang Yidan. 2013. "Blood or Qi Circulation? On the Nature of Authority in Rashīd al-Dīn's Tānksūqnāma (The Treasure Book of the Ilkhan on Chinese Science and Techniques)." In *Rashīd al-Dīn: Agent and Mediator of Cultural Exchange in Ilkhanid Iran*, ed. Anna Akasoy, Charles Burnett, and Ronit Yoeli-Tlalim, 127–72.

Mancini-Lander, Derek J. 2019. "Subversive Skylines: Local History and the Rise of the Sayyids in Mongol Yazd." *Bulletin of the School of Oriental and African Studies* 82.1: 1-24.

Melville, Charles. 2008. S.v. "Jāme' al-Tawārik̲." *Encyclopaedia Iranica*. Available at http://www.iranicaonline.org/articles/jame-al-tawarik (accessed June 18, 2018).

Mendis, N. K. G. ed. 1993. *The Questions of King Milinda: An Abridgment of the Milindapañhā*. Intro. Bhikkhu Bodhi. Sri Lanka: Buddhist Publication Society.

Morgan, David O. 1994. S.v. "Ras̲h̲īd al-Dīn Ṭabīb." *Encyclopaedia of Islam*. 2nd ed. Brill Online available at http://dx.doi.org/10.1163/1573-3912_islam_SIM_6237〉 (accessed July 7, 2018).

______________. 1997. "Rašīd al-Dīn and Gazan Khan." In *L'Iran face a la domination mongole*, ed. Denise Aigle, 179-88. Tehran: Institut français de rechercheen Iran.

Morton, Alexander H. 2010. "Qashani and Rashid al-Din on the Seljuqs of Iran." In *Living Islamic History: Studies in Honour of Professor Carole Hillenbrand*, ed. Yasir Suleiman, 166-77. Edinburgh: Edinburgh University Press.

Munshī Kirmānī, Nāṣir al-Dīn. 1959. *Nasā'im al-asḥār min laṭā'im al-akhbār: dar ta'rīkh-i wuzarā'*. Ed. Jalāl al-Dīn Ḥusaynī Muḥaddith. Tehran: Chāpkhānah-yi dānishgāh.

Netzer, Amnon. 1994. "Rashīd al-Dīn and His Jewish Background." *Irano- Judaica* 3: 118-26.

Otsuka, Osamu. 2018. "Qāshānī, the First World Historian: Research on His Uninvestigated Persian General History, *Zubdat al- tawārīkh.*" *Studia iranica* 47: 119-49.

Petrushevsky, I. P. 1968. "The Socio-Economic Conditions of Iran under the Īl-Khāns." In *Cambridge History of Iran*. Vol. 5. *The Saljuq and Mongol Periods*, ed. John A. Boyle, 485-537. Cambridge: Cambridge University Press.

Pfeiffer, Judith. 1999. *Twelver Shī'īsim as State Religion in Mongol Iran: An Abortive Attempt*, Recorded and Remembered. Istanbul: Orient-Institut der DMG.

____________. 2013. "The Canonization of Cultural Memory: Ghazan Khān, Rashīd al-Dīn, and the Construction of the Mongol Past." In *Rashīd al-Dīn: Agent and Mediator of Cultural Exchange in Ilkhanid Iran*, ed. Anna Akasoy, Charles Burnett, and Ronit Yoeli-Tlalim, 57-70.

_____________. 2016. "Rashīd al-Dīn's *Bayān al-ḥaqā'iq* and its *Sitz im Leben*: A Preliminary Investigation." Introduction to Rashīd al-Dīn's *Bayān al-ḥaqā'iq* (*Beyân'l-Hakâik*) (facsimile of Arabic text), prepared for publication by Judith Pfeiffer, 59–100. Fatih, İstanbul: Türkiye Yazma Eserler Kurumu Başkanlığl.

Prazniak, Roxann. 2014. "Ilkhanid Buddhism: Traces of a Passage in Eurasian History." *Comparative Studies in Society and History* 56: 650–80.

Qāshānī, Abū al-Qāsim 'Abdallāh b. 'Alī b. Muḥammad. 2005. *Ta'rīkh-i ūljāytū*. Ed. Mahīn Hambalī. Tehran: Bungāh-i tarjuma wa nashr-i kitāb, 1384Sh.

Rashīd al-Dīn, Faḍlallāh Abū al-Khayr al-Hamadānī. 1653–54. *Tānksūqnāma-yi Īlkhān dar funūn-i 'ulūm-i Khiṭā'ī*. MS Süleymaniye Kütüphanesi, Aya Sofya 3596.

_____________. 1957. *Jāmi' al-tawārīkh*. Ed. 'Abd al-Karīm 'Alī Oghlu 'Alī Zādah. 3 vols. Baku, Azerbaijan: Farhangistān-i 'ulūm-i jumhūr-i shurawī-yi sūsīyālistī-yi Adharbāijān.

_____________. 1976–77. *Laṭā'if al-ḥaqā'iq*. Ed. Ghulām Riḍā Ṭāhir. Tehran: Kitābkhānah-yi markazī wa markaz-i asnād.

_____________. 1993. *As'ila wa ajwiba-yi Rashīdī*. Ed. R. Sha'bānī. 2 vols. Islamabad: Markaz-i taḥqīqāt-i fārsī-i Irān wa pākistān.

_____________. 1994. *Jāmi' al-tawārīkh*. Ed. Muḥammad Rawshan and Muṣṭafā Mūsawī. 4 vols. Tehran: Nashr-i Alburz.

_____________. 1998–99. *Rashīduddin Fazlullah's Jami'u't-Tawarikh: A History of the Mongols*. Tr. Wheeler Thackston. 3 vols. Cambridge, MA: Harvard University, Department of Near Eastern Languages and Civilizations.

_____________. 2008. *Bayān al-ḥaqā'iq*. Ed. Hāshim Rajabzāda. Tehran: Mīrāth-i maktūb, 1386Sh.

_____________. 2013. *Majmū'a-yi Rashīdīya*. Facsimile Copy of Manuscript no. 2235, Gulistan Palace Library. Copied in 706 A. H. Tehran: Mīrāth-i maktūb.

Reimitz, Helmut. 2013. "Cultural Brokers of a Common Past: History, Identity, and Ethnicity in Merovingian Historiography." In *Strategies of Identification: Ethnicity and Religion in Early Medieval Europe*, ed. Walter Pohl and Gerda Heydemann,

257–301. Turnhout: Brepols.

Sabra, Adam I. 1994. "Science and Philosophy in Medieval Islamic Theology: The Evidence of the Fourteenth Century." *Zeitschrift fur Geschichte der arabisch-islamischen Wissenschaften* 9: 1–42.

Sachau, Edward C. 1910. *Alberuni's India: An Account of the Religion, Philosophy, Literature, Geography, Chronology, Astronomy, Customs, Laws, and Astrology of India, about A.D. 1030*. London: Paul, Trench, Trübner.

Samten, Jampa, and Dan Martin. 2014. "Letters to the Khans: Six Tibetan Epistles of Togdugpa Addressed to the Mongol Rulers Hulegu and Khubilai, as well as to the Tibetan Lama Pagpa." In *Trails of the Tibetan Tradition: Papers for Elliot Sperling*, ed. Roberto Vitali, 297–331. Republished in Revue d'études tibétaines 31 (2015).

Schopen, Gregory. 1982. "Hīnāya Texts in a 14th Century Persian Chronicle: Notes on Some of Rashīd al-Dīn's Sources." *Central Asiatic Journal* 26: 225–35.

Shabānkāra'ī, Muḥammad. 1984. *Majma' al-ansāb*. Ed. Mir Hashim Muḥaddath. Tehran: Amīr Kabīr, 1363Sh.

Simnānī, 'Alā' al-Dawla. 1988. *'Alā'uddawla Simnānī: Opera minora*. Ed. W. M. Thackston. Cambridge, MA: Harvard University, Office of the University Publisher.

Sperling, Elliot. 1990. "Hülegü and Tibet." *Acta Orientalia Academiae Scientiarum Hungaricae* 44: 145–57.

Stone, Jacqueline I. 2005. "Death." In *Critical Terms for the Study of Buddhism*, ed. Donald S. Lopez, Jr., 56–76. Chicago: University of Chicago Press.

Togan, Zeki Velidi. 1966. "A Document Concerning Cultural Relations between the Ilkhanate and Byzantium." *Islam Tetkikleri Enstitüsü Degrisi* (*Review of the Institute of Islamic Studies*) 3 (1959–60) (printed in Istanbul, 1966), 2–39.

Ṭūsī, Naṣīr al-Dīn. 1964. *The Nasirean Ethics*. Tr. G. M. Wickens. London: Allen & Unwin.

van Ess, Joseph. 1981. *Der Wesir und seine Gelehrten*. Wiesbaden, Germany: Deutsche Morgenländische Gesellschaft; Steiner.

Virani, Shafique N. 2007. *The Ismailis in the Middle Ages: A History of Survival, a Search for Salvation*. Oxford: Oxford University Press.

Yoeli-Tlalim, Ronit. 2013. "Rashīd al-Dīn's *Life of the Buddha. Some Tibetan*

Perspectives." In *Rashīd al-Dīn: Agent and Mediator of Cultural Exchange in Ilkhanid Iran*, ed. Anna Akasoy, Charles Burnett, and Ronit Yoeli-Tlalim, 197–211.

제12장

부맹질

몽골 치하 이란의 '중국 현자'와 실크로드의 천문과학

❊

이사하야 요이치

몽골 정복자들은 지식 분야 가운데 특히 천문과학[1]에 이끌렸고 거기에 특별한 가치를 두었다. 그들은 자기네의 세계 정부가 텡그리(하늘)의 권능과 의지에 의존하고 있다고 생각했다. 이에 따라 몽골인들은 천체의 조짐을 예측하고 알아내기 위해 하늘을 읽는 데 지대한 관심을 보였다. 그것이 군사 원정을 시작하거나 즉위식을 거행하는 데 상서로운 시간을 찾아내는 일 같은 그들의 여러 지상의 활동을 지도하는 것이었다.[2] 게다가 몽골인들은 문화적 다양성을 환영했다. 그들은 자기네 궁정에 다양한 지적·문화적 배경을 가진 천문학자와 점성학자들을 초청하고 불러 모았다. 몽골인들은 그들을 다른 점쟁이들과 함께 활용해 합의점을 도출하고 자기네 정책과 결정에 정당성을 부여했다.[3]

1258년 몽골의 바그다드 정복에 관한 기록은 몽골인들이 점성을 숭상하고 자기네가 선택한 행동 방향을 뒷받침하는 다양한(때로는 경쟁하는) 천문 해석을 얻는 데 관심이 있었다는 뚜렷한 사례다. 후삼 앗딘 Ḥusām al-Dīn은 이란을 중심으로 한 몽골의 계승 국가 일 칸국(1260~1335)의 창건자 훌레구(1218~1265)의 신하로 있던 점성학자였다. 몽골의 바그다드 정복 직전에 후삼 앗딘은 장래의 일 칸 훌레구에게 그의 군대가 몽골 장군들의 조언에 따라 이 도시를 침략한다면 파멸적 결과를 맞을 것이라고 경고했다.

후삼 앗딘의 불길한 예언을 들은 훌레구는 휘하에 있던 유명한 시아파 이슬람교도 박식가인 천문학자 나시르 앗딘 투시(1201~1274)의 조언도 들어보기로 했다.[4] 훌레구는 그에게 별을 살펴보도록 해서 다른 예측을 얻었고, 그런 뒤에 투시의 반대되는 예언을 따랐다. 투시의 예언에 따르면, 침략이 훌레구와 그 부하들에게 좋은 결과를 가져올 것이라고 했다. 바그다드 정복이 투시가 예언한 대로 마무리되자 그는 이 몽골 지배자의 측근 그룹에 끼이게 됐다(우삼 앗딘은 처형됐다).[5]

몽골인들은 어떤 행동 방침에 대해서도 다른 의견을 환영했기 때문에(정확히 말하자면 '하늘의 보증'에 관심이 있었기 때문에) 그들의 궁정에 다양한 전문가 무리를 끌어모으게 됐다. 특히 보다 희귀한 비전秘傳 형태의 지식을 가진 사람들을 모았다. 이에 따라 몽골인들은 실크로드에서 전문가들의 이동을 직접적·간접적으로 촉진했다. 몽골인들의 장려를 통하거나 몽골인들의 강압에 의해 점성학자와 천문학자들은 다른 문화권으로 이주하고 이동됐다. 그들은 때로 서로 다른 천문학 지식 및 기술 체계를 갖고 있는 외국인들과 동료가 돼서 함께 일하기도 했다.[6]

그러나 유라시아 대륙에서 대규모 이동이 일어났던 이 시기 동안에도 유라시아 대륙 동서 양 끝에서 온 천문학자와 점성학자들 사이의 문

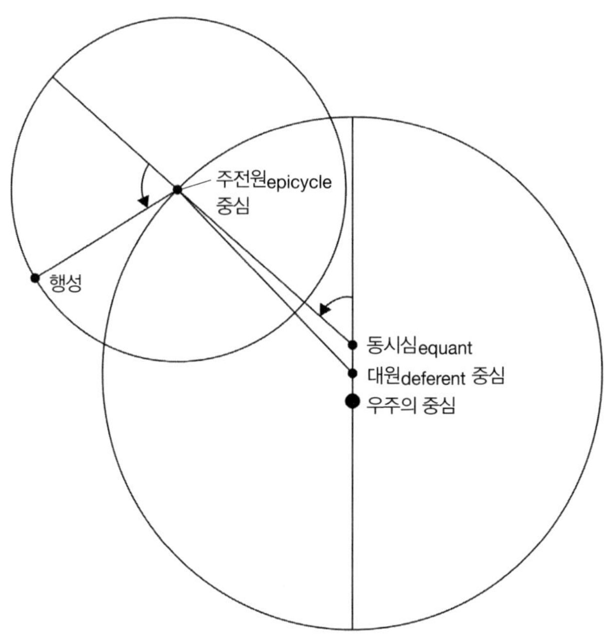

그림 12-1 천체 운동을 기하학적 도해로 표시한 프톨레마이오스의 천체 모델. 諫早庸一 그림

화 간 공동 작업 사례는 많지 않았다. 그 한 이유는 이슬람 천문학과 중국 천문학 사이의 커다란(때로는 간극을 메울 수 없는) 차이였을 것이다. 이슬람적인 서방 유라시아의 천문학자들은 천체의 움직임을 그리스 천문학 전통에 바탕을 둔 여러 개의 기하학적 도해로 나타냈다(그림 12-1 참조). 전형적인 예가 그리스계 로마 천문학자 프톨레마이오스Ptolemaeos(2세기 중반)의 《알마게스트Almagest》다.[7] 이런 형태의 천체 현상에 대한 기하학적 표현은 중국의 공식 천문학 저작에서는 명나라(1368~1644) 말기 이전에는 존재하지 않았다. 중국의 천문학은 그 대신 숫자 체계를 바탕으로 했다. 그것은 천체의 운동을 나타내는 데서 기하학적 도해가 없는 여

러 수치와 표로 이루어져 있었다.

훌레구가 바그다드에서 승리를 거둔 직후인 1259년, 기념비적인 천문대가 신생 일 칸국에 건설됐다. 현재의 이란 서북부의 도시 마라가에 투시가 주도해 세운 것이다. 인상적인 도서관을 갖춘 이 천문대는 몽골 지배하의 이슬람 세계와 그 너머에서 새로운 지적 네트워크의 최고 중심지 역할을 했다.[8] 그러나 마라가에서 천문학자들은 주로 우주에 대한 프톨레마이오스의 이해를 수정하는 데 초점을 맞추었고,[9] 이 분야는 동방에서 온 학자들이 기여할 수 있는 부분이 없었다. 비슷한 상황이 중국의 몽골 국가인 원나라(1271~1368) 치하에서도 있었던 듯하다. 원나라 치하에서 중국식과 이슬람식 천문대가 모두 건설됐지만, 두 전통은 여전히 분리된 채였다. 의미 있는 공동 작업은 추진되지 않았고, 중요한 타가수분他家受粉의 사례는 발견되지 않는다.[10]

그러나 일 칸국은 또한 이런 상황의 희귀한 예외 하나를 위한 무대를 제공했다. 투시와 페르시아 기록에 '중국의 현자'로 나오는 중국인 도사 사이에 오간 '천문학 대화' 즉 공동 작업이다. 이 작업은 중국의 천문과학에 대한 설명을 처음으로 이슬람 세계에 제공했다. 더구나 투시는 이 중국 천문학에 대한 설명을 이슬람 세계 및 다른 지역의 역법曆法 체계와 비교했다. 그것은 그 자체로 몽골 시대 동안 이슬람 세계의 지평 확장을 입증하는 놀라운 성과였다.

그러나 투시와 그 상대인 중국인 사이 짧은 협력의 결과는 아마도 이루어지지 않았을 듯한 중국 천문학 지식을 이슬람 과학으로 통합하기 위한 기회이기보다는, 13세기 유라시아에서 나타난 문화적·과학적 공감의 한계를 말해준다. 이 글은 투시의 중국인 협력자에 초점을 맞추고, 몽골 지배하 이란의 동방 문화 중개자였던 그의 역할을 검토한다. 투시의 이력과 저작에 대해서는 학계의 상당한 관심을 받았지만 '중국의 현자'에 대해서는 알려진 바가 거의 없다. 최근 연구는 이 현자가 부맹질傅孟質이며 훌레구를 따라 이란으로 온 도교도 궁정 의사임을 밝혀냈다.

페르시아 자료에 보이는 '중국의 현자'

라시드 앗딘(1247*~1318)의 《역사 모음》에서 중국사를 다룬 부분은 이 도교도 의사에 대한 가장 상세한 정보를 제공한다. 몽골과 다른 스텝 부족들의 역사를 편찬하는 라시드 앗딘의 계획은 일 칸 가잔(재위 1295~1304)의 치세에 시작됐고, 그 범위가 확대돼 가잔의 후계자 울제이투(재위 1304~1316) 치하에서 완성됐다. 《역사 모음》이라는 제목의 최종 산물은 몽골과 이슬람 세계의 역사에 더해 인도, 중국, 기독교 유럽, 유대인의 역사를 망라함으로써 이슬람 세계 최초의 세계사 책이 됐다.[11]

라시드 앗딘은 중국을 다룬 부분 서문에서 중국 문화와 사회에 관한 자신의 식견을 풀어놓는다. 그는 또한 훌레구가 자신에게 한 중국인 학자와 함께 중국 천문과학을 연구하도록 명령하는 장면을 묘사한다.

> 뭉케 카안[재위 1251~1259]이 온 세상의 왕이자 지배자가 됐을 때 그는 동생 훌레구 칸을 이란 땅으로 보냈고, 그[훌레구]는 이 왕국들의 왕이 됐다. 훌레구는 칭기스 칸의 아들인 톨루이 칸의 아들이다. 중국에서 온 철학자, 천문학자,[12] 의사들이 모여들어 그를 보좌했다. [그는] 모든 과학에 대한 완벽한 지성, 능력, 열정을 가지고 있는 왕이었으므로 (…) 나시르 앗딘 앗투시에게 (…) 천문대를 건설하고 그[훌레구 칸]의 장엄한 이름을 따서 이름 붙인 지지

zīj(천문학 편람)를 만들라고 명령했다.

훌레구는 그들[중국인]의 점성학자들을 보았으므로 그들의 방법에 따른 점성학 원리들을 알고 있었고 거기에 익숙했던 터라, 나시르 앗딘[투시]에게 그들의 역법과 점성학 방법을 설명하고 그것을 그가 편찬하고 있던 천문학 편람에 집어넣으라고 명령했다. 우리의 책력에 그들의 역법과 그들의 시간 계산(그들의 방법과 그들의 용어로 한)을 추가하기 위해 계산할 때 그것이 가능하도록 하기 위해서다. 그[훌레구]는 그리고 싱크싱크sīnksīnk(현자라는 말이다)로 유명한 푸믄지FūMNjī라는 이름의 중국인에게 명령해 그가 알고 있는 책력과 점성학에 관한 모든 것을 나시르 앗딘[투시]에게 상세히 설명하고 나시르 앗딘으로부터 [이슬람의] 천문과학을 배우도록 했다. 나시르 앗딘은 이틀 안에 그[현자 푸믄지]가 이 분야에서 알고 있는 모든 것을 배웠고, 이를 자신이 편찬하는《일 칸 천문학 편람Zīj-i Īlkhānī》에 집어넣었다.[13]

라시드 앗딘은 자신이 푸믄지라는 이름으로 부른 투시의 중국인 협력자에게 '싱크싱크'라는 칭호를 붙이고 이것이 '아리프'ārif'(현자)를 의미한다고 설명한다.[14] 싱크싱크는 한어 '선생先生'의 음역어로 보통 '교사'나 '대가'를 의미하지만,[15] 원나라 관청 자료에서는 '도사道士'를 의미한다.[16]

투시에게 정보를 제공했던 도사는 라시드 앗딘의 다른 작업에 다시 등장한다. 중국 의학 저작을 최초로 페르시아어로 번역하는 일이었다.《중국의 예술과 과학에 관한 일 칸의 보감Tānksūqnāma-yi Īlkhān dar funūn-i 'ulūm-i khiṭā'ī》[17]이라는 제목의 이 책에서 라시드 앗딘은 이 중국 의사가 "중국 땅에서 가까운 몽골 땅(wilāyat-i mughūlistān)에서 훌레구와 함께 왔"[18]다고 썼다. 푸믄지는 훌레구가 1253년 원정을 위해 서방으로 떠날 때 그와 함께 이란으로 왔으리라는 의미다.

중국 자료로 보는 부맹질

미야 노리코宮紀子는 최근 유명한 의사 장종정張從正(1156*~1228*)이 지은 중국 유가儒家의 의학 서적 《유문사친儒門事親》 서문에서 도사 푸믄지를 찾아냈다.[19] 이 서문은 창덕로彰德路 총관總管 고명高鳴이 썼는데, 창덕로는 북중국에 있는 훌레구의 영지 가운데 하나였다.[20]

몽골인들은 제국이 정복한 땅과 전리품과 사람을 공유 재산으로 생각했으며, 그것은 칭기스 일족 성원들이 나눠 가져야 했다. 이런 이해는 제왕諸王에게 투하投下라고 하는 영지를 분배해주는 몽골의 관행을 보면 분명하다. 여기에는 땅과 함께 거기에 딸린 재산과 주민도 포함된다. 이 정책은 제국의 바탕 구조를 결정했으며, 또한 배분된 땅과 그 풍부한 물자 및 인적 자원에 대한 접근과 통제를 둘러싼 몽골 가문들 사이의 마찰과 충돌의 근원으로 작용했다.[21]

제4대 카안 뭉케(재위 1251~1259)는 동생 훌레구에게 북중국의 영지를 주었다. 아마 일찌감치 1252년이었을 것이다. 이 분배물 가운데 가장 큰 것이 창덕로의 2만 5065가구였다. 오늘날 허난성 안양安陽시 부근이다. 이 영지 배정의 이유는 1253년부터 시작된 훌레구의 대對이란 장기 군사 원정이었던 것으로 보인다. 이 원정의 결과가 일 칸국 건설이었다.[22] 북중국의 이 훌레구 영지는 나중에 서방의 일 칸국과 동방의 원나라 조정 사이의 문화 간 접촉과 교류를 늘리는 데서 중요한 역할을 한다.[23]

이 저작의 서문은 뭉케의 특사인 창덕로 선과사宣課使 상덕常德이 이란의 훌레구 궁정을 찾아간 일을 이야기한다. 상덕은 거기서 부야傅野라는 이름의 중국인 궁정 의사를 만난다.[24]

> [카안의] 고귀한 동생인 박식한 왕[훌레구]이 서쪽 땅을 통치했다. (…) 기미년己未年(1259)에 상군相郡[창덕로]의 조사漕司(재정 담당자) 상덕이 [훌레구의] 궁정을 찾아왔다. 이때 왕은 쉬고 있었는데, 수행원 만가노萬家奴[25]와 궁정 의사 부야가 그를 의료 과학에 박식하다고 왕에게 소개했다.[26]

미야는 훌레구 궁정의 푸든지와 중국인 궁정 의사 부야를 동일인으로 봐야 한다고 주장한다. 이런 주장은 부야의 자字를 맹질孟質로 복원할 수 있다는 가능성에 바탕을 두고 있다.[27]

정말로 훌레구가 투시와 협력하도록 배정한 도교도 의사 푸든지와 《유문사친》에 언급된 부야(자가 맹질인 듯한)가 동일인이라면, 더 나아가 이 사람은 본래 북중국의 훌레구 영지 가운데 어느 곳 출신이었다는 추측이 가능하다. 창덕로 출신의 상덕이 의학에 정통했음을 부맹질이 이미 알고 있었으니 부맹질 역시 같은 훌레구 영지 출신이라고 볼 수 있을 것이다(지도 12-1 참조).

의사 부맹질이 도교도였다는 사실은 동방과 서방 천문과학 사이의 이 만남에서 더욱 중요하다. 도교, 특히 전진도全眞道 교파는 몽골의 후원 아래 북중국에 강력한 기반을 구축했다. 1218년, 장춘자長春子로 알려진 도교의 수장 구처기丘處機(1148~1227)가 칭기스 칸에 의해 초치招致됐고, 칭기스 칸은 그의 평판을 확인하고 그에게서 특히 장생술에 관한 전문 지식을 듣고자 했다. 1222년 중앙아시아에서 칭기스 칸을 만난 구처기는 칸으로부터 상당한 특혜를 받았고, 이에 따라 전진도가 몽골 치하에서 융성을 누리는 바탕이 마련됐다. 전진도 도사들은 지식과 실용(특히 천문학과 의학에서)을 제공하는 지적 전문가로서 몽골인들 사이에서 떠받들어졌다.

지도 12-1 원나라 때의 북중국 지도. 두 개의 큰 원은 원 왕조의 두 수도다. 북쪽에 있는 것이 상도上都이고, 남쪽에 있는 것이 대도大都('황도신성皇都新城'이라 쓰여 있다)다. 창덕彰德은 흐리고 굵은 원으로 표시돼 있다. (陳元靚, 1:48r-v에 의함)

전진도의 공헌은 목판 인쇄 기술 분야까지 확대됐다. 우구데이(재위 1229~1241) 카안 치세에 도교도들은 도장道藏 즉 도교 경전을 집대성하는 대형 계획에 착수했다.[28] 전진도는 특히 몽골 행정 조직과 교육 기관들에 큰 영향력을 미쳐 몽골 지배 엘리트와 현지 지식인들이 소통하는 데서 매개 역할을 하기도 했다. 그러나 도교는 쿠빌라이의 치세가 시작되면서 중심적 위치를 잃기 시작했다. 몽골(그리고 나중에는 원)의 정치 영역에서 도교의 패권은 불교로 대체됐다. 따라서 아마도 전진도 도사였던 듯한 부맹질이 1250년대 초 훌레구를 따라 이란으로 떠난 것은 몽골 지배하에서 전진도의 전성기가 끝나가던 무렵이었다.

중국의 현자와 이슬람 박식가 사이의 '천문학 대화'

중국인 의사 부맹질과 이슬람교 쪽 상대자인 박식한 천문학자 투시 사이에 오간 대화의 결과가 《일 칸 천문학 편람》 속의 '중국의 책력tārīkh-i Qitā' 부분이다. 여기서 투시는 '중국의 책력'뿐만 아니라 분명한 문화적 배경을 가진 여섯 가지 책력 전체를 포괄하는 책력 체계를 비교 개괄 한다. 여기에 포함된 것들은 다음과 같다.[29]

(1) 중국 책력
(2) 로마 책력[30]
(3) 이슬람 책력[31]
(4) 옛 페르시아 책력[32]
(5) 새 페르시아 책력[33]
(6) 유대 책력[34]

투시는 이들 책력 일부에 대한 변환을 제공했고, 그것은 다양한 목적에 사용될 수 있었다. 서로 다른 책력을 기준으로 별점을 치는 것이 그 하나다. 그것은 지역 책력에 따라 날짜를 적을 필요가 있는 공문서의 번역에 도움을 주기도 했다. 《역사 모음》 같은 역사서 편찬에서는 여러 가지 책력이 일관성 있는 역사 연대표로 통합됐다.

투시의 중국 책력을 분석해보니, 그것은 몽골 제국 동부의 공식 책력과 당나라(618~907) 시대에 편찬된 또 다른 비공식 책력인 소력小曆을 합친 것이었다.[35] 투시의 '중국 책력'에 있는 이 비공식 책력의 역할은 부맹질과 투시 사이 '천문학 대화'의 본질에 대해 다른 각도에서 볼 수 있게 해주며, 13세기 유라시아 대륙에서 보이는 문화적·과학적 공감의 잠재적 한계 역시 드러내준다.

중국 왕조들은 천문과학을 왕조의 정통성을 확보하는 장치로서 매우 중요시했다. 그들은 상당한 자원을 쏟아 천문학 기구를 만들고 필요한 계산을 해내는 숙달된 전문가 집단을 확보했다. 한 왕조가 쓰러지면 새로 들어선 왕조는 여러 제도적 변화와 정부의 개혁을 실행하는 일에 착수한다. 그것이 새 왕조의 개창을 위한 천명天命의 이전을 정당화하는 것이다. 책력(더 정확하게는 '천문학 체계')의 개혁은 새로운 지배자의 정통성을 확립하는 데서 가장 중요한 단계였다.[36] 그러나 왕조의 공식 책력과 함께 민간 책력 역시 존재했다. 더구나 이 비공식 책력은 때로 외래의 천문학적 요소를 흡수하는 통로 역할을 했다.

'중국 책력'에 포함된 비공식 책력 역시 마찬가지다. 이 책력은 인가되지 않은 지위에 있었다. 왕조의 공식 책력에 포함시키지 않은 서방의 천문과학 즉 천궁도天宮圖 점성학을 이용했기 때문이다.[37] 천궁도 점성학은 특정 순간(대체로 출생 시간이다)의 행성 위치를 그린 도해를 근거로 한 사람의 일생을 예측한다(그림 12-2 참조). 메소포타미아와 지중해 지역에서 생겨난 천궁도 점성학은 실크로드의 다양한 루트를 따라 전해져 늦어도 당나라 때 중국에 도착했다. 천궁도 점성학은 당나라 시대 이후 중국에서 서방 요소와 중국 토착의 천체 점술이 합쳐지면서 발전했다.[38] 토착 종교들 가운데 도교는 특히 서방 천궁도 점성학의 중국권 귀화라고 할 수 있는 것에서 중요한 역할을 했다.[39] 몽골 지배기에 천궁도 점성학을 바탕으로 한 강력한 도교 천문학 전통이 존재했다.[40]

투시와 부맹질의 대화는 정말로 천궁도 점성학을 중심으로 이루어졌을 듯하다. 이는 둘이 교류를 하는 데서 왕조의 공식 책력이 아니라 당

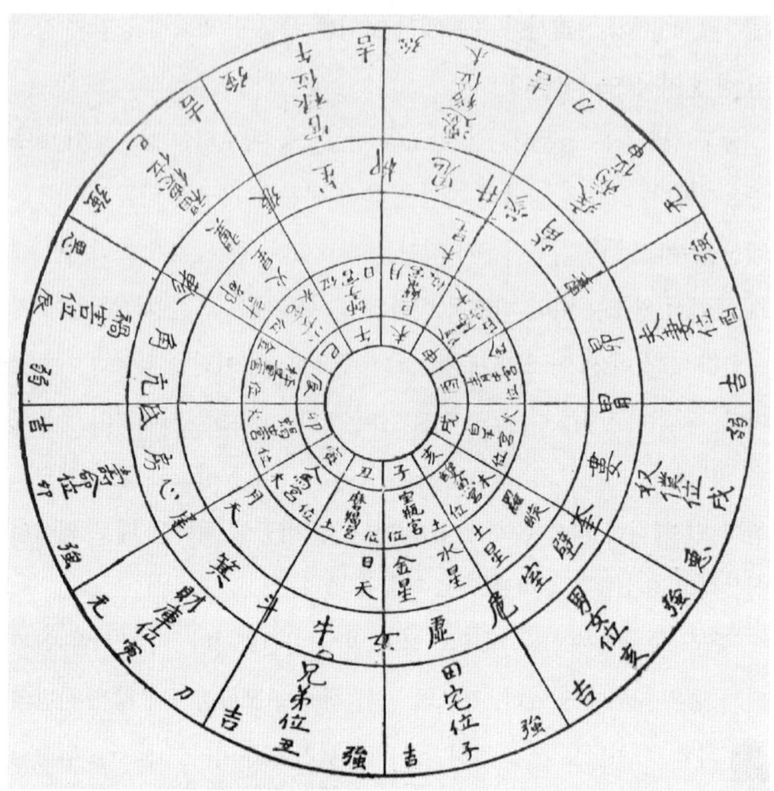

그림 12-2 일본에서 만들어진 1113년 천궁도. 당나라의 비공식 책력을 바탕으로 만들어졌다. (塙保己一1923-28, 31a: 430)

나라 때의 비공식 책력을 선택한 이유를 설명해준다. 더구나 라시드 앗딘은 '중국의 역사'에서 투시와 부맹질 사이의 대화에 관해 이렇게 말하고 있다.

> 그러나 그 현자[부맹질]는 나시르 앗딘[투시]으로부터 많은 것을 배우지 않았다. 이 학자[부맹질]가 책력 계산과 일부 천문학 원리에 약간의 지식이 있었지만, 그는 천문학 편람을 사용하는 방법에 그다지 익숙하지 않았고 별의 움

직임을 세세히 이해하지 못했다. 어떤 지역이나 시대에도 이런 종류의 과학에 완전히 몰두하는 [투시 같은] 완벽한 학자는 거의 찾기 어렵다.[41]

천문학 편람의 주요 용도는 천궁도 점을 치는 것이었고,[42] 행성의 움직임을 이해하는 것 역시 천궁도 점성학의 핵심적 특징이었다. 이에 따라 라시드 앗딘은 부맹질의 천궁도 점성학 지식이 불충분하고 투시의 전문 지식에 미치지 못한다고 보았다. 라시드 앗딘은 자신의 《중국의 예술과 과학에 관한 일 칸의 보감》에서 두 거장 사이에 오간 '천문학 대화'를 언급한 뒤, 이어 부맹질의 전문 지식 수준을 평가한다. 그는 투시가 중국의 천문과학에 관해 《일 칸 천문학 편람》에 포함시킨 것은 이 도교 도사로부터 전수받은 것이었다고 설명한다.

[부맹질의 천문학 지식은] 중국 학자들의 명성에 누를 끼쳤다. 이 나라[일 칸국]에서 [이제] 그들의 천문과학은 그런 [낮은] 수준이고 그들은 기하천문학('ilm al-hay'a)과 《알마게스트》, 그리고 그와 관련된 모든 것을 알지 못한다고 생각하게 됐기 때문이다. 이 사람[부맹질]이 죽은 나시르 앗딘[투시]에게 이야기한 것은 그런 [낮은] 수준이어서 그[투시]의 지식은 이미 그것을 포괄하는 것이었고, 이 사람이 읽은 책은 [이슬람 세계의] 초학자들이 공부하는 요약본이었다.[43]

이 구절을 보면 부맹질의 기하천문학(이슬람화된 서방 유라시아에서는 일반적인 것이고 투시는 이미 통달한 것이었다) 지식은 불완전하다. 그것은 당나라의 비공식 책력을 바탕으로 한 것이었고, 당시 이슬람 세계에서는 '초학자'들이 공부할 만한 것이었기 때문이다.

당나라 시대 동안에 천문학 원리(특히 천궁도 점성학)가 서방 유라시아에서 중국으로 전해져 왕실 바깥의 인가되지 않은 책력에 들어갔다. 그러나 400년 뒤 몽골이 추진한 과학 교류의 일환으로 같은 특성과 사상이 '거꾸로' 이슬람 세계로 갔을 때 그것들은 시대에 뒤떨어진 것으로 여겨졌다. 이 두 접촉 시점 사이의 수백 년 동안에 이슬람 세계에서 천문과학이 발전한 것과 대비됐던 까닭이다.

대화의 조건을 한쪽(상대편인 이슬람 세계)에서 일방적으로 결정했던 만큼 중국의 천문학 체계는 서방 이슬람 세계에서 적절하게 이해되고 평가받을 수 없었다. 더구나 투시는 단연코 당대 최고의 이슬람 천문학자였던 데 반해 부맹질은 궁정 의사였고 그에게 천문학은 그저 취미일 뿐이었다. 두 협력자 사이의 이런 비대칭은 분명히 실효성 있는 대화나 중국 천문학 발전의 적절한 소개에 도움이 되지 않았다. 우리는 또한 이 과학적 대화가 대등한 두 천문학 지식 체계 사이의 효과적인 대화를 희생해 최대한의 공감을 이루려는 시도에 의해 더욱 제한됐는지,[44] 아니면 이 대화가 그 대신 이 두 형태의 천문학 지식이 선천적으로 완전하고 동등하게 소통할 수 없어서 방해를 받았는지를 물을 수 있다.

결론

부맹질과 투시는 모두 유라시아의 문화 중개자라는 이름을 붙일 수 있겠지만, 그럼에도 불구하고 그들은 중국 천문학과 이슬람 천문학을 완전히 소통시키고 뒤섞을 수 있게끔 하려는 의지가 없었거나 그저 그럴 능력이 없었던 듯하다. 투시의 《일 칸 천문학 편람》은 쌍방향의 유라시아 대륙을 횡단하는 대화를 하는 대신 책력 체계들에 대한 오만한 비교 개관을 제공한다. '중국 책력'을 포함하는 여섯 가지 책력을 개별적으로 기술·설명하고 있는 것이다. 몇몇 책력 사이의 실용적인 날짜 변환이 제공되기는 했지만, 각 책력의 계산 방법과 그 뒤에 있는 개념 체계는 통합되지 않았고, 천문학 편람에서 그저 나란히 제시됐을 뿐이다.

가장 큰 육상 제국의 하나였던 몽골 제국은 실크로드에 멀리 떨어진 문화 지대들을 연결하는 '문화 횡단 고속도로'를 건설했다. 이러한 접촉들이 결국 여러 문화권과 지역적 지식 형태에 영향을 주고 정보를 제공해 얼마나 유라시아의 통합으로 이어졌는지에 대한 문제는 결론이 나지 않았다. 이 문제를 생각할 때 우리는 또한 몽골이 그들 제국 곳곳에서 마주치고 동원한 지역의 지식 형태와 과학에 대해 그들이 취한 태도를 고려해야 한다.

몽골인들은 각 문화에서 '다른 의견'이라고 할 수 있는 것을 수집하는 데 더 관심이 있었고, 서로 다른 문화들로부터 나온 병렬적인 과학 분야를 하나의 통일된 이론으로 통합하는 데는 관심이 없었던 것처럼 보인다.[45] 원나라의 중국에서 쿠빌라이는 서로 다른 천문학 체계를 가진 전문가들을 자기 휘하로 끌어들이면서 같은 태도를 보였다. 자신에게 제시된 여러 가지 점술과 예언 기술의 선택지 가운데 선택할 수 있도록 한 것이다. 그는 한편으로 천문학 지식들을 분리해 서로 다른 전문가들을 자신의 궁정으로 끌어모으는 것을 선호했지만, 다른 한편으로 그들의 협력과 대화를 막았다.[46]

같은 태도는 일 칸국에서도 볼 수 있다. 이 글의 서두에 제시한, 바그다드 함락 직전의 투시와 궁정 점성학자 후삼 앗딘의 대결과 이 이슬람 박식가가 훌레구의 도시 공격을 뒷받침한 반대의 예측을 점친 것은 훌레구 역시 대안적 천체 예측을 찾는 습관이 있었음을 시사한다. 천문과학의 경우에 몽골인들은 차이가 통합보다 더 효율적이고 가치 있다고 생각했다. 이처럼 몽골인들은 궁극적으로 이슬람 세계의 중국 천문과학에 대한 지식을 놀라우리만치 확대하고 중국이 점차 이슬람 세계의 천문과학 발전을 인식하게끔 했지만, 동시에 이들 과학에 대한 몽골인들의 태도는 또한 유라시아 과학지식의 완전한 통합에 장애물로서 작용했던 것으로 보인다.

주

1 천문과학은 천체 현상을 다루는 천문학과 천체가 지상에 미치는 영향을 다루는 점성학을 결합한 것이다. 지금은 점성학이 사이비과학으로 무시되고 있지만, 전근대 지적 전통에서 점성학과 천문학은 분리할 수 없었다. North 2013.

2 Baumann 2013, 270.

3 Allsen 2001a, 203–9.

4 나시르 앗딘 투시는 훌레구 휘하의 천문학자이자 측근 조언자였으며, 또한 일 칸국 와크프waqf(종교 기금)의 수입을 감독하는 사람이었다. 투시는 또한 영향력 있는 정치인으로서 그 시대의 주도적 지식인이었다. 천문학, 철학, 수학, 시아파 신학, 논리학, 시학, 윤리학 등 다양한 분야에 걸치는 150여 편의 논문을 쓴 왕성한 저술가였다. Lane 2003, 217. 수학과 천문과학 분야에서 그의 주된 관심은 '기하천문학幾何天文學, 'ilm al-hay'a'이었다. 그는 코페르니쿠스 천체 모델과 밀접하게 연관된 '투시 커플Ṭūsī couple'이라 불리는 수학적 장치를 만들었다. 프톨레마이오스 천문학과 아리스토텔레스 물리학 사이의 불일치를 해결하기 위한 것이었다. Ragep 1993; Ragep 2017.

5 Rashīd al-Dīn 1994, 2: 1006–7; Rashīd al-Dīn 1998–99: 2: 492; Lane 2003, 220.

6 천문과학에 국한되지 않은 일반적 설명을 위해서는 Biran 2015a, 541–50.

7 Toomer 1984; Pedersen 2011.

8 Sayılı 1960, 187–223.

9 Saliba 2006; Saliba 2007.

10 山田慶兒 1980, 100–113; Shi 2014, 49; Yang 2017; Yang 2019.

11 Boyle 1971; Isahaya and Endo 2017, 124; 또한 이 책 브락의 글.

12 Munajjimān인데, 이는 점성학자도 포함되는 개념이다.

13 Rashīd al-Dīn, MS Topkapi Sarayi, Hazine 1653, 392r; 1654. 252r; Rashīd al-Dīn 2000, 83–84; Rashīd al-Dīn 2006, 5–6; Isahaya 2009, 26.

14 Boyle 1963, 253 n. 4.

15 Jahn 1971, 21–22; Allsen 2001a, 162.

16 Atwood 2016, 281–82.

17 이 책은 한문을 페르시아어로 번역한 라시드 앗딘의 '일 칸 번역 사업'의 대표적 작

품이었다. Isahaya 2019.

18 Rashīd al-Dīn, Tānksūqnāma, MS Süleymaniye Kütüphanesi, Aya Sofya 3596, 8v; facsimile (intro. Minūwī) 1972, 16.

19 장종정(자字 자화子和)은 금-원 의학 4대가 중 두 번째로 생각되고 있다〔금원사가金元四家는 화열설火熱說의 유완소劉完素, 공사설攻邪說의 장종정, 비위설脾胃說의 이동원李東垣, 양음설養陰說의 주진형朱震亨을 가리킨다〕. 현존하는 《유문사친》의 가장 이른 판본(아마도 초간본일 것이다)은 몽골의 북중국 정복 이후인 1244년에 출간된 것이다. Shinno 2016, 130.

20 Miya 2016, 28.

21 Allsen 2001b, 172-73.

22 松田孝一 1980.

23 Miya 2016, 24-25.

24 상덕은 늦어도 그의 아버지가 죽었던 1251년 9월 창덕로 선과사로 임명됐다(松田孝一 1980, 50). 그는 1259년 초에 일 칸국에 보내졌던 듯하다. 아마도 창덕의 훌레구 영지에서 나온 수입을 그에게 전하기 위해서였을 것이다. 상덕의 사행에 추가적인 외교적 목적이 있었는지에 대해서는 기록이 없다. 아마도 상덕이 일 칸국으로 가는 도중에 뭉케가 죽고 쿠빌라이가 그 자리를 이어받은 때문일 것이다. 상덕의 중앙아시아 횡단 여행은 나중에 〈서사기〉에 묘사됐다. 이 작품에는 약초에 대한 서술도 들어 있는데, 미야 노리코는 상덕이 의학 지식이 있어서 서부 및 중앙 유라시아에서 의약 정보를 수집하는 임무도 띠었을 것이라고 주장한다(Miya 2016, 28). 〈서사기〉에 관해서는 Hodous의 글을 보라.

25 萬家奴는 《역사 모음》과 Waṣṣāf의 역사책에 각기 Ūnkiyānū 및 Ankiyānū로 나오는 인물과 동일인이다. 그는 훌레구와 아바카가 신임하는 장군이었으며, 그들 밑에서 파르스(이란 서남부의 주) 총독을 지냈다. 그는 나중에 정치적 음모에 말려 쿠빌라이의 궁정에 사절로 파견됐다. 아마 1270~1271년 무렵이었을 것이다. Rashīd al-Dīn 1994, 2: 1049; Waṣṣāf 1853, 193-95; Āyatī 1967, 111-12; Miya 2016, 29.

26 〔賢王以貴介弟, 疆理西域十餘年. (…) 歲己未, 相郡漕司常德入覲. 燕間之次, 從臣萬家奴·尙醫傅野輩言其雅善醫術. 《儒門事親》〈序〉〕 본문의 사진은 宮紀子 2010, 176의 것이다.

27 역사적으로 중국인의 이름은 세 요소로 이루어져 있다. 가족 이름(성), 개인 이름, 자字다. 예를 들어, 앞에 언급한 상덕의 경우 '상'이 가족 이름이고 '덕'이 개인 이름이다. 여기에 더해 상덕의 자는 인경仁卿이다. 개인 이름은 본인이나 그의 연장자들이 부르는 것이고, 자는 동년배의 성인들이 공식적 자리나 글에서 서로를 부르기 위

한 것이다. 자는 통상 개인 이름과 연관이 있다. 미야 노리코는 부야의 자가 맹질孟質이었을 것이라고 주장한다. 또 다른 유명한 인물인 명대 문인 광야鄺埜(1385~1449)의 자가 맹질이었다는 것이 그 근거다. 두 사람의 이름인 야野와 야埜는 통용되는 글자이고 야埜가 자 맹질과 관련된 글자이니 부야 역시 맹질을 자로 썼을 가능성이 있다는 것이다(그 부맹질을 페르시아어로 음사한 것이 FūMNjī다). 宮紀子 2010, 175-80.

28 Miya 2016, 21-24.

29 Ṭūsī, *Zīj-i Īlkhānī*, 5v~20r. 천문학 편람들에 나타나는 여러 가지 책력에 관해서는 Van Dalen 2000.

30 이는 셀레우코스 1세(서기전 358*~서기전 281)의 치세부터 시작되는 동로마(시리아) 책력을 말한다. 태양력이며, 10월(Tishurīn I)이 첫 번째 달이다.

31 선지자 무함마드가 서기 622년 메카에서 메디나로 이주한 사건인 히지라hijra에서 이름을 딴 히지라력曆이다. 이 사건이 일어난 해를 책력의 시점으로 삼는다. 윤일閏日이 전혀 없는 태음력이며 계절과 무관하다.

32 서기 631년 사산의 마지막 왕 야즈데게르드 3세 즉위 연도로부터 시작하는 이른바 '야즈데게르드 책력'이다. 30일짜리 달 12개와 나머지 5일로 이루어진다.

33 잘랄 태양력은 11세기 말 셀주크 술탄 잘랄 앗딘 말릭샤흐Jalāl al-Dīn Malik-Shāh(재위 1072~1092)가 도입했다. 이것은 태양력으로, 태양이 춘분점에 도달하는 날을 새해로 규정한다.

34 이것은 태음태양력으로, 티슈레이Tīshrei(9~10월)의 새 달이 뜨는 날을 새해의 시작으로 삼는다.

35 Van Dalen, Kennedy, and Saiyid 1997; Isahaya 2009; Isahaya 2013.

36 Sivin 2009, 38-60.

37 Isahaya and Lin 2017, 163-64.

38 유라시아 대륙 규모의 천궁도 점성학 전파에 관해서는 예컨대 Yano 1997; Mak 2015; Kotyk 2018.

39 과학사라는 맥락에서의 '귀화'라는 용어에 관해서는 Sabra 1987, 227-28.

40 Isahaya and Lin 2017, 166-67.

41 Rashīd al-Dīn, MS Topkapi Sarayi, Hazine 1653, 392r; 1654, 252r; Rashīd al-Dīn 2000, 84-85; Rashīd al-Dīn 2006, 6.

42 이슬람적인 천문학 편람(zījes)에 관해서는 King and Samsó 2001, King and Samsó 2002.

43 Rashīd al-Dīn, MS Süleymaniye Kütüphanesi, Aya Sofya 3596, 8v~9r; facsimile

(intro. Minūwī) 1972, 16-17.

44 과학사 맥락에서의 공감에 관해서는 예컨대 Kuhn 1962; Kuhn 1982.

45 Allsen 2001a, 205; Biran 2015b, 5.

46 이는 Nathan Sivin의 견해이며, 그 내용은 Li 2016, 23 n. 6에 요약돼 있다.

참고 문헌

塙保己一 編. 1923-28. 續群書類從. 第22輯~33輯下. 東京: 續群書類從完成會.

宮紀子. 2010. "東から西への旅人: 常德一劉郁『西使記』より". ユ＿ラシア中央域の歷史構圖一13~15世紀の東西, 窪田順平 編, 167~90. 京都: 總合地球環境學硏究所.

山田慶兒. 1980. 授時曆の道: 中國中世の科學と國. 東京: みすず書房.

松田孝一. 1980. "フラグ家の東方領". 東洋史硏究 39: 35-62.

陳元靚. N.d. 新編纂圖增類羣書類要事林廣記. 8冊. 國立公文書館, 別 060-0001.

Allsen, Thomas. 2001a. *Culture and Conquest in Mongol Eurasia*. New York: Cambridge University Press.

____________. 2001b. "Sharing Out the Empire: Apportioned Lands under the Mongols." In *Nomads in the Sedentary World*, ed. Anatoly Khazanov and André Wink, 172-90. London: Curzon Press.

Atwood, Christopher. 2016. "Buddhists as Natives: Changing Positions in the Religious Ecology of the Mongol Yuan Dynasty." In *The Middle Kingdom and the Dharma Wheel: Aspects of the Relationship between the Buddhist Saṃgha and the State in Chinese History*, ed. Thomas Jülch, 278-321. Leiden: Brill.

Āyatī, ʿAbd Āl-Muḥammad. 1967. *Taḥrīr-i Taʾrīkh-i Waṣṣāf*. Tehran: Bunyād-i farhang-i Īrān. (See also Waṣṣāf.)

Baumann, Brian. 2013. "By the Power of Eternal Heaven: The Meaning of Tenggeri to the Government of the Pre-Buddhist Mongols." *Extrême-Orient Extrême-Occident* 35: 233-84.

Biran, Michal. 2015a. "The Mongol Empire and the Inter-Civilizational Exchange." In The Cambridge World History. Vol. 5. *Expanding Webs of Exchange and Conflict, 500 C.E.-1500 C.E.*, ed. Benjamin Kedar and Merry Wiesner-Hanks, 534-58. Cambridge: Cambridge University Press.

____________. 2015b. "Introduction: Nomadic Culture." In *Nomads as Agents of Cultural Change: The Mongols and Their Eurasian Predecessors*, ed. Reuven

Amitai and Michal Biran, 1–9. Honolulu: University of Hawai'i Press.

Boyle, John. 1963. "The Longer Introduction to the 'Zij-i Ilkhani' of Nasir-ad- Din Tusi." *Journal of Semitic Studies* 8: 244–54.

__________. 1971. "Rashīd al-Dīn: The First World Historian." Iran 9: 19–26.

Isahaya Yoichi. 2009. "History and Provenance of the 'Chinese' Calendar in the *Zīj-i Īlkhānī*." *Tarikh-e Elm* 8: 19–44.

__________. 2013. "The *Tārīkh-i Qitā* in the *Zīj-i Īlkhānī*: The Chinese Calendar in Persian." *SCIAMVS* 14: 149–258.

__________. 2019. "Sino-Iranica in Pax Mongolica: The Elusive Participation of Syriac-Rite Christians in the Ilkhanid Translation Project." In *Marco Polo and the Silk Road (10th–14th Centuries)*, ed. Rong Xinjiang and Dang Baohai, 341–62. Beijing: Peking University Press.

Isahaya Yoichi, and Mitsuaki Endo. 2017. "Persian Transcription of Yuan Chinese in the History of China of the *Jāmiʿ al-Tawārīkh* (Ms. Istanbul, Topkapı Sarayı, Hazine 1654)." *Keizai kenkyū* 経済研究 [Economic Review] 9: 123–61.

Isahaya Yoichi, and Jyuh Fuh Lin. 2017. "Entangled Representation of Heaven: A Chinese Divination Text from a Tenth-Century Dunhuang Fragment (P. 4071)." *Historia scientiarum* 26: 153–71.

Jahn, Karl. 1971. *Die Chinageschichte des Rašīd ad-Dīn: Übersetzung, Kommentar, Facsimiletafeln, unter sinologischen Beistand von Herbert Franke*. Vienna: H. Böhlau.

King, David, and Julio Samsó. 2001. "Astronomical Handbooks and Tables from the Islamic World (750–1900): An Interim Report." *Suhayl* 2: 9–105.

__________. 2002. S.v. "ZĪDJ." In *Encyclopaedia of Islam*, 2nd ed., 11: 496–508. Leiden: Brill.

Kotyk, Jeffrey. 2018. *The Sinicization of Indo-Iranian Astrology in Medieval China*. Philadelphia: University of Pennsylvania.

Kuhn, Thomas. 1962. *The Structure of Scientific Revolutions*. Chicago: University of Chicago Press.

__________. 1982. "Commensurability, Comparability, Communicability." *Proceedings of the 1982 Biennial Meeting of the Philosophy of Science Association*. 2 vols. 2: 669–88. East Lansing, MI: The Association.

Lane, George. 2003. *Early Mongol Rule in Thirteenth-Century Iran: A Persian*

Renaissance. London: Routledge.

Li Liang. 2016. "Arabic Astronomical Tables in China: Tabular Layout and Its Implications for the Transmission and Use of the *Huihui Lifa*." *East Asian Science, Technology, and Medicine* 44: 21-68.

Mak, Bill. 2015. "The Transmission of Buddhist Astral Science from India to East Asia: The Central Asian Connections." *Historia scientiarum* 24: 59-75.

________. 2016. " 'Knowledge' in East and West during the Mongol Period." *Acta Asiatica* 110: 19-37.

North, John. 2013. "Astronomy and Astrology." In *The Cambridge History of Science*. Vol. 2. Medieval Science, ed. David Lindberg and Michael Shank, 456-84. Cambridge: Cambridge University Press.

Pedersen, Olaf. 2011. *A Survey of the Almagest: With Annotation and New Commentary by Alexander Jones*. New York: Springer.

Ragep, Jamil. 1993. *Naṣīr al-Dīn al-Ṭūsī's Memoir on Astronomy: Al-Tadhkira fī ʿilm al-hayʾa*. New York: Springer.

__________. 2017. "From Tūn to Turun: The Twists and Turns of the Ṭūsī-Couple." In *Before Copernicus: The Cultures and Contexts of Scientific Learning in the Fifteenth Century*, ed. Rivka Feldhay and Jamil Ragep, 161-97. Montreal: McGill-Queen's University Press.

Rashīd al-Dīn, Faḍl Allāh al-Hamadānī. *Jāmiʿ al-tawārīkh*. MSS Topkapi Sarayi, Hazine 1653 and 1654.

________________________________. *Tānksūqnāma-yi Īlkhān dar funūn-i ʿulūm-i Khiṭāʾī*. MS Süleymaniye Kütüphanesi, Aya Sofya 3596.

________________________________. 1972. *Tānksūqnāma, yā ṭibb-i ahl-i Khitā* (facsimile). Intro. Mujtabā Mīnūwī. Tehran: Intishārāt-i dānishkada-yi adabiyāt wa ʿulūm-i insānī.

________________________________. 1994. *Jāmiʿ al-tawārīkh*. Ed. Muḥammad Rawshan and Muṣṭafā Mūsawī. 4 vols. Tehran: Nashr-i Alburz.

________________________________. 1998-99. *Rashīduddin Fazlullah's Jamiʿu't-Tawarikh: A History of the Mongols*. Tr. Wheeler Thackston. 3 vols. Cambridge, MA: Harvard University, Department of Near Eastern Languages and Civilizations.

________________________________. 2000. *Tārīkh-i Chīn: Az Jāmiʿ al-tawārīkh-i* khwāja Rashīd al-Dīn Faḍl Allāh*. Ed. Yidan Wang. Tehran: Markaz-i nashr-i dānishgāhī.

__________. 2006. *Jāmi' al-tawārīkh: Tārīkh-i aqwām-i pādshāhān-i Khitāy*. Ed. Muḥammad Rawshan. Tehran: Markaz-i pazhūhishī mīrāth-i maktūb.

Sabra, Abdelhamid. 1987. "The Appropriation and Subsequent Naturalization of Greek Science in Medieval Islam." *History of Science* 25: 223–43.

Saliba, George. 2006. "Horoscopes and Planetary Theory: Ilkhanid Patronage of Astronomers." In *Beyond the Legacy of Genghis Khan*, ed. Linda Komaroff, 357–68. Leiden: Brill.

__________. 2007. *Islamic Science and the Making of the European Renaissance*. Cambridge, MA: MIT Press.

Sayılı, Aydın. 1960. *The Observatory in Islam and Its Place in the General History of the Observatory*. Ankara: Türk Tarih Kurumu Basımevi.

Shi Yunli. 2014. "Islamic Astronomy in the Service of Yuan and Ming Monarchs." *Suhayl* 13: 41–61.

Shinno Reiko. 2016. *The Politics of Chinese Medicine under Mongol Rule*. New York: Routledge.

Sivin, Nathan. 2009. *Granting the Seasons: The Chinese Astronomical Reform of 1280, with a Study of Its Many Dimensions and an Annotated Translation of Its Record*. New York: Springer.

Toomer, Gerald. 1984. *Ptolemy's Almagest*. London: Duckworth.

Ṭūsī, Naṣīr al-Dīn. *Zīj-i Īlkhānī*. MS Bibliothèque nationale de France, Ancien fonds persan 163.

Van Dalen, Benno. 2000. S.v. "Ta'rīkh: I. 2. Era Chronology in Astronomical Handbooks." *Encyclopaedia of Islam*. 2nd ed., 10: 264–71. Leiden: Brill.

Van Dalen, Benno, Edward Kennedy, and Mustafa Saiyid. 1997. "The Chinese-Uighur Calendar in Ṭūsī's Zīj-i Īlkhānī." *Zeitschrift fur Geschichte der arabisch-islamischen Wissenschaften* 11: 111–52.

Waṣṣāf al-Ḥaḍrat (Sharaf al-Dīn 'Abdallāh b. Faḍlallāh al-Shīrāzī). 1853. *Tajziyat al-amṣār wa-tazjiyat al-a'ṣār (Ta'rīkh-i Waṣṣāf)*. Lithograph. Bombay: Muḥammad Mahdī Is.fahānī.

Yang Qiao. 2017. "From the West to the East, from the Sky to the Earth: A Biography of Jamāl al-Dīn." *Asiatische Studien—Études Asiatiques* 71: 1231-45.

________. 2019. "Like Stars in the Sky: Networks of Astronomers in Mongol Eurasia." *Journal of the Economic and Social History of the Orient* 62: 388-427.

Yano Michio. 1997. *Kušyār Ibn Labbān's Introduction to Astrology*. Tokyo: Institute for the Study of Languages and Cultures of Asia and Africa.

제13장

이사 켈레메치

통역에서 아시아와 유럽 사이의 사절로

❁

김호동

최근 몽골 제국에 대한 대중의 관심이 많아지면서 몽골이 지배한 유라시아 대륙을 횡단했던 여행자들 역시 관심을 끌고 있다. 그 초점은 여전히 멀리 몽골 궁정과 중국까지 도달한 유럽인의 동방 여행이며, 그 가장 유명한 사례가 마르코 폴로(1254~1324)의 여행이다. 그러나 몇몇 중요한 몽골 시대 동방의 여행자들 역시 서쪽을 향해 출발해 이슬람 세계와 더 나아가 유럽에 정착하거나 일시적으로 거주했다.

토머스 올슨Thomas Allsen과 모리스 로사비Morris Rossabi의 연구를 통해 우리는 이제 몽골 장군이자 문화 중개자인 볼라드(?~1313)의 이주[1]와 튀르크계 중국인 기독교 수도사이자 외교관인 '재너두Xanadu에서 온 여행자' 랍반 사우마Rabban Sauma(1220*~1294)의 여행[2]에 대해 더 잘 알게 됐다〔'재너두'는 원나라 여름 수도 상도上都를 서양에서 부르던 이름이다〕. 그러나 관리, 통역, 외교관으로 몽골 제국에서 일했으며 이란과 유럽까지 갔던 또 다른 동방의 여행자 이사 켈레메치'Īsa Kelemechi, 愛薛(1227~1308)의 경우는 여전히 잘 알려지지 않고 있다('켈레메치'는 '통역'의 뜻이며, '이사'는 '예수Jesus'와 같은 어원이다).

이사의 몽골 시대 실크로드 횡단 여행(처음에는 서쪽으로, 그리고 다시 중국으로)은 더 잘 알려진 동시대의 여행들에 필적하는(또는 그것들을 웃도는) 것이었다. 몽골이 이슬람 세계로 확장해나가던 초기에 오늘날의 아제르바이잔 또는 아르메니아에서 태어난 이사는 어린 나이에 몽골을 위해 일하게 됐다. 중국으로 이주해 정착한 이사는 원나라 정부에서 몇몇 고위직을 역임한 뒤 중서성中書省 평장정사平章政事의 자리에 올랐다. 원나라 정부의 최고위직 가운데 하나였다. 1280년대에 쿠빌라이 카안(재위 1260~1294)의 사절로 이란의 일 칸국에 파견된 이사는 이어 로마 교황청 파견 사절로서 제국 전체를 대표했다.

통역, 관료, 몽골 외교관을 지낸 이사의 급속한 승진과 성공적인 이력은 몽골 치하 유라시아 대륙에서 인간의 재능이 어떻게 동원됐는지에 대한 전형적인 사례다. 이사는 공직 생활을 하는 과정에서 언어적 재능과 다양한 문화권 출신들과 협상할 수 있는 능력으로 유명했고, 이로써 지배 엘리트의 신임을 얻을 수 있었다. 더구나 이사는 의학과 천문학에 전문 지식이 있어 이 분야를 담당하는 원나라 정부의 기구와 부서를 설립하는 데 기여했고, 동-서 유라시아의 과학 지식 교환을 촉진했다.

중국으로의 이주

이사는 1227년에 태어났다. 아마도 캅카스 지역 부근이었을 것이다.[3] 조부는 바르 알리*Bar Ali라는 사람이었고 아버지는 바르 루마시*Bar Lumashi였다.[4] 1240년대에 몽골인들은 중앙아시아에 대한 그들의 지배를 강화하고 있었고, 이 목적에 기독교도들을 뽑아 일을 시키고 있었다. 이사의 집안도 그 가운데 하나였다.

몽골인들은 자기네에게 협력하는 사회들로부터 능력 있는 사람들을 뽑아 들였다. 시리아인 사제이자 상인인 시메온 랍반 아타Simeon Rabban Ata가 그런 협력자 가운데 한 사람이었다. 시메온은 자신이 일해주는 대가로 칭기스 칸의 계승자인 우구데이 카안(재위 1229~1241)으로부터 몽골의 종주권 아래서 현지 기독교도들의 보호를 보장하는 칙령을 확보하는 데 성공했다.[5]

시메온은 칭기스 칸의 막내아들 톨루이(1192~1232)의 아내이자 장래의 카안들인 뭉케(재위 1251~1259) 및 쿠빌라이의 어머니인 소르칵타니 베키(?~1252)로부터도 자신이 부릴 사람을 추천해달라는 요구를 받았다. 시메온이 이사의 아버지인 바르 루마시에게 이 말을 하자 바르 루마시는 자기 대신 아들 이사를 소르칵타니에게 보냈다. 자신은 나이가 많았기 때문이다. 구육(재위 1246~1248) 카안의 치세이던 1240년대 중반에 이사는 중앙아시아를 거쳐 카라코룸에 있는 몽골 궁정으로 가서 소르칵타니 베키 휘하로 들어갔다. 그곳에서 이사는 케레이트 부족 출신의 호실니사呼實尼沙라는 몽골 여성과 혼인했다. 사라Sarah, 撒剌라는 세례명으로 보아 아내 역시 남편 이사와 마찬가지로 기독교도였으며, 동방교회 신도였을 것이다.[6]

소르칵타니 휘하에 있던 시절과 1260년대 초까지의 이사의 행적에 관해서는 알려진 것이 별로 없다. 이 베일에 싸인 10여 년 동안에 이사는 언어를 배우는 데 몰두했을 것이고, 마침내 통역인 '켈레메치kelemechi, 怯里馬赤'의 칭호를 얻고[7] 이에 따라 카안의 친위대 케식에서의 자리도 얻게 됐을 것이다.[8]

이사는 케식의 일원으로서 카안을 만날 수 있었고 카안과 긴밀한 관계를 유지했다. 게다가 그는 지배자에게 직언하기를 꺼리는 사람이 아니었다. 쿠빌라이가 스스로 카안임을 선언한 지 얼마 되지 않은 1262년 이사는 붓다의 탄일을 축하하는 불교 의식을 취소해야 한다고 지배자 면전에서 주장했다. 불과 한 달 뒤에 이사는 도성 밖에 있는 도교 사원에 가서 묵으려고 하던 쿠빌라이를 다시 한 번 직접 비판했다. 이사는 나라가 혼란스럽고 군사와 백성이 어려움에 빠졌다고 주장해 쿠빌라이가 계획을 취소하게끔 설득했다.[9]

이사는 참으로 제국의 정치 지형을 정확하게 읽어내 쿠빌라이를 설득할 수 있음을 입증했다. 1260년 네 번째 카안인 뭉케가 죽은 뒤 그의 두 동생 쿠빌라이와 아릭 부케가 서로 자신이 카안임을 선언하면서 격렬한 승계 다툼이 일어나 통일 제국을 찢어놓았다.[10] 더구나 쿠빌라이가 아릭 부케와 전쟁을 벌이는 와중에 한인 장군 이단李璮(?~1262)이 반란을 일으키고 제남濟南(현재의 산둥성)을 일시 점거 했다.

이사가 몽골 제국에서 출세 가도를 달린 것은 그가 서방 점성학과 의학에 능통한 것도 한몫했다. 케식 소속 외에 이사가 처음으로 몽골 정부 직책에 임명된 것은 1263년 경사의약원京師醫藥院(나중에 광혜사廣惠司로 개칭된다) 설립을 담당하는 자리였다. 이사는 점성학과 책력 출간을 감독하는 또 하나의 원나라 정부 기구에도 관여하고 있었다. 나중에 회회사

천대回回司天臺가 되는 기구다.[11] 그는 그곳에서 다른 전문가들과 가깝게 지내며 일했다. 그 가운데 한 사람이 같은 비非한족 관리인 유명한 이슬람교도 천문학자 자말 앗딘Jamāl al-Dīn, 札馬剌丁(?~1289*)이었다. 그는 중앙아시아 또는 서아시아에서 중국으로 이주해 쿠빌라이 궁정에 이슬람 천문학과 지리학, 지도 제작법을 소개한 인물이었다.[12] 중국인 학자이자 관리인 정문해程文海(1249~1318)(자 거부鉅夫)가 지은 기념 글인 이사의 신도비문神道碑文[13]은 그가 "서역의 여러 언어, 점성학, 의학 지식"[14]에 통달했다고 칭송하고 있다.

이사는 새로운 관직에 몰두하면서도 쿠빌라이와의 긴밀한 관계를 계속해서 유지했다. 이사가 쿠빌라이에게 큰 영향을 미치고 궁정 정치와 모의에 직접 개입했음은 1276년 송 왕조의 수도 임안(현재의 항저우)이 몽골에 함락된 직후 다시 분명해졌다.

1260년대 초 이래 원나라에서 가장 영향력 있는 사람 중 하나가 아흐마드Aḥmad, 阿合馬(?~1282)였다. 그는 이슬람 상인이자 유능한 재정 고문으로, 쿠빌라이의 최고 재정 대리인이었다. 1282년에 아흐마드는 불행한 죽음을 맞았다. 암살을 당한 뒤 부패 혐의가 씌워졌다.[15] 그러나 1276년에 아흐마드는 아직 권력의 절정에 있었고, 송나라 수도를 정복한 유능한 장군 바얀(바아린부, 1236~1295)이 이전에 남송의 것이었던 옥도잔玉桃盞을 횡령했다고 고발했다. 사실 바얀은 그전에 아흐마드에게 옥구조玉鉤條를 선물했었다. 이사는 바얀의 무고함을 변호해 아흐마드의 강력한 권위에 직접 도전했다. 아흐마드가 궁정에 막강한 영향력을 미치고 있었지만 이사는 쿠빌라이를 설득할 수 있었고 바얀은 혐의를 벗었다.[16]

이사가 국정에 개입한 또 다른 사례는 1283년에 발생했다. 그는 칙령 하나를 중서성(원나라 정부에서 가장 강력한 최고위 기구다)에 전달하라는 명령을 받았다. 칙령은 몽골 지배자와 귀족들을 대리해(때로는 그들의 자금으로) 일하고 있는 오르탁(동업자) 상인들의 면세권을 제한하는 것이었다. 이들 상업 대리인들은 국가에서 인정한 특권을 누리고 있었다. 세금 감면이나 우전郵傳 조직의 공식적 이용 같은 것이었다.[17] 그러나 아흐마드는 재정 고문의 자리에 있는 동안에 적극적인 재정 개혁안을 여럿 도입했다. 여기에 아마도 오르탁의 세금 혜택을 삭감하는 내용이 들어 있었던 듯하다. 1282년 아흐마드가 죽은 뒤 오르탁 상인들은 자기네의 특혜를 복구해달라고 요청했고, 이 요청을 받아들이기로 결정한 쿠빌라이는 이사와 또 다른 고위 관원 사르만*Sarman, 撒里蠻을 시켜 칙령을 중서성에 전하게 했다.[18]

이 문제에서 이사가 맡은 역할의 중요성을 완전히 이해하려면 몽골인들이 황제의 명령을 어떻게 전달했는지를 파악할 필요가 있다. 원나라 황제들은 그들의 유목민적 뿌리에 충실해 거처를 옮겨 다녔다. 여름 수도 상도(오늘날의 내몽골 둬룬多倫)와 겨울 수도 대도(오늘날의 베이징)를 왔다 갔다 했다. 계속해서 이동할 필요가 있었던 몽골 궁정은 보다 유동적인 전달 체계에 의존해야 했다. 문서 전달을 위한 고정된 방식을 고수하는 것의 대안으로서, 개인적 신임과 충성심에 바탕을 둔 체계다.[19] 이에 따라 대개의 경우 카안의 신임을 받고 여러 언어를 사용할 수 있는 관원이 칙령을 전하는 일을 담당했다. 이사가 이 일을 맡은 것은 그가 언어의 경계를 넘어서 소통할 수 있는 능력이 있을뿐더러 그가 쿠빌라이와 밀접한 관계를 유지하고 있다는 사실 또한 반영한 것이다.

그러나 유명한 1280년의 이른바 '반反이슬람' 칙령에서 이사가 했다는 역할은 논란의 여지가 있다. 한문, 페르시아어, 유럽 언어의 자료들에 기록된 바와 같이[20] 쿠빌라이는 1280년에 이슬람교도(및 유대교도)의 할

례와 동물 도살 방식을 금하는 칙령을 내렸다. 이 칙령은 한 무리의 이슬람 상인들이 할랄ḥalal(이슬람교 기준의 합법) 방식으로 도살되지 않은 동물 고기 먹기를 거부한 뒤에 내려졌다. 이 사건을 다룬 중국의 두 기록에는 이사의 이름이 나오지 않는다. 그러나 이란 일 칸국의 대신이자 역사가인 라시드 앗딘(1247*~1318)은 이사가 이 기회를 이용해 할랄 방식으로 양을 도살하는 사람을, 심지어 자기네 집에서 했더라도 사형에 처하는 더욱 엄격한 칙령을 받아냈다고 적었다.[21]

이사는 분명히 이 시기에 궁정에서 영향력이 있었다. 그러나 그가 그런 반이슬람적 태도를 견지하고 차별적 정책을 추진했다는 생각은 의문스럽다. 우선 이슬람교도에 대한 이 금령을 다룬 중국 및 페르시아의 기록을 비교해보면 이사의 반무슬림 편견을 언급하지 않고 있는 중국 기록이 더 신뢰할 만하다.[22] 중국 기록은 칙령 전문을 싣고 있다. 아마도 몽골어 원문을 한문으로 번역한 것이겠다. 이 칙령에 따르면, 이슬람식 동물 도살에 대한 금령은 역사적으로 칭기스 칸(재위 1206~1227) 치세로 거슬러 올라가며, 몽골인들은 이를 이슬람교도들이 몽골 지배에 복종한다는 상징적 제스처로 생각했다.

반면에 페르시아 기록은 쿠빌라이의 궁정에 전반적인 반이슬람 정서가 있었다고 주장했으며, 이 일 칸국 대신의 역사책 다음 부분 역시 원나라 궁정의 기독교도들에 의한 반이슬람 음모와 관련된 일화들을 더 싣고 있다. 더구나 앞서 보았듯이, 이사는 이슬람교도들과 함께 일하는데 문제가 있었던 것으로 보이지는 않는다. 이사의 반이슬람 정서에 대한 라시드 앗딘의 묘사는 1290년대 말 가잔(재위 1295~1304) 칸이 이슬람교로 개종한 이후 일 칸국 궁정에 만연했던 전반적인 반기독교적 태도를 반영한 것이었을 가능성이 높다. 아니면 라시드 앗딘 개인의 기독교도들에 대한 정서로 제한될 수도 있지만 말이다. 다시 말해서, 이 일화의 페르시아 쪽 기록은 이란에서 라시드 앗딘이 그의 역사책을 쓰던 맥락과 더 관련이 있는 것이지, 13세기 말 원나라 궁정의 실제 종교적·정치적 분위기와는 관련성이 적다.

카안의 사절
— 이란과 유럽으로

이사의 생애 후반기는 두 차례의 사행使行이 중심을 이루는데, 이사는 먼저 이란 일 칸국 궁정에 사절로 갔고, 그로부터 조금 뒤에 일 칸국에서 유럽의 로마 교황청으로 보내는 사절단을 이끌었다. 1283년, 이사는 쿠빌라이의 명령을 중서성에 전하고 두 달 뒤에 원나라 수도를 떠났다. 이사는 아들 아수타이Asutai, 阿實克岱와 함께[23] 유명한 볼라드 아카Bolad Aqa의 서방으로 가는 여행에 동행했다. 중국과 몽골 정치에 정통한 몽골 장군이었던 볼라드는 일 칸국에 도착한 뒤 라시드 앗딘이 역사책을 쓰는 데서 중요한 정보 제공자가 됐으며, 문화 중개자로서 선도적 역할을 했다.[24]

볼라드의 사행에 대해서는 페르시아와 중국 양쪽 자료에 기록이 많이 있지만, 정작 이 사행의 목적 자체에 대해서는 정보가 없다.[25] 이 자료 부족은 1280년대 일 칸국의 정치적 혼란으로 설명될 수 있을 것이다. 1282년 일 칸 아바카(재위 1265~1282)가 사망하고 그의 동생과 아들 사이에 승계 다툼이 일어났다. 동생은 일 칸 훌레구의 생존한 아들 가운데 연장자인 테구데르Tegüder(재위 1282~1284)였고, 아들은 장남 아르군(재위 1284~1291)이었다. 아르군이 먼저 테구데르에게 양보해 테구데르가 다음 일 칸으로 즉위했다. 2년 뒤 아르군은 숙부를 폐위하고 처형한 뒤 즉위했다.

학자들은 쿠빌라이가 일 칸국의 이 정치적으로 불안정한 시기에 영향력을 행사해 자신이 선호하는 후보의 즉위를 확보하기 위해서 이사와 볼라드를 보냈다고 주장한다.[26] 그러나 쿠빌라이가 그저 아바카의 죽음에 조의를 표하고 테구데르의 승계를 승인하기 위해서 볼라드와 그 일행을 보냈다는 주장도 마찬가지로 가능하다. 그러나 이사와 볼라드가 도착했을 때 아르군은 이미 새 일 칸으로 즉위해 있었다. 정치 상황의 변화를 감안하면, 기록들은 이사와 볼라드 사행의 본래 목적에 대해 침묵을 지키는 게 나았을 것이다.

이사는 '고국'으로 귀환하는 데서 장애물을 만났다. 몽골의 진군이 팔레스티나에서 맘룩 술탄국(1250~1517) 군대에 의해 저지된 1260년 이후 일 칸국은 이 이웃의 이슬람 국가와 맞서 싸울 믿을 만한 동맹자를 찾기 위해 고심했다. 그들은 유럽 세력들과 동맹을 맺으려 지속적으로 노력했다. 이사는 일 칸국에 도착하고 얼마 뒤인 1285년에 유럽으로 가는 또 한 번의 사행 길에 올랐다. 이번에는 교황에게 보내는 일 칸 아르군의 사절단 일원이었다.

이사가 가지고 간 편지는 오늘날 오직 라틴어로만 남아 있고, 바티칸 기록보관소에 보존돼 있다. 이 편지에 따르면, 아르군의 사절단은 다섯 명으로 이루어져 있었다. 테르지만 아세terciman Ase, 보가곡Bogagoc, 멩길릭Mengilic, 토마스 반크리누스Thomas Banchrinus, 테르지만 우게토terciman Ugeto 등이다. 이들 다섯 명 가운데 테르지만 아세 한 사람만이 마그누스 캄magnus cam 즉 대칸(분명히 쿠빌라이를 의미한다)이 보낸 사람이었다. '아세'는 '이사'가 변형된 것으로 보이고, '테르지만'은 '통역자' 또는 '번역자'를 의미하는 아라비아어 '타르주만tarjumān'을 말하는 것이다. 나머지

네 이름은 확인하기 어렵다. 보가곡과 멩길릭은 몽골어에서 온 듯하고, 나머지 둘은 이탈리아어였을 것이다.

아르군은 교황에게 보낸 편지에서 이슬람 맘룩을 상대로 한 일 칸국과 유럽의 연합을 결성하자고 제안하면서, 그들이 함께 성지에서 '사라센인들'(즉 이슬람교도들)을 몰아낸 뒤 '샴Shām 땅'(시리아와 팔레스티나)을 나눠 갖자고 제안했다.[27] 대표단의 이름들 외에 이 사절단에 관한 자세한 내용은 알려지지 않고 있다. 이 사절을 통해 의미 있는 결과는 나오지 않았다.[28]

1286년에 이사는 이미 쿠빌라이의 궁정으로 돌아와 있었다.[29] 이사의 귀국 여정은 1년 넘게 걸렸다. 주로 쿠빌라이와 그의 몽골인 천적 카이두(재위 1271~1301) 사이의 갈등으로 생겨난 중앙아시아의 정치적 불안정 때문이었다.[30] 몽골인 볼라드는 이란에 남은 반면에 이사와 이름을 알 수 없는 다른 넷은 중국으로 돌아왔다.[31] 쿠빌라이는 가상한 이사의 귀환을 볼라드의 이란 잔류 결정과 비교하며 칭찬했다.

> "패라孛羅(볼라드)는 나의 땅에서 태어나 나의 녹을 먹고도 그곳[이란]에 눌러앉았는데, 애설愛薛(이사)은 그곳에서 태어나 그곳에 집이 있는데도 나에게 충성하는구나. 이 얼마나 큰 차이인가?"[32]

중국으로의 귀환과 이사의 후예들

이사는 귀국한 후 원나라 중앙정부에서 계속 일했다. 쿠빌라이는 그를 평장정사에 임명했다. 이 자리는 현대의 장관에 해당하며, 그 위에는 좌·우 승상丞相밖에 없었다. 이사가 평장정사가 되면 그는 중서성에서 일해야 했다. 그러나 이사는 그 자리를 사양하고 자신이 이란으로 떠나기 전에 관여했던 다른 두 직책을 계속해서 맡았다.

우선 1287년에 이사는 비서감秘書監의 수장에 임명됐다.[33] 이 부서의 주요 임무는 여러 서적, 지도, 심지어 금지된 풍수학 저작을 관리하는 것이었다. 그는 이 자리에 있는 동안《대원대일통지大元大一統志》편찬에 참여했다. 본래 몽골이 정복한 모든 지역을 포괄하려는 의도의 지리학 저작이었다. 몽골 제국 서방 지역에 관한 이사의 직접적 경험과 지식이 이 작업을 완성하는 데서 중요한 역할을 했을 것이다.[34] 2년 뒤인 1289년 숭복사崇福司가 만들어지면서 이사는 이 새 기구의 초대 수장이 돼서 원나라 땅 안의 기독교도와 관련된 모든 문제를 담당했다. 1294년 그는 또한 일곱 명의 한림학사승지翰林學士承旨 가운데 하나로 임명됐다.[35] 본래 황제의 자문 기구로 설립돼 역사 자료 편찬을 도왔던 한림국사원翰林國史院은 이때 대체로 황제의 연대기인 이른바 실록實錄의 편찬에 초점을 맞추고 있었다.[36]

1294년 쿠빌라이의 사망 이후 이사는 새로 즉위한 카안 테무르(1294~1307)의 지원을 받았고, 자신의 직책을 유지했다. 이 무렵에 이사는 이미 60대 후반이어서 새 카안은 그의 출입을 돕기 위해 가마를 하사했다.[37]

1295년, 여전히 원나라 기독교도 사무를 담당하는 숭복사 수장이었던 이사는 기독교 교회에 대한 과세 문제를 둘러싼 토론에 개입하게 됐다. 남중국에 많은 교회를 세운 기독교도 마르 세르기스Mar Sergis, 馬昔思乞思의 발의에 따라[38] 이사는 교회에 상업 및 토지 관련 세금을 면제해달라는 요청을 상주했다. 카안이 결국 이 요청을 거부하기는 했지만, 이 문서는 이사가 계속해서 원나라의 기독교도 신민들을 대신해서 노력하고 있었음을 보여준다.[39]

1297년 이사는 이전에 사양했던 중서성 평장정사에 다시 임명되자 이를 받아들였다.[40] 페르시아 자료들 역시 이 새로운 직책을 확인해준다. 이제 이사의 이름에 핀잔finjan/pinjan이라는 칭호가 더해졌다. 평장이라는 한어 명칭을 페르시아에서 이렇게 음사한 것이다.[41]

이사가 이 새로운 고위직에 있으면서 어떤 일을 했는지에 대해서는 알려진 바가 없다. 그가 갑작스럽게 역사 기록에서 사라진 것은 뇌물 수수 사건과 투옥, 그리고 공식적인 사면과 관련이 있을 것이다. 중국 기록에 따르면, 테무르 카안은 1302년 유림柳林(현재의 허베이성)으로 출행했다가 병에 걸렸다. 카안은 담파膽巴(1230~1303)라는 티베트 승려를 불렀고, 그는 1주일 넘게 여러 의식을 행하며 카안의 쾌유를 빌었다. 테무르는 병이 나았고, 마침내 "중범죄를 저지른 수도의 백성 38명"[42]에 대해 사면령을 내렸다. 중국 자료는 사면된 사람들의 신원이나 그들이 처음 투옥된 이유를 밝히지 않고 있으나, 페르시아 자료들은 보다 상세한 기록을 제공한다. 물론 사소한 차이들은 있다.

페르시아 기록에 따르면, 가잔 칸의 사절 하나가 중국에 왔는데, 함께 온 상인이 테무르 카안에게 보석을 바가지 씌워 팔았다. 이사는 이 과정에서 이득을 본 열두 명의 고관 가운데 한 사람이었다. 사정을 알게 된 테무르는 화가 나서 이들을 모두 투옥했고, 나중에 이들을 포함한 40명이 풀려났다.[43] 이 두 기록을 대조해보면, 이사는 상품 가격을 조작해 이득을 본 혐의를 받고 투옥됐지만 나중에 용서받고 풀려난 듯하다.

이사는 또한 테무르 카안의 와병 및 사망에 따른 후계 다툼에도 개입됐던 듯하다. 그는 불루간Bulughan(?~1307) 카툰의 반대편에 서서 카안의 조카 카이샨(재위 1307~1311)을 지지했다. 1303년, 테무르 카안이 병이 들고 황후 불루간이 국정을 살피게 되면서 이사와 통치자인 카툰 사이가 틀어졌다. 이해 8월 지진이 일어난 뒤 불루간은 이사에게 지진이 '하민下民' 때문에 생긴 것이 아니냐고 물었지만 이사는 부정적 대답을 했다. 4년 뒤인 1307년 테무르가 사망한 뒤 이사는 비서감에 소장된 '성력비문星曆祕文'을 보내라는 황후의 명령을 공개적으로 거부했다. 테무르의 조카인 카이샨이 대권을 승계하자 새로 즉위한 카안은 이사의 충성심에 감사하며 치하했다.[44]

1년 뒤인 1308년에 이사는 세상을 떠났다. 카이샨의 동생이자 계승자인 아유르바르와다(재위 1311~1320) 카안은 사후에 이사의 공적을 기리기 위해 죽은 이사에게 태사太師, 개부의동삼사開府儀同三司, 상주국上柱國 등 몇 가지 명예 직위를 내리고 이와 함께 불림왕拂林王[45]으로 추봉했다. 더 나아가 그는 이사에게 충헌忠獻이라는 시호를 내렸다.

이사는 아들 여섯과 사위 넷, 손자들을 남겼다. 이사 후손들의 행적을 재구성하는 것은 쉽지 않은 일이다. 원나라 중·후기에 그들이 여러 정파에 참여해 때로 유배되거나 처형되거나 치욕을 당했기 때문이다.

이사의 맏아들 엘리야Elijah, 也里牙는 논란이 있지만 권력자인 테무데르Temüder, 鐵木迭兒(?~1322)의 사위가 됐다.[46] 엘리야는 1320년대 동안 이 권력 있는 관리와의 가까운 관계 덕에 고위 관직을 유지할 수 있었고, 진국공秦國公이라는 높은 작위를 받았다. 엘리야는 또한 죽은 아버지에 대한 여러 칭호를 내려달라고 청하고 결국 아유르바르와다로부터 이를 얻어냈다.[47]

엘리야는 1322년 테무데르의 몰락 이후에도 태의원사太醫院使 같은 자리에서 계속 일했다. 1270년대에 원나라의 의료 기관들을 설립하는 데 진력했던 이사의 아들에게 특히 어울리는 자리였다. 툭 테무르의 치세(재위 1328~1329, 1329~1332) 동안에도 그는 일부 고위 관리들이 의구심을 표했지만 계속해서 황제의 지원으로 도움을 받았다.[48] 그러나 1330년 그는 마법을 사용하고 부적을 만들며 저주를 했다는 죄목으로 누이 아나시무스*Anasimus, 阿納昔木思와 함께 처형됐다.[49]

이사의 신도비문에 따르면, 그의 나머지 다섯 아들(엘리야의 다섯 동생)은 전합腆合, *Denha, 흑시黑厮, *Heisi, 활리길사闊里吉思, Giwargis, 노합魯合, Luke, 교난咬難, Johanan이다. 이 이름들은 그들의 기독교 세례명인 듯하다. 그러나 다른 자료들을 보면 이사는 아들이 두 명 더 있었던 듯하다. 아실극대阿實克岱, Asutai와 파극실파巴克實巴, *Bakeshiba다. 아수타이의 아들인 몽극특목이蒙克特穆爾, Möngke Temür라는 이름의 손자도 있다.

카이샨의 치세(1307~1311) 동안에 이사의 손자 뭉케 테무르는 상서성尙書省 좌승左丞이 됐다. 그는 황태자 아유르바르와다를 폐하고 카이샨의 아들을 승계 예정자로 올리는 음모에 가담했다. 이 음모는 실패했고, 나중에 아유르바르와다가 카안이 된 1311년에 음모를 꾸민 다섯 관원은 모두 처벌됐다. 뭉케 테무르만은 처형을 면하고 유배에 처해졌는데, 아마도 그의 백부 엘리야(테무데르의 측근 지지자였다)가 그를 옹호하고 처형을 면하게 해주었기 때문일 것이다.

한루린韓儒林이 지적한 바와 같이,[50] 뭉케 테무르의 몰락으로 인한 정치적 악영향은 여러 자료가 이사 후손들의 이름을 서로 다르게 써서 이사 아들들의 이름을 상호 참조하기 어렵게 만든 이유를 설명해줄 것이다. 뭉케 테무르의 아버지 아실극대와 숙부 파극실파에게 내리는 황제의 제문制文은 아실극대의 아들 뭉케 테무르가 음모에 휩쓸리기 전인 1310년대에 유명한 유학자 요수姚燧(1238/1239~1313)가 썼다. 그러나 정문해가 1318년 이사의 신도비문을 쓸 때 뭉케 테무르는 이미 몰락한 상태였다. 정문해는 한때 영향력이 있었으나 이제 몰락한 사람들의 이름을 언급하

는 것을 피하고자 이사의 아들과 손자들의 기독교식 이름만을 사용했던 듯하다.[51]

이사의 다른 아들들에 관해서는 그들이 지냈던 원나라 관직명 외에는 상세한 것을 알기 어렵다(표 13-1 참조). 그들의 세례명이나 때로는 몽골식 이름까지도 그들이 원나라 중국에서 적어도 몇 세대 동안 기독교 신앙을 유지했음을 말해준다. 일부 기독교도들과 이슬람교도들은 보다 중국 한인들과 가까운 생활 방식을 따르고 중국 한인 같은 이름을 지었지만,[52] 지배 몽골인들은 계속해서 여러 집단과 개인의 종교를 존중했다.

더구나 이 명단은 이 가족이 계속 원나라 중앙정부의 직책, 특히 이사의 업적과 관련된 직책을 가졌음을 실증한다. 기독교 관련 숭복사, 의료 관련 직위, 비서감 및 한림국사원 같은 문서 및 번역 관련 직위들이다.

표 13-1 이사의 후손들과 그들의 관직

이사와의	관계	이름	관직
아들	첫째	엘리야	숭복사崇福使, 태의원사太醫院使
	둘째	덴하	한림학사승지, 비서소감祕書少監
	셋째	(흑시)	미상
	넷째	기와르기스	동지천부원사同知泉府院事
	다섯째	루케	광혜사제거廣惠司提擧
	여섯째	요하난	흥성궁숙위興聖宮宿衛
사위	첫째	미상	선휘중정사宣徽中政使
	둘째	미상	동지숭복사사同知崇福司事
	셋째	미상	장패원사章佩院使
	넷째	미상	금위사禁衛士
손자	(장손)	(보가寶哥)	금위사
		(선가宣哥)	금위사
		한툰(안동安童)	금위사

이들 가족이 이사와 이어지고 있음은 그들이 계속해서 금위禁衛와 관련을 맺고 있었다는 사실로 더욱 입증된다. 이사의 손자들은 모두가 금위 소속으로 이력을 시작했다.

결론

이사의 생애와 이력은 실크로드를 통한 유례가 없을 정도의 교류와 이동을 보여준다. 몽골 제국이 가능케 하고 장려했던 것이다. 이사는 서아시아에서 태어나 교역로를 따라 중국에 왔고, 그곳에서 점성학·의학·언어 분야의 능력을 입증했다. 이사는 원나라 정부에서 고위직에 오른 뒤 다시 한 번 실크로드를 따라 이란으로 돌아가고 계속해서 서쪽으로 유럽까지 갔다. 그곳에서 교황에게 보내는 몽골 사절로 활동했다.

이사의 이야기는 몽골 제국 지배의 핵심적 측면 몇 가지를 예증한다. 관직 승진에서 금위(케식) 근무와 언어 능력의 중요성, 매우 유능한 사람의 출세, 의학·천문학·언어 등 몽골인들이 선호하는 분야의 능력을 가진 지식인 전문가의 채용, 몽골 관리들의 유라시아 각지 이동 등이다.

이사는 더 잘 알려진 동시대 여행가들보다 더 많이 제국 안팎을 여행했다. 그리고 결국 원나라 치하 중국에 돌아왔고, 그곳이 이사와 그 후손들의 영원한 안식처가 됐다. 이사는 여러 언어에 능통하고 점성학과 의학에 조예가 깊어 주로 제국의 지식인으로서 활동했다. 그는 몽골어에 능통했고 게다가 서방 및 동아시아 문화에 정통했다. 더구나 이사의 이력은 서방으로부터의 이주자가 원나라 중국의 지적 생활에 공헌(이는 흔히 간과되고 있다)한 사례의 하나다.

주

이 글은 金浩東 2006(한국어)과 金浩東 2015(중국어)를 이 책의 편집 방침에 따라 편집하고 축약한 것이다. 조원희(한국학중앙연구원) 박사가 영어로 번역하고 편집했다.

1 Allsen 1996.

2 Rossabi 2010.

3 중국 기록에 따르면, 이사는 '진국秦國' 또는 '불림拂林' 출신이었다. 대체로 로마, 아나톨리아, 또는 셀주크 왕국을 광범위하게 가리키는 말이다. 랍반 아타와 그 동시대인들이 아제르바이잔의 타브리즈에서 몽골과 접촉을 갖고 있었기 때문에 이사 역시 이 지역 출신인 것으로 보인다.

4 한자로 적힌 이름(不阿里/巴阿喇과 不魯麻失/博囉穆蘇) 외에 이들에 대한 다른 신상 정보는 전혀 알려진 바가 없다. 한자 不이나 博으로부터 재구再構한 Bar는 시리아인들 사이에서 공통적으로 사용된 호칭으로 유대인과 아랍인들의 Ben이나 Ibn에 해당한다. '아들'을 의미한다. 姚燧 2011, 37-38.

5 Kirakos 1986, 237-40; Pelliot 1923, 29-65. 시메온 압반 아타는 중국 사료의 列邊阿答/列邊阿達과 동일인이다. 程鉅夫 2009, 57.

6 韓儒林 1982, 93-108. 이전에 네스토리우스 교회로 알려졌던 동방교회에 관해서는 Brock 1996; Malek and Hofrichter 2006, 12-13.

7 王士點·商企翁 1992, 32, 54, 69, 74. 이사는 페르시아어를 썼을 것이고, 아마도 몽골어도 했을 것이다. 통역으로 일하고 케식의 일원이었기 때문이다.

8 蕭啓慶 1996은 중국 자료에 명문이 없지만 켈레메치 역시 케식의 한 구성 분야였다고 주장한다.

9 程鉅夫 2009, 57.

10 金浩東 2006.

11 宋濂 1976, 134: 3249. 이 기구에 관해서는 Farquhar 1990, 134.

12 자말 앗딘에 관해서는 Yang 2017.

13 신도비문은 죽은 사람의 무덤 앞에 세우는 석비에 새긴 기념 글이다. 석비가 없어지더라도 그 내용은 필자의 문집에 보존돼 있는 경우가 많다.

14 程鉅夫 2009, 57.

15 Franke 1993.

16 宋濂 1976, 134: 3249, 127: 3113.

17 오르탁에 관해서는 Endicott-West 1989; 그리고 이 책 길의 글을 보라.

18 陳高華 等 2011, 989.

19 李治安 2003, 5-58.

20 Togan 2013; Cleaves 1992.

21 Franke 1993, 293-94.

22 중국 기록에 관해서는 陳高華 等 2011, 1893-94; 페르시아 기록에 관해서는 Rashīd al-Dīn 1998-99, 3: 446.

23 姚燧 2011, 39; 程鉅夫 2009, 57-58.

24 Allsen 1996.

25 Rashīd al-Dīn 1998, 565-66; 程鉅夫 2009, 57-58.

26 Allsen 2001, 27-28.

27 Lupprian 1981, 78.

28 Jackson 2005, 169-70.

29 王士點·商企翁 1992, 54, 74.

30 Biran 1997.

31 姚廣孝 等 1959, 8: 7202.

32 ["孛羅生吾土, 食吾祿, 而安於彼. 愛薛生於彼, 家於彼, 而忠於我. 相去何遠耶?"] 程鉅夫 2009, 58.

33 宋濂 1976, 134: 3249; 王士點·商企翁 1992, 9: 163. 중국 문헌의 海薛은 분명히 愛薛(이사)의 오류일 것이다.

34 王士點·商企翁 1992, 54, 74.

35 宋濂 1976, 134: 3249-50.

36 Farquhar 1990, 127-29. 실록은 한 왕조가 다음 왕조에 의해 무너진 뒤 완성하는 왕조 정사 편찬의 기초 자료였다.

37 程鉅夫 2009, 58.

38 Tang 2011, 112-19.

39 方齡貴 2001, 29: 720-21.

40 宋濂 1976, 134: 3249-50.

41 Rashīd al-Dīn 1994, 959; Āyatī 1967, 284.

42 宋濂 1976, 20: 440; 念常 1988, 22: 725/11; Franke 1993.

43 중국 기록과 달리 페르시아의 것은 사건의 정확한 일시를 밝히지 않았다. 일 칸국 역사가 Waṣṣāf는 이 사건에 대한 또 다른 기록을 제공한다. 이에 따르면, 이사는 상인들의 상품을 불법적으로 몰수한 죄목으로 체포됐다. Waṣṣāf의 기록은 날짜를 혼동해 이 사건을 2년 뒤인 1304년의 일로 보았다. Āyatī 1967, 284.

44 程鉅夫 2009, 58; 宋濂 1976, 134: 3250.

45 '불림'에 관해서는 앞의 주 3 참조.

46 테무데르에 관해서는 Cho 2017.

47 韓儒林 1982, 93-101.

48 宋濂 1976, 32: 715.

49 宋濂 1976, 34: 761-62. 陳高華 等 2011, 1422.

50 韓儒林 1982, 93-101.

51 얻을 수 있는 정보가 부족해 이런 방식으로 이름을 적은 다섯 아들 가운데 누가 아실 극대 혹은 파극실파인지 알 수 없다.

52 Chen 1923에 여러 사례가 있다.

참고 문헌

金浩東. 2006. "蒙元帝國期 한 色目人 官吏의 肖像—이사 켈레메치의 생애와 활동." 中央아시아硏究 11: 75-114.

______. 2015. "蒙元帝國時期的一位色目官吏愛薛怯里馬赤的生涯與活動." 李花子 譯. 歐亞譯叢, 1: 224~63. 北京: 商務印書館.

方齡貴 校注. 2001. 通制條格校注. 北京: 中華書局.

蕭啓慶. 1996. "元代的通事與譯史." 元史論叢, 中國元史研究會 編, 6: 24-51. 北京: 中國社會科學出版社.

宋濂. 1976. 元史. 北京: 中華書局.

念常. 1988. 佛祖歷代通載. 北京圖書館古籍珍本叢刊. 第七十七. 北京: 書目文獻出版社.

王士點·商企翁. 1992. 秘書監志. 高榮盛 點校. 杭州: 浙江古籍出版社.

姚廣孝 等. 1959. 永樂大典. 北京: 中華書局.

姚燧. 2011. 姚燧集. 查洪德 編校. 北京: 人民文學出版社.

李治安. 2003. 元代政治制度研究. 北京: 人民出版社.

程鉅夫. 2009. 程鉅夫集. 張文澍 校. 長春: 吉林文史出版社.

陳高華 等 點校. 2011. 元典章(大元聖政國朝典章). 天津: 天津古籍出版社.

韓儒林. 1982. "愛薛之再探討." 穹廬集: 元史及西北民族史研究, 93-108. 上海: 上海人民出版社.

Allsen, Thomas T. 1996. "Biography of a Cultural Broker: Bolad Ch'eng-Hsiang in China and Iran." In *The Court of the Il-Khans, 1290-1340*, ed. Julian Raby and Teresa Fitzherbert, 7-22. Oxford: Oxford University Press.

______________. 2001. *Culture and Conquest in Mongol Eurasia*. Cambridge: Cambridge University Press.

Āyatī, ʿAbd Āl-Muḥammad. 1967. *Taḥrīr-i ta'rīkh-i Waṣṣāf*. Tehran: Bunyād-i farhang-i Īrān.

Biran, Michal. 1997. *Qaidu and the Rise of the Independent Mongol State in Central Asia*. Richmond, Surrey: Curzon.

Brock, S. P. 1996. "The 'Nestorian' Church: A Lamentable Misnomer." *Bulletin of the John Rylands Library* 78: 23-35.

Cho Wonhee. 2017. "From Military Leaders to Administrative Experts: The Biography of the 'Treacherous Minister' Temüder and his Ancestors." *Asiatische Studien — Etudes Asiatiques* 71: 1213-30.

Chen Yuan. 1923. *Western and Central Asians in China under the Mongols: Their Transformation into Chinese*. Monumenta Serica Monograph Series 15. Nettetal, Germany: Steyler Verlag.

Cleaves, Francis W. 1992. "The Rescript of Qubilai Prohibiting the Slaughtering of Animals by Slitting the Throat." *Journal of Turkish Studies* 16: 67-89.

Endicott-West, Elizabeth. 1989. "Merchant Associations in Yüan China: The 'Ortoɣ.'" *Asia Major* 2: 127-54.

Farquhar, David. 1990. *The Government of China under Mongolian Rule: A Reference Guide*. Stuttgart: Steiner.

Franke, Herbert. 1993. "Aḥmad." In *In the Service of the Khan: Eminent Personalities of the Early Mongol-Yüan Period (1200-1300)*, ed. Igor de Rachewiltz et al., 539-57. Wiesbaden, Germany: Harrassowitz.

Jackson, Peter. 2005. *The Mongols and the West, 1221-1410*. Harlow, Essex: Pearson Longman.

Kirakos, Gandzakets'i. 1986. *Kirakos Gandzakets'i's History of the Armenians*. Tr. Robert Bedrosian. New York: Sources of the Armenian Tradition.

Lupprian, Karl-Ernst. 1981. *Die Beziehungen der Päpste zu islamischen und mongolischen Herrschern im 13. Jahrhundert anhand ihres Briefwechsels*. Studi e testi (Biblioteca apostolica vaticana) 291. Vatican: Biblioteca apostolica vaticana.

Malek, Roman, and Peter Hofrichter, eds. 2006. *Jingjiao: The Church of the East in China and Central Asia*. Sankt Augustin, Germany: Institut Monumenta Serica.

Pelliot, Paul. 1923. *Les Mongols et la papaute*. Paris: Picard.

Rashīd al-Dīn, Fadlallāh al-Hamadānī. 1994. *Jāmi' al-tawārīkh*. Ed. Muḥammad Rawshan and Muṣṭafā Mūsawī. 4 vols. Tehran: Nashr-i Alburz.

______________________. 1998-99. *Rashiduddin Fazlullah's Jami'u't-Tawarikh: Compendium of Chronicles: A History of the Mongols*. Tr. Wheeler M. Thackston. 3 vols. Cambridge, MA.: Harvard University, Department of Near Eastern Languages and Civilizations.

Rossabi, Morris. 2010. *Voyager from Xanadu: Rabban Sauma and the First Journey from China to the West*. Berkeley: University of California Press.

Tang, Li. 2011. *East Syriac Christianity in Mongol-Yuan China*. Wiesbaden, Germany: Harrassowitz.

Togan, Isenbike. 2013. "Variations in the Perception of Jasagh." In *History of Central Asia in Modern Medieval Studies (In Memoriam of Professor Roziya Mukminova)*, 67–101. Tashkent, Uzbekistan: Yangi Nashr.

Yang Qiao. 2017. "From the West to the East, from the Sky to the Earth: A Biography of Jamāl al-Dīn." *Asiatische Studien—Études Asiatiques* 71: 1231–45.

제14장

파드샤흐 카툰

일 칸국 이란의 건축·종교·문학 후원의 사례

❋

브루노 데 니콜라

튀르크-몽골의 유목민 사회 또는 반半유목민 사회의 여성들은 정주민 사회의 여성들에 비해 더 많이 정치 영역에 참여했고, 더 많은 재정적 자율성을 누렸으며, 일반적으로 신앙 선택의 자유가 있었다.[1] 일부 여성들은 막대한 권력과 재산을 가지는 위치에 오르기도 했고, 더 나아가 황후로서 전체 제국이나 지역 칸국의 섭정이 되기도 했다. 투레게네 카툰(섭정 1242~1246), 오굴 카이미시Oghul Qaimish(섭정 1248~1250), 오르기나 카툰(섭정 1251~1259)이 그런 사례다.[2] 몽골 지배하 이란의 쿠투이Qutui(?~1284) 카툰 같은 여성들은 전리품, 무역 투자, 새 정복지에서 나오는 조세 수입 배당으로 막대한 재산을 축적했다.[3]

엘리트 여성들은 제국의 사회·경제 체제에서 독특한 우월성을 드러냄으로써 문화적·종교적 대리인들을 재정적으로 지원하고 보호하는 데 적극적 역할을 했다. 그러나 제국 전체, 그리고 특히 광역 이란권 일 칸국(1260~1335)의 문화생활을 융성하게 하는 데서 칭기스 일족 여성들이 미친 영향에 대한 우리의 이해는 여전히 빈약하다. 역사 기록은 칭기스 왕조 여성들의 종교 및 문화 생활의 후원자로서의 역할에 대해 별로 이야기해주지 않고 있다. 특히 정치 및 경제 영역에 미친 여성들의 역할에 대한 언급이 상대적으로 많은 것과 비교할 때 그러하다.

그러나 많은 기록은 몽골의 속국으로서 지배했던 지역 튀르크-몽골 왕조들의 여성 엘리트들(또는 혼인을 통해 지배 칭기스 집안의 높은 지위에 편입된 여성들)이 문화적·종교적 보호자로서 중요한 역할을 했음을 보여준다. 그렇게 함으로써 그들은 제국의 종교적·지적 생활에 간접적으로 기여했고, 어떤 경우에는 자기네가 지배하고 있는 사회의 문화 활동에 보다 직접적으로 관여했다.[4]

여성들의 종교 기관 및 성직자들에 대한 후원은 일 칸국 이란의 변두리인 파르스·키르만·아나톨리아에 있던 일 칸국의 속국인 튀르크-몽골계 왕조들의 경우에 특히 두드러졌다.[5] 이 글에서는 쿠틀룩한 왕조 Qutlughkhanids(1222~1306) 지배 가문의 저명한 여성 파드샤흐Pādshāh(1256~1295) 카툰의 삶을 전반적으로 살펴본다. 파드샤흐는 일 칸국 변방인 키르만에서 태어났지만 13세기 후반 일 칸국 정치에서 적극적 역할을 했다. 더구나 카툰의 생애와 후원 활동은 일 칸국에서(그리고 보다 넓게는 몽골 제국에서) 왕실 여성들이 건축·문학·종교에 후원할 기회를 열어놓았다.

중앙아시아에서 키르만으로
— 남부 이란의 쿠틀룩한 왕조 건설

파드샤흐 카툰은 몽골의(나중에는 일 칸국의) 지도 아래 키르만을 지배했던 쿠틀룩한 왕가 출신이었다. 쿠틀룩한 왕조의 탄생은 우선 몽골의 중앙아시아 정복에 따른 역사적 격변과, 이어 이란에 대한 몽골의 지배권 확립에 힘입은 것이었다. 쿠틀룩한 왕조 건국자 바락 하집Baraq Ḥājib(?~1234)('시종관 바락')은 카라키타이 왕실의 후손이었다. 카라키타이(1124~1218)는 북중국에서 망명해 몽골의 등장 이전에 중앙아시아를 지배한 거란 세력이었다.[6]

카라키타이 유목민들은 중앙아시아의 다수 이슬람 주민을 지배하면서도 이슬람교로 개종하지 않고 중국적 허울과 특히 불교 신앙을 유지했다.[7] 그러나 카라키타이의 종교 관용 정책과 그들의 지배가 이 지역에 가져온 안전과 번영은 그들과 이슬람교도 신민들 사이의 협력을 보장했다. 카라키타이는 종교 정책 외에도 지배 가문 여성들에게 중요한 지위를 부여했다는 측면에서도 독특했다. 카라키타이의 황제 다섯 명 가운데 두 명이 여성이었다. 이들 여성 황제들은 정식 황제로서 통치했다. 성년이 되지 않은 아들·손자를 대신하거나 승계 분쟁이 해결될 때까지 맡던 임시적 섭정이 아니었다.[8]

중앙아시아의 이 상대적 평화와 번영은 13세기 초에 카라키타이의 지배가 정치적 위기에 휘말리면서 갑자기 끝났다. 그들의 속국이었던 이슬람 국가 화라즘의 무함마드(재위 1200~1220) 샤흐가 이 기회를 포착해 1210년 카라키타이의 가장 부유한 영토이자 주 수입원인 옥소스강 동쪽 지역(대체로 현재의 우즈베키스탄)을 정복했다. 그들은 나중에 중앙아시아 및 서아시아에서 칭기스 칸의 가장 큰 적수가 된다.

파드샤흐 카툰의 종조부인 바락 하집은 카라키타이와 화라즘의 전투 도중에 포로가 됐거나 전투 직전 화라즘에 억류됐다. 그의 재능을 눈여겨본 화라즘샤흐는 그를 하집ḥājib(시종관)에 임명하고 중부 이란을 통치했던 아들 기야스 앗딘Ghiyāth al-Dīn의 휘하로 보냈다. 바락은 이때 이슬람교로 개종했다. 기야스 앗딘은 그를 이스파한(중부 이란)시의 총독으로 임명했다. 아마도 키르만 총독까지 함께 맡겼던 듯하다.[9] 또 다른 설명에 의하면, 바락은 델리 술탄국(1206~1526)으로 향했다가, 키르만의 지역 지배자를 물리치고 그곳에 정착하기로 결심했다고 한다.[10]

바락의 결정은 아마도 칭기스 칸의 정복과 팽창의 영향도 받았던 듯하다. 처음에는 카라키타이 영토의 핵심부로(1218), 그리고 곧이어 화라즘 영토 대부분으로의(1219~1220) 팽창이었다. 1224년, 이제 몽골 군대에 쫓기는 망명자 신세가 된 화라즘샤흐 잘랄 앗딘(재위 1220~1231)은 바락의 키르만 총독 지위를 인정해주고 그에게 쿠틀룩 칸Qutlugh Khan(튀르크어로 '운 좋은 칸')의 칭호를 부여했다. 그러나 1220년대 화라즘 제국의 붕괴를 목격한 바락은 자신의 새로운 영토에 대한 보증을 처음에 압바스 칼리파의 승인을 통해 얻고자 했고, 칼리파는 그에게 쿠틀룩 술탄의 칭호를 부여했다. 바락은 이어 1232년에 신흥 세력인 몽골에 접근했고, 몽골 역시 키르만에서의 바락의 지위와 쿠틀룩 칸이라는 그의 칭호를 확인해주었다.[11]

바락 하집이 남부 이란에 세운 카라키타이계의 새 국가는 중앙아시아에 있던 선행 국가의 특성 몇 가지를 유지하고 있었다. 그 하나가 여성의 상승된 지위다. 그러나 바락의 새 정치체는 이제 몽골의 지도 아래 통치하는 이슬람 왕조가 지배하고 있었다.

13세기 후반 일 칸국 건설 이후 키르만의 쿠틀룩한 왕조는 일 칸국의 교역망, 특히 활기찬 아시아 내부 상거래에서 두드러진 역할을 했다. 키르만은 유럽·소아시아·서아시아를 인도와 연결하는 길을 따라 전략적으로 위치해 있었고, 북부 이란의 번성하는 도시들과 페르시아만(이란에서 인도와 동아시아로 가는 해상 교역로를 연결하는 곳이었다)을 드나드는 일 칸국의 주요 관문인 호르무즈해협 사이에 위치한 덕도 입었다.[12]

키르만시市는 그 자체가 생산의 중심지이기도 했다. 원료 및 제조 상품 모두에서다. 유명한 이탈리아 상인 마르코 폴로(1254~1324)는 이 지역 광업 활동의 중요성을 언급했다. 터키석과 철이 많이 나며, "비단 천에 길짐승과 새, 나무와 꽃을 여러 색깔로 다양한 무늬에 따라 정교하게 수놓아 보는 사람들이 감탄할 귀족용 자수품들과 그 밖에 방석·베개·이불과 모든 종류의 물건"[13]이 제조됐다.

쿠틀룩 칸들은 지역 지배자로서 이 지역의 무역을 통제했다. 그들은 주민과 토지에 대한 과세로부터뿐만 아니라 그들의 영토를 통과하는 교역 상품의 운송으로부터도 수입을 얻었다. 몽골의 지배 가문과 마찬가지로 일 칸국 치하에서 통치하는 튀르크-몽골 엘리트 가문의 여성들 역시 자기네 왕실의 경제적 수익을 분배받았다.[14] 몽골 제국에서 여성들은 자유롭게 상당한 재산을 축적하고 투자했다. 전리품 배분, 토지 및 세금 분배, 그들이 지배하고 있는 가축과 주민에 대한 용익권用益權, 교역 수입 등이었다. 여성들은 종교생활 및 문화생활에서 중요한 재정 투자자가 됐다. 몽골의 계승 국가들인 무자파르Muzaffar(1314~1393) 왕조, 티무르Timur(1370~1507) 왕조, 사파비Safavi(1501~1736) 왕조에서도 이어지는 전통이었다.[15]

파드샤흐 카툰의 생애
— 몽골 치하 이란의 튀르크-카라키타이계 여성

파드샤흐 카툰은 선택된 집단의 여성 가운데 하나였으며, 몽골 혈통이 아니었지만 일 칸국 궁정에서 높은 정치적 지위에 올랐다. 파드샤흐는 1256년 쿠틀룩한 왕조 궁정에서 태어났다. 키르만의 쿠틀룩한 왕조 건국자 바락 하집의 조카이자 계승자 쿠트브 앗딘 무함마드(재위 1236, 1252~1257)와 카라키타이 귀족이자 바락의 아내 테르켄 쿠틀룩Terken Qutlugh(재위 1257~1282) 카툰의 딸이었다(도표 14-1 참조).[16] 파드샤흐 출생 직후 아버지 쿠투브 앗딘이 사망하자 파드샤흐의 어머니 테르켄 쿠틀룩이 몽골의 동의를 받아 남부 이란 대부분의 통치를 떠맡았다. 처음에는 어린 아들의 섭정이었으나 나중에는 정식 황제가 돼서 20여 년 동안 키르만을 통치했다.[17]

테르켄 쿠틀룩은 처음에 이슬람교도인 딸이 이교도인 일 칸 아바카(재위 1265~1282)와 혼인하는 것을 반대했다(아바카는 즉위 직후 파드샤흐에게 청혼했다). 후대의 기록에 따르면, 파드샤흐는 심지어 하산 샤흐Ḥasan Shāh라는 남자 이름으로 자랐다. '이교도' 몽골인과 혼인하는 것을 피하기 위해서였다.[18] 그러나 파드샤흐가 열여섯 살이 된 1271~1272년에 혼인은 이루어졌다.[19]

처음에 테르켄 쿠틀룩이 반대하기는 했지만, 이 혼인은 서로에게 이익이었던 듯하다. 키르만의 쿠틀룩한 왕조는 일 칸들과의 정치적 동맹을 더욱 강화했고 몽골 궁정에도 발판을 마련했다. 테르켄 쿠틀룩은 혼인 동맹을 통해 일 칸국의 군사적 보호와 키르만의 속국 지위에 대한 정치적 인정을 확보했다.[20] 반면에 일 칸국 궁정은 이 혼인을 부유한 지역

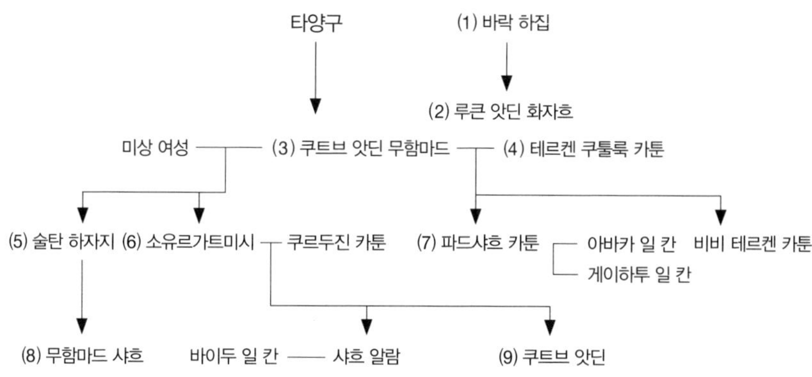

도표 14-1 키르만의 쿠틀룩한 왕조 계보도

인 키르만에 대한 통제권을 더욱 강화하고 그곳으로부터 나오는 경제적 공헌의 흐름을 보장하는 데 이용했다.

키르만 자신은 몽골 유목민 부대의 영구 주둔을 유지할 수 없었고, 이에 따라 일 칸국은 쿠틀룩한 왕조를 이용해 이 지역을 간접 지배 했다. 일 칸국은 더 나아가 필요할 때 군사를 지원해줄 것을 쿠틀룩한 왕조에 요구했다. 일 칸 아바카가 차가다이 칸국의 칸 바락(재위 1266~1271)과 맞닥뜨려 결국 물리친 1270년의 헤라트Herat 전투 동안에 쿠틀룩한 왕조는 실제로 대규모의 군사를 지원해 중앙아시아에서 오는 차가다이의 군사적 침공을 막아냈다.[21] 파드샤흐 카툰의 혼인으로 일 칸국은 쿠틀룩한 왕조로부터 더 많은 충성 보장을 얻어냈다.

파드샤흐 카툰은 혼인 이후 아바카의 궁정에 편입돼, 그들이 혼인하고 몇 달 뒤에 죽은 시어머니 예순진Yesünjin〔이순진Yisūnjn〕의 오르도(막사, 이동 궁정)를 물려받았다.[22] 파드샤흐는 이 몽골 지배자의 유일한 아내도 아니었고 정처도 아니었다. 그러나 이 혼인을 통해 궁정에서 영향력 있는 위치를 차지했다. 파드샤흐는 몽골 지배자들에 대해 자기 어머니의 이익을 증진시킬 수 있었고, 효과적인 정치적 행위자가 됐다.

1282년 아바카가 죽고 파드샤흐가 몽골 궁정에 남아 있는 상태에서 새 일 칸 아흐마드 테구데르Aḥmad Tegüder(재위 1282~1284)는 쿠틀룩한 왕조에 관해 다른 계획을 마련했다. 그는 파드샤흐의 어머니 테르켄 쿠틀룩을 키르만의 지배자 자리에서 물러나게 하고 그 의붓아들 소유르가트미시Soyurghatmish를 즉위시켰다.[23] 파드샤흐는 이복오라비의 즉위에 단호하게 반대했지만 소용이 없었다.

그럼에도 불구하고 파드샤흐는 어머니에 대한 충성심을 견지했다. 테르켄 쿠틀룩의 건강이 악화되자(나이 때문이었던 듯하다) 파드샤흐 카툰과 그 여동생 비비 테르켄Bībī Terken은 궁정을 떠나 시야흐쿠흐Siyāh Kūh(아마 카스피 해안 부근의 길란Gīlān 지역인 듯하다)로 가서 어머니를 만나고 어머니의 대권 주장에 지지를 표명했다.

그로부터 조금 뒤인 1283년 테르켄 쿠틀룩이 죽자 파드샤흐는 여동생 비비에게 어머니의 시신을 모시고 키르만으로 돌아가도록 했다. 여기에는 소유르가트미시를 자리에서 몰아내려는 비밀 계획도 들어 있었다.[24] 그러나 자기 고국을 차지하고 이 지역에 자신의 영향력을 재구축하려던 파드샤흐의 계획은 실패로 돌아갔다. 주된 원인은 일 칸 아흐마드 테구데르가 여전히 이복오라비 편이었기 때문이다.

파드샤흐에게는 다행스럽게도 테구데르의 통치는 오래가지 않았다. 테구데르가 즉위한 지 불과 2년 뒤에 주요 몽골 장군들을 등에 업은 그의 조카 아르군이 쿠데타를 꾸며 1284년 권좌에 올랐다. 이란 국내의 정치적 동맹 관계는 다시 바뀌었다. 새 일 칸 아르군(재위 1284~1291)은 파드샤흐 카툰과 그 오라비에게 키르만을 함께 다스리도록 했다. 파드샤흐 카툰은 일 칸의 결정에 곧바로 항의하며 이 '솔로몬의 해법'을 공개적으로 거부했다. 그러나 이 용감한 행동은 역효과를 낳았다. 이 불평은 반역으로 해석됐고, 키르만의 지배권에 대한 주장은 일 칸국 엘리트로부터 아무런 공감도 얻어내지 못했다.[25]

아르군을 권좌에 올리는 데 중요한 역할을 했고 이어 대신으로 임명된 몽골 장군 보카Boqa(?~1289)는 파드샤흐를 권력의 중심에서 밀어내기로 결심했다. 그 방법은 파드샤흐를 강제로 재혼시키는 것이었다.[26] 파드샤흐는 아르군의 동생 게이하투(재위 1291~1295)와 혼인해야 했다. 남편을 잃은 여성이 남편의 남성 친척(흔히 동생이나 다른 여성과의 사이에서 낳은 아들이다)과 혼인하는 수계혼收繼婚이 몽골과 카라키타이 사회에서는 일반적이었지만, 이슬람교도의 관점에서는 인정되지 않는 것이었다. 파드샤흐 카툰은 이슬람 신앙을 천명했지만(이하 참조) 두 명의 비이슬람교도 몽골인과 혼인했고, 그 가운데 한 사람(게이하투)은 죽은 남편의 아들이었다. 이는 몽골 전통과 이슬람 신앙 사이의 절충과 화해의 수준을 시사한다. 몽골의 신하가 된 튀르크계 이슬람교도들에게 익숙해진 어떤 형태의 종교적 융합을 암시하는지도 모른다.[27]

파드샤흐는 게이하투와 혼인한 뒤 그와 함께 룸(아나톨리아)으로 갔다. 남편은 그곳 총독에 임명됐다.[28] 파드샤흐 카툰은 1286년에서 1291년까지 그곳에 머물러 있었다. 그동안은 일 칸국 정치 현장과는 떨어져 있었다. 룸에 있는 동안에는 정치 대신 문학 활동과 건축 후원에 시간을 할애했다(이하 참조). 이 막간의 여흥은 1291년 아르군이 죽고 남편 게이하투가 칸의 자리에 오르면서 끝이 났다. 이로써 파드샤흐는 이란으로 돌아올 수 있었다.

파드샤흐는 몽골 궁정에 발을 들여놓자마자 고국에 대한 통제권을 다시 주장했다. 실제로 게이하투는 즉위하자마자 곧바로 키르만을 파드샤흐 카툰에게 주고 그 오라비 소유르가트미시를 궁정으로 소환했다. 파드샤흐는 쿠틀룩한 왕조의 새 지배자로서 의기양양하게 키르만으로 복귀했다. 게다가 게이하투는 소유르가트미시에 대한 처분권을 파드샤흐에게 주었다. 소유르가트미시는 처음에 감옥에 갇혔다가 1294년 8월 처형됐다.[29]

파드샤흐는 남편의 치세 동안 키르만 정부의 영향력을 북쪽으로 야즈드까지, 동쪽으로 샤반카라흐Shabānkārah까지, 남쪽으로 호르무즈까지 확장했다.[30] 그러나 게이하투가 죽고 바이두Baidu(재위 1295)가 즉위한 뒤 일 칸국에서 새로운 승계 분쟁이 일어났다. 파드샤흐는 새 일 칸에게 반대했지만, 많은 지지자가 도망쳤음에도 키르만의 자리를 유지할 수 있었다. 결국 잔여 세력이 몽골 군대에 패배하고 파드샤흐는 항복할 수밖에 없었다.

파드샤흐 카툰의 이복오라비 소유르가트미시의 아내였던 쿠르두진Kurdujīn 카툰이 이제 마찬가지로 움직이고 있었다. 쿠르두진은 키르만이 자신의 것임을 주장했고, 파드샤흐를 포로로서 궁정으로 보냈다. 파드샤흐는 바이두의 궁정까지 가지 못하고, 1295년 6/7월 미슈킨Mishkin(이란 서북부) 부근에서 살해돼 그곳에 임시로 묻혔다.[31] 시간이 지난 뒤 파드샤흐의 유해는 키르만으로 옮겨져 어머니 테르켄 쿠틀룩이 설립한 쿱밧 사브즈Qubbat Sabz의 마드라사(이슬람 학교)에 다시 묻혔다.[32]

일 칸국 이란에서의 여성의 건축 후원

몽골의 정복이 초래한 파괴와 혼란에도 불구하고 궁정이 이슬람 기관들에 후원하는 양식 같은 일부 관행은 대체로 변함없이 유지됐다. 11세기 이후 지역 지배자, 관료, 귀족 가문들(특히 엘리트 여성들)은 건축 후원이라는 전통적 역할을 수행했다.[33] 12세기에 셀주크 제국 같은 지역과 제국의 튀르크 왕조들의 귀족 여성들은 야즈드, 마슈하드Mashhad, 시라즈 등 이란 각지에서 활발하게 다양한 종교적 건축물들의 건축 활동을 촉진하고 재정 지원을 했다. 이슬람 사원, 능묘, 한카흐khānqāh(순례자 숙소) 같은 것들이다.[34] 여성들의 이런 후원 활동은 13세기 초에도 계속됐고, 특히 아나톨리아의 셀주크 일족에서 그러했다.[35]

엘리트 여성들의 종교 기관 및 그 지도자들에 대한 후원의 관행은 몽골인들에게도 익숙한 것이었다. 칭기스 칸(재위 1206~1227)이 자신의 제국을 확장하고 강화하기 시작한 직후부터 몽골 엘리트 여성들은 후원 활동을 벌이기 시작했다. 제국 초기 수십 년 동안에는 여성들의 후원 대부분이 몽골인들이 처음에 만난 종교들에 돌아갔다. 도교, 불교, 동방 기독교(주로 네스토리우스교)가 그들의 후원으로부터 첫 수혜를 본 종교들이었다.

이슬람교는 이들 수혜 그룹에 속하지 않았지만,[36] 몽골 여성들이 이슬람교의 교육 및 예배 장소 건설에 기여한 초기 사례들이 있다. 예를 들어 칭기스 칸의 며느리이자 그의 아들 톨루이의 중요한 네 아들을 낳은 소르칵타니 베키(?~1251)[37]는 1240년대에 유명한 수피 교단 쿠브라위Kubrawi의 지도자 사이프 앗딘 알바하르지Sayf al-Dīn al-Bakhārzī(?~1261)[38]에게 부하라에 마드라사와 한카흐를 건설하라고 1000디나르를 기부했다. 자신

은 기독교도라고 고백했음에도 불구하고 이슬람교도에게 기부를 한 것이다.[39]

몽골인들은 이슬람 세계에 자기네 고유의 여성 후원이라는 전통을 가져왔지만, 13세기 그들의 이슬람 세계 확장은 또한 중앙아시아 출신 이슬람 왕조 성원들에 의한 여성 후원의 지역적 방식을 그들의 세계로 들여왔다.

남부 이란 파르스의 또 다른 몽골의 속국 왕조 살구르Salghur(1148~1282) 왕조의 아타벡Atabeg 사드 2세Sa'd II(?~1262)의 아내 테르켄Terken(?~1264) 카툰은 13세기 중반에 이 지역을 직접 통치했다.[40] 테르켄은 자신이 동원할 수 있는 정치적 영향력과 자원을 이용해 시라즈 중부 아타벡의 궁전 안에 이슬람 사원을 건설하는 일을 장려하고 그 일에 자금을 댔다.[41] 마찬가지로 테르켄의 조카딸(이름이 같다)이자 파드샤흐의 어머니인 테르켄 쿠틀룩은 종교 재단인 와크프waqf를 몇 개 설립해 키르만에 마드라사(대학), 병원, 이슬람 사원 건설을 지원하는 자금을 제공했다.[42] 파드샤흐 카툰은 어머니의 자선 활동의 영향을 받은 듯하며, 일 칸국 궁정에서 정치적 행위자가 된 뒤 어머니가 보인 모범을 따랐다.

그러나 파드샤흐 카툰은 다른 친척 여자들을 능가했다. 후원 활동을 남부 이란 이외의 지역으로 확대했으며, 후원을 하는 데서 초지역적 성격을 드러낸 것이다. 파드샤흐의 이름은 현대 터키 에르주룸시市의 유명한 '쌍첨탑Çifte Minaret' 마드라사('카툰의 마드라사Hatiniye Madrasesi'로도 알려져 있다) 돔 건설과 연결돼 있다(사진 14-1 참조).[43] 파드샤흐가 이 돔의 자금 조달에 직접 참여했는지는 분명치 않다. 그러나 1280년대 말 아나톨리아에서 살 때 이 마드라사에 기부는 했던 듯하다.[44] 파드샤흐가 1291년 키르만으로 돌아간 이후 건축 후원자로서 어떤 활동을 했는지는 알 수

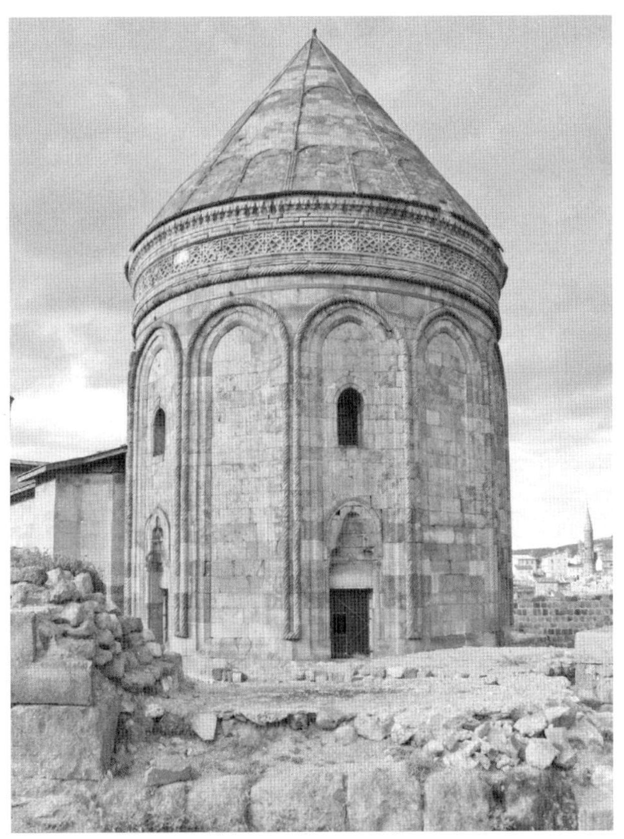

사진 14-1 터키 에르주룸의 '쌍첨탑' 마드라사에 있는 능묘의 돔. 파드샤흐 카툰이 이를 건설하는 데 돈을 댔다. 사진: Patricia Blessing

없다. 이슬람교 기관들에 계속적인 지원을 한 듯하기는 하다. 당대의 한 자료는 파드샤흐가 "학자들에게 많은 보조금과 용돈을 주고 엄청난 마드라사와 이슬람 사원(의 건설)을 명령"[45]했다고 말하고 있다.

종교 명사에 대한 후원자로서의 여성

중세 튀르크-몽골 사회에서 귀족 여성들이 종교 기관의 재정과 지원에 관여하는 것은 흔히 명망 있는 종교 지도자들(대부분 그 기관을 이끌고 있는 사람들이다)과의 과거 관계에서 비롯하는 경우가 많다. 튀르크 여성 엘리트들과 종교 지도자들 사이의 그러한 상호작용은 대체로 몽골의 침략 이전부터 있어온 것이었다.[46] 몽골 엘리트 여성들 역시 제국의 팽창 이후 명망 있는 인물들과 긴밀한 관계를 유지하며 다양한 배경과 종교 신앙을 가진 명사들과 직접적 후원 관계를 구축했다. 기독교(아르메니아 정교, 네스토리우스파, 가톨릭) 성직자, 불교 승려, 도교 도사, 이슬람 샤이흐, 남녀 무당에 이르기까지 모든 사람이 몽골 여성들의 오르도를 들락거렸다.[47]

이슬람 학자들, 특히 수피 샤이흐들 역시 몽골 귀족 여성들의 보호와 재정적 후원을 재빨리 받아들였다. 튀르크-몽골 여성들의 이슬람교 기관들에 대한 기부는 일반적으로 재정 지원을 받는 마드라사나 한카흐에 소속된 샤이흐·학자·이맘들에 대한 임명과 함께 이루어졌다. 앞서 살펴본, 제국 초기 소르칵타니 베키가 신비주의자 사이프 앗딘 알바하르지에 대해 행한 지원은 동떨어진 사례가 아니었다.

수피 문학, 특히 성인전聖人傳에는 일 칸국 시기와 그 이전 광역 이란권의 몽골 여성들 및 튀르크 여성들이 많이 언급된다.[48] 몽골 지배하 아나톨리아의 여러 성인전 기록은 아화드 앗딘 키르마니Awḥad al-Dīn Kirmānī(?~1238), 유명한 신비주의자이자 시인 잘랄 앗딘 루미(1207~1273), 그의 아들이자 계승자 술탄 왈라드Sulṭān Walad(1227*~1312) 같은 수피 지도자들과 긴밀한 접촉을 갖는 상류층 튀르크 여성들의 사례를

다수 상기시킨다.[49]

파드샤흐 카툰 역시 아나톨리아 시절 수피 샤이흐들과 관계를 맺었을 것이다. 샴스 앗딘 아흐마드 아플라키Shams al-Dīn Aḥmad Aflākī는 14세기에 쓴 신비주의 시인 루미와 그 자손의 성인전에 파드샤흐 카툰과 루미의 손자 아리프 찰라비ʿĀrif Chalabī(?~1320) 사이의 긴밀한 관계를 묘사하는 일화를 실었다. 그런 일화 가운데 하나[50]에 따르면(일부 시기적으로 맞지 않는 부분이 있다), 파드샤흐는 마울라나 가문의 지원자였다. 이 기록은 파드샤흐 카툰이 아리프 찰라비를 너무 좋아해 에르주룸의 자기 주변에서 그를 떠나보내려 하지 않았다고 적었다. 이 수피 가문의 수장인 아리프의 아버지 술탄 왈라드(?~1312)가 아들을 코냐로 돌려보내달라고 사정하는 편지를 잔뜩 보냈지만 소용없었다.

이 성인전 기록은 이어 아리프 찰라비가 카툰의 곁에서 상당 기간을 보낸 뒤 떠났다고 말한다. 떠나게 된 것은 말다툼 때문이었다. 아리프는 코냐로 돌아온 뒤 사흘 동안 내리 말도 하지 않은 채 밥을 먹지 않았다. 그런 뒤에 측근들에게 파드샤흐 카툰이 죽었다고 말했다. 상세한 내용은 아리프가 곧 받은 편지로 확인됐다. 슬픔에 잠긴 샤이흐는 에르주룸으로 돌아가 파드샤흐에게 경의를 표했다. 그는 괴로워하며 파드샤흐의 시신에 엎어졌고, 파드샤흐의 잘못을 용서했으며, 망자의 명복을 비는 사행시 몇 수를 암송했다.

이 성인전 기록은 그 목적이 샤이흐의 기적적인 능력(이 경우에는 그가 카툰의 죽음을 예언한 일이다)을 강조하는 것이었다. 설사 세부 사항이 과장되고 부정확하더라도(예컨대 파드샤흐는 에르주룸에서 죽지 않았다), 이 일화는 여전히 파드샤흐가 아리프와(또는 이 수피 집안의 어떤 다른 사람과) 긴밀한 관계를 형성했다는 중요한 근거다.

파드샤흐는 또한 비이슬람교도 종교인들과도 관계를 구축했던 듯하다. 베네치아 상인 마르코 폴로에 따르면, 그는 유명한 자신의 여행 도중 파드샤흐를 만났는데 네스토리우스파 성직자가 파드샤흐 옆에서 일하고 있는 것을 보았다.[51] 파드샤흐의 어머니 테르켄 쿠틀룩은 키르만 지역을 상인들과 특히 이슬람 학자 및 샤이흐들의 안식처로 만들었다. 그들 가운데 상당수는 후원과 보호를 찾아 중앙아시아로부터 이주한 사람들이었다.[52] 테르켄 쿠틀룩 치하에서 시작된 종교 지도자들을 환영하는 정책이 파드샤흐가 키르만의 지배자가 된 이후 약화됐다는 징후는 없다.

여성들과 샤이흐들의 이 지속적인 상호작용은 독실한 신앙과 경제적·정치적 후원 및 이익으로 이루어졌고, 종교 지도자들은 영향력 있는 여성들의 후원을 놓고 경쟁했던 것으로 보인다. 학자들은 수피가 당초 주장됐던 것에 비해 몽골인들을 이슬람교로 개종시키는 데서 그리 중요한 역할을 하지 않았다고 결론지었다. 그러나 수피 지도자들은 분명히 새 지배자들과 그 아내들에게 이슬람 관행을 보다 친숙하게 하는 역할을 했다.[53]

1270년대 이후 이슬람교도인 속국 왕실 여성들이 혼인을 통해 일 칸국 궁정으로 들어온 것도 몽골인들이 점진적 이슬람화로 나아가는 통로였다. 아바카, 게이하투, 뭉케 테무르 등 일 칸국 지배자 및 왕자들이 이슬람교도인 튀르크 여성들과 혼인했지만, 그것이 그들의 이슬람교 개종으로 이어지지는 않았다. 그러나 학자들이 지적하듯이, 이런 혼인들이 대규모로 일어나던 1270년대와 1280년대는 몽골인들의 느리지만 꾸준한 이슬람화 과정에서 전환점이었다.[54] 파드샤흐 카툰 같은 여성들은 일 칸들과 혼인한 이후에도 이란에 있는 이슬람 사회를 지원하는 데서 적극적 역할을 이어갔다. 이 여성들은 몽골 궁정 환경에 이슬람 관습과 후원 형태를 들여옴으로써 몽골 지배자들과 그들이 지배하는 이슬람 사회 사이의 문화적 화해를 더욱 용이하게 했다.

문학 후원과 여성들의 문화적 활동

건축과 기관과 종교 지도자들에 대한 후원자로서 여성이 수행한 역할은 자주 기록됐지만, 문화적 활동의 후원에 여성들이 관여한 것은 덜 분명하다. 남아 있는 많은 이슬람 세계 필사본, 특히 이란과 중앙아시아 소장품들은 여전히 검토되지 않고 있다.

그러나 몇몇 증거는 일부 학자들이 페르시아 문학의 '르네상스'라 부른 것(13~14세기 페르시아 세계에서 문학과 필사본 생산이 증가한 현상을 말한다)에 이 여성들이 직접적 또는 간접적으로 관여했음을 시사하고 있다. 직접적 문학 후원을 분명하게 기록한 드문 사례 하나는 시라즈 파르스의 살구르 왕조 치세에서 발견된다.[55] 유명 시인 사디Sa'dī(?~1292*)는 자신의 가장 유명한 두 작품을 파르스의 서로 다른 두 지배자에게 헌정했으며, 지배자의 아내 가운데 한 사람(위에서 언급한 살구르 왕조의 테르켄 카툰이다)의 "독실하고 너그러운" 성품을 강조하고 카툰이 문학 생산을 지원한 일을 칭송했다.[56]

시와 함께 이 시기에 지역 연대기와 역사서들도 많이 만들어졌다. 라시드 앗딘, 주와이니Juwaynī(?~1284), 무스타우피Mustawfī(1281~1349) 같은 저자들이 쓴 일 칸국의 주요 역사 저작들도 나왔다.[57]

키르만의 지역 역사서 두 편의 저술은 파드샤흐의 후원 활동과 밀접하게 연관돼 있었다. 두 저작 가운데 첫 번째 것은 《키르만의 카라키타이 왕들의 역사Tārīkh-i shāhī Qarā-Khitā'īyān-i Kirmān》로 미완성이고 저자를 알 수 없는데, 13세기 후반에 파드샤흐 카툰이 주문한 것으로 보인다.[58] 이 저작은 쿠틀룩 왕실의 공식 역사서를 목표로 한 것이며, 중세 키르만의 전성기라 생각되는 시기에 파드샤흐의 어머니 테르켄 쿠틀룩이 이룬 업적을 강조하고 있다.[59] 또 다른 저작《여왕 폐하를 위한 최고급 목걸이 Simṭ al-'ulā li'l-ḥaḍra al-'ulyā》는 나시르 앗딘 문시 키르마니Nāṣir al-Dīn Munshī Kirmānī(?~1316 이후)가 썼다. 이 저작은 파드샤흐 카툰이 죽고 20년 후에 만들어졌고 몽골 장군 이산 쿠틀룩Isan Qutlugh(?~1337~1338) 노얀[60]에게 헌정됐지만, 저자인 키르마니는 이력의 초기 단계에 파드샤흐 카툰 궁정의 시종관실에서 궁정 관원으로 일했으며 쿠틀룩한 왕조 행정부에서 가장 강력한 신하 가운데 한 사람이었다.[61]

《쿠란》은 이슬람교도에게 상징적 의미를 지녀서 여성들은 때로 이 성스러운 문서의 호화로운 사본을 만드는 일을 후원하고자 했다. 한 와크프에 대한 자세한 내용을 담고 있는 이슬람력 786년 2월 1일(서기 1384년 3월 25일) 자의 한 필사본은 파드샤흐의 여동생 비비 테르켄이 쿱밧 사브즈 마드라사에 있는 자기 부모의 무덤에 보관할 금도금《쿠란》을 기증했다고 적고 있다.[62]

파드샤흐가《쿠란》사본을 기증한 구체적 기록은 없다. 그러나 파드샤흐의 오랜 후원 기록을 감안하면, 파드샤흐가《쿠란》사본 제작을 지원했으리라로 생각하는 것도 무리는 아니다. 실제로 14세기 초의 한 기록은 파드샤흐가 아나톨리아에 있는 동안 시간을 내어《쿠란》해설서를 썼다고 슬쩍 언급하고 있다.[63] 불행하게도 우리는 이 해설서에 대해 더는 알지 못하지만, 이 연대기 작가는 "카툰 자신이 훌륭한 학자였다"[64]라고 언급하며, 파드샤흐가 여러 문학 작품의 필자임을 강조하고 있다.

이것은 파드샤흐 카툰을 다른 여성들과 구별해주는 중요한 진술이다. 파드샤흐는 일 칸국에서 문화적 생산에 직접 기여한 몇 안 되는 몽골-튀르크 여성의 한 사람이었다.[65] 더구나 파드샤흐는 능숙한 서예가였고, 짧은 시 몇 편을 써서 그것이 중세의 작품으로 번안되기도 했다.[66] 당대의 남성 학자들도 그 수준을 인정했고, 현지 연대기 작가들뿐 아니라 함둘라흐 무스타우피 카즈비니Ḥamd Allāh Mustawfī Qazvīnī(1281~1349*) 같은 일 칸국 궁정 역사가들 역시 그것을 베껴놓았다.[67]

아마도 아나톨리아에 있을 때 지은 듯한 한 시는 파드샤흐 시의 내성적內省的 성격과 키르만에 있는 고향 마을에 대한 그리움을 전형적으로 묘사하고 있다.

내가 권력자 술탄의 자식이고
튀르크의 중심이 되는 정원의 과일이라 해도
그리고 불운과 행운을 비웃기는 해도
나는 이 끝없는 유배 생활에 눈물짓노라.[68]

파드샤흐 카툰이 서로 다른 필명(여성 필명은 랄라 하툰Lāla Khatun, 남성 필명은 하산 샤흐Ḥasan Shāh였다)으로 시를 쓴다는 선택을 한 것 역시 독특하다.[69] 파드샤흐는 솔직한 여성이었으므로 자신의 시를 숨기려는 생각은 아니었던 듯하다. 학자들은 파드샤흐가 자신의 시를 전파하고 수용하게 하는 데 도움이 되리라는 희망에서 필명을 쓴 것이라 주장했다.[70] '하산 샤흐'는 또한 파드샤흐가 성장기에 몽골 왕자와의 혼인을 피하려 썼던 이름이었을 것이다.

어떻든 파드샤흐는 필명 뒤에 숨어 문학적 유산을 남길 수 있었고,

다른 여성들에게 장을 열어주었다. 파드샤흐가 죽고 거의 50년이 지난 14세기 중반에 페르시아 대신이자 역사가인 라시드 앗딘(1247*~1318)의 손녀 자한Jahān(?~1382) 카툰[71]은 자신의 디완dīwān(시집) 서문에서 파드샤흐를 언급한다. 여기서 파드샤흐는 시 분야에서 공헌한 소수의 이슬람 여성 가운데 한 사람으로 묘사됐다(그 밖에 선지자 무함마드의 딸 파티마Fāṭima, 쿠툴룩샤흐Qutlughshāh 카툰,[72] 아이샤 무크리야ʿĀʾisha Muqrīya를 들었다).[73] 이를 통해 자한 카툰은 이슬람 시인으로서 자신의 지위를 정당화할 수 있었다.[74] 그렇게 함으로써 이란 여성 귀족의 새 세대는 파드샤흐 카툰을 지배자로서 문화를 진흥시켰을뿐더러 중세 이란의 지적 생산에 적극 기여한 선구자로 인정했다.

결론

파드샤흐 카툰은 그 시대에 정치적으로 적극적이고, 경제적으로 자주적이며, 문화적으로 열성적인 튀르크-몽골 귀족 여성의 한 사례였다. 그러나 스텝의 활기와 이슬람의 독실함을 융합해 문화적 규범에 저항한 예외적 인물이기도 했다. 카툰은 동시대의 다른 많은 사람과 마찬가지로 불안정한 일 칸국에서 흔했던 내부 정치 투쟁에 관여했다. 파드샤흐는 이교도인 몽골인 지배자의 아내로서, 그리고 키르만의 이슬람 지배자의 딸로서 정치적 영향력과 경제적 부를 축적하는 데 성공했으며, 만년에는 몽골의 지도 아래 고향 지역을 지배하기도 했다. 다른 튀르크-몽골 엘리트 여성들처럼 몽골 궁정에서 이슬람교 기관들과 학자들을 후원하는 일에도 몰두했다. 아나톨리아에서는 총독의 아내로서, 그 뒤에는 키르만의 지배자로서였다. 그러나 이슬람 과학과 페르시아 시에 대한 파드샤흐의 공헌은 그 지위를 동시대 여성들 위로 올려놓았다.

주

위와 같은 결과로 이어진 이 연구는 '일 칸국 이란의 중심과 주변: 케르만의 쿠틀룩한 왕조(1222-1307)' 프로젝트의 일환으로 이란학연구소ÖEAW의 재정 지원을 받았다.

1 Ratchnevsky 1976; Rossabi 1979; De Nicola 2017a; Broadbridge 2018.

2 정치 영역에서의 튀르크-몽골 여성들에 관해서는 De Nicola 2017a, 65-89; De Nicola 2016b, 107-20; Broadbridge 2018, 164-224.

3 De Nicola 2016a, 91-94.

4 중세 이슬람 세계에서 후원 활동은 몽골 여성들에 국한되지 않았다. 예컨대 아이유브 치하의 다마스쿠스의 경우에 관해서는 Chamberlain 1994.

5 Lambton 1988, 258-96; De Nicola 2014a.

6 카라키타이(서요西遼라고도 한다)는 본래 요遼(907/916~1125) 왕조로 북중국과 몽골을 지배하다가 만주의 여진족이 금金(1124~1234) 왕조를 세우고 북중국을 점령하면서 서쪽 중앙아시아로 쫓겨갔다. Biran 2005b.

7 Biran 2005a.

8 Biran 2005b, 160-68.

9 Biran 2005b, 87-88.

10 Munshī Kirmānī 1983-84, 22; 또한 Juwaynī 1997, 476; Biran 2005b, 88.

11 Biran 2005b, 88.

12 교역로에 관해서는 Aubin 1953, 그리고 이 책 길의 글을 보라.

13 Polo 1903, 1: 86.

14 야즈드는 현지 엘리트들이 후원 사업에 대거 관여한 또 다른 지역이었다. Aubin 1975, 107-18.

15 Thys-Şenocak 2006; Bates 1993; Newman 2009, 108; Soucek 1998.

16 Munshī Kirmānī 1983-84, 35. 쿠틀룩한 왕조에 대해 포괄적으로 서술한 영어로 된 책은 없다. 독일어로 된 포괄적 서술은 Quade-Reutter 2003, 53-234. 쿠틀룩한 왕조 여성들에 대한 간략한 기술은 Lambton 1988, 276-87; Lane 2003, 96-99.

17 테르켄 쿠틀룩에 관해서는 Lane 2006, 248-50; Quade-Reutter 2015.

18 Minorsky 2012에 인용된 Mīrkhwānd, *Rawḍat al-ṣafā'*.

19 Lambton 1988, 280–81.

20 쿠틀룩한 왕조의 영토는 대략 현재의 이란이슬람공화국 케르만주 일대를 포괄한다. 밤Bam과 시르잔Sīrjān 두 도시를 포함한다.

21 Shabānkāra'ī 1984, 198–99; 전투에 관해서는 Biran 2002.

22 예순진은 그해(1272) 주마다 앗사니Jumada al-Thani(1월) 달에 죽었다. Rashīd al-Dīn 2: 1098; Rashīd al-Dīn 1998, 536.

23 Shabānkāra'ī 1984, 200; Khwāndāmīr 1954, 3: 269; Khwāndāmīr 1994, 155.

24 Munshī Kirmānī 1983–84, 54–55.

25 De Nicola 2017a, 108–9.

26 Melville 2009, 1: 75.

27 Ratchnevsky 1976, 517; Holmgren 1986; Ratchnevsky 1968.

28 Al-Aqsarā'ī 1944, 145–46; Anonymous 1976, 112–13.

29 Rashīd al-Dīn 1994, 2: 935; Rashīd al-Dīn 1971, 306; Munshī Kirmānī 1983–84, 73; Spuler 1943, 154.

30 Quade-Reutter 2016; Munshī Kirmānī 1983–84, 75.

31 Quade-Reutter 2016.

32 Munshī Kirmānī 1983–84, 76; Mustawfī Qazwīnī 2008–9, 1: 537; Rashīd al-Dīn 1994, 2: 935; Rashīd al-Dīn 1971, 306.

33 예를 들어, Grabar 1968, 626–58; Blair 1994, 5–20; Pfeiffer 2013, 136–37.

34 De Nicola 2014a, 146–47; De Nicola 2017a, 228.

35 Yalman 2017; Redford 2015.

36 De Nicola 2017a, 210–16.

37 소르칵타니에 관해서는 De Nicola 2017a, 72–76; Broadbridge 2018, 195–224.

38 사이프 앗딘 알바하르지는 수피교 쿠브라위 교단의 창설자인 나짐 앗딘 쿠브라Najm al-Dīn Kubrā(?~1221)의 유명한 제자였다. 그는 베르케 칸을 개종시킨 것으로 유명하다. 베르케는 칭기스 황실의 첫 개종자였다. Algar 2012. 쿠브라위 교단에 관해서는 DeWeese 1988.

39 Rashīd al-Dīn 1994, 2: 823; Rashīd al-Dīn 1998, 2: 400; Juwaynī 1912–37, 3: 8–9; Juwaynī 1997, 552–53; Banākatī 2000, 400.

40 De Nicola 2017a, 110–12.

41 Limbert 2007, 16, 63.

42 Bāstānī Pārīzī 1991, 55–68.

43 De Nicola 2014a, 148. 이 돔 건설에 파드샤흐가 관여했는지에 관한 논란에 대해서는 Rogers 1976, 76-77.

44 Quade-Reutter 2016에 인용된 Karamağalı n.d.

45 Shabānkāra'ī 1984, 202.

46 De Nicola 2017a, 208.

47 Khazanov 1994, 12; De Nicola 2017a, 186-88. Dawson 1955, 165-66; William of Rubruck 2009, 195-99; Rossabi 1989, 41

48 성인전은 '선전물'적 성격이 있어 그 기록의 진실성에 관한 문제를 제기한다. 그러나 수피 샤이흐들과 튀르크-몽골 여성들 사이의 상호작용이 설사 과장됐다 하더라도 그것들은 여전히 이들 여성들이 종교계와 접촉한 것에 관해 독특한 통찰을 제공한다. De Nicola 2014b, 134-35; Paul 1990.

49 De Nicola 2014b.

50 Aflākī 1959-61, 2: 889-91; Aflākī 2002, 621-23.

51 Marco Polo 1903, 1: 92.

52 Quade-Reutter 2015.

53 DeWeese 2009; De Nicola 2017b, 353-76.

54 Pfeiffer 2006, 369-89; De Nicola 2017b, 362-64.

55 살구르 왕조에 관해서는 Aigle 2005.

56 Brookshaw 2005, 187-88; De Nicola 2017a, 110-11.

57 Melville 2000.

58 Anonymous 1976.

59 Aigle 2005, 63-64; Fahīmī 2013, 111-13.

60 이산 쿠틀룩은 14세기 초반에 이란에서 활동했다. 그는 일 칸 울제이투(재위 1304~1316)의 아미르였으며, 마지막 일 칸 아부 사이드Abū Sa'īd(재위 1316~1335)의 치세 동안에도 여전히 중요한 인물로 남았다. 그는 아부 사이드가 죽은 직후 처형됐다. 1337~1338년 반란에 연루된 때문이었다. Ḥāfiẓ Abrū 1972, 65, 131-37, 200-201; Wing 2016, 85.

61 Aigle 2005, 64.

62 아라비아어로 쓰인 본래의 와크프 사본은 Asnad.org (Philipps Universität Marburg), www.asnad.org/en/document/514 (2018. 8. 28. 접속)에서 볼 수 있다.

63 Shabānkāra'ī 1984, 201.

64 Shabānkāra'ī 1984, 201.

65 파드샤흐의 학자 후원에 관해서는 Quade-Reutter 2015에 인용된 Munshī Kirmānī

1983–84, 73 ; Waṣṣāf 1853, 292.

66 Quade-Reutter 2015.

67 Munshī Kirmānī 1983–84, 70 ; Anonymous 1976, 61 ; Mustawfī 2008–9, 533.

68 영역은 Lane 2006, 246 ; 시의 전문은 Lane 2003, 110.

69 Quade-Reutter 2015 ; Ṣadaqiāni 1991, 244.

70 Ingenito 2018, 195.

71 자한 카툰에 관해서는 Ṣafā 1984, 2 : 1045–56.

72 쿠툴룩샤흐 카툰은 울제이투의 아내이자 아미르 이린진Irinjin의 딸이었으며, 훌레구의 아내 도쿠즈Doquz 카툰의 오르도를 물려받았다. De Nicola 2017a, 157 ; Qāshānī 2005, 8.

73 Ingenito 2018, 195.

74 Ingenito 2018, 195.

참고 문헌

Aflākī, Shams al-Dīn. 1959–61. *Manāqib al-ʿārifīn*. Ed. Tahsin Yazıcı. 2 vols. Ankara: Chāpkhānah-yi anjuman-i tārīkh-i Turk.

__________________. 2002. *The Feats of the Knowers of God: Manāqeb al-ʿārefīn*. Tr. John O'Kane. Leiden: Brill.

Aigle, Denise. 2005. *Le Fārs sous la domination mongole: Politique et fiscalité, XIIIe–XIVe s*. Paris: Association pour l'avancement des études iraniennes.

Algar, Hamid. 2012. S.v. "Sayf al-Dīn Bāk̲h̲arzī." *Encyclopaedia of Islam*. 2nd ed. Available at http://dx.doi.org/10.1163/1573-3912_islam_SIM_6683 (accessed August 28, 2018).

Amitai, Reuven. 1999. "Sufis and Shamans: Some Remarks on the Islamization of the Mongols in the Ilkhanate." *Journal of the Economic and Social History of the Orient* 42: 27–46.

Anonymous. 1976. *Tārīkh-i shāhī Qarākhitāʾīyān-i Kirmān*. Ed. Muḥammad Ibrāhīm Bāstānī Pārīzī. Tehran: Bunyād-i farhang-i Īrān.

al-Aqsarāʾī, Karīm al-Dīn Maḥmūd. 1944. *Müsâmeret ül-ahbar*. Ed. Osman Turan. Ankara: Türk tarih kurumu basımevi.

Aubin, Jean. 1953. "Les princes d'Ormuz du Xiii au Xv siècle." *Journal asiatique* 241: 77–137.

__________. 1975. "Le *patronage* culturel en Iran sous les Ilkhans: Une grande famille de Yazd." *Le Monde iranien et l'Islam: Sociétés et cultures* 3: 107–18.

Banākatī, Fakhr al-Dīn Dāwūd. 2000. *Tārīkh-i Banākatī: Rawḍat ūli'l-albāb fī maʿrifat al-tawārīkh wa'l-ansāb*. Ed. Jaʿfar Shiʿār. Tehran: Anjuman-i āthār wa mafākhir-i farhangī.

Bāstānī Pārīzī, Muḥammad Ibrāhīm. 1991. "Madrasa-yi Tirkān Saljūqī wa Tirkān Khatāyi dar Kirmān." In *Kirmān dar qalamraw-i taḥqiqāt-i īrāni* ed. Muḥammad Rasūl Daryāgasht, 55–68. Kirmān, Iran: Markaz-i Kirmānshināsī.

Bates, Ü. 1993. "The Architectural Patronage of Ottoman Women." *Asian Art* 6:

50–65.

Biran, Michal. 2002. "The Battle of Herat (1270): A Case of Inter-Mongol Warfare." In *Warfare in Inner Asia*, ed. Nicola Di Cosmo, 175–219. Leiden: Brill.

__________. 2005a. "True to Their Ways: Why the Qara Khitai Did Not Convert to Islam?" In *Mongols, Turks, and Others: Eurasian Nomads and the Sedentary World*, ed. Reuven Amitai and Michal Biran, 175–199. Leiden: Brill.

__________. 2005b. *The Empire of the Qara Khitai in Eurasian History: Between China and the Islamic World*. Cambridge: Cambridge University Press.

Blair, Sheila S. 1994. "Architecture in Iran and Central Asia under the Il-khanids and Their Successors." In *The Art and Architecture of Islam 1250–1800*, ed. Sheila S. Blair, 5–20. New Haven, CT: Yale University Press.

Broadbridge, Anne F. 2018. *Women and the Making of the Mongol Empire*. Cambridge: Cambridge University Press.

Brookshaw, Dominic P. 2005. "Odes of a Poet-Princess: The Ghazals of Jahān-Malik Khatun." *Iran* 43: 173–95.

Chamberlain, Michael. 1994. *Knowledge and Social Practice in Medieval Damascus, 1190–1350*. Cambridge: Cambridge University Press.

Dawson, Christopher. 1955. *The Mongol Mission: Narratives and Letters of the Franciscan Missionaries in Mongolia and China in the Thirteenth and Fourteenth Centuries*. London: Sheed and Ward.

De Nicola, Bruno. 2014a. "Patrons or Murids? Mongol Women and Shaykhs in Ilkhanid Iran and Anatolia." *Iran: Journal of the British Institute of Persian Studies* 52: 143–56.

__________. 2014b. "The Ladies of Rūm: A Hagiographic View on Women in Thirteenth-and Fourteenth-Century Anatolia." *Journal of Sufi Studies* 3: 132–56.

__________. 2016a. "The Economic Role of Mongol Women: Continuity and Transformation from Mongolia to Iran." In *The Mongols' Middle East: Continuity and Transformation in Ilkhanid Iran*, ed. Bruno De Nicola and Charles Melville, 79–105. Leiden: Brill.

__________. 2016b. "The Queen of the Chaghatayids: Orghīna Khatun and the Rule of Central Asia." *Journal of the Royal Asiatic Society* 26: 107–20.

__________. 2017a. *Women in Mongol Iran: The Khātūns, 1206–1335*. Edinburgh: Edinburgh University Press.

________________. 2017b. "The Role of the Domestic Sphere in the Islamisation of the Mongols." In *Islamisation: Comparative Perspectives from History*, ed. A. C. S. Peacock, 353–76. Edinburgh: Edinburgh University Press.

DeWeese, Devin. 1988. "The Eclipse of the Kubravīyah in Central Asia." *Iranian Studies* 21: 45–83.

________________. 2009. "Islamization in the Mongol Empire." In *The Cambridge History of Inner Asia: The Chinggisid Age*, ed. Nicola Di Cosmo, Allen J. Frank, and Peter B. Golden, 120–34. Cambridge: Cambridge University Press.

Fahīmī, Mahīn. 2013. "Ta'rīkh-i Shāhī." In *Historical Sources of the Islamic World: Selected Entries from Encyclopaedia of the World of Islam*, ed. Gholamali Haddad Adel, Mohammad Jafar Elmi, and Hassan Taromi-Rad, 111–13. London: EWI Press.

Grabar, Oleg. 1968. "The Visual Arts, 105–1350." In *The Cambridge History of Iran*, ed. John A. Boyle, 5: 626–58. Cambridge: Cambridge University Press.

Ḥāfiz. Abrū. 1972. *Dhayl-i jāmiʿ al-tawārīkh-i Rashīdī, shāmil-i waqāʾiʿ (703–781) Hijrī Qamarī*. Ed. Khānbābā Bayānī. Tehran: Intishārāt-i anjuman-i athār-i millī.

Holmgren, Jennifer. 1986. "Observations on Marriage and Inheritances in Early Mongol Yüan Society, with Particular Reference to the Levirate." *Journal of Asian History* 20: 127–92.

Ingenito, Domenico. 2018. "Jahān Malik Khatun: Gender, Canon, and Persona in the Poems of a Premodern Persian Princess." In *The Beloved in Middle Eastern Literatures: The Culture of Love and Languishing*, ed. Alireza Korangy, Hanadi al-Samman, and Michael C. Beard, 177–212. London: I. B. Tauris.

Juwaynī, ʿAlāʾ al-Dīn ʿAtā Malik. 1912–37. *Tarīkh-i jahān-gushā*. Vol. 3. Ed. M. Qazwīnī. Leiden: Brill.

______________________________. 1997. *Genghis Khan: The History of the World Conqueror*. Tr. John A. Boyle. Manchester: Manchester University Press.

Karamağalı, Halûk. n.d. "Erzerum'daki Hatuniye Medresenin tarihi ve bânisi hakkında baz mülâhazalar." *Selçuklu Araştırmalar Dergisi* 3: 209–47.

Khazanov, Anatoly M. 1994. "The Spread of World Religions in Medieval Nomadic Societies of the Eurasian Steppes." *Toronto Studies in Central and Inner Asia* 1: 11–33.

Khwāndāmīr, Ghiyāth al-Dīn. 1954. *Tārīkh-i ḥabīb al-siyar*. 4 vols. Tehran:

Kitābkhāna-yi Khayyām.

______________. 1994. *Habibu's-Siyar: The Reign of the Mongol and the Turk*. Tr. W. M. Thackston. Cambridge, MA: Harvard University, Department of Near Eastern Languages and Civilizations.

Lambton, Anne K. S. 1988. *Continuity and Change in Medieval Persia: Aspects of Administrative, Economic and Social History*. New York: Columbia University Press.

Lane, George. 2003. *Early Mongol Rule in Thirteenth-Century Iran: A Persian Renaissance*. London: RoutledgeCurzon.

______________. 2006. *Daily Life in the Mongol Empire*. Westport, CT: Greenwood Press.

Limbert, John W. 2007. *Shiraz in the Age of Hafez: The Glory of a Medieval Persian City*. Seattle: University of Washington Press.

Melville, Charles. 1990. "Pādshāh-i Islām: The Conversion of Sultan Mahmud Ghazan Khan." *Pembroke Papers* 1: 159–77.

______________. 2000. "Persian Local Histories: Views from the Wings." *Iranian Studies* 33: 7– 14.

______________. 2009. "The Mongols in Anatolia." In *The Cambridge History of Turkey*, ed. Kate Fleet, 1: 51–101. Cambridge: Cambridge University Press.

Minorsky, Vladimir. 2012. S.v. "Ḳutlug̲h̲-K̲h̲ānids." *Encyclopaedia of Islam*. 2nd ed.. Available at http://dx.doi.org/10.1163/1573-3912_islam_SIM_4588 (accessed August 28, 2018).

Munshī Kirmānī, Nāṣir al-Dīn. 1983–84. *Simṭ al-ʿulā li'l-ḥaḍra al-ʿulyā: Tārīkh-i Qarā-Khitā'īyān -i Kirmān*. Tehran: Asāṭīr, 1362.

Mustawfī Qazwīnī, Ḥamd Allāh. 2008–9. *Ta'rīkh-i guzīdah*. Ed. ʿAbd al-Ḥusayn Nawā'ī. Tehran, Iran: Amīr Kabīr, 1387.

Newman, Andrew. 2009. *Safavid Iran: Rebirth of a Persian Empire*. London: I. B. Tauris.

Paul, Jürgen. 1990. "Hagiographische Texte als historische Quelle." *Saeculum* 41: 17–43.

Pfeiffer, Judith. 2006. "Reflections on a 'Double Rapprochement': Conversion to Islam among the Mongol Elite during the Early Ilkhanate." In *Beyond the Legacy of Genghis Khan*, ed. Linda Komaroff, 369–89. Leiden, Brill.

____________. 2013. "Confessional Ambiguity vs. Confessional Polarization." In *Politics, Patronage, and the Transmission of Knowledge in 13th–15th Century Tabriz*, ed. Judith Pfeiffer, 129–68. Leiden: Brill.

Polo, Marco, 1903. *The Book of Ser Marco Polo, the Venetian: Concerning the Kingdoms and Marvels of the East*. Tr. Henry Yule. 2 vols. London: John Murray.

Quade-Reutter, Karin. 2003. "Denn Sie Haben einen unvollkommenen Verstand—Herrschaftliche Damen im Grossraum Iran in der Mongolen- und Timuridenzeit (ca. 1250–1507)." PhD diss., Albert-Ludwig Universität, Freiburg.

____________. 2015. S.v. "Qotlog Tarkān Ḵātun." *Encyclopadia Iranica*. Available at www.iranicaonline.org/articles/qotlogh–tarkan–khatun (accessed August 28, 2018).

____________. 2016. S.v. "Pādšāh Ḵātun." *Encyclopadia Iranica*. Available at www. iranicaonline.org/articles/padshah–khatun (accessed April 18, 2016).

Rashīd al-Dīn. 1971. *The Successors of Genghis Khan*. Tr. John Andrew Boyle. New York: Columbia University Press.

____________. 1994. *Jāmiʿ al-tawārīkh*. Ed. Muḥammad Rawshan and Muṣṭafā Mūsawī. 4 vols. Tehran: Nashr-i Alburz, 1373.

____________. 1998–99. Rashiduddin Fazlullah's *Jamiʿu't-tawarikh: Compendium of Chronicles*. Tr. Wheeler M. Thackston. 3 vols. Cambridge, MA: Harvard University, Department of Near Eastern Languages and Civilizations.

Ratchnevsky, Paul. 1968. "The Levirate in the Legislation of the Yuan Dynasty." In *Asiatic Studies in Honour of Dr. Jitsuzo Tamura*, 45–62. Kyoto: n.p.

____________1976. "La condition de la femme mongole au 12e/13e siècle." In *Tractata Altaica: Denis Sinor sexagenario optime de rebus altaicis merito dedicate*, ed. G. Doerfer et al., 509–30. Wiesbaden, Germany: Harrassowitz.

Redford, Scott. 2015. "The Rape of Anatolia." In *Islam and Christianity in Medieval Anatolia*, ed. Andrew C. S. Peacock, Bruno De Nicola, and Sara N. Yıldız, 107–16. Farnham, VT: Ashgate.

Rogers, J. M. 1976. "Waqf and Patronage in Seljuk Anatolia: The Epigraphic Evidence." *Anatolian Studies* 2: 60–103.

Rossabi, Morris. 1979. "Khubilai Khan and the Women in his Family." In *Studia Sino-Mongolica: Festschrift Fur Herbert Franke*, ed. W. Bauer, 153–80. Wiesbaden, Germany: Steiner.

______. 1989. *Khubilai Khan: His Life and Times*. Berkeley: University of California Press.

Ṣadaqiāni, Nayyera Aqdas. 1991. "Ṣafwat al-Dīn bānu-i shā'ir-i Kirmāni." In *Kirmān dar qalamraw-i taḥqiqāt-i īrāni*, ed. Muḥammad Rasūl Daryāgasht, 241–47. Kirmān, Iran: Markaz-i Kirmānshināsī.

Ṣafā, DhabīḥAllāh. 1984. *Ta'rīkh-i adabiyyāt dar Īrān*. 8 vols. Tehran: Firdaws.

Shabānkāra'ī, Muḥammad Ibn 'Alī. 1984. *Majma' al-ansāb*. Ed. Hāshim Muḥaddith. Tehran: Mu'assasah-yi intishārāt-i Amīr Kabīr, 1363.

Spuler, Bertold. 1943. *Die Goldene Horde: Die Mongolen in Russland, 1223–1502*. Leipzig: Harrassowitz.

Soucek, Priscila. 1998. "Timurid Women: A Cultural Perspective." In *Women in the Medieval Islamic World: Patronage and Piety*, ed. Gavin R. Hambly, 199–226. New York: St. Martin's Press.

Thys-Şenocak, Lucienne. 2006. *Ottoman Women Builders: The Architectural Patronage of Hadice Turhan Sultan*. New York: Ashgate.

Waṣṣāf, Sharaf-al-Dīn 'Abd Allāh. 1853. *Tajziat al-amṣār wa tazjiat al-a'ṣār*. Ed. M. M. Iṣfahāni. Lithograph Printing. Bombay: Muḥammad Mahdī Iṣfahānī, 1269/1853. Reprint, Tehran: Ibn Sīnā, 1338/1959.

William of Rubruck. 2009. *The Mission of Friar William of Rubruck: His Journey to the Court of the Great Khan Möngke, 1253–1255*. Tr. Peter Jackson. Indianapolis: Hackett.

Wing, Patrick. 2016. *The Jalayirids: Dynastic State Formation in the Mongol Middle East*. Edinburgh: Edinburgh University Press.

Wittfogel, Karl August, and Chia-sheng Feng. 1949. *History of Chinese Society: Liao (907–1225)*. Philadelphia: American Philosophical Society.

Yalman, Suzan. 2017. "The 'Dual Identity' of Mahperi Khatun: Piety, Patronage, and Marriage across Frontiers in Seljuk Anatolia." In *Architecture and Landscape in Medieval Anatolia*, 1100–1500, ed. Patricia Blessing and Rachel Goshgarian, 224–52. Edinburgh: Edinburgh University Press.

제15장

잘랄 앗딘 알아하위

실크로드의 이슬람 학문

❈

오르 아미르

1341년, 중앙아시아의 이슬람 학자 잘랄 앗딘 알아하위Jalāl al-Dīn al-Akhawī는 25년에 걸친 여행을 시작했다. 현대 우즈베키스탄의 사마르칸드와 러시아의 볼가강 유역을 거치고 이슬람교 중심지인 다마스쿠스와 바그다드를 지나 마침내 아라비아반도의 메디나Medina에서 끝나는 여정이었다. 그 종점에서 알아하위는 생애 후반 수십 년을 보내며 가르치고 글을 쓰는 일을 하게 된다.

알아하위의 여행은 몽골 지배기(대체로 기록이 부족한 시기다) 동안의 오래된 중앙아시아의 중심지들인 사마르칸드·부하라·화라즘의 지적 생활 흥성에 관한 중요한 기록을 제공한다. 그의 폭넓은 여행은 또한 몽골 국가 금장 칸국〔킵착 칸국, 주치 울루스〕 치하의 새로운 이슬람 학문 중심지 건설과 이슬람 세계 지적 교류의 흥성을, 좀 더 넓게는 14세기 몽골 치하 유리사아 대륙 이슬람 학자들의 새로운 이동 유형의 형성과 옛 유형의 지속을 말해준다.

알아하위는 여행에서 대체로 몽골 시기 여러 역사적 과정을 통해 형성된 교역로를 따라 이동했다. 정치적·경제적 수준에서 알아하위의 여정은 두 가지 요소에 영향 받았다. 첫째로, 14세기 전반기 동안 화라즘에서 크림반도까지 뻗쳐 있는 방대한 지역에 대한 금장 칸국의 지배가 제공한 안정성과 안전성이다. 둘째로, 금장 칸국과 이집트 맘룩 술탄국 사이에 이루어진 왕성한 노예 무역이다.

학술적·종교적 용어로 알아하위의 이동은 금장 칸국과 이집트 맘룩 술탄국 두 나라 사이의 밀접한 관계, 그리고 주로 이슬람 법학의 하나피 학파로 기울어진 공통된 편향의 영향을 받았다. 이 편향은 금장 칸국과 맘룩 술탄국 모두에서 하나피 학자들에 대한 후원과 물질적 지원의 기회가 증가한 사실에서 드러났다. 중앙아시아의 하나피파 학자들은 처음에 13세기 전반기 동안 몽골이 중앙아시아에 가한 맹공격으로부터 피난처를 찾기 위해 이집트와 시리아로 이주했지만, 나중에는 맘룩 엘리트들이 새로 설립한 많은 교육 기관에서 그들에게 제공되는 점점 더 많은 지원에 힘입어 대규모로 시리아 및 이집트 여행을 계속했다.[1]

알아하위 자신은 우리가 확실하게 알 수 없는 어떤 이유들 때문에 많은 그의 동료나 스승처럼 이집트까지 가지 않았지만, 그는 분명히 13세기 초 이래 당대의 동방 하나피파 학자들이 나섰던(그리고 14세기 후반 이후 더 많은 사람이 갔던) 서쪽 방향을 따라갔다. 알아하위의 여행은 이에 따라 한편으로 학자들에게 미친 정치적 분위기의 영향을 말해주며, 다른 한편으로 이 시기 동안 지적·종교적 연결망이 흔히 정치적 경계를 넘나들었음을 말해준다.

이 글은 우선 이집트 학자 샴스 앗딘 알사하위Shams al-Dīn al-Sakhāwī(?~1497)의 전기 모음에서 설명한 바대로 알아하위의 여행을 따라가면서,[2] 이 중앙아시아 학자의 여행과 그가 최종적으로 메디나에 정착한 뒤의 그의 경험을 개괄하고 분석한다. 그런 뒤에 알아하위의 유산 및 그와 관련된 역사 편찬의 양상에 대한 몇 가지 통찰을 제시한다.

중앙아시아의 어린 시절부터 메디나 정착까지 — 한 이슬람 학자의 인생 궤적

잘랄 앗딘 아흐마드 이븐 무함마드 알후잔디 알아하위Jalāl al-Dīn Aḥmad ibn Muḥammad al-Khujandī al-Akhawī(이하 알아하위)[3]는 1319년 중앙아시아의 후잔드Khujand(오늘날의 타지키스탄)에서 태어났다. 시르다리야[시르강] 중류, 파르가나Farghana와 사마르칸드 중간의 강변 마을이었다.[4]

알아하위는 아마도 울라마(신학자) 집안이었던 듯하다.[5] 그의 초기 교육은 예닐곱 살에 시작해 이 지역 출신 하나피파 학자들의 전형적인 길을 따랐다. 피크흐fiqh라는 법학에 관한 고전적 저작 몇 가지와 문법·언어학·시·산문 같은 기본적 보조 학문들이 교육에 포함됐다.[6] 알아하위가 후잔드에서 어린 시절을 보냈다는 것은 이 도시가 작지만 존중받는 이슬람 학문의 중심지였음을 시사한다. 하나피파 학자라는 알아하위의 핵심 정체성이 형성된 것은 이 시기 동안이었고, 이런 배경은 나중의 그의 여행과 이력에서 중요한 역할을 하게 된다.

1341년, 스물두 살의 나이에 알아하위는 고향을 떠나 여행을 시작했다. 끊어졌다 이어지며 25년이 걸리고 먼 나라의 도시 메디나에 정착하

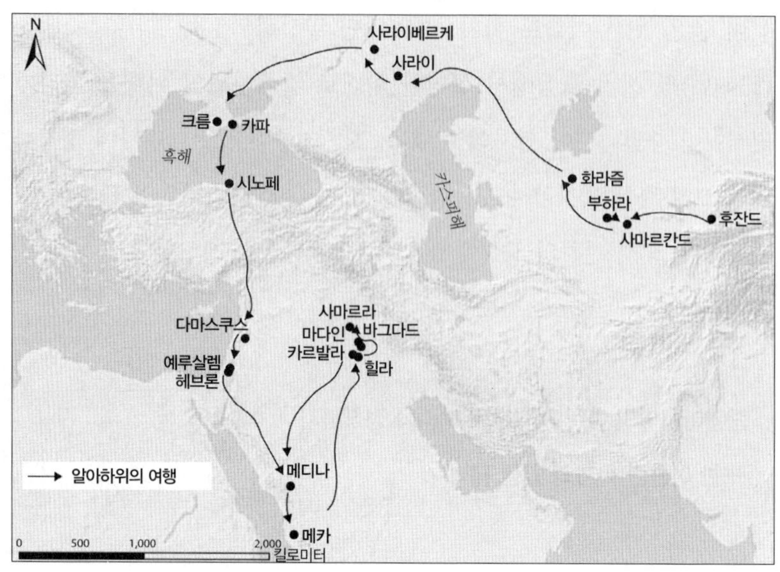

지도 15-1 알아하위의 이동로

면서 끝나게 되는 여정이다(지도 15-1 참조).

알아하위의 여행은 '지식 추구' 여행[7]이라는 이슬람교도의 이상에 부합하는 것이었다. 훈련과 지식을 위해 먼 거리를(심지어 아라비아의 유명한 속담에 나오듯이 "머나먼 중국까지라도") 여행한다는 생각은 이슬람교의 출범 초기 이래 이슬람 학자 사회의 공통적 정신이었다.[8] 이 '지식 추구' 여행은 배우는 내용보다는 배움의 스승 쪽에 더 초점이 맞추어져 있었다. 학생과 학자들의 이동은 명망 있는 학문적 권위자에 더 이끌리고, 특정한 가르침의 추구에 덜 이끌렸다는 말이다.

알아하위가 여행에 나서 처음 머무른 곳은 사마르칸드였다. 옥소스강 동쪽의 큰 중심 도시 가운데 하나인 이곳은 후잔드와 마찬가지로 중앙아시아의 몽골 국가인 차가다이 칸국의 영토 안에 있었다. 여행의 당초 목표는 쟁쟁한 하나피 학자들과 함께 사마르칸드에서 공부하는 것이었던 듯하다. 그러나 알아하위는 사마르칸드에 오래 머무르지 않았던 듯하고, 앗사하위는 알아하위가 따르며 공부한 두세 명의 스승만 간단히 언급하고 알아하위가 그곳에서 배웠던 책에 대해서는 언급하지 않는다. 그러나 알아하위는 중요한 이슬람 세계의(주로 하나피파의) 교육 중심지였던 사마르칸드의 영광스러운 과거를 증언하는 몇몇 성지를 참배(지야라 ziyāra라고 한다)했다.[9]

경건하게 무덤과 성소를 방문하는 것은 알아하위의 여행에서 중요한 주제의 하나다. 순례인 '지야라'는 후대 이슬람 시기 경건성 표현의 중심이었고, 이슬람 세계 전역에서 사회 모든 계층의 사람들이 실천했다. 이런 관행은 이슬람 성소와 살아 있거나 죽은 성인들로부터 '바라카baraka' 즉 영적 축복을 얻기를 바라는 동기에서 나온 것이었다. 지야라는 그런 여행의 '존재 이유raison d'etre'는 아니었을지라도 학자들의 여행에서 중요한 측면이 됐다. 더구나 성지와 순례는 이슬람교의 신비주의적 전통인 수피즘을 대중화하고 전파하는 데서, 그리고 중앙아시아에서 이슬람 세계의 지형을 형성하는 데서 중요한 역할을 했다.[10]

다시 우리의 여행자에게로 돌아가자. 알아하위는 사마르칸드에서 다음 기착지이자 오래 머무른 첫 번째 기착지인 부하라로 가는 여행을 계속했다. 부하라에서 알아하위는 16개월 정도 머물렀다. 부하라에 있는 동안 알아하위는 두 이슬람 대학(마드라사)에 머물렀다. 하나는 몽골 황실 여성 소르칵타니 베키(?~1252)가 설립한 칸 마드라사였고,[11] 또 하나는 인근 소도시 밥켄트Vabkent 부근에 위치한, 80명 정도의 학생을 수용한 마드라사였다(사진 15-1 참조).[12]

마드라사와 여타의 교육 기관들(한카흐와 리바트ribāṭ 등 수피의 순례자 시설 같은 것들이다)은 교육 기관으로서 갖는 분명한 역할 외에 방문 학자들

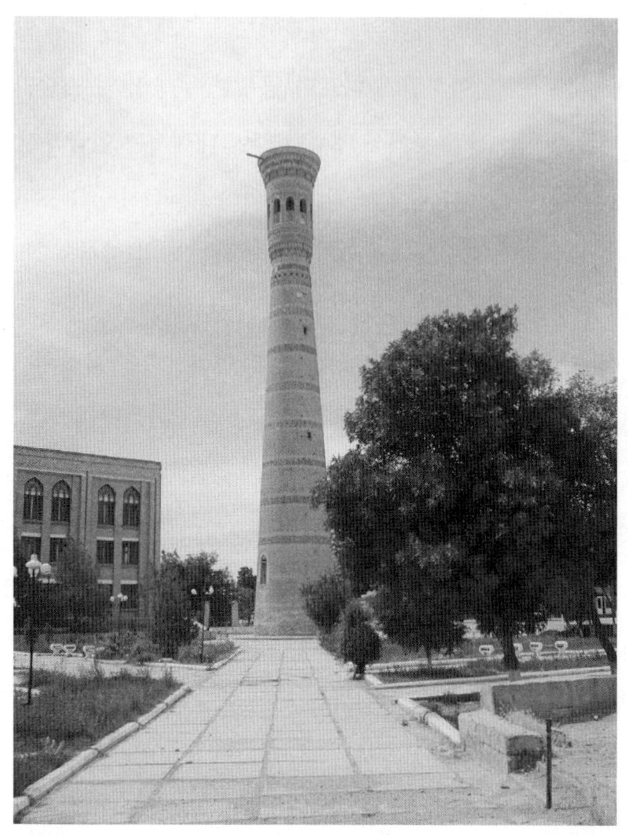

사진 15-1 알아하위가 공부했던 마드라사 부근 밥켄트의 뾰족탑

을 수용하는 데서 중요한 역할을 했으며, 이를 통해 지역 수준 및 지역 간 수준 모두에서 이동을 편리하게 했다. 예컨대 알아하위는 화라즘·다마스쿠스·예루살렘·바그다드·메디나에서도 그런 기관들에 머물렀다. 이러한 기관들 상당수는 방문 학자들을 수용하기 위한 전용 특별 기부금을 갖고 있었고, 일부는 이런 특수한 목적을 염두에 두고 설립되기도 했다.

부하라는 과거와 현재의 여러 위대한 학자가 살았던 복된 땅이었고,[13]

알아하위는 두 세계를 활용하는 데 시간을 들였다. 그는 부하라에서 유명한 사드르 앗샤리아 알마흐부비Ṣadr al-Sharīʿa al-Maḥbūbī(?~1347/1348) 등 여덟 명의 스승 밑에서 공부했다.[14] 알아하위가 공부한 내용은 여전히 하나피 법학과 보조 학문이었지만, 이제 칼람 즉 신학도 포함됐다.[15] 부하라에서 알아하위는 또한 비교적 최근에 나온 저작들을 접할 수 있었다. 예컨대 수사학에 관한 저작 《핵심 요약Talkhīṣ al-miftāḥ》 같은 것들이다. 저자인 다마스쿠스의 학자 압둘 라흐만 알카즈위니ʿAbd al-Raḥmān al-Qazwīnī(?~1338)는 알아하위가 부하라에서 그의 책을 공부할 때 죽은 지 채 5년이 되지 않은 사람이었다. 14세기 이슬람 세계 지식인 사회의 과학 및 학술 교류 수준이 매우 높았음을 알 수 있다.[16]

알아하위는 이전에 사마르칸드에서 그랬듯이 죽은 훌륭한 학자들을 잊지 않았다. 그들은 "존재 자체로 부하라에 복을 내린" 사람들이었다. 알아하위는 하나피 학자들 및 수피 학자들을 기리는 성소를 적어도 여섯 군데 이상 방문했다.[17]

알아하위는 부하라에서 화라즘(오늘날의 우르겐치)으로 길을 이어갔다. 기본적으로 20년쯤 전에 유명한 여행가 이븐 바투타(1304~1368/1377)가 갔던 것과 같은 경로였다. 물론 이븐 바투타는 동쪽으로 즉 반대 방향으로 갔지만 말이다. 후잔드를 떠나 서쪽 사마르칸드로, 이어 부하라로 간 것은 알아하위처럼 권위 있는 스승을 찾는 중앙아시아의 젊은 학자로서는 가장 명확한 선택이었던 듯하지만, 그가 갑자기 북쪽으로 방향을 틀어 화라즘으로 간 것은 그의 나머지 여행에 큰 영향을 미쳤다.

알아하위가 후잔드를 떠날 때 어떤 장기 계획을 가지고 있었는지는 알 수 없다. 그러나 화라즘에서부터 그의 여정은 자연스럽게 북쪽으로 이어질 수밖에 없었다. 바로 금장 칸국의 수도 사라이[18]로 가는 북방 교역로다.[19] 그리고 이에 따라 알아하위는 이란을 에두르게 됐다. 그가 부하라에서 서남쪽으로 길을 이었다면 후라산의 중심부와 이슬람 학문의 주요 중심지에 도달할 수 있었을 것이다.

보다 명확하고 전통적인 선택지인 서남쪽 후라산으로 향하지 않고 북쪽 화라즘으로 향한 알아하위의 결정을 어떻게 설명할 수 있을까? 그의 선택은 어쩌면 화라즘에 살고 있는 선생들의 명성이 높아지고 있었음을 가리키는지도 모른다. 그러나 그것은 또한 당대의 정치적·경제적 요인 때문이라고 볼 수도 있다. 즉 북쪽 경로가 제공하는 안전한 통행과 호의적 조건이다. 그것은 이슬람교로 개종한 우즈벡(재위 1313~1341) 칸의 치세에 절정에 달했고,[20] 금장 칸국의 융성한 경제적·지적 생활 때문일 수도 있다. 그것은 당시 중앙아시아의 차가다이 칸국에서 불안정이 계속된 것과 대조적이었다.[21]

화라즘은 알아하위에게 중요한 기착지였다. 알아하위는 화라즘에서 12년 넘게 공부했으며, 이 기간의 적어도 일부를 타나크Tanak 마드라사에서 살았다. 앗사하위는 화라즘의 학술 현장을 칭송했다. 약 1000명의 학생과 많은 학자가 있었다고 그는 말했다.[22] 이집트인 앗사하위가 화라즘에 대해 남긴 짧은 묘사와 알아하위가 그곳에서 만났다고 앗사하위가 나열한 스승 명단 및 책 목록은 이 도시의 흥성한 이슬람교도 지적 생활을 말해주는 중요한 증거다. 이는 또한 이븐 바투타가 화라즘 교육 기관에 대해 남긴 열정적인 묘사(특히 부하라 지식인 사회에 대한 약간 우울한 인상과 비교해서)와 부합한다.[23]

불행히도 화라즘의 알아하위 스승 열다섯 명 가운데 세 사람만 추가 정보가 있으며, 그 경우에도 기록은 아주 간단하다. 알아하위의 스승 가운데 맘룩-아라비아 전기 목록에 이름을 올린 사람은 압둘라흐 앗사바 알

화라즈미'Abdallāh al-Sab'a al-Khwārazmī(?~1359)가 유일하다. 그는 '키라아트 qirā'āt'라는 《쿠란》에 대한 다양한 독송讀誦의 전문가로, 화라즘에서 다마스쿠스를 여행한 사람이었다.[24]

풍부한 아라비아어 전기 모음에 화라즘 지식계의 세부 정보가 빠진 것은 그 실제 상황이 빈약해서라기보다 화라즘 학계에 대한 맘룩 저자들의 편견 탓이 더 큰 것으로 보인다. 예를 들어 화라즘에서 알아하위의 주된 스승은 사이이드(선지자 무함마드의 자손) 잘랄 앗딘 알쿠를라니Jalāl al-Dīn al-Kurlānī(?~1365/1366)였다.[25] 알아하위는 그와 함께 총 11년 동안 공부했다. 주로 하나피 법학을 연마했지만, 타프시르(《쿠란》 해설)나 하디스hadith(무함마드의 언행록) 같은 다른 이슬람 학문들도 공부했다.[26] 알쿠를라니는 매우 많은 글을 쓴 학자였고 그의 저작 필사본들이 여러 도서관에 아직까지 남아 있다. 그러나 알쿠를라니의 성공적인 이력에도 불구하고 그의 이름은 맘룩 술탄국의 어떤 전기집傳記集에도 언급되지 않고 있다.[27]

알아하위가 화라즘에 있을 때 경험한 교육 과정은 그가 이전에 교육받았던 것에 비해 훨씬 다양했다. 또한 샤피이Shāfi'ī 학파 법학이 강조되고 이븐 시나Ibn Sīnā(?~1037, 서양에서는 아비센나Avicenna로 알려져 있다)와 나시르 앗딘 앗투시(1201~1274)의 고전적 저작을 포함하는 합리적 학문도 들어 있었다.[28] 그렇지만 알아하위의 주 관심사는 여전히 이 지역의 특화물인 하나피 법학이었다.[29]

물론 알아하위의 화라즘 체재는 지역의 성소에 대한 습관적인 방문으로 마무리돼야 했다. 이번에는 도시 바깥에 위치한 중요한 두 곳이 중심이었다. 수피 샤이흐 나짐 앗딘 쿠브라Najm al-Dīn Kubrā(?~1220)의 무덤(사진 15-2 참조)과 12세기 무타질라Mu'tazilah 학파의 학자 앗자마흐샤리

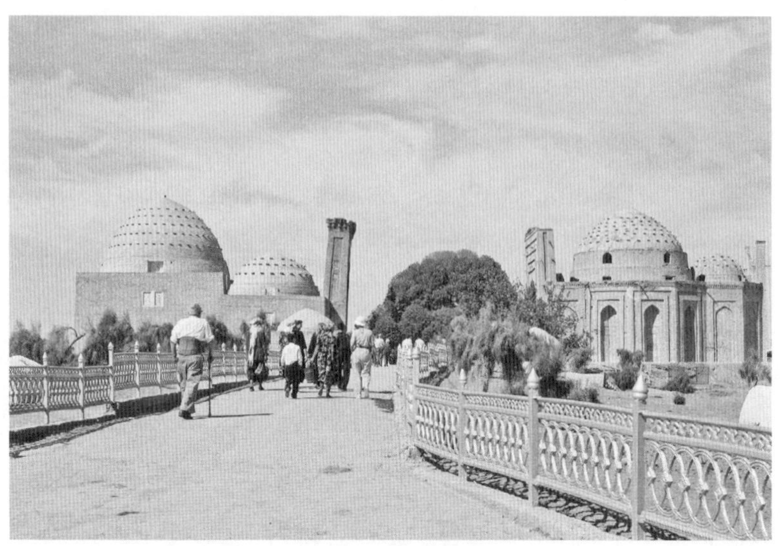

사진 15-2 우즈베키스탄 우르겐치에 있는 나짐 앗딘 쿠브라의 능묘. 사진: Sheila Blair and Jonathan Bloom

al-Zamakhsharī(?~1144)의 무덤이었다. 두 곳 모두 이븐 바투타 또한 찾아간 곳이었다.[30]

알아하위는 화라즘에서 서북쪽으로 여행을 계속해 사라이베르케Sarai Berke라는 도시로 갔다. 아마도 금장 칸국의 이전 수도인 옛 사라이를 말하는 것으로 보인다.[31] 이 부분은 여정에 착오가 있는 듯하다. 앗사하위는 알아하위가 먼저 사라이베르케에 가고 그 뒤 계속해서 악사라이Aq Ṣarāy로 갔다고 쓰고 있다.[32] 악사라이는 아나톨리아 중부에 있는 도시의 이름이다. 이는 알아하위의 다음 기착지를 감안하면 말이 되지 않는다. 다음 기착지는 크름Qırım 즉 크림반도의 솔하트Solkhat다.

더구나 알아하위는 사라이베르케에서 한 학자를 만나고 과거 '명사名士'의 무덤 몇 군데를 방문했다. 그 가운데 둘(앗시합 앗사일al-Shihāb al-

Sā'il과 앗샤이흐 누만al-Shaykh Nu'mān[33])은 우즈벡 칸의 궁정에서 활동한 학자들과 같은 인물이라고 볼 수 있을 것이다. 20년 전 이븐 바투타 역시 만났던 인물들이었던 듯하다.[34] 한편 알아하위는 '악사라이'에서 두 명의 특출한 학자와 공부했다. 사드 앗딘 앗타프타자니Sa'd al-Dīn al-Taftāzānī(1322~1390)와 쿠트브 앗딘 알라지Quṭb al-Dīn al-Rāzī(?~1365)다. 두 사람 모두 이 시기에 새 사라이에 거주한 것으로 알려져 있다. 옛 사라이에서 북쪽으로 약 125킬로미터 떨어진 곳에 새로 건설된 금장 칸국의 수도다.[35] 이를 알아하위가 가로질렀던 북방 여행로와 함께 생각하고 거기에 맘룩 작가들이 두 도시를 혼동한 것까지 고려한다면,[36] 알아하위가 실제로는 두 도시 사이를 오갔다고 생각하는 편이 안전할 듯하다.

크름은 알아하위의 다음 기착지였다. 이 도시는 우즈벡 치세 동안에 건립된 이슬람 사원과 마드라사 등 이슬람교 기관들이 특징적인 곳이었고,[37] 금장 칸국 이슬람 교육의 지역 중심지로서 발전하고 있는 곳 가운데 하나였다. 알아하위는 크름에서 그 인근에 있는 흑해의 항구 도시 카파로 갔고, 거기서 다시 흑해 남쪽 해안의 시노페로 갔다고 한다. 그런 뒤에 크름으로 돌아와 2년(그가 크림반도에 머무른 전체 기간을 말하는 듯하다)을 더 머물렀다.

크름은 인근의 항구 카파를 거쳐 이집트와 시리아의 맘룩에게 노예를 파는 주요 노예 시장이었다.[38] 크름의 총독은 맘룩 술탄국과 긴밀한 외교 관계를 유지했고, 상인들은 카이로와 크름 사이를 뻔질나게 왕래했다. 따라서 알아하위가 크름에서 알렉산드리아의 샤딜리Shādhilī파 샤이흐인 야쿠트 알아르시Yāqūt al-'Arshī(?~1307)를 만나게 된 것도 놀라운 일은 아니었다.[39] 샤딜리 수피 교단은 주로 이집트와 북아프리카에 신도들이 있었고, 수는 조금 적지만 시리아에도 신도들이 있었다. 이븐 바투타 역시 금장 칸국에 이집트 학자들이 가 있었음을 확인해준다. 이 또한 금장 칸국과 맘룩 술탄국 사이의 오랜 외교적·상업적 유대 덕분이었을 것으로 보인다.[40]

크림반도와 술탄국 사이의 이 강한 상업적 유대는 또한 알아하위의 다음 행선지가 다마스쿠스였던 것 역시 설명해준다. 그는 아마도 바다를 건너 시리아로 갔을 것이고, 남쪽으로 향하는 무역선에 몸을 실었을 것이다.[41] 다마스쿠스에서 알아하위는 완전히 새로운 문화를 접했다. 말은 아라비아어였고, 법학의 방법론인 마드합은 샤피이 학파가 주류였다. 그러나 알아하위가 다마스쿠스 방문에 대해 서술하는 부분은 그 어조가 매우 담담하다. 다마스쿠스가 그때까지 알아하위가 방문한 곳 가운데 단연 가장 큰 이슬람 중심지였음을 감안하면 놀라울 정도다.

알아하위는 다마스쿠스에서 일곱 명의 스승에게서 배웠고, 가장 유명한 사람은 수피 학자 왈리 앗딘 알만팔루티Walī al-Dīn al-Manfalūṭī(?~1372)였다.[42] 그러나 앗사하위는 알아하위가 이전에 기착했던 곳에 대한 기록과는 달리 그가 이 대도시 주변에 산재하는 성소 가운데 어느 곳도 방문했다는 기록을 남기지 않는다.[43] 이는 아마도 앗사하위나 그 독자들이나 모두 다마스쿠스를 잘 알고 있었던 만큼 그런 방문을 언급하는 것이 불필요했기 때문일 테지만, 알아하위의 이 도시 체류가 갑자기 끝났음을 시사하는 것인지도 모른다.

알아하위는 다마스쿠스에서 히자즈로 가는 하지hajj(메카 순례) 행렬에 합류해 메디나에 있는 선지자 무함마드의 무덤을 방문하고 메카 순례를 했다. 그런 뒤에 알아하위는 메디나로 돌아와 처음으로 그곳에 정착할 생각을 했다. 이것이 알아하위가 메디나에 대해 가졌던 애착의 시작이었고, 이 도시는 몇 년 뒤 그의 터전이 될 운명이었다. 그러나 이 단계에서 알아하위는 앗샴al-Shām 즉 시리아로 돌아가라는 조언을 받았다. 알아하위는 다마스쿠스로 돌아가는 상인들의 행렬에 합류했고, 행렬이 오늘날 요르단의 마안Maʿān에 머물렀을 때 그는 길을 에둘러 헤브론Hebron과 예루살렘의 성소들을 방문했다.

히자즈로 가는 순례로는 이동을 촉진하는 또 다른 중요한 요소였다. 알아하위와 다른 많은 학자도 이 길을 이용했다. 이 길들은 순례자들에게 기반 시설을 제공했고, 순례 행렬은 이동하는 학자들에게 상대적 안전성을 제공했다.

알아하위는 헤브론에 있는 아브라함의 무덤을 방문한 뒤 6주 동안 예루살렘에 머물렀다. 여기서 그는 화라즘을 떠난 뒤 처음으로 자신이 공부한 책들에 대한 상세한 설명을 얻었다. 예루살렘에서(이미 다마스쿠스에서부터였는지도 모른다) 하나피 법학에 대한 강조는 하디스 지향적 연구로 바뀌었다. 예루살렘에서 알아하위의 가장 중요한 스승은 위대한 전통주의자 할릴 이븐 카이칼디 알알라이Khalīl ibn Kaykaldī al-ʿAlāʾī(?~1359)였다. 알아하위는 그의 가르침을 앗살라흐al-Ṣalāḥ 및 알카림al-Karīm 마드라사에서 들었다.[44]

알아하위는 예루살렘으로부터 다마스쿠스로 돌아왔고, 그곳에서는 수마이사티Sumaysāṭi 한카흐에 머물렀다. 그러다가 다시 하지 행렬을 따라 히자즈로 출발했다. 하지를 마친 후 알아하위는 다시 메디나에 정착할 생각을 했다. 그러나 다시 한 번 여행을 계속하라는 조언을 받았다. 이번에는 꿈속의 이야기였다.[45]

알아하위는 이제 잘라이르Jalayir(1336~1432) 왕조가 통치하는 바그다드로 떠났다.[46] 그는 그곳에서 도합 약 3년을 지냈다. 이라크 지역의 이슬람 성소를 방문하고 현지 신학자들과도 어울렸다. 주로 하나피파들이었다. 알아하위는 아부 하니파Abū Ḥanīfa 성당에서 넉 달을 보냈고, 그 뒤 바그다드 유수의 대학인 무스탄시르Mustanṣir 마드라사에서 2년 반을 보냈다. 이 기간 동안 알아하위의 공부 대부분은 여전히 하디스에 초점이 맞춰져 있었다.[47]

알아하위의 바그다드 체재를 통해 우리는 종교생활에서 또 다른 측면인 그의 수피즘 신앙 및 수피즘 의식에 대해 알 수 있다. 보다 '전통적'인 법학 연구라고 할 수 있는 것과 수피즘을 조합하는 것은(빈센트 코넬Vincent Cornell은 이를 '법학적 수피'라 불렀다) 이 시기에 드문 일이 아니었다.[48] 더구나 알아하위는 이미 화라즘·크름·메카·예루살렘에서 수피 지도자들과 연계를 맺었던 듯하다.[49] 그러나 알아하위가 훈련받은 종류의 수피즘에 관해 처음으로 의미 있는 세부 사항을 알 수 있는 것은 그의 바그다드 체재에 대한 묘사에서 비로소 나온다.[50]

알아하위는 바그다드에서 수피의 길을 걷기 시작했다. 누르 앗딘 자다흐 알이스파라이니Nūr al-Dīn Zādah al-Isfarāyīnī[51]가 알아하위에게 수피의 디크르dhikr[52] 의식을 행하는 방법과 할와khalwa(은거)에 대해 가르쳐주었다. 그는 더 나아가 알아하위에게 새 신자를 가르칠 권한까지 주었다.[53] 알이스파라이니는 또한 알아하위를 자기의 샤이흐 가운데 한 사람인 할리드 알쿠르디스타니Khālid al-Kurdistānī에게 소개했고, 그는 다시 알아하위에게 같은 의식을 가르쳐주고 자신의 모자('타키야taqiya')를 주었다. 그런 뒤에 알아하위는 백일白日, al-ayyām al-bīḍ〔음력 13~15일을 가리키며 금식 기간이었다〕 동안 바그다드의 슈니지Shūnīzi 묘지에서 할와를 실천했다. 그는 이 습관을 2년 동안 유지했다.[54]

알아하위는 그 뒤 세 번째이자 마지막으로 하지 행렬에 합류했고, 메카를 방문한 뒤 다시 한 번 메디나에 도착했다. 이번에는 영구적인 것이었다. 알아하위는 1364/1365년 그곳에 정착했고, 35년 뒤 그가 죽을 때까지 그곳에 살았다.

정착과 권위 확립

알아하위의 메디나 생활 초기는 그가 이전에 받은 교육이 끝나고 신학의 권위가 익어가는 시기였다. 이 시기에 그는 몇몇 중요한 샤이흐와 공부했다. 그 가운데 메디나의 당대 최고 권위자 두 사람도 있었다. 압둘라흐 알야피이ʿAbdallāh al-Yāfiʿī(1298~1367)와 압둘라흐 알마타리ʿAbdallāh al-Maṭarī(1299~1364)였다.

한편으로, 알아하위는 또한 지역적일지라도 자기 나름으로 권위자의 위치를 쌓아가고 있었다. 그는 남을 가르치기 시작했고 보수를 받는 자리를 가지게 됐다. 그가 메디나에 도착한 것은 맘룩 국가의 지원으로 이 도시에서 하나피파 신도들이 늘어가던 시기였다.[55] 맘룩의 지원은 특히 하나피 학자들을 위해 마련된 새로운 교육 직책의 창출[56]과 하나피 이맘(예배 지도자) 및 카디qadi(재판관)의 임명을 통해 이루어졌다. 메카와 메디나 모두 마찬가지였다.[57]

알아하위 역시 맘룩이 하나피를 지원한 덕을 보았다. 그는 하나피 무다리스mudarris(법학 교수)와 무함마드 선지자의 성소인 알라우다 앗샤리파al-rawḍa al-sharīfa의 첫 번째 하나피 이맘 같은 자리들을 얻었다. 나중 자리는 그가 죽을 때까지 유지하다가 아들에게 물려주었다. 이 자리는 알아하위 가족에게 더 이어졌다. 후잔디 가문(bayt al-Khujandī)으로 알려진 알아하위의 후손들은 알아하위가 죽은 뒤 약 350년이 지날 때까지 그 자리를 지켰다.[58] 알아하위와 그 후손들은 메디나에서 핵심 직위를 보유하고 중앙아시아 니스바nisba를 유지한 채 중앙아시아 하나피즘의 옛 중심지에서 이어졌을 권위를 아라비아어권인 서아시아에서 과시했다.

알아하위는 또한 메디나 시절에 하디스, 칼람(신학), 수피즘, 법학, 선지자 찬송시(madā'iḥ nabawiyya) 등 다양한 분야의 작품을 저술했다.[59] 불행하게도 그의 작품은 단 한 편만 남아 있는 듯하다.[60] 아라비아 전기 문학에 알아하위에 관한 정보가 별로 없는 것으로 미루어보면, 그의 저작은 아마도 아주 널리 유포되지는 않은 듯하다.[61]

알아하위에게 메디나 시절은 또한 이 도시에 뿌리를 내리고 가족과 유산을 형성하는 노력을 성공적으로 이루어낸 시기였다. 알아하위는 현지 엘리트와 혼인했고 아이들은 모두 메디나에서 태어났다. 이로써 사회적·경제적으로 자리를 잡았다. 알아하위는 이주자였고 아마도 종교적으로 걸출한 권위자는 아니었던 듯하지만, 메디나 사회에서 중요한 자리를 보유한 가정을 꾸리고 여러 세대에 걸쳐 문화적·물질적 자본을 축적했다.[62]

알아하위는 평생 문화적 자본을 획득하면서 보냈다.[63] 그것은 다시 자기 고향에서 수천 킬로미터나 떨어진 새로운 장소에서 오래 지속되는 엘리트 가정을 만들어내는 일로 바뀌었다. 이 자본은 먼저 지식을 찾는 여행을 통해 획득됐고, 그에 못지않게 중요한 것은 권위를 찾는 여행이었다. 이는 교육자 면허증(이자자흐ijāzāh)들을 취득하고 수피의 비법(히르카khirqa와 타키야)을 추구한 데서 드러난다. 그런 뒤에는 보다 '평범한' 방법들이 동원됐다. 학문이 뛰어나거나 아니면 돈이 많은 집안과 혼인 관계를 맺는 것 같은 따위다.[64]

수피 학자로서의 알아하위

최근 연구는 수피와 파키흐faqih(이슬람 법학자) 사이의 전통적 이분법을 버려야 함을 분명하게 밝혀주었다.[65] 알아하위는 서로 다른 지적·문화적 분위기(페르시아적/아라비아적, 하나피/샤피이 등)를 지닌 세계의 여행을 통해 대체로 온건한 수피즘과 전통적 학습을 결합한 중첩된 사회들을 경험했다.

알아하위는 동시대의 많은 사람과 마찬가지로 특정 타리카ṭarīqa(수피 교단)에 집착하지 않았지만, '성스러운 법'이라는 처방과 '행동보다 지식'[66]이라는 이상을 엄격히 지킬 것을 강조하는 '샤리아sharīʿa(율법) 중시' 수피들의 연결망에 참여했다. 쿠브라위 교단, 수흐라와르디Suhrawardi 교단, 샤딜리 교단, 카디리Qādiri 교단 등 이 시기 몇몇 주요 수피 연결망 및 그 샤이흐들은 이런 노선을 준수했다.[67] 바그다드에서 쿠브라위 노선을 접하고 여타의 네트워크와 관련된 샤이흐들과 함께 공부하면서 알아하위 역시 '샤리아 중시' 수피즘의 옹호자가 된 듯하다.

게다가 알아하위는 메디나 생활 초기에 이 도시의 거물 학자 두 명과 연결됐다. 두 명 다 당대 학자형 수피의 이상을 보여주는 전형적인 인물이었다. 알야피이와 알마타리는 전통적 이슬람 학문과 영적 완성으로 가는 길(즉 수피즘) 모두에서 대단한 권위자였다. 그들은 이슬람 법, 신학, 신비주의의 통달을 상징하는 "전형적인 순나 학자"(애런 스페백Aaron Spevack이 최근 쓴 말이다)를 대표하는 인물들이었다.[68] 따라서 두 거장은 알아하위의 학문적·종교적 환경과 인격의 모범이었다.

알아하위는 1362/1363년 그의 마지막에서 두 번째 메디나 방문 때 알마타리를 처음 만났다. 그는 알마타리와 함께 고전적 하디스 선집인

《사히흐 무슬림Ṣaḥīḥ Muslim》을 공부했으며, 또한 알마타리로부터 히르카(수피의 외투)를 받았다.[69] 그러나 알마타리는 알아하위가 마지막으로 메디나에 돌아오기 직전에 죽었고, 그런 만큼 알야피이가 아마도 그에게 더 큰 영향을 미쳤던 것으로 보인다.

압둘라흐 알야피이는 글을 많이 썼고, 학자형 수피의 이상을 구현하고 있었다.[70] 예멘에서 나고 자란 그는 생애 후반 수십 년을 메카에서 보내며 하디스와 피크흐와 수피즘의 권위자로서 대단한 명성을 쌓았다. 알아하위의 전기에 나오는 긴 일화는 그와 알야피이와 사이의 특별한 스승-제자(또는 장인-도제) 관계와 알아하위가 학자형 수피로서 수행한 독자적 인격 배양을 이야기한다. 알아하위는 정착을 위해 메디나에 도착한 뒤 이 나이 든 샤이흐를 찾아가 가르침을 요청했다. 그러나 알야피이는 알아하위에게 적절한 시기가 될 때까지 인내심을 갖고 기다릴 것을 요구했다. 마침내 때가 되자 알야피이는 알아하위에게 하디스에 관한 여섯 권의 표준 선집〔쿠투브 앗시타흐Kutub al-Sittah 즉 하디스 6서를 말한다〕과 알아하위가 공부하기를 원하는 다른 저작들을 가져오라고 명령한 뒤 선지자의 성소로 향했다. 두 사람은 그곳에서 이 책들을 함께 읽었다.

그런 뒤에 알아하위는 알야피이로부터 선지자의 성소에서 열리는 일련의 집회인 마잘리스majālis에서 이 저작들을 가르칠 수 있는 이자자흐(면허증)를 받았다. 집회는 이 도시의 신학생들이 모이는 집회였다. 알아하위가 이 집회에서 읽도록 선택한 책의 목록은 또한 그의 학문적 정체성을 말해준다. 그는 하디스 6서와 알야피이의 책 외에 다른 17권의 책을 거명했다. 수피즘과 법학 같은 분야에서 이슬람 사상의 고전적 저작들을 망라한 것이었다.[71] 이렇게 가장 성스러운 이슬람 성소의 한 곳에서 열린 일련의 학술 집회에서 하디스, 법학, 수피즘을 융합한 것은 알아하위의 교육과 그의 25년에 걸친 지식 탐구 여행에서 절정으로 떠올랐다. 따라서 이는 수피의 의식과 문화가 주류 순나 이슬람교로 지속적이고 점진적으로 통합돼가는 인상적인 순간이었다.

그러나 알아하위에 대한 이 전기의 묘사가 그의 종교적·학술적 수련을 얼마나 진실하게 반영하고 있을까? 아니면 이것은 오히려 그것을 전달하고 있는 매체인 문헌 모음의 산물이 아닐까? 이것을 또 다른 당대의 수피 학자 잘랄 앗딘 알부하리Jalāl al-Dīn al-Bukhārī(?~1384)에 대한 묘사와 비교해보자.

잘랄 앗딘 알부하리는 알아하위와 학문적 배경이 상당히 비슷한 인물이다. 현재의 파키스탄 토박이인 알부하리는 알아하위와 마찬가지로 하나피파 파키흐(이슬람 법학자)였지만, 그럼에도 불구하고 대체로 수피 샤이흐로 유명했다. 알부하리는 1340년대에 몇 년 동안 히자즈에 살았고, 그가 배웠던 스승도 알아하위와 일부 겹친다. 여기에는 특히 알아하위가 메디나에서 모셨던 두 스승 알마타리와 알야파이도 포함된다. 더구나 알부하리는 그들로부터 대체로 비슷한 저작들을 배웠고, 그들로부터 수피 외투를 받았다. 아미나 스타인펠스Amina Steinfels는 알부하리의 생애와 이력에 관한 연구에서, 알부하리가 수피 샤이흐와 알림ʿālim(ʿulamāʾ의 단수형, 학자) 사이를 넘나들어, 인도 아대륙에서 페르시아어로 글을 쓰는 수피 지도자보다는 그가 히자즈에서 관계를 맺은 수피 겸 학자를 더 닮았다고 말한다.[72]

이렇게 알부하리는 후대 기록에서 대체로 수피 샤이흐로 묘사됐지만, 그의 저작 전체를 찬찬히 읽어보면 알림의 모습이 드러난다. 알부하리는 보다 전통적인 유형의 학자다. 반면에 알아하위는 정말로 그러한 좀 더 전통적인 학자인 키흐로 그려졌는데, 알하위의 생애·이력·저작 곳곳에는 그의 수피 훈련이 두드러지고 있다. 알부하리의 경우와 마찬가지로 알아하위의 모습은 우리가 얻을 수 있는 자료의 틀에 갇혀 있다. 인도 아대륙에서 페르시아어로 쓰인 알부하리에 관한 기록은 그의 생애에서 수피와 성인으로서의 면모가 더욱 강조된 반면에, 알아하위에 관해 아라비아어로 쓰인 서아시아의 전기 문학은 그의 이력을 훨씬 하디스와 피크흐 지향적인 방식으로 다루었다.[73]

그러나 알아하위의 저작들과 그가 모은 히르카(외투)나 이자자흐(면허증) 같은 것들이 그에 대한 역사 속의 묘사에 가리지 않은 개인적 성향에 관해 우리에게 무언가를 말해줄 수 있을까?[74] 그의 저작 가운데 지금까지 남아 있는 것은 한 편뿐이지만,[75] 앗사하위의 전기와 후대 전기 모음에 재수록된 그의 저작 목록을 보면 그의 학문적 관심에 대한 윤곽을 그려볼 수 있다. 이 제목들은 그가 하디스, 피크흐, 칼람(신학), 수피즘, 그리고 선지자 무함마드의 생애와 찬송시 등 광범위한 저작을 했음을 보여준다. 이 목록은 매우 다양해서 모순에 가득 찬 것처럼 보이기도 하며, 당시 이슬람 학문의 유동성을 말해준다.[76] 이것은 하나피 배경, 샤피이의 교육, 하디스에 관한 전문 지식, 수피 성향을 결합한 인격의 학자의 모습을 이야기해준다.

중앙아시아에서 이주한 알아하위와 마찬가지로 인도 아대륙에서 온 알부하리, 히자즈에서 그 두 사람을 모두 가르친 알야피이, 바그다드에서 알아하위를 가르친 알이스파라이니[77] 등은 모두 수피즘과 피크흐의 관계에 대해 비슷한 생각을 가지고 있었다. 이들 수피 겸 학자들은 유라시아 대륙을 가로지르는 광범위한 이동과 분산을 특징으로 하는 광범위한 주류 순나 이슬람교도 네트워크를 형성하고 있었다.[78]

사후
— 알아하위의 유산, 가족, 역사 편찬 과정

알아하위의 유산은 그의 사후에 주로 그 가족의 알아하위 선양宣揚 사업을 통해 형성됐다. 가족의 노력은 앗사하위가 알아하위에 대해 쓴 넉넉한 분량의 전기로 열매를 맺었다. 그러나 다른 동시대 및 후대 전기 모음들에는 알아하위에 대한 세부 정보가 미미하다. 그에 대해서는 동시대인 이븐 하자르Ibn Ḥajar와 알파시al-Fāsī가 간단하게 언급했을 뿐이고,[79] 이븐 타그리 비르디Ibn Taghrī Birdī는 아예 언급조차 하지 않고 있다. 세 사람은 15세기 이슬람 명사들을 다룬 방대한 전기집을 썼다.

16세기 다마스쿠스의 역사가 이븐 툴룬Ibn Ṭūlūn은 하나피 학자들을 다룬 전기집에서 알아하위를 언급하고 앗사하위의 전기에 사소한 세부 정보를 추가하기도 했다.[80] 그러나 17세기의 알가지al-Ghazzī나 이븐 알이마드Ibn al-ʿImād 같은 후대의 저자들은 이븐 하자르의 간단한 서술에 전적으로 의존하고 앗사하위의 글을 무시했다.[81] 간결하고 포괄적인 이 짧은 소개에는 알아하위의 방대한 여행이나 그의 수피 배경에 대한 흔적이 전혀 없고, 그를 그저 또 하나의 평범해 보이는 성스러운 도시 메디나 출신의 학자로 그리고 있다.

그렇다면 이집트 전기 작가 앗사하위는 어떻게, 그리고 왜 이 중앙아시아 학자의 전기를 상세하게 썼을까? 간단한 설명은 앗사하위가 알아하위의 자손들과 개인적 인연이 있다는 데서 찾을 수 있을 것이다. 알아하위가 죽은 지 100년쯤 지난 뒤에 그의 전기를 쓴 앗사하위는 알아하위의 후손 몇 명에 대한 전기도 썼다. 더구나 앗사하위 자신은 알아하위의 증손자 두 명과 고손자 두 명의 스승이었고, 이 네 사람은 모두 알아하위의 전기 모음에 수록됐다.[82] 그리고 그는 자신이 알아하위에 관한 정보를 그 후손들로부터 받았음을 암시했다. 아마도 그 조상의 전기가 들어 있는 기록 문서 형태로 받았을 것이다.[83]

그러나 중앙아시아에서 이주한 이 학자의 증손자와 고손자들이 왜 자기 조상의 전기를 전기집에 포함시키려 애를 쓰고 더구나 스승을 찾아 떠난 그의 여행을 실으려 했을까? 이는 우리로 하여금 앗사하위의 것 같은 아라비아의 전기집이라는 장르의 사회적 기능에 대해 생각하게 한다. 콘라트 히르슐러Konrad Hirschler는 마이클 체임벌린Michael Chamberlain의 획기적 연구에 의지해, 그러한 전기집이 같은 시기 유럽 사회에서 문헌 자료가 수행한 것과 같은 기능을 충족시켰다는 견해를 제시했다. 기억할 가치가 있다고 생각되는 것을 기록하고 보여주고 이야기하는 것이고, 특정 개인이나 집단의 미래를 보장하려는 의도다.[84] 이런 기능은 저자들이 자기 조상이나 스승들의 전기를 기록할 때 특히 후손들이 기억할 가치가 있다고 생각하는 내용에 바탕을 둔 개인 전기의 경우에도 마찬가지다.

알아하위 전기의 몇몇 일화는 독자로 하여금 알아하위가 선지자 무함마드의 페르소나 및 무덤과 형이상학적 연관이 있다는 인상을 갖게 한다(그림 15-1 참조). 이렇게 알아하위는 여행 도중 선지자 자신의 환상이 나타나는 것 같은 신비로운 방식으로 명령을 받은 뒤 메디나로 인도된 것이다. 알아하위가 선지자 성소의 하나피 이맘(이 자리는 그의 자손들이 굳건하게 지킨다)에 임명된 것은 전기에서 선지자가 알아하위의 환상에 나타나 이 학자에 대한 만족을 선언하는 몇몇 기록과 함께 나온다. 마지막으로, 알아하위가 메디나에서 공부했다고 언급된 저작과 그가 그곳에서 썼다고 하는 저작들에 선지자 찬송시라는 장르가 들어 있다. 실제로

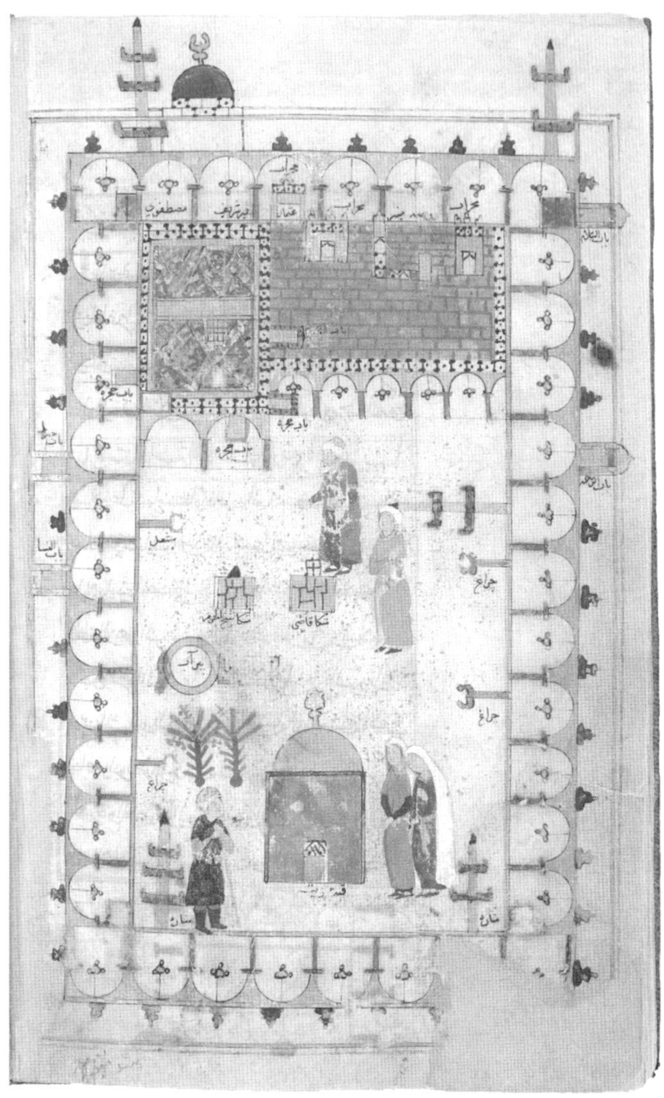

그림 15-1 16세기 중반 무히 앗딘 라리Muḥyī al-Dīn Lārī의 순례 안내서 《성도聖都 해설Futūḥ al-ḥaramayn》에 나오는 메디나 소재의 선지자 무덤과 이슬람 사원 그림. MS 32.131, fo. 41v, the Metropolitan Museum of Art (Rogers Fund, 1932)

후대의 전기 선집(역시 앗사하위가 쓴 알아하위 전기에 의존한 메디나의 명가名家에 대한 18세기의 저작이다)은 앗사하위의 저작에서 알아하위가 선지자와 형이상학적으로 연결돼 있음을 강조하는 정확히 같은 구절을 강조한다.

앗사하위가 쓴 알아하위 전기는 18세기의 작가가 '거둬다가' 이 가족이 메디나에서 차지한 위치를 더욱 강화했다. 어느 개인이 꿈, 환상, 또는 계보를 통해 선지자와 특별한 연계를 가진다는 일화는 전기 선집에서 드문 일이 아니다. 그러나 알아하위에 대한 앗사하위의 전기를 통한 소개와 후대의 그 각색은 특히 알아하위가 선지자 성소의 하나피 이맘으로 임명된 것을, 더 나아가 이후 350년 동안 그 후손들이 임명된 것을 뒷받침하는 데 초점이 맞춰진 것으로 보인다.

결론
— 알아하위와 순나 학자들의 유라시아 네트워크

후잔드에서 메디나에 이르는 잘랄 앗딘 알아하위의 25년에 걸친 여행은 동시대인들에게 그리 큰 인상을 남기지 못했다. 지식을 찾는 여행은 이슬람 학자들에게 흔한 일이었다. 그리고 알아하위의 여행이 상대적으로 더 길고 지루한 것이었을지 모르지만, 그의 여행은 아라비아 저자들의 관심을 끌지 못했다. 앗사하위만이 예외였다.

그러나 현대 역사가들에게 알아하위의 전기는 희귀한 자료다. 주로 비교적 상세한 그의 여행과 차가다이 칸국 및 금장 칸국에서의 학업에 관한 기록 때문이다. 그것은 14세기 몽골 치하 이슬람 세계의 지적 환경을 일별할 수 있게 해준다. 몽골에 의해 정복되고 파괴된 지 불과 100년

이 지난 뒤의 융성했지만 별로 기록되지 않았던 이슬람 학습 현장과, 독실한 이슬람교도의 여정에서 본 새롭거나 오래된 성소의 중요성이 증대되고 있었음을 증언하고 있다. 의미 있는 현지 자료가 없는 상태에서 이 산발적인 언급들은 차가다이 칸국과 금장 칸국에서 이슬람 교육의 모습을 복원할 수 있는 가장 좋은 기회를 제공하고 있다.

그렇다면 알아하위의 '여행기'는 이븐 바투타의 일기나 더 이른 시기에 쓰인 자말 카르시Jamāl Qarshī(?~1301*)의 기록과 함께 검토돼야 한다. 이들은 모두 몽골의 정복 이후에도 이슬람 문화와 교육은 이어지고 있었음을 말해주고 있고,[85] 또한 금장 칸국 영토 안에서 북방 교역로를 따라 번성하는 새 이슬람 중심지들이 떠오르고 있었음도 말해준다.[86]

더구나 알아하위가 배운 권위자들의 명단과 상대적으로 상세한 그가 공부한 책의 목록을 분석하면 다른 방법으로는 알 수 없었던, 특정 시기와 지역에서 이슬람 교육의 교과 과정이 어떠했었는지 하는 문제를 해명할 수 있다.[87] 알아하위의 긴 여행은 우선 이슬람 세계에서 서로 다른 지역이 특화돼 있었음을 보여준다. 예컨대, 우리는 알아하위가 더 서남쪽의 아라비아어를 쓰는 교육 중심지로 가면서 그의 학습과 관심이 하나피 법에서 하디스로 점차 옮겨가는 것을 알 수 있었다.

알아하위의 전기는 또한 유라시아 대륙을 가로지르는 학자들의 이동과 이슬람 교육의 전파를 촉진하는 데서 교역로가 한 역할을 이야기해준다. 알아하위는 사마르칸드와 부하라를 화라즘·사라이 및 크림반도와 연결하고, 거기서 해로를 따라 이집트·시리아와 메카·메디나까지 이어지는 중요한 교역로(당시의 특정한 정치적 분위기의 산물이었다)를 따라 여행했다. 알아하위는 길을 따라 가면서 여행자 숙소와 우역郵驛을 만났을 뿐만 아니라 방문 학자들을 수용하는 교육 기관들도 만났다. 자기 땅에서 학자들의 이동을 편리하게 하고 이슬람 학문을 진흥하는 것은 독실한 이슬람 지배자(그리고 분명히 그렇게 그려지기를 원하는 우즈벡 같은 일부 몽골 칸들)의 의무라고 생각됐다.[88]

마지막으로, 알아하위의 여행은 '하나피 시기' 덕분에 용이했다. 당시는 이슬람 세계 대부분(서남쪽 이집트에서 북쪽 크림반도와 동북쪽 옥소스강 이동까지)이 특히 하나피 법학파를 지원했던 튀르크-몽골 왕조들에 의해 지배된 시기다. 이런 분위기는 하나피 학자들이 이전 어느 때보다도 더 많은 후원을 받을 기회를 제공했고, 틀림없이 그들이 유라시아 대륙을 가로질러 이동하는 것을 고무했다.

이는 특히 알아하위 같은 옥소스강 이동以東 출신의 학자들에게 중요했다. 그들은 처음에 하나피 법에 관한 훈련을 받은 뒤 차가다이 칸국의 변덕스러운 정치 상황에서 금장 칸국과 서아시아의 번영하는 중심지로 옮겨갈 추가적 동기가 있었을 것이다. 거기에는 후원 기회 또한 많았다. 칼 페트리Carl F. Petry가 말했듯이, 이들 학자들은 이슬람 세계의 먼 지역 사이를 여행해 중세의 '이슬람의 집Dar al-Islam'을 통일시킨 것과 같은 종류의 접촉의 가장 구체적 증거를 제공했다.[89]

주

이 연구는 유럽연합의 제7차 프레임워크 프로그램(FP/2007-13)/ERC 보조금 협약 n. 312397하에서 유럽연구협의회ERC의 지원을 받았다. 이 논문의 대부분은 내가 본대학에 체재할 때 썼다. 나를 환대해주고 통찰력을 갖게 해준 Judith Pfeiffer, Giovanni Maria Martini, Walter Edward Young에게 감사한다. Undine Ott는 나를 괴팅겐대학으로 초청해 원고 초안을 선물해주었다. Reuven Amitai와 Hermann Landolt는 소중한 논평을 해주었다. 모두에게 감사드린다.

1 순나 이슬람의 네 주요 학파의 하나인 하나피 이슬람 법학파는 특히 중앙아시아와 튀르크어 사용 주민들 사이에 널리 퍼져 있었다.

2 앗사하위는 그의 두 전기 작품에 알아하위의 전기를 실었다. 둘의 내용은 거의 동일하다. 첫 번째는 이슬람력 9세기(대체로 서기 15세기에 해당한다)에 살았던 유명한 이슬람교도를 수록한 기념비적 사전이고, 또 하나는 메디나의 학자들의 전기 모음이다. Al-Sakhāwī 1934, 2: 194-201; al-Sakhāwī 1993, 1: 147-53.

3 니스바nisba(관계를 나타내는 형용사)인 'al-Akhawī'('형제의'라는 뜻이다)는 그의 조상 중 한 사람이 어머니 쪽의 이복여동생과 혼인한 데서 붙여진 것이다. Al-Sakhāwī 1934, 2: 194.

4 Bosworth 1986, 45.

5 Al-Sakhāwī 1934, 2: 197, 201.

6 Al-Sakhāwī 1934, 2: 195.

7 이 여행은 알아하위의 전기에서 하나의 긴 연속 사건으로 기술돼 있다. 그것은 그가 몇몇 기착지에서 몇 년씩 머무르는 경우도 있었지만 연속적 여행이었음을 시사한다. 간간이 인상에 대한 묘사도 있지만 이것은 일기나 여행기는 아니다.

8 Touati 2010.

9 참배한 대상은 선지자 무함마드의 동지이자 친구인 쿠삼 이븐 알압바스Qutham ibn al-'Abbās(?~677)의 인기 있는 능묘(이븐 바투타도 방문한 바 있는 곳이다. Ibn Baṭṭūṭa 1971, 3: 568 참조)와 사마르칸드 "자카르디자Jākardīza 묘지에 묻혀 있는 학자와 샤이흐들"이었다. 특히 네 명의 걸출한 하나피 학자들인 아부 만수르 알마투리디

Abū Manṣūr al-Māturīdī(?~940년대), 파흐르 알이슬람 알바즈다위Fakhr al-Islām al-Bazdawī(?~1089), 아부 하프스 우마르 안나사피Abu Ḥafṣ ʿUmar al-Nasafī(?~1142), 부르한 앗딘 알마르기나니Burhān al-Dīn al-Marghīnānī(?~1197) 등이었다.

10 이 현상에 관해서는 Taylor 1999를 보라.

11 Juwaynī 1997, 108-9.

12 밥켄트는 1198/1189년에 건립된 커다란 이슬람 사원이 특징적이다. 주로 멋진 뾰족탑으로 알려졌으며, 그것은 아직도 남아 있다. 나는 그곳에 마드라사가 있었다는 다른 증거를 찾지 못했다. O'Kane 1994를 보라.

13 Subtelny 2001; Biran 2015.

14 그에 관해서는 Muʿīn al-Fuqarāʾ 1960, 23-25.

15 Al-Sakhāwī 1934, 2: 195.

16 Al-Musawi 2015.

17 여기에는 아부 하프스 알카비르Abū Ḥafṣ al-Kabīr(9세기), 아부 바크르 알칼라바디Abū Bakr al-Kalābādhī(?~990), 샴스 알아임마 알할와니Shams al-Aʾimma al-Ḥalwānī(?~1056), 샴스 알아임마 알카르다리Shams al-Aʾimma al-Kardarī(?~1240), 하피즈 앗딘 알카비르Ḥāfiẓ al-Dīn al-Kabīr(?~1294), 사이프 앗딘 알바하르지Sayf al-Dīn al-Bākharzī(?~1261) 등의 사당과 "그 밖의 방문할 가치가 있는 곳들"이 포함된다. Al-Sakhāwī 1934, 2: 195-96.

18 화라즘과 사라이 사이의 긴밀한 관계에 대해서는 Bosworth 1978, 1064.

19 화라즘을 사라이 및 카파와 연결하는 이 경로에 관해서는 Ciocîltan 2012, 96-114.

20 Ciocîltan 2012, 111-14.

21 Biran 2009, 54-60.

22 Al-Sakhāwī 1934, 2: 196.

23 Ibn Baṭṭūṭa 1971, 2: 541-44, 550-51.

24 Ibn al-Jazarī 1932, 1: 465. 알화라즈미에 대한 전기적 소개는 특별히 다양한 《쿠란》 독송 분야의 전문가들만을 다룬 선집에만 나온다.

25 DeWeese 2012, 221-22.

26 Al-Sakhāwī 1934, 2: 196.

27 그는 16세기의 하나피 학자 전기집에 언급되고 있다. Al-Kafawī 2017, 3: 469-72.

28 Al-Sakhāwī 1934, 2: 196-97. 이븐 시나(아비센나)와 투시는 전근대 이슬람 세계의 양대 박학가였다. 이븐 시나는 주로 의학 저술로 유명하고, 투시는 천문학 저작으로 유명하다. 이 책 이사하야의 글도 참조하라.

29 Ahmed 2000, 42.

30 Ibn Baṭṭūṭa 1971, 3: 542–43.

31 Allsen 1997, 41–42. 〔그런데 앗사하위가 옛 사라이를 사라이베르케로, 새 사라이를 악사라이로 착각했다는 얘기다.〕

32 Al-Sakhāwī 1934, 2: 197.

33 Al-Sakhāwī 1934, 2: 197.

34 이븐 바투타는 시하브 앗딘 앗사일리Shihāb al-Dīn al-Sā'ilī라는 판관에 대해 언급하고 있다(Ibn Baṭṭūṭa 1971, 2: 493). 누만 알화라즈미Nu'mān al-Khwārazmī와 동일 인물로 보이는 샤이흐 누만에 관해서는 DeWeese 1994b, 125–30을 보라.

35 Madelung 2000, 88; Ibn 'Arabshāh 1817, 116.

36 Allsen 1997, 42.

37 Spuler 1986, 136; Kramarovsky 2008, 74–75.

38 Amitai 2008; Ciocîltan 2012, 89–95.

39 Al-Sakhāwī 1934, 2: 197.

40 Ibn Baṭṭūṭa 1971, 2: 516; al-Dhahabī 1987–2004, 57: 191.

41 이 해로에 관해서는 Ciocîltan 2012, 89–95.

42 Ibn Ḥajar 1966, 3: 306–7.

43 Al-Sakhāwī 1934, 2: 197.

44 Al-Sakhāwī 1934, 2: 197.

45 Al-Sakhāwī 1934, 2: 198.

46 Wing 2016, 107–10.

47 Al-Sakhāwī 1934, 2: 198.

48 Cornell 1998, 67.

49 알 아하위가 화라즘에 있을 때 스승 알라 앗딘 앗시그나키'Alā' al-Din al-Sighnāqī는 그에게 모자(타키야) 하나를 주었는데, 그것이 수피 입회였던 듯하다. 그리고 이에 대해 아무런 이야기도 없지만 앞서 말한 그곳에서의 스승 알쿠를라니는 후대 가계에서 수피 가문들과 연결된다(DeWeese 2012, 221–22). 메카에서 알 아하위는 하이다르Ḥaydar라는 사람을 만났는데, 하이다르는 "수피 가운데 하나"로 묘사됐고 알이스파라이니의 제자였던 듯하다(Landolt 1972, 8). 예루살렘에서 알 아하위는 잘랄 앗딘 알비스타미Jalāl al-Dīn al-Bisṭāmī와 공부했는데, 아마도 그 지역의 비스타미파 수피였던 듯하다.

50 알아하위의 생애와 이력에 대해 의존할 수 있는 자료가 하나밖에 없기 때문에 그가 바그다드에서 수피 의식에 초점을 맞춘 것을 그의 관심이 변했다는 표시로 해석하는 것은 오류일 것이다. 아마도 그는 바그다드에서 보다 권위 있는 샤이흐나 적어도 맘

룩 술탄국의 독자들에게 보다 중요하게 생각되는 사람과 관련을 맺었을 것이다. 이에 따라 그의 전기의 이 단계에서는 알아하위의 수피 신앙에 관한 정보만 얻을 수 있는 것이다.

51 그는 아마도 자기 할아버지의 한카흐를 가르쳐준 누르 앗딘 압둘라흐만 앗사니 Nūr al-Dīn ʿAbd al-Raḥmān al-Thānī인 듯하다. Al-Isfarāyinī 1986, 30-31, 93, notes 72-73. 그는 쿠브라위 교단의 위대한 샤이흐 압둘라흐만ʿAbd al-Raḥmān(?~1317)의 손자였다. Landolt 1972, 7-9.

52 디크르('암송'이라는 의미다)는 신의 이름 또는 또 다른 기도문을 끝없이 반복하는 것으로 이루어지며, 그것이 수피 예배의 중심적 특징 가운데 하나가 됐다. 서로 다른 수피 지도자나 교단은 이 의식을 자기네 나름대로 변화시켰으며, 그 지도자 가운데 한 사람이 샤이흐 누르 앗딘의 할아버지 압둘라흐만 알이스파라이니ʿAbd al-Raḥmān al-Isfarāyīnī였다. 누르 앗딘은 분명히 알아하위에게 자기 할아버지의 방식을 가르쳤을 것이다.

53 알아하위가 이전에 쿠브라위 교단 샤이흐들과 관련을 맺었다는 구체적 정보는 없지만, 그는 이 전통이 생겨나고 14세기에 분명히 계속해서 존재한 지역 출신이었다. DeWeese 1994b.

54 Al-Sakhāwī 1934, 2: 198. 압둘라흐만 알이스파라이니와 그의 이름난 제자 알라 앗다울라 심나니 역시 이 유명한 장소에서 할와를 실천했다. 이곳은 초기의 위대한 수피 지도자 알주나이드al-Junayd(?~910)와 사리 앗사카티Sarī al-Saqaṭī(?~865)가 기도를 했던 곳이다. Landolt 1972, 8, 18; Martini 2018, 60.

55 맘룩은 현지 아슈라프ashrāf(귀족)의 중개를 통해 메카와 메디나에 대해 부분적으로 통치권을 행사하고 있었다. Meloy 2015, 11-38.

56 Al-Fāsī 1998, 2: 399; al-Maqrīzī 2002, 3: 168.

57 Al-Sakhāwī 1993, 1: 32; Ibn Ḥajar 1966, 3: 217.

58 Al-Anṣārī 1970, 208.

59 Al-Sakhāwī 1934, 2: 200; al-Baghdādī 1951, 1: 117-18.

60 이는 〈알부르다al-Burda〉('외투')에 관한 해설로, 이스탄불 톱카프Topkapı 궁전에 단일 필사본으로 남아 있다(al-Ziriklī 1980, 1: 226). 〈알부르다〉는 선지자 무함마드를 칭송한 유명한 아라비아의 시로, 이집트 시인 알부시리al-Buṣīrī(1211~1294*)가 지었다. Basset 1986.

61 그의 저작에 대한 언급으로 내가 찾아낼 수 있었던 것은 제3대 칼리파 알리의 미덕에 관해 15세기에 쓰인 글이 유일했다. Al-Ījī 2007, 212.

62 Al-Anṣārī 1970, 207-8.

63 Chamberlain 1994, 21–25.

64 Al-Sakhāwī 1993, 1: 140, 2: 117; al-Sakhāwī 1934, 2: 199.

65 Steinfels 2012, 75–77.

66 이 이상에 따르면, 영적 완성을 열망하는 초심자는 영적 또는 신비적 여행을 위한 바탕으로서 먼저 종교적 지식(《쿠란》에 대한 지식, 하디스에 대한 지식 같은)을 얻어야 한다. Steinfels 2012, 66–80.

67 예를 들어 Martini 2018, 74–80을 보라.

68 Spevack 2014.

69 Al-Fāsī 1990, 1: 400; al-Sakhāwī 1934, 2: 199; al-Sakhāwī 1993, 1: 152.

70 Geoffroy 2002, 236; Pouzet 1991, 233.

71 여기에는 알가잘리al-Ghazālī, 안나와위al-Nawawī, 앗티르미디al-Tirmidhī, 알쿠샤이리al-Qushayrī의 저작들과 함께, 당시 가장 영향력 있고 널리 유포된 수피 편람인 앗수흐라와르디al-Suhrawardī의 《영지靈知에 대한 지식ʿAwārif al-maʿārif》도 들어 있었다. Al-Sakhāwī 1993, 1: 151–52.

72 Steinfels 2012, 36.

73 Steinfels 2012, 44.

74 동시에 우리는 서로 다른 독자와 기능을 고려해 같은 인물에 대해 서로 다른 이미지를 만들어내는 일을 자주 보게 된다. Ohlander 2008, 136–38; Paul 2008, 309–10.

75 위의 주 61 참조.

76 Al-Sakhāwī 1934, 2: 200. 여기에는 신의 이름asmāʾ allāh 같은 비밀스러운 주제와 지하드jihād('성전聖戰')에 관한 전승 모음, 논란이 매우 많은 이븐 알파리드Ibn al-Fāriḍ의 포도주 송가에 대한 해설, 안나와위의 '전통적인' 《40가지 하디스al-Arbaʿīn al-Nawawiyya》에 대한 해설, 유명한 《쿠란》 해설서 《알카슈샤프al-Kashshāf》에 대한 주석ḥāshiya 등이 들어 있다. 마지막 것은 알아하위가 이 저작을 특히 매우 반反무타질리적인 샤이흐 알야피이로부터 배웠음에도 불구하고 "무타질리 성향을 보여주었다." Geoffroy 2002, 236. 포도주 송가에 관해서는 Homerin 2005, introduction을 보라.

77 알이스파라야니가 《사히흐 알부하리Ṣaḥīḥ al-Bukhārī》를 가르친 일에 관해서는 al-Sakhāwī 1934, 3: 109를 보라.

78 Steinfels 2012, 56.

79 Ibn Ḥajar 1992, 83–84; al-Fāsī 1990, 1: 400.

80 Ibn Ṭūlūn 1924, 61–62.

81 알가지는 적어도 알아하위의 자손들이 메디나에서 보유한 지위를 잘 알고 있었음에도 그랬다. Al-Ghazzī 1983–89, 2: 87; Ibn al-ʿImād 1986, 9: 30.

82 Al-Sakhāwī 1993, 1: 83, 2: 415-17, 2: 430-31.

83 앗사하위는 알아하위의 스승 가운데 한 사람의 전기에서 지나가는 말로 이렇게 말했다(1993, 2: 86). "나는 알잘랄 아흐마드 이븐 무함마드 이븐 알후잔디al-Jalāl Aḥmad ibn Muḥammad ibn al-Khujandī의 전기(그의 아들들이 쓴 것이다)에서 보았다." 더구나 알아하위의 아들 타히르Ṭāhir의 전기에서 앗사하위는 그가 타히르의 출생 일자에 대해 그 아버지가 직접 쓴 것을 보았다고 적었다. al-Sakhāwī 1934, 4: 2. 알아하위가 그 문서를 직접 썼거나 아니면 그들 가운데 누군가가 썼을 것이다. Reynolds 2001, 59-68.

84 Hirschler 2013, 175.

85 Biran 2009, 63-66.

86 DeWeese 2009, 133.

87 알아하위의 목록은 다른 이슬람 학자들의 이자자흐(저작을 전수하는 면허)나 마슈야하mashyakha(교사 명단) 같은 기록들과 함께 분석할 수 있을 것이다. Ahmed 2000, 42; Subtelny and Khalidov 1995, 214-15, 224. 이슬람교의 교육 과정에 관해서는 Makdisi 1981, 80-91.

88 Petry 1985, 73.

89 Petry 1985, 73.

참고 문헌

Ahmed, Shahab. 2000. "Mapping the World of a Scholar in Sixth/Twelth Century Bukhāra: Regional Tradition in Medieval Islamic Scholarship as Reflected in a Bibliography." *Journal of the American Oriental Society* 120: 24-43.

Allsen, Thomas T. 1997. S.v. "Saray." *Encyclopaedia of Islam*. 2nd ed. Ed. P. Bearman et al. 9: 40-45. Leiden: Brill.

Amitai, Reuven. 2008. "Diplomacy and the Slave Trade in the Eastern Mediterranean: A Re-Examination of the Mamluk-Byzantine-Genoese Triangle in the Late Thirteenth Century in Light of the Existing Early Correspondence." *Oriente moderno* 88: 349-68.

al-Anṣārī, ʿAbd al-Raḥmān. 1970. *Tuḥfat al-muḥibbīn wa'l-aṣḥāb fī maʿrifat mā lil-madaniyyīn min al-ansāb*. Ed. Muḥammad al-ʿArūsī al-Maṭwī. Tunis: Al-Maktaba al-ʿatīqa.

al-Baghdādī, Ismāʿīl Bāshā b. Muḥammad. 1951. *Hadiyyat al-ʿārifīn: Asmāʾ al-muʾallifīn wa-āthār al-muṣannifīn*. 2 vols. Istanbul: Milli Egitim basimevi.

Basset, René. 1986. S.v. "Burda." *Encyclopaedia of Islam*. 2nd ed. Ed. P. Bearman et al. 1: 1314-15. Leiden: Brill.

Biran, Michal. 2002. "The Chaghadaids and Islam: The Conversion of Tarmashirin Khan (1331-34). *Journal of the American Oriental Society* 122: 742-52.

____________. 2009. "The Mongols in Central Asia from Chinggis Khan's Invasion to the Rise of Temür: The Ögödeied and Chaghadaid Realms." In *The Cambridge History of Inner Asia: The Chinggisid Age*, ed. Nicola Di Cosmo, Allen J. Frank, and Peter B. Golden, 46-66. Cambridge: Cambridge University Press.

____________. 2015. "The Mental Maps of Mongol Central Asia as Seen from the Mamluk Sultanate." *Journal of Asian History* 49: 31-51.

Bosworth, Clifford E. 1978. S.v. "Khwārazm." *Encyclopaedia of Islam*. 2nd ed. Ed. P. Bearman et al. 4: 1060-65. Leiden: Brill.

________________. 1986. S.v. "Khudjand(a)." *Encyclopaedia of Islam*. 2nd ed. Ed. P.

Bearman et al. 5: 45–46. Leiden: Brill.

Chamberlain, Michael. 1994. *Knowledge and Social Practice in Medieval Damascus, 1190–1350*. Cambridge: Cambridge University Press.

Ciocîltan, Virgil. 2012. *The Mongols and the Black Sea Trade in the Thirteenth and Fourteenth Centuries*. Tr. Samuel Willcocks. Leiden: Brill.

Cornell, Vincent J. 1998. *Realm of the Saint: Power and Authority in Moroccan Sufism*. Austin: University of Texas Press.

DeWeese, Devin A. 1994a. "Bābā Kamāl Jandī and the Kubravī Tradition among the Turks of Central Asia." *Der Islam* 71: 58–94.

________________. 1994b. *Islamization and Native Religion in the Golden Horde: Baba Tukles and Conversion to Islam in Historical and Epic Tradition*. University Park: Pennsylvania State University Press.

________________. 2009. "Islamization in the Mongol Empire." In *The Cambridge History of Inner Asia: The Chinggisid Age*, ed. Nicola Di Cosmo, Allen J. Frank, and Peter B. Golden, 120–34. Cambridge: Cambridge University Press.

________________. 2012. "Sacred Descent and Sufi Legitimation in a Genealogical Text from Eighteenth-Century Central Asia: The Sharaf Atā'ī Tradition in Khwārazm." In *Sayyids and Sharifs in Muslim Societies: The Living Links to the Prophet*, ed. Morimoto Kazuo, 210–30. London: Routledge.

al-Dhahabī, Muḥammad b. Aḥmad. 1987–2004. *Ta'rīkh al-islām wa-wafayāt al-mashāhīr wa'l-a'yān*. Ed. 'Umar 'Abd al-Salām al-Tadmurī. 61 vols. Beirut: Dār al-kitāb al-'arabī.

al-Fāsī, Taqī al-Dīn Muḥammad b. Aḥmad. 1990. *Dhayl al-taqyīd fī ruwāt alsunan wa'l-asānīd*. Ed. Kamāl Yūsuf al-Ḥūt. 2 vols. Beirut: Dār al-kutub al-'ilmiyya.

__________________________. 1998. *Al-'Iqd al-thamīn fī ta'rīkh al-balad al-amīn*. Ed. Muḥammad 'Abd al-Qādir Aḥmad 'Aṭā. 7 vols. Beirut: Dār al-kutub al-'ilmiyya.

Geoffroy, Eric. 2002. S.v. "Yāfi'ī." *Encyclopaedia of Islam*. 2nd ed. Ed. P. Bearman et al. 11: 236. Leiden: Brill.

al-Ghazzī, Taqī al-Dīn b. 'Abd al-Qādir. 1983–89. *Al-Ṭabaqāt al-saniyya fī tarājim al-Ḥ anafiyya*. Ed. 'Abd al-Fattāḥ Muḥammad al-Ḥilū. 4 vols. Riyadh, Saudi Arabia: Dār al-Rifā'ī.

Hirschler, Konrad. 2013. "Studying Mamluk Historiography. From Source-Criticism to the Cultural Turn." In *Ubi sumus? Quo vademus? Mamluk Studies—State of the Art*, ed. Stephan Conermann, 159–86. Göttingen: V&R Unipress; Bonn University Press.

Homerin, Th. Emil. 2005. *The Wine of Love and Life: Ibn al-Fāriḍ's al-Khamrīyah and al-Qayṣarī's Quest for Meaning*. Chicago: Middle East Documentation Center.

Ibn ʿArabshāh, Aḥmad b. Muḥammad. 1817. *ʿAjāʾib al-maqdūr fī akhbār Tīmūr*. Kolkata: Dār al-ʿimāra.

______________________. 1986. *ʿAjāʾib al-maqdūr fī akhbār Tīmūr*. Ed. Aḥmad Fāʾz al–ḥimṣī. Beirut: Muʾassasat al-risāla.

Ibn Baṭṭūta, Muḥammad b. ʿAbdallāh. 1958–2000. *The Travels of Ibn Baṭṭūta A.D. 1325–1354*. Tr. H. A. R. Gibb and Charles Buckingham. 5 vols. Cambridge: Hakluyt Society.

Ibn Ḥajar al-ʿAsqalānī, Aḥmad b. ʿAlī. 1966. *Al–Durar al-kāmina fī aʿyān al-miʾa al-thāmina*. Ed. Muḥammad Sayyid Jād al-Ḥaqq. 5 vols. Cairo: Dāral-kutub al-ḥadītha.

___________________________. 1992. *Dhayl al-Durar al-kāmina*. Ed. ʿAdnān Darwīsh. Cairo: Maʿhad al-makhṭūṭāt al-ʿarabiyya.

Ibn al-ʿImād, ʿAbd al-Ḥayy b. Aḥmad. 1986. *Shadharāt al-dhahab fī akhbār man dhahab*. Ed. Maḥmūd al-Arnāʾūṭ. 11 vols. Damascus: Dār Ibn Kathīr.

Ibn al-Jazarī, Muḥammad b. Muḥammad. 1932. *Ghāyat al-nihāya fī tabaqāt al-qurrāʾ*. Ed. G. Bergstraesser. 3 vols. Cairo: Maktabat al-Khānjī.

Ibn Ṭūlūn, Muḥammad b. ʿAlī. 1924. *Al-Ghuraf al-ʿaliyya fī tarājim mutaʾakhkhirī al-ḥanafiyya*. Süleymaniye Library MS Şehid Paşa.

al-I-jī, Shihāb al-Dīn Aḥmad. 2007. *Faḍāʾil al-thaqalayn min kitāb tawḍīḥaldalāʾil ʿalā tarjīḥal-faḍāʾil*. Ed. Ḥusayn al-Ḥasanī al-Bīrjandī. Teheran: Al-Majmaʿ al-ʿālamī lil-taqrīb bayn al-madhāhib al-islāmiyya.

al-Isfarāyinī, ʿAbd al-Raḥmān. 1986. *Le Révélateur des mysteres*. Tr. Hermann Landolt. Lagrasse, France: Verdier.

Juwaynī, ʿAlāʾ al-Dīn ʿAṭāʾ Malik. 1997. *The History of the World-Conquerer*. Tr. John A. Boyle. 2nd ed. Manchester: Manchester University.

al-Kafawī, Maḥmūd b. Sulaymān. 2017. *Katāʾib aʿlām al-akhyār min fuqahāʾ madhhab al-nuʿmān al-mukhtār*. Ed. Ṣafwat Kūsā et al. 4 vols. Istanbul: Maktabat al-irshād.

Kramarovsky, Mark G. 2008. "Solkhat (Crimea) in the 13th and 14th Centuries:

People, Culture, and Handicraft Traditions." In *Islamic Art and Architecture in the European Periphery: Crimea, Caucasus, and the Volga-Ural Region*, ed. Barbara Kellner-Heinkele, Joachim Gierlichs, and Brigitte Heuer, 73–82. Wiesbaden, Germany: Harrassowitz Verlag.

Landolt, Hermann, ed. 1972. *Correspondance spirituelle échangée entre Nuroddin Esfarayeni (ob. 717/1317) et son disciple 'Alaoddawleh Semnani (ob. 736/1336)*. Teheran: Département d'iranologie de l'Institut franco-iranien de recherche/ Paris: Librairie d'amérique et d'orient Adrian Maisonneuve.

Madelung, Wilferd. 2000. S.v. "Al-Taftāzānī." *Encyclopaedia of Islam*. 2nd ed. Ed. P. Bearman et al. 10: 88–89. Leiden: Brill.

Makdisi, George. 1981. *The Rise of Colleges: Institutions of Learning in Islam and the West*. Edinburgh: Edinburgh University Press.

al-Maqrīzī, Aḥmad b. ʿAlī. 2002. *Durar al-ʿuqūd al-farīda fī tarājim al-aʿyān al-mufīda*. 4 vols. Beirut: Dār al-gharb al-islāmī.

Martini, Giovanni M. 2018. *ʿAlāʾ al-Dawla al-Simnānī between Spiritual Authority and Political Power: A Persian Lord and Intellectual in the Heart of the Ilkhanate*. Leiden: Brill.

Meloy, John L. 2015. *Imperial Power and Maritime Trade: Mecca and Cairo in the Later Middle Ages*. Chicago: Middle East Documentation Center.

Muʿīn al-Fuqarāʾ, Aḥmad b. Muḥammad. 1960. *Kitāb-i Mullāzādah (Mazārāt-i Bukhārā)*. Tehran: Kitābfurūshī-i Ibn Sīnā.

al-Musawi, Muhsin J. 2015. *The Medieval Islamic Republic of Letters: Arabic Knowledge Construction*. Notre Dame, IN: University of Notre Dame Press.

Ohlander, Erik S. 2008. *Sufism in an Age of Transition: ʿUmar al-Suhrawardī and the Rise of the Islamic Mystical Brotherhoods*. Leiden: Brill.

O'Kane, Bernard. 1994. "The Minaret of Vābkent." In *The Art of the Saljūqs in Iran and Anatolia*, ed. Robert Hillenbrand, 46–58. Costa Mesa, CA: Mazda.

Paul, Jürgen. 2008. "Islamizing Sufis in Pre-Mongol Central Asia." In *Islamisation de l'Asie centrale: Processus locaux d'acculturation du VIIe au XIe siècle*, ed. Étienne de la Vaissière, 297–318. Paris: Association pour l'avancement des études iraniennes.

Petry, Carl F. 1985. "Travel Patterns of Medieval Notables in the Near East." *Studia Islamica* 62: 53–87.

Pouzet, Louis. 1991. *Damas au VIIe/XIIIe s. Vie et structures religieuses dans une métropole islamique*. Beirut: Dar el-Machreq. Second ed.

al-Qurashī, ʿAbd al-Qādir b. Muḥammad. 1993. *Al-Jawāhir al-mudiyya fītabaqāt al-Hanafiyya*. 5 vols. Cairo: Hajar.

Reynolds, Dwight F., ed. 2001. *Interpreting the Self: Autobiography in the Arabic Literary Tradition*. Berkeley: University of California Press.

al-Sakhāwī, Muḥammad b. ʿAbd al-Raḥmān. 1934. *Al-Ḍawʾ al-lāmiʿ li-ahl alqarn al-tāsiʿ*. 12 vols. Cairo: Maktabat al-Quds.

________________. 1993. *Al-Tuḥfa al-lat. īfa fī taʾrīkh al-madīna al-sharīfa*. 2 vols. Beirut: Dār al-kutub al-ʿilmiyya.

Spevack, Aaron. 2014. The *Archetypal Sunnī Scholar: Law, Theology, and Mysticism in the Synthesis of al-Bājūrī*. Albany: State University of New York Press.

Spuler, Bertold. 1986. S.v. "Ḳīrīm." *Encyclopaedia of Islam*. 2nd ed. Ed. P. Bearman et al. 5: 136-43. Leiden: Brill.

Steinfels, Amina M. 2012. *Knowledge before Action: Islamic Learning and Sufi Practice in the Life of Sayyid Jalāl al-dīn Bukhārī Makhdūm-i Jahāniyān*. Columbia: University of South Carolina Press.

Subtelny, Maria E. 2001. "The Making of *Bukhārā-yi Sharīf*: Scholars and Libraries in Medieval Bukhara (The Library of Khwāja Muḥammad Pārsā)." In *Studies on Central Asian History in Honor of Yuri Bregel*, ed. Devin A. DeWeese, 79-111. Bloomington: Indiana University Press.

Subtelny, Maria E., and Anas B. Khalidov. 1995. "The Curriculum of Islamic Higher Learning in Timurid Iran in the Light of the Sunni Revival under Shāh-Rukh." *Journal of the American Oriental Society* 115: 210-36.

Taylor, Christopher S. 1999. *In the Vicinity of the Righteous: Ziyāra and the Veneration of Muslim Saints in Late Medieval Egypt*. Leiden: Brill.

Touati, Houari. 2010. *Islam and Travel in the Middle Ages*. Chicago: University of Chicago Press.

Wing, Patrick. 2016. *The Jalayirids: Dynastic State Formation in the Mongol Middle East*. Edinburgh: Edinburgh University Press.

al-Ziriklī, Khayr al-Dīn. 1980. *Al-Aʿlām: Qāmūs tarājim li-ashhar al-rijāl waʾlnisāʾ min al-ʿArab waʾl-mustaʿribīn waʾl-mustashriqīn*. 8 vols. 5th ed. Beirut: Dār al-ʿilm lil-malāyīn.

감사의 말

이 책은 유럽연합의 제7차 프레임워크 프로그램(FP/2007-13)하에서 유럽연구협의회ERC가 지원한 예루살렘의 '유동성 제국과 몽골 치하 유라시아에서의 문화 간 접촉'(ERC 보조금 협약 n. 312397)이라는 프로젝트에서 출발했다. 여기에는 이 책의 필자 대부분이 과거 그 성원 또는 협력자로서 연관을 맺었다. 이 책의 두 장(무카이·피아셰티의 글과 조원희 씨가 친절하게 번역한 김호동의 글)은 각기 중국어와 한국어로 이미 발표된 것이다. 우리는 그 필자들이 논문을 이 책에 쓸 수 있도록 번역하고 개작하도록 동의해준 데 대해 감사한다.

또한 대부분의 지도를 만들어준 이도 와텔Ido Wachtel과 아미트 니브Amit Niv에게도 감사를 드려야겠다. 여러 단계에서 검토를 맡아준 분들에게도 마찬가지다. 우리가 전기傳記 선택의 폭을 넓히고 주장을 분명히 하는 데 도움을 주었다. 캘리포니아대학 출판부에서는 이 책을 시작한 이래 열정적으로 격려해준 편집자 에릭 슈미트Eric Schmidt와 수많은 기술적인 문제에 친절하게 답해준 오스틴 린Austin Lin에게 감사드린다.

2019년 8월 예루살렘과 울란바타르에서

미할 비란, 요나탄 브락, 프란체스카 피아셰티

옮긴이의 말

어찌어찌하다 보니 실크로드와 관련된 책을 계속 번역하게 된다. 범위를 넓히자면 튀르크인들이 세운 오스만 제국이 동로마 제국을 멸망시킨 사건을 다룬 《비잔티움 제국 최후의 날》(로저 크롤리 지음)이 먼저겠지만, 실크로드 자체를 다룬 것으로 치자면 실크로드를 중심으로 세계사를 조망한 《실크로드 세계사》(피터 프랭코판 지음)가 시발이었던 것 같다. 덕분에 둔황敦煌과 사막·오아시스 등의 이미지로만 남아 있던 실크로드에 대한 옮긴이의 예전 관념은 어느 정도 벗어버리게 된 듯하다.

그동안에 번역한 실크로드 관련서 몇 권은 개설류가 많았다. 물론 새로운 시각과 최신 자료들로 엮은 책들이어서 흥미가 떨어지는 것은 전혀 아니었지만, 무언가 복습한다는 느낌을 가진 것도 사실이다. 그런데 이번 책은 분명한 '심화 학습'이다. 일반 독자의 경우도 마찬가지겠지만 개설류를 읽은 다음에는 '한 걸음 더' 들어가는 책이 필요해지게 마련이다.

그런 의미에서 《몽골 제국, 실크로드의 개척자들: 장군, 상인, 지식인》은 누구보다도 옮긴이에게 신선한 책이었다. 공간적으로는 유라시아 대륙 전체를 망라하고 있지만 시간적으로는 몽골 지배기로 좁혀진다는 점이 그 '심화'의 한 단면이다. 이 책이 10여 명의 개인들의 행적을 파고든다는 점을 보더라도 이것이 역사의 큰 줄거리보다는 세부에 초점을 맞추고 있음을 알 수 있다. 그 인물들의 면면 역시 일반인들에게 낯익은 얼굴들이 아니어서 다소 깊이 들어갈 태세가 돼 있는 독자들을 겨냥하고 있음이 분명하다.

《몽골 제국, 실크로드의 개척자들》이 다루고 있는 인물들은 세 부류로 분류된다.

첫째는 몽골의 세계 정복을 이끌었던 군대의 장군들이다. 몽골인 바이주와 한족으로 몽골에 항복한 장수의 후예인 곽간은 몽골의 서아시아 정복 전쟁에서 활약했다. 이들의 이력을 통해서는 몽골사 가운데서도 우리에게 좀 멀게 느껴졌던 서아시아 정복 과정의 일부를 살펴볼 수 있다. '몽골인'인 사이프 앗딘 킵착의 무대 역시 서아시아였다. 몽골계 일칸국과 그 적국인 맘룩 술탄국 사이를 왔다 갔다 한 특이한 이력이 있다. 또 다른 한인 장수 양정벽은 중국에서 동남아시아와 인도 쪽으로 가는 해상 무역로 개척을 위한 외교 전선에서 활약했다. '색목인'(킵착인) 툭투카는 황제의 친위대 지휘관으로 칭기스 칸 후예들 사이의 권력 다툼에서 특정 세력을 위해 싸웠고, 그 자손들은 더욱 궁정 투쟁에 개입해 활동했다. 이들의 이력은 몽골 정치사의 한 단면이다.

두 번째는 상인들이다. 바그다드를 본거지로 해서 인도와 중국까지에 걸치는 거대한 해상 무역 네트워크를 건설했던 앗티비 가문의 자말 앗딘이 대표적이다. 그는 일 칸국 지배자들과 손을 잡고 진주와 말의 장거리 무역 사업을 벌였으며, 그 동생은 남인도 한 왕국의 대신大臣으로 들어가 이 무역 사업을 번창하게 하는 데 일익을 담당했다. 상인은 아니지만 서방에서 몽골에 보낸 사절인 보두앵 드 에노는 흑해 무역로 개척의 선구가 됐다. 아라비아 출신의 상인 자파르 화자는 상업적 혜택을 노리고 칭기스 칸의 초기 정복 사업에 동참했다가 아예 몽골의 행정 관료로 변신한 경우다.

세 번째는 지식인들이다. 그나마 좀 널리 알려진 일 칸국의 대신이자 역사가인 라시드 앗딘은 그의 저작 활동으로 동방과 서방 사이의 상호 이해에 기여한 부분이 조명된다. 마찬가지로 부맹질이라는 중국인은 일 칸국의 건설자 훌레구를 따라 이란으로 가서 중국의 학문, 특히 천문학을 서방에 소개한 부분을 중심으로 다루어진다. 캅카스 지역 출신으로 몽골 궁정의 통역 겸 이슬람 천문학·의학 전문가였던 이사 켈레메치는 중국에서 일 칸국과 로마 교황청으로 가는 사절로 활약했다. 중앙아시아 출신의 알아하위는 긴 여행 끝에 이슬람교의 본향인 메디나에 정착해 이슬람 학자로서 일생을 보냈다.

세 부류에는 여성도 한 명씩 들어 있다. 일 칸국 지방 정권 군주의 딸로 일 칸국 황후가 되는 파드샤흐 카툰은 활발한 정치 참여와 문화·종교 후원의 행적을 보여주고 있고, 금장 칸국 황후 타이둘라 역시 기독교 세력의 후원자를 자임하며 상업 활동에도 적극적으로 참여했다. 이들은 몽골 세계에서 여성이 정치·경제·문화의 여러 측면에서 남성에 못지않은 힘을 부여받고 실제로 활동했음을 보여준다. 그런 몽골 세계에서도 군사적인 부분만은 다소 예외라 할 수 있는데, 그 부분에서 남성과 대등한 활약을 했던 우구데이의 증손녀인 '전사 공주' 쿠툴룬이 소개된다. 쿠툴룬은 푸치니의 오페라 〈투란도트〉의 모델이었을 가능성도 논의된다.

앞서 말했듯이, 이들은 대체로 대중적으로 잘 알려진 인물들은 아니다. 오히려 사료가 적어 별로 주목을 받지 못하던 인물들을 발굴해 소개하는 것에 가깝다. 심지어 부맹질이라는 인물은 일본 학자의 논증이 있다고는 하지만 그 이름조차도 현재로서는 추정일 뿐인 사람이다. 그러나 이런 인물들의 행적은 그 시대의 이런저런 모습들을 들여다볼 수 있어 역사 이해를 '심화'시킬 수 있는 기회가 된다.

개인적으로, 이 책을 살펴보는 가운데 고려사 속의 두 장면이 생각났다. 하나는 충선왕이 원나라 무종·인종의 즉위에 공을 세워 권력을 누렸다는 이야기다. 그러나 이 상황에서 실제로 큰 공을 세운 사람이 이 책에 나오는 준쿠르(위의 툭투카의 아들)다. 또 하나는 원 순제의 기 황후다. 순제의 본래 황후는 바로 준쿠르의 아들로서 권력자 자리를 물려받은 엘테무르의 딸이었는데, 황제의 자리마저 좌지우지했던 엘테무르가 죽고 가문이 역모 혐의를 쓰면서 함께 사사되는 바람에 기 황후에게 기회가 온 것이다. 그냥 그러려니 했던 두 장면의 이해에 조금 더 맥락이 생겼다.

책의 필자 가운데 우리나라 학자의 이름이 들어가 있어 반가웠다. 발표된 한국어 논문을 영역한 것이라기에 번역을 안 해도 되나 생각했는데 그건 아니었다. 같은 인물을 다루었기 때문에 내용이 겹치는 것은 당연하지만 서술 자체는 '신고新稿'나 마찬가지였다. 외국 필자의 경우도 마찬가지여야겠지만, 번역이 누를 끼치지나 않았는지 특히 걱정스럽다.

연표

1162? (1167?) 테무진(칭기스 칸) 탄생

1202 테무진, 타타르부 격파

1203 발주나 맹세; 테무진, 케레이트 부족 정복

1204 제4차 십자군, 콘스탄티노폴리스 점령; 테무진, 나이만 부족 격파

1206 대大쿠릴타이(집회), 테무진을 몽골 제諸부족의 최고 지도자인 칭기스 칸으로 선언

1209 위구르, 몽골에 항복; 칭기스 칸, 서하(서북 중국)에 승리

1211 카를룩, 몽골에 복속; 몽골, 금 왕조(북중국)에 대한 첫 공격

1215 몽골, 금나라 수도 중도에 대한 제2차 포위 공격 및 함락

1218 카라키타이, 몽골군에 멸망

1218~1219 화라즘(중앙아시아) 우트라르의 총독이 칭기스 칸의 무역 대표단을 학살

1220~1221 몽골, 화라즘 제국(중앙아시아 및 동부 이란) 정복

1223 칼카강 전투; 몽골 장군 수베에테이와 제베가 러시아인 및 킵착인을 격파

1227 칭기스 칸의 서하(서북 중국) 정복; 칭기스 칸 사망

1229 우구데이의 승계

1231 잘랄 앗딘 화라즘샤의 죽음

1234 몽골의 최종적인 금나라 정복

1235 우구데이가 몽골 중부에 몽골 수도 카라코룸을 건설

1236 바투가 이끄는 몽골의 유럽 원정 시작; 킵착, 몽골에 복속

1239~1241	바투군의 키예프 공격과 러시아 정복; 몽골군의 폴란드 및 헝가리 공격(독일 동부까지)
1241	우구데이의 죽음
1243	쾨세다으 전투에서 몽골 장군 바이주가 이끄는 군대가 아나톨리아의 셀주크를 격파
1246	구육의 카안 승계; 교황 사절 피안델카르피네의 카라코룸 도착
1246	교황 인노켄티우스 4세의 리옹 공의회 소집
1248	구육 카안의 죽음
1250년대	진주 상인 자말 앗딘 앗티비의 중국 여행
1251	톨루이 가문 뭉케의 카안 선출; 톨루이 가문의 쿠데타와 우구데이 가문 학살
1251/1252	보두앵 드 에노가 콘스탄티노폴리스를 출발해 카라코룸으로 향함
1253	뭉케의 명령에 따라 훌레구가 서방 원정 시작
1253~1255	기욤 드 뤼브룩의 카라코룸 여행
1254	쿠빌라이의 대리국(현 중국 윈난성) 정복
1256	악사라이 전투, 몽골의 제2차 아나톨리아 정복; 훌레구의 하샤신파 격파
1258	훌레구의 바그다드 정복과 압바스의 마지막 칼리파 처형
1259	뭉케, 남송에 대한 정벌 도중 사망; 훌레구의 명령에 따라 이슬람교도 천문학자 나시르 앗딘 투시의 감독 아래 마라가(현재의 이란 서북부) 천문대 건설
1260	쿠빌라이의 카안 선출; 그의 동생 아릭 부케와의 갈등 시작; 아인잘루트 전투에서 이집트 및 시리아의 맘룩이 몽골에 승리; 일 칸국의 시작; 통일 제국의 해체
1262	타브리즈를 둘러싼 금장 칸국과 일 칸국 사이의 갈등
1264	아릭 부케, 쿠빌라이 카안에게 항복
1270	일 칸 아바카와 차가다이 칸국의 칸 바락 사이의 헤라트 전투
1271	카이두가 스스로를 우구데이 칸으로 선언; 우구데이 울루스 부활

1271	중국의 몽골 정권을 원 왕조로 재명명
1271~1272	쿠틀룩한 왕조(키르만 왕조) 파드샤흐 카툰이 몽골 일 칸국의 아바카와 혼인
1274	쿠빌라이, 새 수도 대도(현재의 베이징)로 천도; 일본에 대한 첫 침공
1276	송 왕조의 항복; 몽골의 송나라 수도 임안(현재의 항저우) 정복
1277	몽골과 맘룩 사이의 아불루스타인(엘비스탄, 현재의 터키 남부) 전투
1279	송나라 황제 수장水葬; 몽골의 남중국 최종 정복; 몽골의 미얀마 침공
1280	이슬람교도의 할랄 도살을 금지하는 쿠빌라이의 반反이슬람 칙령
1280	양정벽의 인도 마바르 및 쿨람 첫 사행
1281	몽골 장군 소가투의 참파(베트남 중·남부) 토벌
1281	몽골 함대, 일본 해안 앞에서 태풍에 침몰
1281	양정벽의 두 번째 쿨람행 해양 항해
1283	이사 켈레메치, 쿠빌라이의 명령으로 일 칸국으로 가는 서방 사행 시작
1285	이사 켈레메치의 두 번째 사행(일 칸국에서 바티칸 교황에게)
1294	쿠빌라이 사망; 테무르 울제이투의 원나라 황제 즉위
1295	가잔 칸의 이슬람교로의 개종
1299~1300	일 칸국이 와디 알하즈나다르(시리아의 홈스 북쪽) 전투에서 맘룩에 승리하고 다마스쿠스와 시리아를 5주간 점령
1301	카이두 사망
1301	파흐르 앗딘 티비, 일 칸 가잔의 사절로 원나라 중국 여행
1304	네 몽골 칸국 사이의 포괄적 평화 선언
1305~1306	일 칸국 대신 라시드 앗딘의 《역사 모음》 완성
1308~1309	일 칸 울제이투, 시아파 이슬람교로 개종
1310	카이두의 아들이자 후계자인 차파르, 쿠빌라이의 증손 카이샨에게 항복
1313	우즈벡, 금장 칸국 칸으로 즉위; 우즈벡의 이슬람화 정책 시작; 원나라 중국에서 과거 시험 제도 재개

1323	맘룩 술탄국과 일 칸국 사이의 평화 협정; 차가다이 칸국의 칸 케벡이 원나라에 항복해 모든 칸국이 카안의 우월성 인정
1328	예순 테무르가 원나라 여름 수도 상도에서 사망; 승계 전쟁 '양도지전' 발발; 툭 테무르의 즉위
1331	차가다이 칸국의 칸으로 타르마시린 임명; 옥소스강 이동以東의 이슬람화
1333	원나라 마지막 황제 토곤 테무르 즉위
1335	아부 사이드 사후 일 칸국 붕괴
1346	사라이와 크림반도에 흑사병 확산
1347	차가다이 칸국이 동과 서로 분열
1357	금장 칸국 지배자 자니벡이 아제르바이잔을 침공하고 타브리즈 점령
1360	샤이반계 히즈르가 금장 칸국의 바투계 마지막 칸을 타도
1368	원나라 멸망; 명 왕조 탄생

찾아보기

* "(그)"는 본문의 그림 정보를, "(사)"는 본문의 사진 정보를, "(지)"는 본문의 지도 정보를, "(표)"는 본문의 표 정보를, "n"은 본문의 주(註, note) 정보를 말한다.

ㄱ

ㄴ

ㄷ

ㄹ

ㅅ

ㅇ

ㅈ

ㅊ

ㅋ

ㅍ

ㅎ

몽골 제국, 실크로드의 개척자들

장군, 상인, 지식인

1판 1쇄 2021년 4월 30일

편저자 | 미할 비란, 요나탄 브락, 프란체스카 피아셰티
옮긴이 | 이재황

펴낸이 | 류종필
책임편집 | 좌세훈
편집 | 이정우, 이은진
마케팅 | 이건호
경영지원 | 김유리
표지 디자인 | 석운디자인
본문 디자인 | 박애영

펴낸곳 | (주) 도서출판 책과함께
주소 (04022) 서울시 마포구 동교로 70 소와소빌딩 2층
전화 (02) 335-1982
팩스 (02) 335-1316
전자우편 prpub@hanmail.net
블로그 blog.naver.com/prpub
등록 2003년 4월 3일 제2003-000392호

ISBN 979-11-91432-06-0 93900